제4판

유아 교수·학습 방법

이영자 · 이기숙 · 이정욱 지음

창지사

머리말

유아교육이 그 본래 목적을 달성하려면 유아교육기관의 교사가 유아의 발달 과정에 적합하고 지식과 기술을 자연스럽게 향상시킬 수 있는 교수·학습 방법을 알고 적용할 수 있어야 한다. 유아가 흥미를 갖고 즐겁게 놀이하면서 여러 학문 분야의 기초 개념과 기술을 습득하고 변화하는 사회에 적응할 수 있는 능력을 갖추도록 하기 위해서는 유아교육기관의 운영자와 교사가 놀이 활동의 전반적 계획에서 실행에 이르기까지 치밀한 계획과 준비가 요구된다.

최근 유아의 발달 과정에 적합한 교수·학습 방법으로 상호작용 이론에 기초한 통합적 프로그램의 운영, 프로젝트 학습, 상호 교환적 의사소통 등이 추천되고 있다. 유아 교육 기관의 전반적 활동은 교사가 제공한 다양한 환경 속에서 자연적으로 이루어진 놀이가 유아의 관심 주제를 나타내주고, 교사는 이렇게 형성된 놀이 주제를 중심으로 여러 영역별 개념 및 기술이 전개되도록 놀이 환경을 구성해 주어 유아의 놀이에서 자연스럽게 이러한 개념과 기술이 전개되도록 안내해야 한다. 아울러 자기 제안적이며 활동적으로 사고하고 활동에 흥미 있게 참여할 수 있도록 개념 학습, 탐구 학습, 협력 학습 등으로 교수·학습 활동을 계획·전개하여 유아가 놀이를 통해 스스로 개념을 습득히고 친구들과 협력적으로 놀이할 수 있도록 도와야 한다.

본 개정판은 2차 개정판에 기초하여 최근 연구 결과들과 2019년 개정 누리과정을 반영하여 집필하였으며 교사의 교수·학습 방법 계획·전개·평가에 도움이 되는 이론적 배경과 구체적인 계획 및 지도 방법, 활동 실제를 다루었다.

제1장에서는 전반적 교수·학습 이론을 다루었고, 제2장에서는 놀이 중심의 교수·학습 계획 및 운영 방법을 다루었으며, 제3장에서는 단위 교수·학습 활동을 전개하는 방법을 제시해 주는 교수·학습 모델들을 제시하였고, 제4장에서는 유아 교육 기관의 환경 구성 방법을 제시하였다. 제5장에서 제11장까지는 언어, 사회, 수학, 과학, 동작, 음악, 미술 교과 영역별로 교육 목표, 교육 내용, 지도 방법, 활동의 실제를 제시하였다. 각 교과 영역별 목표, 내용, 지도 방법, 활동 실제는 핵심이 되는 내용을 중심으로 제시하였다.

본서는 특히 유아 교육 기관의 3세에서 5세 유아를 위한 교수·학습 방법에 주력하여 저자들이 여러 해 동안 유아 교육 교수·학습 방법으로 연구·시도·관찰한 결과를 토대로 집필하였다. 유아 교육 기관의 교사나 운영자, 예비 교사들이 유아 교육 교수·학습 방법을 익히는 데 도움이 되고 그 결과 유아들이 즐겁게 놀이 및 활동을 할 수 있게 되기를 바란다.

끝으로 본 개정판을 위해 계획안 작성 및 게재 사진 자료 제공에 도움을 준 구립 다원어린이집 정주원 원장, 덕성여대 부속유치원 교사들, 이화여자대학교 사범대학 부속유치원 교사들에게 지면을 통해서나마 고마움을 표시하고자 한다. 아울러 본 개정판의 출판에 전력을 기울여준 창지사 담당자 여러분께 감사를 드린다.

2022. 5.

저자 일동

차례

유아 교수·학습 방법

CHAPTER

01

유아 발달 이론과 교수·학습 과정

교사가 가진 유아 발달 이론과 교수 · 학습 과정에 대한 견해에 따라 교수 · 학습 방법, 교수 · 학습 활동 구성, 교사의 역할이 달라진다. 유아 교육 기관의 교사는 자신의 유아 발달 이론과 교수 · 학습 과정에 대한 견해를 확립하고 이에 일치하는 교수 · 학습 방법을 적용하여 교수 · 학습 활동을 구성 · 운영하여야 한다. 이를 위해 본 장에서는 유아 발달 이론과 교수 · 학습 방법, 유아 발달 이론에 따른 교수 · 학습 활동 구성의 견해, 교사의 역할 등을 다루었다.

제1절 유아 발달 이론과 교수·학습 방법

유아 발달의 주된 이론은 유전적 성숙주의, 행동의 환경지배주의, 상호작용주의 등으로 구분된다(EPIE, 1972). 이러한 분류의 기초는 유전학적 구성과 환경적 영향력, 그리고 천성과 교육의 상호작용 등에 대한 관계적 강조점에 따라 구분된다. 본 절에서는 유아 발달 이론에 따른 유아 교수·학습에 대한 견해를 살펴보고자 한다.

1. 유전적 성숙주의 이론

발달에 대한 생득주의적 견해이며, 이 견해에서는 개체의 유전학적 구성, 즉 '천성'을 강조한다. 이 견해를 갖는 사람들은 발달을 유전자에 의해 안내되는 개체 내부 구조의 전개 결과 또는 생리학적 성숙의 결과로 본다. 환경 속의 여러 상황이 이 과정에 영향을 줄 수는 있으나 이들의 발달을 초래하지는 않는다. 따라서 유아들 간의 발달 속도에 차이가 나타나는 것은 유전적으로 다르기 때문이며 이 이론에서는 유아마다 성숙 속도가 다르다고 보았다. 또한 행동에서의 차이는 주변에 흥미 있는 놀잇감이 많고 적은 데서 오는 경험의 차이 때문이 아니라 유전 형질의 차이 때문이라고 본다.

유전적 성숙주의 견해는 읽기 학습도 말하기나 걷기와 같은 방법으로 습득된다고 본다. 따라서 읽기 준비가 안 된 유아는 신체적으로나 정신적으로 미성숙하기 때문이라고 생각한다. 즉, 어느 정도의 지각적·운동적·지적 성숙이 이루어져야 학습이 이루어진다고 보고, 경험은 학습에 별로 영향을 주지 못하며 성숙이 이루어지기 전에 갖는 경험은 실제 학습에 해를 끼칠 수도 있다고 본다.

유전적 성숙주의 이론에서는 학습 준비가 되었을 때 학습을 증진시키는 방법에 대해서 특별한 제안을 하지 않고 있다. 이 견해에서는 유아가 어떤 것을 학습할 준비가 되었을 때 그것을 학습하는 방법도 터득하고 있으리라고 가정한다. 또한 학습은 어떤 특별한 방법을 적용하지 않더라도 유아가 적절한 기간 동안 성인이 유아에게 전파하기를 원하는 지식에 접해 있는 한, 학습이 이루어질 수 있다고 보았다. 예를 들면 유아가 말할 준비가 되었을 때 유아가 주변에 말하는 사람들과 함께 있도록 배려하는 것 외에 다른 배려가 필요하지 않다고 본다. 만일 유아가 특별히 결핍되지 않은 환경에 있으면서도 다른 유아보다 말하기와 읽기가 서투르다면 말하기와 읽기를 학습할 수 있는 능력을 다른 사람보다 덜 타고났다는 것을 의미한다.

유전적 성숙주의 이론에서는 학습 동기는 성숙적 준비도 수준과 조화가 이루어진다고 본다. 즉, 유아가 어떤 것을 학습할 준비가 되었을 때 유아는 그것을 학습하고 싶은 욕망을 느낀다는 것이다. 따라서 학습의 제시 시기는 유아의 성숙 수준이 특정한 학습의 준비도에 이르렀을 때라고 본다.

2. 행동의 환경지배주의 이론

행동의 환경지배주의 견해에서는 발달이란 학습의 축적 또는 일련의 행동 반응과 행동 반응을 유도하는 자극, 그리고 행동 반응을 지속시켜 주는 강화의 점진적 조합으로 본다. 학습의 단순한 단위는 자극과 반응(S－R)이다. 유도되고 강화된 행동 반응은 지각적·운동적 반응뿐 아니라 언어적 반응일 수도 있다. 이들은 항상 개체 내부의 정신적 구조에 의한 반응이라기보다는 환경에 의해 형성된 공공연한 행동으로 생각될 수 있다.

행동의 환경지배주의 이론에서는 유전적 요인보다는 경험이 준비도나 능력을 위한 중요 요소라고 본다. 즉, 학습 행동 준비를 위해서는 유아가 성숙되기를 기다리기보다는 적절한 경험을 제공해야 한다고 주장한다. 다시 말하면 행동적 환경지배주의자들은 모든 지식은 외적 환경에 존재하기 때문에, 유아가 성숙함에 따라 특별한 능력이 생겨 복잡한 아이디어를 이해하고 뜻이 통하게 되는 것이 아니라 복잡한 아이디어가 형성될 때까지 유아에게 단계적으로 반복하여 전해져야 한다고 본다.

학습의 동기는 유기체의 외부에서 발생한다. 행동주의 프로그램 주창자들은 학습은 주로 외적 변인인 환경적 변인에 의해 결정되며 유아는 수동적 참여자로 외부에서 제시하는 지식을 그대로 받아들이는 존재로 보았다. 그러므로 유아가 가지고 있는 지식은 성인이 가지고 있는 지식과 같고 단지 불완전할 뿐이라고 보았다. 유아에게 바람직한 행동이 학습되기 위해서는 이들의 행동이 강화되어야 한다. 특정 행동이 소멸되기를 원하면 이러한 행동이 나타날 때마다 무시하거나 벌을 제공한다. 따라서 유아는 이 특정 행동과 관련하여 불유쾌한 반응을 갖게 되며 이렇게 반응을 받은 행동의 빈도는 줄어들게 된다. 동기 유발이 되지 않은 유아는 신체적 준비도가 결여되었기 때문이 아니라 유아의 행동이 적절히 강화될 기회가 없었기 때문이다. 행동적 환경지배주의 이론에서 유아는 수동적 학습자이며, 발달이나 지식 습득에 유아 자신의 공헌도가 다른 이론에 비해 적고, 환경에서의 자극 구성이 학습의 주된 요소라고 본다. 유아는 그들을 위해 창안된 환경에 의해 형성된다. 그러므로 교사의 역할이 성숙주의적 견해보다 능동적이고 지시적이다.

3. 상호작용주의 이론

상호작용주의 혹은 구성주의라고도 불리며(이기숙, 2000), 유전과 환경 양자 모두가 발달에 큰 공헌을 한다고 인정한다. 상호작용주의 견해는 인지 발달에 대한 Piaget, Vygotsky 이론에 기초하며, 인간의 발달에 개체와 환경이 모두 동일한 영향력이 있다고 본다. 상호작용주의 견해는 생후에서 성인기까지의 인간 발달 과정에 다섯 가지 주된 영향력이 작용한다고 보았다. 이 다섯 가지 영향력은, 첫째로 유전적 요인이 주된 원인이 되는 성숙, 둘째로 환경이 주된 영향력을 제공하는 경험, 셋째로 주어진 유전적 요인을 소유하고 있는 개체가 환경과의 상호작용을 통해 수행하는 발달 과제, 넷째로 함께 지내며 발달 과정에 참여하는 다른 사람들과의 협의, 다섯째는 개인이 통합적이며 완전한 기능을 하는 인간으로서 평형을 유지하기 위한 노력의 과정에서 계속적으로 발생하는 앞의 모든 영향력들 간의 상호작용이다.

이 견해는 유기체가 발달의 각 단계에서 능동적인 기능을 한다고 가정하는 점에서는 성숙주의적 이론과 비슷하다. 그러나 성숙주의 이론에서와 같이 유전적 자질이 성숙적 시간표에 의해 통제되는 능력들로 구성되어 있다고 보지 않으며, 폭넓은 능력들로 구성되어 있다고 보았다. 그러므로 경험 및 개인적 구성 정도가 발달에 영향을 미쳐 좀 더 발달된 행동이 나타나게 된다는 것이다. 상호작용주의자들은 유아는 지식의 구성자이며 연령과 지식 구성 경험에 따라 지식을 점차 재구성해 나가고 학습을 위해 능동적·지적 노력을 기울인다고 하였다.

상호작용주의 견해는 개체의 발달 중 인지적인 면을 강조하며 개인 행동의 기초가 되는 세계에 대한 인지적 지도 형성을 강조한다. 이 견해는 특히 지식의 근원에 대한 가정에서 다른 이론들과 차이가 있다. 상호작용주의 이론에 의하면 안다는 것이 성숙주의 이론에서 제안하는 것처럼 유아의 외부에 존재하는 지식을 이해할 수 있도록 하는 내부의 어떤 구조의 성숙을 의미하는 것이 아니다. 또한 행동적 환경지배주의에서 주장하는 바와 같이 유아에게 능률적으로 전달하기 위한 외부에 존재하는 지식의 조직적 구성도 아니다. 지식은 어느 곳에 위치해 있는 것이 아니라 사람과 주변 환경과의 상호작용을 통해 구성되는 것이다.

상호작용주의에서는 인지적 발달에 놀이가 미치는 영향에 대해 강조하며(Vygotsky, 1976), 주변 물체의 물리적 조작과 또래와 성인과의 상호작용을 강조한다. 이 이론에서는 유아가 어떤 물체에 대해 개념화하고 아이디어를 표현할 수 있으려면 그 물체와 신체적·사회적인 상호작용을 하여야 하며 이러한 기회를 통해 유아의 사고가 구체적인 것에서 추상적인 것으로 전환된다고 본다.

상호작용주의 접근에서는 유아가 실제 이해하고 있는 것이 무엇인지를 아는 것이 중요하다. 유아와의 민감하고 사려 깊은 상호작용으로 교사는 유아가 현재 가지고 있는 개념이 무엇인지를 파악할 수 있다고 본다.

학습 동기는 개인과 외적 환경과의 상호작용에서 유발된다. 그러므로 유아가 새로운 경험에 접할 때는 이전의 그와 유사한 경험과의 상호작용으로 알고 있는 모든 것을 동원하게 된다. 특정한 경험 시 새로운 아이디어나 물체가 제공되지 않았고 친숙한 사물이나 아이디어를 사용하여 새로운 조작을 허용하지 않았기 때문에 새로운 지식을 창안할 기회를 제공하지 않았다면, 그 경험에서 아무런 새로운 지식도 얻을 수 없고 상황이 지루하게 될 것이라는 것을 유아는 파악할 수 있으며 그 결과 참여하지 않을 것이다. 반대로 특정한 경험이 너무 새롭기 때문에 현재 갖추고 있는 지식으로 관계를 지을 수 없을 때에 유아는 놀라거나, 그곳에서 벗어나려고 하거나, 어떤 방법으로든 경험과 관련시키기를 거부하게 될 것이다. 상황이 이러한 두 극단의 중간에 위치할 때, 즉 경험 상황이 친근한 요인과 새로운 요인으로 병합되어 있을 때 학습이 가장 잘 이루어진다고 상호작용주의자들은 믿는다(Khun, 1979).

학습 동기 유발은 경험 시 유아가 나타낸 흥미와 지속적인 참여로 판단할 수 있다.

유아의 학습 동기는 유아가 직면한 경험이 유아의 과거 경험이나 현재 소유하고 있는 지식과 관련된 경험일 때 유발된다고 볼 수 있다. 아울러 유아가 학습 기회에 흥미와 기쁨을 가지고 반응하고 참여가 지속적일 때 좋은 인지적 조화가 이루어졌다고 본다(Schickedanz, 1990).

제2절 유아 발달 이론에 따른 교수·학습 활동 구성의 견해

유아 발달 이론에 따라 교육 목적, 교수·학습 활동 구성, 지도 방법 등에 대한 견해가 다르다. 본 절에서는 학습 경험의 구성 및 제시 시기, 유아의 표면적 행동과 교수 결정 등의 측면에서 유아 발달 이론에 따라 견해가 어떻게 다른지 살펴보려고 한다.

1. 학습 경험의 구성

성숙주의 이론에서는 유아의 발달은 정해진 발달 단계를 따르며, 개별 유아에 따라 속도가 다르게 진행된다고 믿는다. 그러므로 성숙주의 이론을 따르는 교사는 교실의 교수·학습 활동은 영역별로 연령별 표준 행동 목록표에 기초하여 유아들이 준비도를 갖춘 활동으로 구성하고 유아들이 자유로이 선택할 수 있도록 한다. 유아들이 아직 할 수 없는 것에 대한 준비를 하도록 돕는 것에는 관심이 없고 다만 유아가 할 수 있는 준비가 되어 있는 것들을 제공하기만 한다. 즉, 유아의 흥미와 준비도에 일치하는 경험들로 학습 경험을 구성하여 유아의 선택에 의해 학습 경험이 이루어지게 된다.

행동의 환경지배주의 이론에서는 교사가 반응 형태를 조성할 충분한 시간만 제공한다면 실제 어떤 것이든 배울 수 있다고 본다. 유아는 아무런 지식도, 내적 구조도 소유하고 있지 않기 때문에 초기 경험은 단순하고 주의 깊게 계획되는 것이 중요하다고 본다. 단순화는 지식을 분류하거나 하위 기술로 나누고 순서를 정하여 하나씩 가르치는 것으로 이루어진다고 본다. 행동적 환경지배주의 원리에 기초한 교수·학습 활동은 고도로 구조화되어 있다. 학습 경험도 고도로 구조화된 계획을 따르는 일상 활동을 강조한다. 일과 시간은 교사의 학습 내용 지시, 프로그램된 자료를 다루는 활동 시간이 휴식, 간식 시간과 교대하여 진행된다.

상호작용주의 이론에서는 개인 주변의 물리적, 사회적인 세계 현상에 대해 유아가 놀이하면서 자신의 인지적 구조를 활용하여 탐색할 기회를 제공하고 환경에서의 직접적 경험에서 문제해결의 기회를 갖도록 학습 경험을 구성해야 한다고 보며, 아울러 교사는 이러한 학습 경험에서 나타나는 주제를 파악하여 주제와 유아의 생각이 연결된 놀이가 이루어질 수 있도록 환경을 구성하여 의미있는 경험이 이루어지도록 안내한다. 즉, 유아가 흥미에 따라 놀이를 선택하여 탐구할 수 있도록 흥미와 발달 수준에 요구되는 여러 영역의 놀이 및 학습활동을 구성한다. 상호작용 이론에서는 유아가 자연적 상태에서 구조화된 활동과 유아 스스로 창안한 놀이활동으로 학습 경험을 구성하게 된다.

2. 학습 경험의 제시 시기

성숙주의 이론에서는 학습의 제시 시기를 유아의 성숙 수준이 특정한 학습의 준비도에 이르렀을 때라고 본다. 유전적 성숙주의자들은 지적 기능의 최소 수준을 상세화한다. 예를 들어 정신 연령이 6.5세이면 소근육 통제가 어느 정도 가능하여 유아가 모델을 보고 원이나 네모를 그릴 수 있는 능력이 있다고 본다. 만일 유아가 이러한 기준에 도달하지 않았을 때는 읽기 지도를 지연시키고 다른 보조적 활동을 제공하는 것이 바람직하다고 본다. 성숙주의자들은 유아가 실수를 하여 네모를 거의 원같이 그리거나 'ㄱ'과 'ㄴ'을 혼동하는 것은 유아가 아직 미성숙하기 때문이며 이때에는 유아가 성숙하여 준비도를 갖출 때까지 기다려야 한다고 주장한다.

행동의 환경지배주의 이론에서는 학습 시기가 별로 문제시되지 않는다. 처음에 가장 단순한 정보를 제공하고 다음 단계로 진행하기 전에 한 단계를 완성할 수 있는 시간과 연습을 허락하는 한, 유아가 가르침에 반응하면 언제나 어떤 학습이든 시작할 수 있다고 본다. 예를 들면, 읽기 학습의 첫 단계에는 한 글자나 몇 개의 단어에 초점을 두어 알파벳 인식을 가르칠 것이다. 이때 유아가 실수를 많이 하면 이 실수를 없애고 나쁜 습관의 형성을 막기 위하여 교수 방법을 변경한다. 좀 더 단순한 형태로 단계를 낮추어 연습하게 하고 외적 재강화를 사용하여 주의 시간을 길게 가지도록 한다.

상호작용주의 이론에서는 학습 경험은 유아의 흥미, 사고 수준, 사물을 보는 견해에 맞게 제시된다면 어떤 주제이든 유아에게 효과적이라고 본다. 학습 시기에 대해 상호작용 이론을 주장하는 사람들은 일찍부터 문어(written language)를 소개하는 것을 반대하지는 않았으나, 행동의 환경지배주의 이론에서 제시하는 종류의 경험은 분명히 배제한다. 상호작용주의 이론에서는 순서화된 교수·학습, 연습, 훈련을 위한 단편적·지시적 활동이 아니라 이야기 읽어 들려주기·조작적 알파벳 자료와 놀이 환경 안에서의 기능적 활자의 사용과 같은 전체적 또는 통합적 경험을 제공한다.

인지발달론자 또는 상호작용주의자는 유아가 가진 기초 개념과 아이디어를 결정하기 위하여 실수 패턴을 연구하는 경향이 있다. 이들은 유아가 어떤 것을 알게 되는 것은 성인이 알게 되는 것과 다르다는 것을 인정한다. 유아의 지식은 성인과 질적으로 다르고 성인처럼 충분히 발달되지 않았다. 상호작용주의자들은 유아의 'ㄱ'과 'ㄴ', 또는 동그라미와 네모 사이의 표면적 혼동에 중점을 두지 않고, 무엇이 이들 양자 사이에 혼란을 이끄는지를 살피는 데에 중점을 둔다. 'ㄱ'과 'ㄴ'의 경우 유아는 수직선과 수평선에 대한 개념은 있으나 방향에 대한 개념이 아직 뚜렷하지 않기 때문에 혼동이 생기고, 동그라미와 네모의 경우 유아가 폐쇄선(ㅁ, ㅇ, △)과 개방선(ㄱ, ㄴ, ㄷ)의 차이에 대한 제한된 개념, 즉 위상학적 개념에 의존하게 되기 때문에 혼동이 오게 된다. 점차적으로 유아가 수직선, 수평선, 직선, 곡선, 사선, 그리고 방향에 대한 개념이 뚜렷해지면서 이러한 혼동은 없어지게 된다.

제 3 절 유아 발달 이론과 교사의 역할

생득적 성숙주의 견해를 가진 교사는 유아가 자신의 욕구나 흥미를 따르도록 유아에게 따뜻하고 안정된 환경을 제공하면 된다. 즉, 유아가 흥미와 준비도를 나타낼 때 교수 자료를 준비하고 교육적 경험을 제공한다. 그리고 교사는 유아가 이러한 경험 활동에 참여하는 동안 의논의 대상이 되거나 안내해 주는 역할을 한다. 유아가 틀린 반응을 하였을 때는 정정해 주거나 틀렸다고 말하지 않는다. 모든 유아의 반응을 그 유아의 입장을 고려하여 옳은 것으로 받아들이고, 좀 더 적절하고 성숙된 기술을 갖출 수 있도록 다른 경험을 계획하여 준비해 준다.

행동의 환경지배주의 견해를 가진 교사는 어떤 기준이나 교과 영역으로 짜여진 법칙에 따라 움직이므로 이에 바람직한 반응 형태가 나타나기를 기다려 칭찬이나 눈에 보이는 보상으로 강화 또는 재강화한다. 교사는 바람직한 학습 내용을 언어적으로 전달하거나 모델을 보이고, 유아가 자극에 적절한 언어적 표현을 하거나 다른 적절한 반응을 보일 때 강화한다. 그러므로 교사의 역할이 성숙주의적 견해보다 능동적이고 지시적이다. 강화 방법으로는 부정적 강화보다는 긍정적 강화를 강조한다. 따라서 유아가 틀린 반응을 하는 경우 야단치기보다는 정확한 반응을 하도록 안내해 준다. 행동주의 이론에서는 지식 전달자로서의 교사의 역할이 강조되므로 교사가 주로 말하는 입장이 된다. 따라서 교사는 유아에게 지식을 전달하는 방법을 잘 알아야 한다.

상호작용 이론에서는 교사나 성인의 역할은 일방적으로 지식을 제공하는 것이 아니다. 이것이 교사가 지식 구조 과정에서 중요하지 않다는 것을 의미하지는 않는다. 예를 들어 언어 영역에서 교사는 유아가 언어에 대한 지식을 구성할 때 유아의 언어적 상호작용 상대가 되어 주며, 유아의 언어적 경험의 원천이 될 수 있다. 상호작용 이론에 근거한 유아 교육 기관의 교사는 다양한 활동을 제공하여 유아가 선택을 할 수 있도록 프로그램을 계획해야 한다. 유아에게 흥미 있고 개별 유아의 요구에 맞는 놀이감을 제공하고 도전적인 활동을 준비하여 유아가 선택한 놀이활동을 주도적으로 진행하도록 한다. 그리고 유아의 놀이 형태나 놀이 수준에 따라 어떠한 형태로 상호작용하고 지원해 줄 것인지를 결정해야 한다. 아울러 교사는 계속 유아의 활동을 관찰하여 그때그때 유아의 발달이 증진될 수 있는 활동을 준비한다. 모든 활동이 유동성 있게 진행되도록 하여 활동이 유아의 현재 발달 단계에 맞고 새로운 발전을 할 수 있도록 안내한다. 상호작용주의 이론, 특히 Vygotsky 이론을 따르는 사람들은 유아는 중재자 즉, 교사가 상황적 지원을 하지 않으면 의도적으로 주의를 기울일 수 없다고 주장한다(Leont'ev, 1994). 교사는 유아로 하여금 주의 집중할 필요성을 상기함으로써 주의를 집중할 수 있도록 도와야 한다. 예를 들어 집단 활동 시간에 봉제 동물 또는 인형을 제시하거나 특별한 노래를 부르거나 대집단 활동 영역에 교사가 미리 앉아 있는 등 유아가 활동에 주의를 집중할 수 있도록 분명하고 뚜렷한 중재를 하는 것도 교사의 역할이다.

상호작용 이론에서의 교사의 주된 역할은 지도하고, 자극을 주며, 도전하게 하고, 모델이 되고, 관련된 과제를 끌어내고, 풍부한 경험을 제공하는 것이다. 즉, 교사는 유아가 놀이나 활동을 통해 학습에 필요한 정신적 도구를 지닐 수 있도록 도와주는 사람이다. 정신적 도구는 우리가 주의 집중하고 기억하고 생각을 잘 하도록 돕는다. 정신적 도구를 지니게 하려면 가르침으로 끝나는 것이 아니라 독립적으로, 창의적으로 사용할 수 있게 해야 한다(Paris & Winograd, 1990). 유아의 흥미와 관심을 고려한 놀이 활동을 계획하고 놀이 활동을 관찰하면서 유아에게 적절한 비계 설정으로 놀이가 발전된 방향으로 전개되도록 지원하는 것이다. 즉, 놀이와 활동에서 유아의 수준에 맞는 상호작용으로 유아 스스로 독립적으로 생각하고 창조할 수 있는 방향을 제공하는 것이다(Bodrova & Leong, 1996).

참고문헌

이기숙 (2000). *유아교육과정*. 서울:교문사.

이영자·이기숙 (1986). *유아를 위한 교수-학습 방법*. 서울:창지사.

Bodrova, E. & Leong, D. J. (1996). *Tools of the mind*. Englewood Cliffs, NJ:Merrill/Prentice-Hall.

EPIE. (1972). Early childhood education: How to select and evaluate materials. *EPIE Educational Product Report, 42*.

Leont'ev, A. (1994). The development of voluntary attention in the child. In R. Van der Veer & J. Valsiner(Eds.). *The Vygotsky reader*(pp.289-312). Oxford:Blackwell.

Kuhn, D. (1979). The application of Piaget's theory of cognitive development to education. *Harvard Education Review, 49*(3), 340-360.

Paris, G., & Winograd, P. (1990). How metacognition can promote academic learning in instruction. In B. F. Jones & L. Idol(Eds.), *Dimensions of thinking and cognitive instruction*(pp.15-51). Lawrence Erlbaum Associates, Inc.

Schickedanz, J., York, M., Stewart, I. S., & White, D. A. (1990). *Strategies for teaching young children. Englewood Cliffs*. NJ:Prentice-Hill

Vygotsky, L. S. (1976). Play and its role in the mental development of the child. In J. Brunner, A. Jolly, & K. Sylva (Eds.), Play: Its role in development and evolution. New York:Basic Books. (Original work published 1933, Soviet Psychology, 5, 6-18).

유아 교수 · 학습 방법

CHAPTER

02

교수·학습 활동의 계획 및 평가

교수 · 학습 활동의 계획과 평가는 유아교육 프로그램에서 가장 중요한 업무이다. 유아교육에서의 교수 · 학습이 바람직하게 이루어지기 위해서 교사는 유아발달 이론과 교수 · 학습 활동 구성 견해에 일치되는 교수 · 학습 활동의 계획과 평가를 수행하여야 할 것이다. 본 장에서는 유아를 위한 교수 · 학습 방법의 최근 동향을 제시하고 학습활동의 계획 · 운영 · 평가를 중심으로 다루었다.

제1절 유아를 위한 교수·학습 방법의 동향

1. 주제 중심 통합 교육

유아가 스스로 자연스럽게 학습할 때는 자신의 현재 흥미에 기초하여 무의식적으로 모든 교과 영역을 통합하게 된다. 그러므로 교사가 교육 과정을 계획할 때 의식적으로 이러한 유아의 학습 패턴에 유아의 놀이에서 제시되는 관심 주제를 중심으로 주제를 정하여 그와 관련된 활동을 다양한 활동영역별로 계획하여 통합 교육이 이루어지도록 운영하는 주제 중심 통합 교육 접근이 추천되어지고 있다. 즉 유아가 관심을 보이는 주제를 중심으로 여러 교과 및 생활 영역을 통합하여 교육 과정을 구성하여 운영함으로써 주제를 중심으로 연결된 지식을 갖게 되고 통합적 사고를 할 수 있는 능력을 갖게 되므로 주제 중심의 통합적인 교육 과정 구성이 강조된다(Katz & Chard, 1989. Schickedanz, et al, 1997).

이와 같이 주제를 중심으로 모든 교과 및 생활영역을 통합하여 활동을 계획하여 활동과 학습이 이루어질 때 교과별로 분리하여 활동과 학습이 이루어질 때보다 유아의 흥미에 기초하여 자연적인 학습이 이루어질 수 있고 유아가 보다 능동적으로 학습 과정에 포함될 수 있다. 또한 의미 있는 상황에서 기술이 발달할 수 있다. 아울러 유아의 반응에 따라 교육 내용 및 활동 방법을 융통성 있게 조절할 수 있다(Krogh, 1995).

통합적 교육 과정의 실천 상황을 보면 유아들이 주제 관련 자료에 깊이 몰두하고 또래 친구와 상호작용하기 때문에 비형식적으로 운영되는 것처럼 보인다. 그러나 주제 중심 통합적 접근 프로그램을 운영하기 위해서는 교사가 계속적인 관찰을 통해 유아의 흥미와 요구가 무엇인지를 파악하고, 지적으로 가치 있는 주제 활동을 고안해야 하며, 풍부한 교수 매체(교재, 교구, 인적 자원)와 전반적 학습 환경을 계획하고 준비하여 프로그램을 운영하여야 한다(Cruikshank, 1992). 이에 더하여 교사의 역할에 유아의 수준에 적절한 상호작용 제공과 유아의 학습 속도 조정 안내 및 학습 활동의 적절한 종료점을 결정하기 등이 포함된다.

선정한 주제에 대한 개념과 아이디어 전개망 구성, 활동망 구성, 주간 계획 및 일일 계획 구성, 놀이환경구성, 활동 운영 및 평가의 순환적 과정을 통하여 교육 과정이 운영된다. 아울러 전 과정에서 모든 교과 영역, 발달 및 생활 영역이 포함되면서 각각의 영역에서의 특수성이 무시되지 않도록 유의하여 주제 중심 통합 교육이 이루어진다.

2. 프로젝트 접근과 비계 설정

통합 교육의 모델의 하나로 들 수 있는 것이 Katz와 Chard(1989. 2000)가 제안한 프로젝트 접근법(project approach)이다. 프로젝트 접근법은 Dewey의 교육이론과 열린 교육(open education)에서 아이디어가 생성된 것이다.

유아 교육 기관에서 프로젝트는 유아나 교사 제안으로 흥미가 유발되어 한 주제에 대해 며칠에서 몇 주에 이르는 기간 동안 심층적으로 조사하고 탐색하여 의미 있게 종합 정리하는 활동이다. 처음 계획에서부터 유아가 능동적으로 참여하게 된다. 프로젝트는 한 유아에 의해 수행될 수도 있고 소집단 또는 전체 학급이 수행할 수도 있다. 프로젝트의 주제는 보통 유아가 놀이를 통해 경험하는 친근한 주변 현상이나 관심거리로 설정된다.

유아의 관심을 고려한 주제가 결정될 경우 적절한 놀이활동을 전개하면서 유아가 좀 더 알아보고 싶어 하는 것이 있거나 좀 더 확대된 종합적 활동으로 전개되는 것이 바람직하다고 생각되었을 때 교사는 유아와 이야기 나누어 프로젝트 토픽을 정하고, 견학, 자원인사초청, 조사, 실험, 관찰을 통하여 아이디어를 얻고 쓰기, 그리기, 구성하기, 극놀이 등 다양한 표상방법을 적용하여 발견한 아이디어를 표현하거나 종합하여 정리하도록 돕는다. 교육 과정의 계획 및 운영은 현재 유아가 전개하고 있는 프로젝트 중심으로 하며, 교사는 활동망 구성단계에서 다양한 영역에서의 활동 가능성에 유의하여 활동을 준비하며 여러 관계 영역이 통합되도록 진행을 돕는다.

유아가 프로젝트를 통해 알고 싶어하는 지식, 태도, 기술은 유아가 자연스럽게 관찰, 탐구할 수 있고 지적 활동에 몰두할 수 있는 프로젝트 전개나 체계적이고 합리적인 교육에 의해 효율적으로 개발될 수 있다. 관찰·탐구 과정이나 프로젝트 전개 활동 진행 시 교사가 유아의 활동 수준과 근접 발달 지대에 적절한 비계 설정으로 활동을 확장하거나 보다 발전된 아이디어를 가지고 활동을 전개할 수 있도록 지원하는 것으로 유아의 학습이 자연스럽게 이루어지므로, 최근 유아 교육 교수·학습 방법으로 프로젝트 접근법과 활동 과정에서의 비계 설정이 많이 추천·실천되고 있다.

3. 발현적 교육과정 운영

통합적 교육 과정 운영이 유아 교육에서 크게 가치 있는 교수·학습 원리로서 채택되는 것과 마찬가지로 발현적 교육 과정(emergent curriculum) 운영 역시 그러하다. 발현적 교육 과정 운영은 매일의 일과에서 발생하는 아이디어와 유아의 흥미에 기초하여 교육과정을 계획하여 진행하는 것을 의미한다. 유아는 자신이 직접 관계를 형성하고, 의미 또는 흥미를 발견한 상황 속에서 가장 잘 학습하기 때문이다. 유아가 흥미를 느끼는 주제를 중심으로 활동을 계획하여 운영하거나 깊이 있게 알아보고 싶어하는 문제나 종합적으로 전개하고 싶어 하는 내용을 중심으로 프로젝트를 운영하는 등 상황에서 발생하는 유아의 흥미에 기초하여 교육과정을 운영하는 것도 발현적 교육과정에 해당된다. 교사는 유아기 발달에 적합한 개념이나 아이디어를 사용하면서 일상생활에서 발생하는 발현적 교육과정의 운영도 고려하여야 한다(Petersen, 2003). 발현적 교육과정 운영을 위해서는 교사가 유아의 활동 진행에서 가르칠 수 있는 순간을 포착하여 적절한 방법으로 유아의 학습 기회를 확장해 줄 수 있어야 한다.

4. 발달에 적절한 교육 과정 운영

최근 발달에 적절한 실천이 가능하도록 교육 과정을 구성하여 교수·학습 활동을 운영하는 것에 역점이 주어지고 있다. 발달에 적절한 실천이란 연령에 따라 유아가 어떻게 발달하고 학습하는가에 대한 연구 결과가 반영되는 실천을 의미한다. 또한 같은 연령 내에서도 유아의 발달 단계, 개별적 요구와 흥미, 특정 지역사회의 상황에 적절하도록 활동이 계획·실천되고 상호작용이 이루어지는 것을 의미한다.

발달에 적절한 지도의 실천은 두 가지 측면에서 이루어져야 한다. 하나는 연령별 적절성이고 다른 하나는 개인별 적절성이다. 우선, 교실에 학급 유아의 연령 범위에 적절한 활동과 자료를 포함함으로써 환경 구성 및 활동이 연령에 적절해야 한다. 유치원 교육 과정에 제시된 수준별 목표와 내용이 이를 위한 길잡이가 될 수 있다. 유아는 수준에 적절하고 필요한 목표를 가르치는 활동에 참여할 수 있어야 한다. 활동 영역의 학습 과제는 발달에 적절한 개념과 기술 학습을 조성하는 과제가 포함되어야 할 것이다.

둘째, 환경 구성 및 활동이 개별 유아의 요구를 맞출 수 있도록 개별 유아에게 적절해야 한다. 학급 구성원의 연령이 혼합 연령으로 구성되어 있을 수도 있고, 혼합 연령으로 구성되어 있지 않더라도 다양한 발달 단계에 있는 유아들로 구성되어 있을 수 있다. 연령이 같더라도 각자 경험의 범위와 교육적 지지가 다른 가정에서 온 유아들로 구성되어 있을 것이다. 그러므로 유아의 성숙도, 경험, 사전 지식, 학습 능력을 고려하여야 한다. 복합 연령으로 학급을 구성하든, 단일 연령으로 구성하든 유아의 배경을 고려하여 다양한 수준의 활동을 제공함으로써 모든 유아가 성공적으로 활동을 수행할 수 있도록 한다. 발달에 적절한 교육이 실천되기 위해서는 교사는 모든 유아가 항상 동시에 같은 것을 하는 것을 기대하지 않고 활동 선택의 기회를 제공해야 한다. 뿐만 아니라 교사가 개별 유아의 신호에 기초하여 비지시적, 중재적, 지시적 교수 행동 유형을 적용하여 상호작용함으로써 유아의 개별 차이에 부합된 교육이 이루어질 수 있다(Bredekamp & Rosegrant, 1992).

발달에 적절한 교육이 실천되는 유아 교육 기관의 환경은 유아가 능동적으로 탐색하고 구체적, 조작적 경험을 할 수 있도록 환경을 구성해야 한다. 이렇게 구성된 실내와 실외 환경에서 다양한 놀이를 통한 학습이 인정되며 원하는 활동을 선택할 수 있을 때 발달에 적절한 교육이 실천될 수 있다(Hart, Burts, & Charlesworth, 1997).

5. 교수·학습 과정에서 사회적 상호작용의 필요성 강조

최근 또래와 성인과의 사회적 상호작용이 학습에 필수적인 요소이며 사회적 상호작용은 유아들이 협력하여 학습하는 기회와 사회적 행동 학습 기회를 제공한다는 점에서 강조되고 있다. 특히 Vygotsky의 연구들(Vygotsky, 1962, 1976, 1978)이 알려지면서 사회적 상호작용이 생각을 매개하는 도구이며 비계 설정(scaffolding) 등의 사회적 상호작용으로 발전된 인지 발달을 이룰 수 있도록 안내할 수 있다는 생각들이 제시되었다(Slavin, 1983; Berk & Winsler, 1995). 즉, 유아혼자 해결하는 데 약간의 어려움이 있는 문제라도 교사와 능력 있는 또래 친구와의 상호작용으로 유아의 근접 발달 지대에서 적절한 안내가 유아의 문제 해결에 도움이 되며 이러한 문제해결 기회는 후에 독립적으로 수행할 수 있는 능력의 바탕이 된다는 것이다 (Hedegaard, 1990). 교사와 유아 간에 긍정적이고, 지원적이며, 개별적인 상호작용이 이루어질 때 유아의 최적의 발달이 가능하다고 연구 결과들은 보고하고 있으며(NAEYC, 1984), 교사와 유아의 상호작용의 양과 형태가 유아 교육 기관의 질을 판단하는 중요한 요인 중의 하나로 제시되고 있다.

6. 과정과 기술, 정서 및 태도의 발달 중시

지식과 이해의 발달뿐만 아니라 기술의 발달도 강조하며 지식과 기술을 실제 적용해 보는 기회를 가지어 유아가 학습에 대한 긍정적 느낌과 태도를 가지게 되도록 학습 과정을 고려한다. 신체적 조절 능력이나 사고기술의 발달도 계획적 교육을 통해 이루어진다(Chance, 1986. Wilson & Jan, 1993). 단순히 의미 없이 반복 연습을 시키는 것을 의미하는 것은 아니다. 교사가 질문과 사고전략의 모델을 보이면서 유아가 기술과 전략을 직접 적용해 볼 수 있는 다양한 기회를 제공하여 교사의 안내 하에 유아가 즐거움과 만족감을 가지고 활동을 하면서 반성적, 메타인지적 사고기술이 형성되도록 고려하는 것이 강조되고 있다(Barber, 1999. Costello, 2000).

7. 반편견·다문화 교육 과정의 운영

최근 유아 교육 프로그램에서 신체적, 정서적인 장애를 가진 어린이가 정상아와 함께하는 통합 프로그램의 운영이나, 문화적, 언어적, 민족적 차이나 성별 차이를 존중하고 상호 이해를 돕는 내용을 다루며 실천하는 프로그램의 운영이 강조되고 있다(Petersen, 2003). 반편견 교육 과정에는 유아가 편견에 대응할 수 있는 능력을 길러주는 내용도 포함된다(이경우·이은화 역, 1999). 문화적·민족적 차이점과 공통점, 그리고 장애에 대해 인식하고 함께하기, 사회의 고정관념과 차별적 행동에 대처하기 등을 교육내용으로 다루어 대처능력을 길러주는 것도 고려되고 있다. 그림 이야기책 제공, 놀이, 민속악기 다루기 등을 통해 자연스럽게 다양한 문화를 이해할 수 있는 기회를 제공하여 서로 다른 배경을 가진 친구에 대한 이해와 상호 협력적인 관계 형성이 이루어지도록 교육과정에서 배려한다(Petersen, 2003).

8. 수행 평가 강조

평가 방법에서 교육 과정에 대한 최근 관점에 부응하고 유아의 학습을 더욱 명확히 반영하는 수행 평가가 강조되고 있다. 유아의 활동 관찰 기록, 작품 또는 활동 과정을 담은 포트폴리오 등을 통해 유아의 생활 영역별 내용의 수행 정도를 평가하고, 평가 결과를 놀이 및 활동 구성과 교육환경 구성에 반영함으로써 좀 더 발달에 적절하고, 유아의 흥미를 고려한 교육이 이루어질 수 있기 때문이다.

이렇게 발달에 적절한 교육 과정의 운영을 실천한다면 모든 유아가 동시에 같은 활동을 하도록 기대하지 않을 것이며, 같은 활동을 하더라도 똑같은 결과를 기대하지 않을 것이다.

제2절 놀이 및 학습 활동의 계획

교사가 유아를 위한 놀이 및 학습 활동을 계획할 때에는 어떤 종류의 놀이 및 활동이 어느 활동 시간대에, 어느 영역에서, 어떻게 이루어질 것인가를 생각해야 한다. 어떤 종류의 놀이 및 활동을 제공할 것인가 하는 문제는 유아의 흥미와 이 시기 교육목표가 무엇인가와 연결된다. 유아의 흥미와 발달을 고려한 교육 목표가 결정되면 교사는 교육 목표와 일치하는 학습 경험과 활동을 계획하게 된다.

1. 교육 목표 세우기

교육 목표는 교사의 유아 교육 철학, 유아의 연령, 관심 및 개념발달, 유아 교육 기관이 있는 지역 사회 여건 등에 의해 영향을 받는다. 유아의 학습이 수동적 과정이라는 견해를 가진 교사는 유아의 학습이 능동적 과정이라는 견해를 가진 교사와는 다른 목표를 세울 것이다. 학습이 수동적으로 일어나기를 고려할 때는 유아가 움직이지 않고 앉아 있는 것을 학습하고, 조용히 하고, 교사에게 주목하도록 돕는 것이 목표에 포함될 것이다. 반대로 학습이 능동적 과정이라고 볼 때, 목표에는 유아가 상호작용하고, 서로 이야기하고, 누구 또는 무엇에 자신의 주의를 집중할 것인가를 학습하도록 돕는 것이 포함될 것이다.

유아 교육 기관의 목표가 읽고 쓰는 능력을 길러 주는 것이라고 생각하는 교사와 다양한 기술의 발달을 도와주는 것이라고 생각하는 교사가 계획하는 학습 경험과 활동은 다를 것이다. 목표가 다양할수록 계획은 복잡해진다.

지역 사회에 따라 유아가 학습하기를 기대하는 점이 다르다. 또 지역 사회마다 그 사회에서 살기 위해 요구되는 기술이 다르다. 학교 교육의 목적이 현재 속해 있는 특정한 사회 범위보다 더 큰 사회에 적응할 수 있도록 도와주는 것이 목표이나, 유아를 위한 교사는 유아가 직접 접하는 사회를 인식할 필요가 있고 교수 목표도 이에 따라 조절해야 한다.

교사의 철학, 학교 교육의 목적, 유아의 연령, 지역 사회 여건 등의 요인을 고려한 후에 교사는 유아를 위한 특정한 교육목표를 설정해야만 한다. 국가 수준 유아교육과정의 영역별로 목표를 분류하는 것도 도움이 된다. 목표 범주로는 신체운동·건강, 의사소통, 사회관계, 예술경험, 자연탐구 등의 누리과정 영역을 포함할 수 있다. 범주별로 나열된 교육 목표는 개별 유아와 관련지어 유아의 관심과 발달 단계를 고려하여 목표를 조절하고 수정하여야 한다. 유아의 발달 단계 자체가 무엇을 가르쳐야만 하는가를 말해 주지는 않으나 어떤 사실을 언제, 어떤 놀이를 통해 어떻게 상호작용하여 가르칠 것인가 하는 결정의 지침이 된다.

교사가 놀이 관찰과 기록을 통해 유아가 학습하기를 원하는 것에 대해 파악하여 상세화된 목표를 세운다. 목표의 상세화는 유아가 여러 목표를 달성할 수 있는 경험을 갖도록 돕기 위한 것이다. 즉, 각각의 목표를 유아가 특정한 고정된 방법이 아니라 관심 있는 놀이와 경험을 통해 흥미 있게 습득하도록 돕기 위한 것이다.

2. 학습 경험과 놀이 및 활동의 계획

학습 경험과 놀이 및 활동에 대한 일반적 계획은 유아의 흥미와 발달 수준, 주변 환경을 고려하여 연간 또는 월별로 주제와 행사를 중심으로 계획한다. 그리고 유아의 관심 변화와 주변 환경변화를 반영한 세부적 계획이 주별, 일별, 시간대별로 필요에 따라 만들어져야 한다.

유아를 위한 학습 경험과 놀이 및 활동은 주제 중심 통합 교육 접근 방법에 의해 이루어진다. 주제 중심 통합 교육 접근 방법에 의해 학습 경험과 활동을 계획할 경우 주제 전개에 의해 학습 내용 및 학습 활동이 계획된다. 아울러 주제를 접하는 시기 및 그 시기의 유아의 관심 및 발달 수준에 따라 확정되는 학습 내용 및 놀이 자료, 학습 활동에 약간의 차이가 난다.

그러므로 유아를 위한 교사는 연초에 담당 유아들의 연령 및 배경을 고려하여 그 유아들이 관심을 많이 가지거나 다루어 주면 바람직한 주제들을 선정하고, 선정한 주제들에 대한 주제 전개의 얼개를 작성해 둔다. 실제 주제를 다루는 시기에 주제에 대한 흥미의 계기와 발달 수준을 고려하여 활동 및 수준을 확정하여 주제 전개가 이루어진다.

(1) 주제 전개

주제 전개에는 유아가 놀이에서 흥미를 나타내는 주제들을 파악한 후 그 주제에 내포된 소주제를 파악하고 소주제에 내포된 개념 및 아이디어 또는 내용을 발달 수준 및 누리과정 영역을 중심으로 전개하고, 자연스럽게 내용을 다루는 환경 및 활동을 준비해 주어 놀이 및 활동이 전개되도록 한다. 주제 전개를 통해 누리과정 영역이 통합적으로 다루어졌는지, 언어, 수학, 과학, 사회, 미술, 신체적 표현, 음악 등 모든 교과 영역이 골고루 다루어졌는지를 파악하여 유아들에게 의미 있고 풍부한 경험을 제공할 수 있다.

주제 전개시에는 개정 누리과정 해설서(2019) 등 참고 자료에서 주제에 포함될 내용이나 활동의 예를 참조할 수 있다. 주제 전개시 고려할 것은 유아의 연령과 발달 수준, 경험적 배경, 지역사회 특성, 주제 다루는 시기 등에 따라 구체적으로 내용의 범위, 선정될 활동, 활동의 수준이 다르게 전개되고 계획되어져야 한다는 것이다. 구체적으로 주제 전개 과정을 제시하면 다음과 같다.

① 주제의 선정

연간 진행될 주제를 선정할 때에는 다음과 같이 유아의 흥미, 생활과의 관련성, 지역사회의 문화와 가치관, 유아의 학습 가능성, 유아의 발달 등을 고려하여 선정한다(이영자, 1994). 이와 같은 사항을 고려하여 주제를 선정할 경우 활동 진행 과정에서 유아의 프로젝트 활동으로 연결될 가능성이 높다.

㉮ 유아의 흥미에 적절한 주제 선정

유아에게 적절한 주제를 선정하려면 유아가 놀이 및 활동에서 흥미와 관심을 표현한 주제를 선정한다. 그러나 유아가 관심을 표현할 때까지 기다리지 않더라도 교사가 견학, 자원인사의 초청, 활동실(보통 교실) 환경 변화(예 실물 전시, 그림 게시, 책 전시) 또는 비디오테이프, 필름 스트립, 슬라이드의 제시나 그림책 읽고 들려주기 등으로 유아의 흥미를 자극할 수도 있다. 유아가 주어진 자극에 의해 관심을 보이면 주제로 선정하여 활동을 좀 더 발전시켜 제시할 수 있다.

㉯ 유아의 생활과 관련된 주제 선정

유아의 생활에 관련된 주제는 유아들이 직접 경험 가능한 주제를 의미한다. 예를 들어, 가게, 시장, 상추 모종하기, 동물 기르기, 탈것 등 유아들이 직접 접하고 경험할 수 있는 주제를 선정하는 것이 바람직하다. 박물관(예 민속박물관)과 같은 주제를 다루려면 근처에 박물관이 있어서 직접 방문하여 경험을 할 수 있을 때에 가능하다.

㉰ 지역 사회의 문화와 가치관이 반영된 주제 선정

이러한 주제는 교사가 지역 사회의 특성을 파악하고 그 지역의 문화와 가치관을 긍정적으로 받아들이고 발전시키려는 태도가 형성되었을 때 전개할 수 있다. 그러므로 교사는 먼저 유아가 사는 지역 사회의 특성을 파악하고 자신의 가치관을 정립할 필요가 있다.

㉱ 다양한 영역에 대한 깊이 있는 학습이 가능한 주제 선정

주제가 잘 선정되면 주제 관련 활동을 하면서 기술의 발달이 눈에 띄게 나타나게 된다. 주제를 잘 선택했을 때 수학, 언어, 과학, 사회 등의 개념과 기술을 학습할 기회를 제

공하기가 쉽고, 유아가 정보 수집에 능동적으로 참여하여 지식을 구성할 수 있게 된다.

㉮ 지식, 기술, 태도의 발달에 도움이 되는 주제 선정

교사는 주제가 유아의 주변 세계 이해에 도움이 되는가를 고려하여야 한다. 아울러 주제 활동이 지식, 기술, 태도의 발달을 증진시킬 수 있는가도 고려하여 주제를 선정한다.

② 개념 또는 주요 아이디어의 전개

주제 선정 원리에 기초하여 주제가 선정되면 주제에 내포된 개념 또는 주요 아이디어에 대한 전개가 요구된다. 주요 아이디어의 전개는 주제 안에서 다룰 수 있는 신체 운동·건강, 의사소통, 사회관계, 예술표현, 자연 탐구 등 각 누리과정 영역별 세부 아이디어의 분류를 분명하게 해주기 때문이다. 예를 들어 '동물'이라는 주제를 선정하여 이 주제 안에 내포된 개념 또는 주요 아이디어를 전개하면 〈그림 2-1〉과 같이 고려될 수 있다.

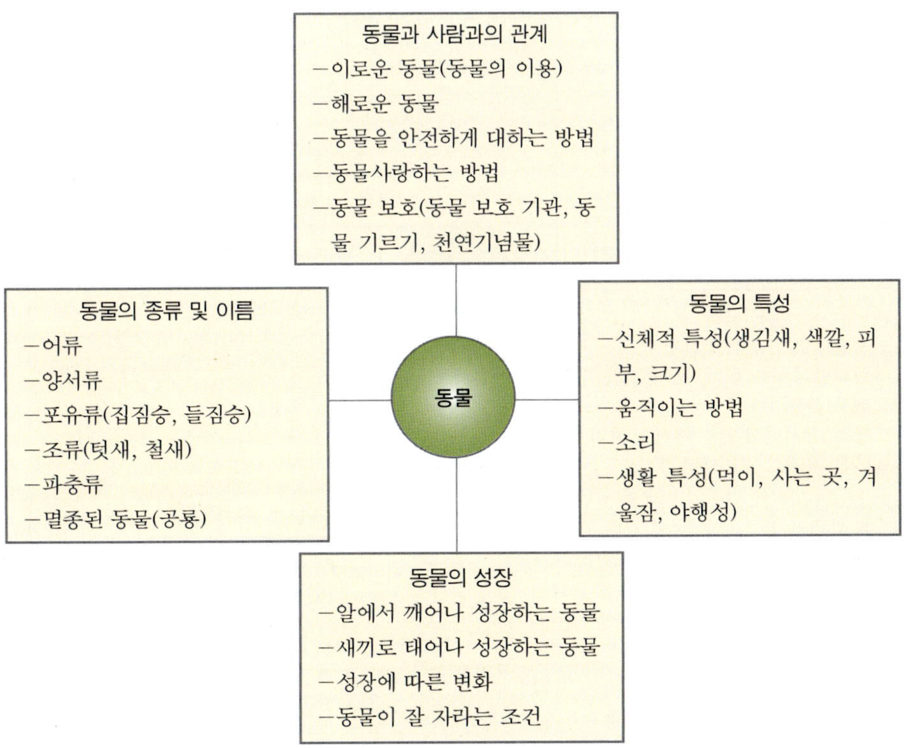

〈그림 2-1〉 주제 '동물'에서 다루어질 수 있는 개념 (아이디어)

③ 누리과정의 영역별 내용 파악 및 흥미 영역별 활동 선정

개념 또는 아이디어가 전개되면 다루어지는 개념 또는 아이디어가 내포하는 누리과정 영역별 내용을 파악한다. 위의 개념 또는 주요 아이디어들은 그 다루는 내용이 특정 누리과정 영역에 제한되는 개념 또는 아이디어도 있으나 대부분 모든 누리과정 영역 내용을 포함하고 있다. 하나의 예로 주제 '동물'에서 다룰 수 있는 개념 또는 아이디어인 '동물의 특성'에서 다루어지는 하위 개념 중의 하나로 '움직이는 방법'의 경우, 자연탐구 영역의 '주변의 동식물에 관심가지기', '관심있는 동물의 특성 알아보기'"관심있는 동식물의 성장 알아보기' 등의 내용뿐만 아니라 예술경험 영역의 '움직임과 춤으로 생각과 느낌을 표현하기', '신체를 이용하여 주변의 움직임을 다양하게 표현하기', '노래로 자신의 생각과 느낌을 표현하기', '미술 활동으로 자신의 생각과 느낌을 표현하기', 의사소통 영역의 '자신의 느낌, 생각, 경험을 말하기', '동요, 동시, 동화를 다양한 방법으로 듣고 이해하기' 등의 내용이 고려되어 질 수 있다. 이러한 관계를 도식화하여 제시하면 다음의 〈그림 2-2〉와 같다.

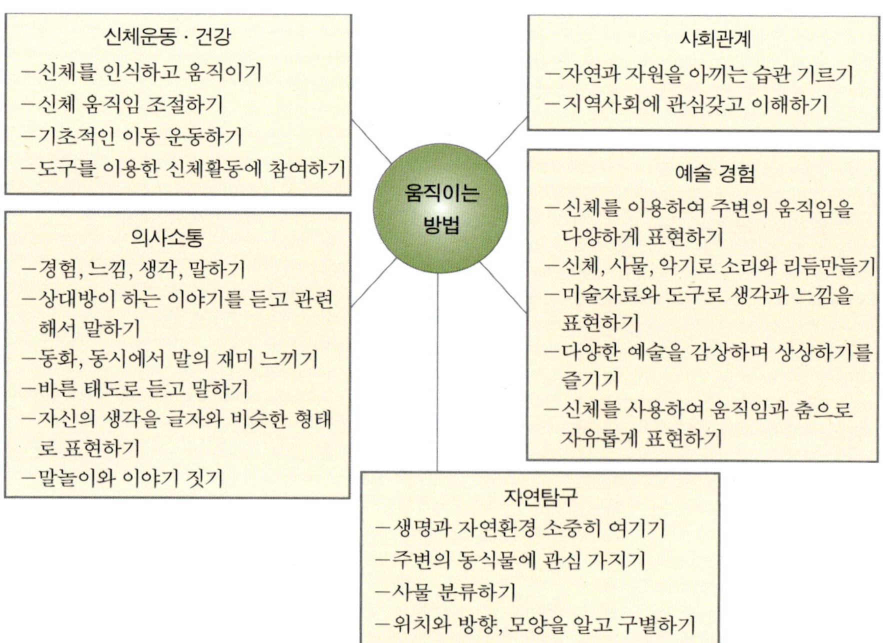

〈그림 2-2〉 하위 개념 '움직이는 방법'에 관련된 누리과정 영역별 내용

이와 같이 개념이 포함되는 누리과정 영역의 내용이 파악되면 이 내용에 포함된 지식의 이해와 기술 및 태도의 발달을 도와주는 흥미 영역별 활동들을 선정한다(〈그림 2-3〉 참조).

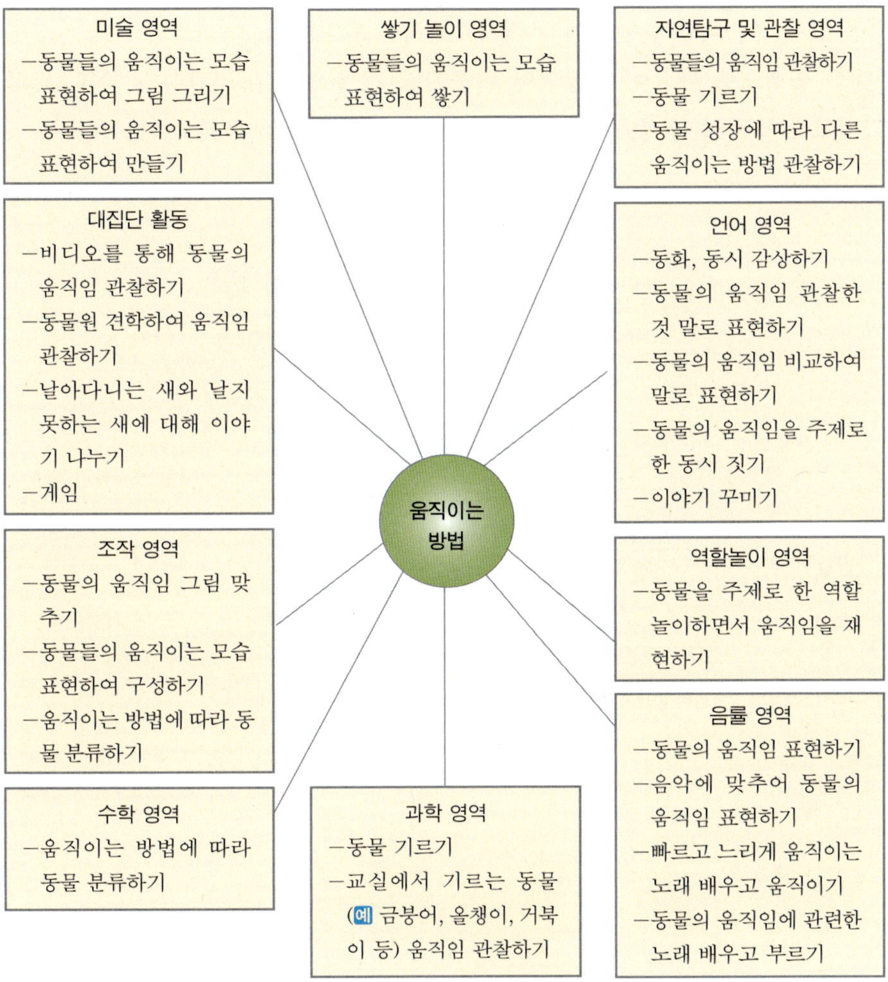

〈그림 2-3〉 하위 개념 '움직이는 방법'에 관련된 흥미 영역별 내용

내용과 활동을 선정할 때는 이상에서 제시한 것과 같이 먼저 개괄적으로 얼개를 짜고 좀 더 구체적으로 유아의 흥미, 연령 또는 발달 수준에 맞게 주제에 대해 다룰 개념과 구체적인 내용 및 활동들을 나열해 본 후 실천 가능한 내용과 활동을 선정한

다. 구체적인 내용 및 활동을 나열할 때는 각 개념 또는 아이디어 학습에 관련된 유아의 학습 주기가 충분히 고려되었는지를 확인한다. 즉, 제반 누리과정 영역 및 활동 영역에서의 활동이 상호 연결되면서 통합적으로 다루어지고 개념 또는 아이디어에 대한 의식, 개념에 대한 다각적 탐색·탐구, 개념에 대한 이해 적용 또는 활용의 과정이 의미 있게 전개되도록 활동이 고려되었는지를 확인한다.

주제를 중심으로 내용이 통합되어 활동이 전개될 때에 누리과정의 영역, 교과 영역, 그리고 활동들의 관계를 도식화하여 제시하면 〈그림 2-4〉와 같다.

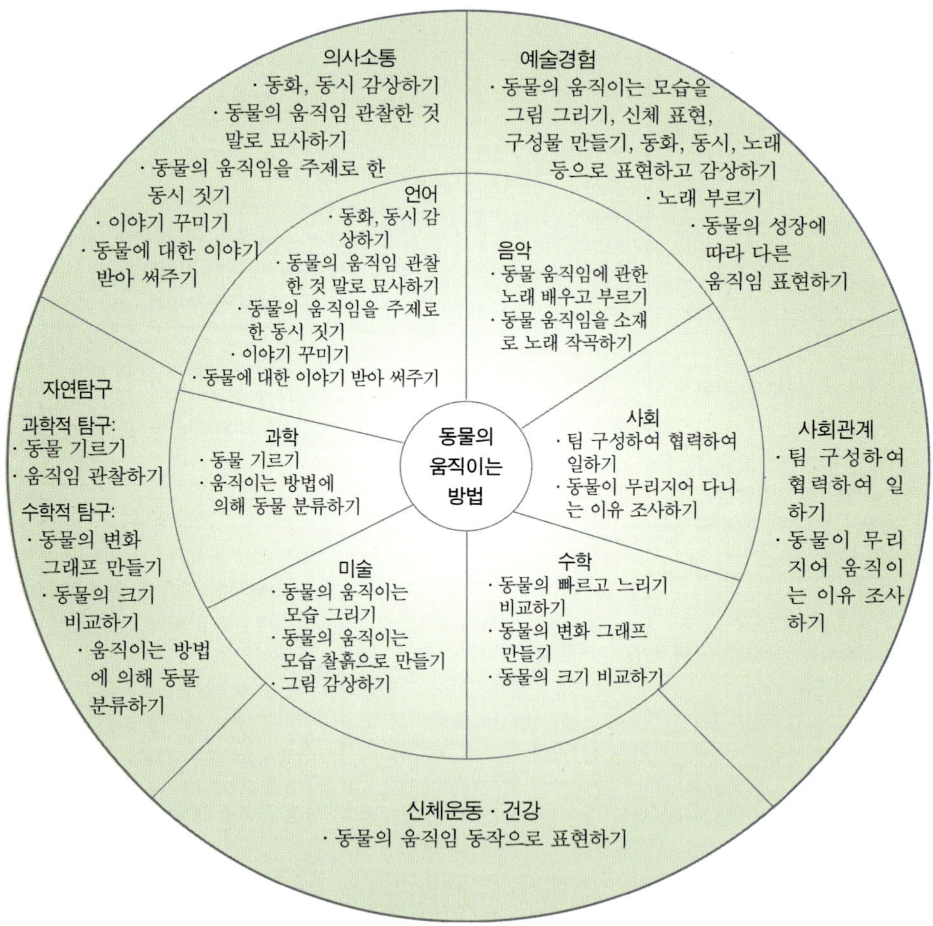

〈그림 2-4〉 소주제 '동물의 움직이는 모습에서의 통합 활동 내용들을 누리과정의 영역과 교과 영역으로 분석한 예

위의 사항에 더하여 주제 내에서 주제의 개념을 다루면서 여러 활동들을 통해 개념 이해를 위하여 언어, 과학, 미술, 음악, 동작 등의 모든 교과 영역이 통합적으로 적용되고 각 교과 영역의 하위 요소들, 예를 들어 언어 교육의 읽기, 쓰기, 말하기, 듣기나 미술 교육의 미술적 요소 탐색, 창의적 표현, 감상 요소들이 통합적으로 다루어졌는지를 확인해야 한다.

한 예로 '탈 만들기'라는 소주제를 다루면서 여러 활동을 통하여 미술의 탐색, 표현, 감상의 내용 영역들이 통합되고 미술과 다른 교과 영역들이 통합될 수 있다. 이를 도식으로 예시하면 〈그림 2－5〉와 같다.

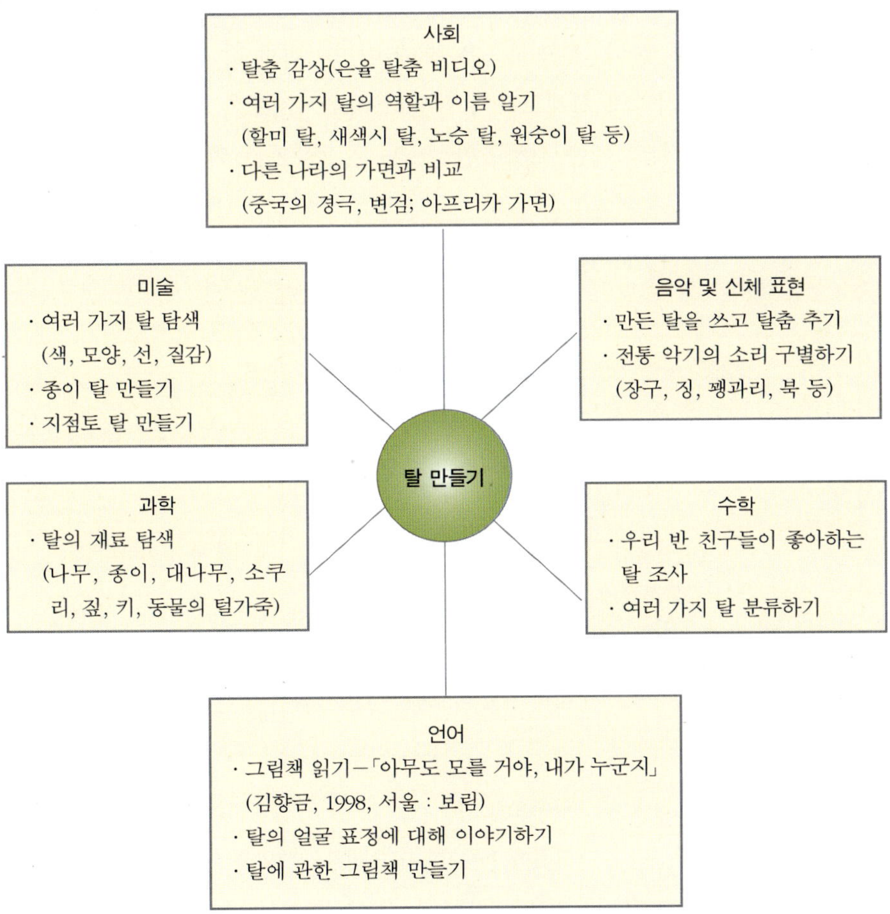

〈그림 2–5〉 미술의 내용 영역 통합, 미술과 여러 교과 영역 통합이 다루어지는 예

(2) 연간 계획

연간 계획에서는 전반적인 학사 및 특별 견학 계획을 하며 일반적으로 다루어질 수 있는 주제의 제시 및 주제 전개의 얼개를 작성한다. 또한 연간 계획에는 부모교육 계획도 포함한다. 연간 계획에서 세운 학사 일정이나 연령별 예상 주제는 상황변화와 놀이 전개에 따른 유아의 흥미나 관심의 방향에 따라 변화 가능하다. 즉 유아의 관심과 주변 지역사회 변화에 따라 연간 계획주제와 다른 주제가 전개될 수 있고 월간 또는 주간계획에서 변화된 주제에 따른 계획을 세워 놀이 환경과 놀이가 진행된다.

부모교육 계획의 경우도 연초에 부모교육 계획을 세운후 부모 오리엔테이션에서 제시된 부모 의견을 반영하여 부모교육의 내용을 확정하고 다양한 내용과 형태의 부모교육이 이루어지도록 한다. 부모교육을 통해 어린이집과 유치원 교육과정인 누리과정을 이해시키고 가정과의 연계교육이 원활히 이루어지도록 한다. 유아를 위한 연간 계획과 부모교육 계획의 예를 제시하면 〈표2-1〉, 〈표2-2〉와 같다.

〈표 2-1〉 20○○학년도 3-5세 유아를 위한 연간 계획 (예)

기간		주제	소주제	기본 생활 습관
3월	1주	즐거운 어린이집 (※우리 동네를 깨끗하게 해요)	형님이 되었어요	바르게 인사해요
	2주		우리 반 선생님과 친구들	선생님께 존댓말을 사용해요
	3주			
	4주		우리 반의 약속과 규칙	물건을 스스로 정리해요
	5주			
4월	1주	나와가족 (※서강도서관에 가요)	소중한 나	교실에서 걸어다녀요
	2주			
	3주		우리가족을 소개해요	바르게 앉아서 식사해요
	4주		우리 가족을 사랑해요	내가 먹은 자리는 정리해요
5월	1주	교통기관 (※우리 동네 공공기관을 가요)	우리 주변의 교통수단을 알아보아요	바른 말 고운 말을 사용해요
	2주			
	3주		육상, 항공, 해상 교통기관이 있어요	옆 친구를 배려하며 놀이해요
	4주			
	5주		안전하고 즐거운 교통생활	외출 후 바로 손을 씻어요

기간		주제	소주제	기본 생활 습관
6월	1주	우리동네 (※마트에 가요)	궁금한 우리 동네	양치를 바르게 해요
	2주		우리 동네 공공기관	화내지 않고 말해요
	3주		우리 동네 가게	물건을 소중히 다뤄요
	4주		우리 동네 사람들	어른께 바르게 사용해요
7월	1주	여름 (※서강도서관에 가요)	여름철 기온과 날씨	물건을 아껴써요
	2주			
	3주		시원한 여름 보내기	찬 음식을 조금만 먹어요
	4주			
	1주			
8월	2주	공룡 (※공공기관에 가요)	내가 좋아하는 공룡이 있어요	함께 지내는 공간에서 조용히 말해요
	3주		공룡이 궁금해요	땀을 흘린 후 깨끗이 씻어요
	4주			
	5주		공룡들이 사라졌어요	놀잇감을 소중히 다뤄요
9월	1주	가을 (※빵 가게에 가요)	우리나라의 명절 추석이에요	다른 사람의 이야기를 주의 깊게 들어요
	2주		가을 날씨 알기	하고 싶은 말을 또박또박 말해요
	3주		가을 풍경 즐기기	친절하게 말해요
	4주		풍성한 가을	골고루 식사해요
10월	1주	우리나라 (※시장을 구경해요)	우리나라의 상징	차곡차곡 정리해요
	2주		우리나라의 집	내 물건을 잘 챙겨요
	3주		우리나라의 옷	
	4주		우리나라의 문화	차례를 지켜서 말해요
11월	1주	세계여러나라 (※공공기관을 방문해요)	세계에는 여러 나라가 있어요	화장실 사용 후 물을 내려요
	2주			
	3주			
	4주		세계여러나라의 옷, 음식, 집	바른말 고운 말을 사용해요
	5주		세계에는 여러 사람들이 다양한 모습으로 살아요	겉옷을 바르게 입어요
12월	1주	겨울 (※주민센터를 방문해요)	겨울은 어떤 모습일까?	분리수거를 해요
	2주			
	3주		성탄절을 준비해요	친구에게 양보 할 수 있어요
	4주			

기간		주제	소주제	기본 생활 습관
1월	1주	새해 / 형님이 되었어요. (※우리 동네 떡집에 가요)	새해가 되었어요	함께 지내는 공간에서 조용히 말해요
	2주			
	3주		설날이에요.	식사시간에는 조용히 이야기해요
	4주			
	5주		형님이 되었어요	실내에서 걸어다녀요
2월	1주			
	2주			
	3주		즐거웠던 우리반	화내지 않고 말해요
	4주			

*상기 계획은 유아들의 흥미에 따라 조정될 수 있음.

〈표 2-2〉 20○○학년도 연간 계획 (예)

주 / 월	1주	2주	3주	4주	5주
3	• 수요일: 입학일(수업시간 오전 10:00~오후 11:30) • 만 4, 5세 적응기간 (수업시간 오전 9:00~12:00)	• 만 3세반 적응기간(수업시간 오전10:00~12:00) • 만 4, 5세반 정상수업시작(수업시간 오전 9:00~오후 2:00)	• 만 3세반 정상수업 시작(수업시간오전 9:00~ 12:00)	• 제 2차 부모교육:학부모 개별면담	
4	• 5일: 식목일(꽃모종) • 4일: 안전교육(응급처치교육)	• 실외 밭 가꾸기 • 교내 봄동산 나들이(만3세/만4세)	• 미술관 견학(만 5세)	• 어린이 동물원 견학(종일제)	• 제3차 부모교육: 학부모 대상 강연회
5	• 4일: 안전교육(응급처치교육) • 어린이날 축하(제4차 부모교육 :학부모 참여수업) • 소방안전 교육	• 가족의 날 행사	• 교내 우체국 견학(만 4세)		

6	• 4일: 안전교육(응급처치교육) • 교통안전 교육(교통관리 공단)	• 어린이 교통안전 홍보관 견학(만5세/종일제)		• 제 5차 부모교육 :학부모 워크샵 (아버지 교육)	• 곤충체험전 견학 (만 4세)
7	• 4일: 안전교육(응급처치교육) • 아리수 정수센터 견학 (만 5세/ 종일제)	• 제6차 부모교육: 방학 중 유아와 할 수 있는 놀이' 소책자 배부	• 여름방학 시작 • 1학기 평가회의 → 활동 정리		• 방학 중 유아들에게 편지 발송
8		• 종일제 개학	• 원내 물놀이(종일제)	• 반일반 개학 • 원내 물놀이(반일제)	
9	• 4일: 안전교육(응급처치교육) • 유괴 · 실종 예방 교육 • 밭에 씨뿌리기	• 올림픽 기념관견학(만 5세/종일제)	• 유아 건강검진 • '어린이 난타' 공연 관람(만 3세)	• 제7차 부모교육:학부모 강연회	
10	• 4일: 안전교육(응급처치교육) • 소방 대피훈련	• 가족 운동회	• 교내 가을동산 나들이(만 3세/4세)	• 국립중앙어린이박물관 견학(만 4세/종일제)	
11	• 지진 대피훈련 • 수료 앨범 사진 촬영	• 밭작물 수확 후 김장 담그기	• 제8차 부모교육:학부모 개별 면담기간	• 별난 물건 박물관 견학(만 5세)	
12	• 4일: 안전교육(응급처치교육) • 신입원아 모집 기간	• 제8차 부모교육: 방학 중 유아와 할 수 있는 놀이' 워크샵	• 겨울방학일		
1	• 유아들에게 방학 편지 보내기	• 종일제 개학	• 떡 박물관 견학(종일제)	• 반일제 개학	
2	• 4일: 안전교육(응급처치교육) • 인근 초등학교 방문(만 5세)	• 제 9차 부모교육 : 평가 및 다과 • 봄방학일 및 졸업일	• 1년 평가회의 및 신학기 준비	• 00학년도 제 1차 부모교육: 신입원아 및 학부모오리엔테이션	

〈표 2-3〉 20○○학년도 연간/월간 주제 및 행사 계획(만 4세 학급 예)

월	주제	소주제	목표	행사
3	즐거운 유치원	• 유치원의 일과 • 유치원에서의 놀이 • 놀이할 때의 규칙 • 유치원에서의 안전	• 유치원의 하루 일과에 대해 안다. • 유치원의 교실과 바깥놀이터에서 여러 가지 놀이를 할 수 있음을 안다. • 친구와 함께 놀이를 즐겁게 하기 위해서는 지켜야할 규칙이 있음을 안다. • 유치원에서 안전하게 지낼 수 있는 방법들에 대해 안다.	• 제1차 부모교육: 학부모 오리엔테이션(입학일 이전) • 입학일(1주) • 놀이시설 및 기구 안전 교육(4주) • 제2차 부모교육:학부모 개별면담(4주)
4	봄과 동식물의 변화	• 봄의 날씨 변화 • 봄의 생활의 변화 • 봄의 동물의 생활 변화 • 봄의 식물의 변화 • 식물의 구조 • 식물의 성장	• 봄이 되면 날씨가 달라진다. • 봄에는 사람들의 생활이 달라진다. • 봄에는 동물의 생활이 변화한다. • 봄에는 식물이 변화한다. • 식물의 각 부분은 각기 다른 역할을 한다. • 식물의 성장에 대해 안다.	• 교사 대상 안전교육(1주) • 씨앗과 모종 심기 • 교내 봄동산 나들이(2주) • 제3차 학부모 대상 강연회(5주)
5	가족과 이웃	• 가족의 구성원 • 가족 구성원의 역할 • 우리 동네 • 우리 동네의 기관들 • 우리 동네의 역할	• 가족 구성원은 각각 특별한 호칭이 있다. • 가족 구성원의 역할은 상황에 따라 변화할 수 있다. • 우리 동네에는 여러 가족이 모여 산다. • 우리 동네에는 여러 형태의 건물, 시설, 기관이 있다. • 우리 동네 사람들은 서로 도우며 살아간다.	• 어린이날 축하(1주) • 소방 안전교육(소방관)(1주) • 가족의 날 행사(2주) • 현장학습(3주): 우체국
6	탈 것	• 탈 것의 종류 • 탈 것의 기능 • 탈 것의 편리함 • 탈 것 이용방법 • 교통 안전과 질서	• 탈 것에는 여러 종류가 있음을 안다. • 탈 것은 종류에 따라 다양한 기능이 있음을 안다. • 탈 것은 우리에게 편리함을 줌을 안다. • 탈 것을 이용하는 적절한 방법을 경험해본다. • 안전하게 탈 것을 이용을 하기 위해 지켜야할 규칙이 있음을 이해한다.	• 교통안전교육(1주) • 현장학습(2주): 어린이 교통안전홍보관 • 제 5차 학부모 워크샵(4주)

7	곤충과 작은 동물	• 곤충과 작은 동물의 생김새 • 곤충과 작은 동물의 습성 • 곤충과 작은 동물의 성장 • 곤충과 작은 동물이 주는 이로움과 해로움	• 곤충과 작은 동물마다 각기 이름과 생김새가 다르다는 것을 안다. • 곤충과 작은 동물에는 독특한 생활 습성이 있음을 안다. • 곤충과 작은 동물의 성장에 대해 안다. • 사람에게 이로움을 주는 동물도 있고 해로움을 주는 동물도 있음을 안다.	• 현장학습(1주): 곤충 체험전 • 제6차 부모교육 : 소책자 배부(2주) • 여름방학일(3주)
8	여름 방학			• 여름방학 중 유아들에게 편지 발송
9	운동	• 내가 해본 운동 • 운동하는 방법 • 운동에 필요한 규칙 • 운동의 필요성	• 내가 경험해본 운동에 대해 생각해 본다. • 내가 할 수 있는 다양한 운동 방법을 알아본다. • 운동을 할 때 필요한 규칙에 대해 알아본다. • 운동은 우리 몸과 마음을 건강하게 해줌을 안다.	• 유괴, 실종 예방교육(1주) • 유아 건강검진(3주) • 제7차 학부모 강연회(4주)
10	우리 나라	• 우리나라 상징 • 우리나라 문화 • 우리나라 유산	• 우리나라는 나라 이름, 나라를 나타내는 국기, 노래, 꽃을 가지고 있음을 안다. • 우리나라만이 가진 독특한 옷, 음식, 집, 생활도구, 놀이 등을 경험한다. • 우리나라 조상들이 만들어 놓은 독특한 음악, 춤, 미술, 건축물에 대해 안다.	• 소방 대피훈련(1주) • 가족운동회(2주) • 현장학습(3주): 국립 중앙 어린이 박물관
11	도구와 기계	• 도구와 기계의 종류 • 도구와 기계를 움직이는 힘 • 도구와 기계의 편리성 • 도구와 기계를 다루는 방법과 안전 규칙	• 여러 가지 종류의 기계와 도구가 있음을 안다. • 도구와 기계를 움직이는 힘이 있음을 안다. • 도구와 기계는 우리의 생활을 편리하게 해줌을 안다. • 도구와 기계를 안전하게 사용하고 보관 하는 경험을 갖는다.	• 지진대피훈련 (1주) • 수료앨범촬영(1주) • 밭 작물 수확 후 김장하기(2주) • 제8차 학부모 개별면담(3주)

12	겨울	• 날씨의 변화 • 겨울철의 준비 • 겨울의 놀이	• 겨울 날씨의 변화에 대해 안다. • 겨울이 되어 자연의 변화에 대해 안다. • 겨울을 따뜻하고 건강하게 지내기 위한 방법에 대해 안다. • 겨울에 할 수 있는 놀이를 경험한다.	• 신입원아 모집 기간(1주) • 제 9차 학부모 워크샵(2주) • 겨울 방학일(3주)
1	겨울 방학			• 겨울방학 중 유아들에게 편지 발송
2	형님이 되어요	• 설날 • 형님으로서의 태도	• 새해가 되어 나이를 한 살씩 더 먹게 됨을 안다. • 형님으로서의 태도에 대해 안다.	• 제 9차 부모교육: 평가 및 다과 • ○○학년도 제 1차 오리엔테이션

〈표 2-4〉 20○○ 학년도 부모교육 계획의 예

월	부모 교육 형태	내용	비고
2월	신입원아 부모 오리엔테이션	교육내용 소개/ 각 반별로 담임교사 및 학부모와 인사	멀티미디어와 유인물 활용
3월	제 1차 학부모 개별 면담	유아에 대한 전반적인 정보 교환	유아 관찰기록 자료와 설문지 활용
4월	주제 강연	• 주제: 자녀의 행동 관찰: 무엇을 어떻게 볼 것인가? • 내용: 유치원 하루 일과에서의 규칙 지키기, 친사회적 행동, 선호하는 흥미영역과 놀이 형태 등을 관찰 체크리스트를 활용하여 체크해보고 자녀의 행동을 이해하고 도와주도록 안내하기	수업 참관 시 행동관찰 리스트를 활용 할 수 있음을 안내 함
5월	어린이날 축하 참여수업	각 학급별 생활주제에 기초하여 학부모와 유아가 함께 유치원 실·내외에서 할 수 있는 활동 3~4가지를 고안하여 학부모 참여수업하기	학부모 참여수업
6월	워크샵 (아버지 교육)	• 주제: 아이와 대화하며 놀이하는 부모 되기 • 내용: 유아의 경험 회상하기, 이야기 꾸미기, 문학과 관련된 게임, 단어게임 등 다양한 형태로 유아와 대화하며 놀이하는 방법을 익히고 실제로 상호작용해 보는 워크샵	연령별 소집단 워크샵/교구제작 자료 배부
7월	소책자 배부	• 주제: 자연 속에 크는 아이 • 내용: '자연 친화적 통합적 놀이'에 대한 소책자를 구성하여 배부함	가정통신문 활용

9월	주제 강연	• 주제: 두뇌발달과 교육 • 내용: 영유아기 두뇌 발달과 가정에서의 적절한 교육방법에 대한 강연회	멀티미디어와 유인물 활용
10월	가족 운동회	다양한 운동 놀이에 온 가족이 함께 참여할 수 있는 운동회 행사	학부모 참여
11월	제 2차 학부모 개별 면담	유아의 발달상황과 생활전반에 대한 면담	유아 관찰 기록 및 포트폴리오 활용
12월	워크샵	• 주제: 아이와 함께 해보는 생활 속 수학 놀이 • 내용: 수 개념, 도형, 측정, 자료 이해 등 전반적인 유아 수학교육에 대한 안내와 함께 가정에서 활용 가능한 쉬운 수학교구를 제작하고 실제 해볼 수 있도록 함	멀티미디어 자료를 활용한 강연/ 교구 제작 자료
1월	평가회	1년 동안 이루어진 교육프로그램에 대한 학부모와 교사 간의 의견 교환 및 다과	다과 준비

(3) 월간 계획

월간 계획에서는 유아의 생일, 공휴일, 견학 등이 구체적으로 계획될 수 있다. 또한 계절적인 특별한 활동을 계획할 수 있다. 예를 들어 씨 심기, 단풍잎 줍기 등의 활동을 들 수 있다. 월간 계획의 목적은 유아가 관심 또는 흥미를 보이는 주제를 확인하고 흥미에 적절한 통합적 활동을 윤곽적으로 계획하고 주간 계획에서 교사가 중요한 사건을 상기할 수 있도록 돕는 것이다. 견학 장소는 한 달 또는 그 이전에 미리 스케줄을 잡아 놓아야 하고 견학시의 차량도 미리 교섭해 두어야 한다. 또 부모들이 그 달의 큰 행사를 알고 가정에서 협조할 수 있으려면 월간 계획을 미리 부모들이 알 수 있도록 안내문을 보내야 한다.

월간 계획은 적어도 해당 월의 전월 둘째 주의 화요일 정도에는 세워야 한다. 월간 계획은 전체 학급 간에 공통적인 점도 있고 다른 점도 있을 것이다. 다음 〈표 2-5〉에는 주제 진행과 연결하여 3주간의 계획을 월간 계획의 예로 제시하였다.

〈표 2-5〉 월간 계획의 예

'나와 가족' (3월 5주 ~ 4월 2주) 보육계획안

<table>
<tr><th colspan="2">주 제</th><th colspan="3">나와 가족</th></tr>
<tr><td colspan="2">소주제</td><td>소중한 나 / 우크라이나 사태와 전쟁</td><td>소중한 우리 가족이에요 / 로켓과 선의 모양</td><td>우리 가족을 사랑해요</td></tr>
<tr><td colspan="2">기 간</td><td>3월 5주</td><td>4월 1주</td><td>4월 2주</td></tr>
<tr><td colspan="2">목 표</td><td>*남자와 여자의 신체 차이를 알아보며 나의 몸의 소중함을 안다.
*나를 알고 소중히 여기며 나의 성장 과정에 대해 관심을 가진다.
*러시아, 우크라이나의 상황을 알아보며 세계 여러 나라에서 일어나는 일들에 관심을 갖는다.</td><td>*나와 친구의 가족을 보며 가족 마다 구성원이 다를 수 있음을 안다.
*가족 구성원의 호칭을 안다.
*가족 구성원의 역할을 알고 서로 도와야 함을 안다.
*로켓이 날아갈 때 나타나는 포물선에 관심을 갖고, 다양한 선의 종류와 모양을 알아본다.</td><td>*가족과의 즐거웠던 경험을 떠올리며 가족을 사랑하는 마음을 다양한 방법으로 표현한다.
*가족을 사랑하는 마음을 표현하며 가족의 소중함을 안다.</td></tr>
<tr><td rowspan="7">흥미영역</td><td rowspan="4">언어</td><td colspan="3">☆주말 지낸 이야기
문해구성요소: 이야기 구조, 언어구조, 쓰기</td></tr>
<tr><td>신체구조 수수께끼</td><td>선의 종류와 모양</td><td>사랑하는 우리가족 동시 짓기</td></tr>
<tr><td>문해구성요소: 배경지식, 이야기 구조</td><td>문해구성요소: 어휘력, 배경지식</td><td>문해구성요소: 어휘력, 단어인식</td></tr>
<tr><td>♧신체구조 카드를 보고 수수께끼를 내어 본다.
♡수수께끼 카드(명칭, 하는 일)를 만들어 수수께끼 놀이를 한다.</td><td>♧점선을 따라 선을 그리고 이름을 써본다.
♡선의 종류를 알아본 후 모양을 보고 떠오르는 것(사람, 동식물, 물건, 느낌)을 자유롭게 이야기하며 기록한다.</td><td>♧사랑하는 우리가족 동시의 빈 공간에 들어갈 내용을 구어로 표현한다.
♡사랑하는 우리가족 동시의 빈 공간에 들어갈 내용을 따라 쓰기, 베껴 쓰기 하여 동시 짓기 한다.</td></tr>
<tr><td rowspan="3">수</td><td>신체구조 패턴 만들기</td><td>우리 가족 친구 가족</td><td>가족 사랑 게임판</td></tr>
<tr><td>문해구성요소: 어휘력</td><td>문해구성요소: 어휘력, 단어인식</td><td>문해구성요소: 단어인식</td></tr>
<tr><td>♧신체구조 그림자료를 이용해 AB 패턴을 만든다.
♡신체구조 그림자료를 이용해 AB, ABB, ABC 패턴을 만든다.</td><td>♧나와 다른 또래의 가족나무를 비교하며 수세기를 한다.
♡나와 다른 가족의 공통점과 차이점을 벤다이어그램으로 표현한다.</td><td>☆주사위를 던져 나온 가족을 기쁘게 하는 방법을 말해보며 보드게임을 한다.</td></tr>
</table>

흥미영역				
흥미영역	과학	남자와 여자는 어떻게 다를까	우리 가족이 사용하는 물건 관찰하기	비밀편지
		문해구성요소: 어휘력	문해구성요소: 어휘력, 단어인식	문해구성요소: 단어인식
		☆남자와 여자 그림 자료를 보고 남녀 신체 구조의 차이점을 알아보며 소중한 곳을 왜 보호해야 하는지 이야기 나눈다.	☆비밀 상자 안에 들어있는 가족 구성원의 물건들(예 핸드백, 넥타이, 립스틱, 딸랑이, 머리띠 등)을 만져보며 무엇인지 추측하고 꺼내어 말해보거나 관찰 기록장에 용도를 기록한다.	♧가족에 대한 소중한 마음을 소금물을 이용하여 그림으로 그려본다. ♡가족에 대한 소중한 마음을 소금물을 이용하여 편지를 쓴다.
	컴퓨터	전쟁에 대해 알아보기	–	
		☆전쟁에 대한 자료를 검색하고, 전쟁이 일어난 상황을 뉴스를 통해 알아본다.		
	조작	남자와 여자 몸 퍼즐조작	가족 바느질	이만익의 '가족 나들이' 명화 퍼즐
		문해구성요소: 배경지식	문해구성요소: 어휘력, 배경지식	문해구성요소: 어휘력, 언어구조
		♧8조각의 '남자와 여자의 몸' 퍼즐을 맞춘다. ♡12조각의 '남자와 여자의 몸' 퍼즐을 맞춘다.	☆가족 얼굴, 물건 사진 구멍에 바느질을 해 본다.	♧8조각의 '가족 나들이' 명화 퍼즐을 맞춘다. ♡12조각의 '가족 나들이' 명화 퍼즐을 맞춘다.
	조형	성장앨범 만들기	로켓을 만들어요	가족 사진 액자 만들기
		문해구성요소: 배경지식	어휘력문해구성요소: 단어 인식, 배경지식, 쓰기	문해구성요소: 배경지식, 어휘력
		☆나의 사진을 시간 순서대로 나열해보고 나열한 순서대로 나만의 성장앨범을 만든다.	☆여러 가지 재료(종이컵, 색종이, 고무줄)로 로켓을 만들고 꾸며 본 후 로켓을 날려본다.	☆우드락 액자 틀에 다양한 모양 스티커, 쓰기 도구를 사용해 가족 사진 액자를 만든다.
	쌓기	블록으로 탱크와 대피소 만들기	우리 가족의 집을 만들어요	즐거웠던 장소를 구성해요
		문해구성요소: 어휘력	문해구성요소: 배경지식, 이야기 구조	문해구성요소: 배경지식
		♧여러 가지 블록으로 대피소를 만든다. ♡탱크의 구조를 알아보고 여러 가지 블록을 사용하여 탱크를 구성한다.	☆우리 가족이 사는 집을 회상하며 다양한 블록으로 구성한다.	☆우리가족과 함께했던 즐거운 장소를 회상하며 다양한 블록으로 구성한다.

<table>
<tr><td rowspan="6">흥미영역</td><td rowspan="3">역할</td><td colspan="2">전쟁 놀이</td><td>가족이 되어 보아요</td><td>즐거운 우리 가족</td></tr>
<tr><td colspan="2">문해구성요소: 이야기 구조, 어휘력</td><td>문해구성요소: 배경지식, 어휘력</td><td>문해구성요소: 배경지식, 어휘력</td></tr>
<tr><td colspan="2">☆탱크와 대피소가 만들어진 쌓기영역에서 역할을 정하여 전쟁 놀이를 한다.</td><td>☆가족 구성원의 역할을 생각해보고 역할영역에 있는 가족 목걸이를 목에 걸고 구성원이 되어 역할 놀이를 한다.</td><td>☆쌓기영역에서 구성한 즐거웠던 장소에서 다양한 상황을 가작화하며 가족놀이 한다.</td></tr>
<tr><td rowspan="3">음률</td><td colspan="2">'소중한 나 내가 지켜요' 율동 만들기</td><td>참 좋은 말</td><td>'엄마 아빠 사랑해요' 악기 연주하기</td></tr>
<tr><td colspan="2">문해구성요소: 책읽기 및 내용이해</td><td>문해구성요소: 배경지식</td><td>문해구성요소: 책읽기 및 내용이해</td></tr>
<tr><td colspan="2">♧〈참 좋은말〉 노래 가사의 의미를 알아보며 노래를 불러 본다.</td><td>♡〈참 좋은말〉 노래 가사의 의미를 알아보며 따라 불러본 후, 노래 가사를 개사하여 불러본다.
☆〈소중한 나 내가 지켜요〉 노래 가사의 의미를 생각하며 어울리는 동작을 만들어 표현한다.</td><td>☆동요〈엄마 아빠 사랑해요〉를 부르며 박자에 맞게 리듬악기를 연주한다.</td></tr>
<tr><td colspan="2">실외놀이 및 산책</td><td colspan="2">끼리끼리 모여라!
(※ 대체활동: 고깔 길 건너기)</td><td>우리 집에 왜 왔니?
(※대체활동: 가족 꼬리잡기)</td><td>우리 가족을 표현해요
(※대체활동: 무궁화 꽃이 피었습니다)</td></tr>
<tr><td rowspan="8">집단활동</td><td rowspan="2">이야기나누기</td><td>이렇게 말해요</td><td>누구의 어릴 적 모습일까요?</td><td>소중한 가족이 있어요</td><td>가족을 기쁘게 하는 여러 가지 방법 소개하기</td></tr>
<tr><td colspan="2">문해구성요소: 어휘력</td><td>문해구성요소: 어휘력, 배경지식</td><td>문해구성요소: 언어구조, 어휘력</td></tr>
<tr><td rowspan="2">새노래</td><td>소중한 나 내가 지켜요</td><td>-</td><td>참 좋은 말</td><td>엄마 아빠 사랑해요</td></tr>
<tr><td colspan="2">문해구성요소: 책읽기 및 내용이해</td><td>문해구성요소: 책읽기 및 내용이해</td><td>문해구성요소: 책읽기 및 내용이해</td></tr>
<tr><td rowspan="2">동시</td><td>내 마음</td><td>내 몸이 하는 일</td><td>우리 집 약속</td><td>사랑하는 우리 가족</td></tr>
<tr><td colspan="2">문해구성요소: 음운인식, 단어인식</td><td>문해구성요소: 책읽기 및 내용이해, 어휘력</td><td>문해구성요소: 책읽기 및 내용이해, 어휘력</td></tr>
<tr><td rowspan="2">동화/동극</td><td>다섯 발가락</td><td>내 몸은 소중해요</td><td>가족은 꼬옥 안아 주는거야</td><td>구름빵</td></tr>
<tr><td colspan="2">문해구성요소: 책읽기 및 내용이해, 어휘력</td><td>문해구성요소: 책읽기 및 내용이해</td><td>문해구성요소: 책읽기 및 내용이해, 어휘력</td></tr>
<tr><td colspan="2">기본생활습관</td><td colspan="2">교실에서 걸어다녀요</td><td>바르게 앉아서 식사해요</td><td>내가 먹은 자리는 정리해요</td></tr>
</table>

일상생활	텃밭 작물에 물을 줘요
안전교육	실종 · 유괴 – 실종, 유괴란? / 교통안전 – 빨간 불! 초록 불! / 성폭력 · 아동학대 예방 – 소중한 우리 몸 / 보건위생관리 – 약물오남용이란 / 생활안전 – 복도에서는 천천히, 장난감은 사이좋게
지역사회 연계	소방관을 만나요

☆ – 공통수준, ♧ – 1수준, ♡ – 2수준

(4) 주간 계획

주간 계획에는 특정한 주에 있을 모든 놀이 및 활동이 구체적으로 계획되어야 한다. 유아가 관심을 보이는 놀이 주제 중심 통합적 접근 프로그램에서의 주간 계획은 매일의 활동 시간대에 기초하여 이루어지므로 일과 활동을 계획하는 구체적 참고 자료가 될 수 있다.

주간 계획을 할 때에는 전 교직원이 함께 계획에 참여해야만 한다. 그리고 보조 교사나 자원인사의 임무도 계획에 포함되어야 한다. 모든 사람이 계획을 참작할 수 있도록 계획의 복사물을 교실 한쪽 게시판에 붙여 둘 수 있다. 주간 계획의 예는 〈표 2–6〉과 같다.

〈표2–6〉 주간 계획의 예 (예1)

결재	담임	원장
	장○○ 김○○	

○○반 (만3–5세) 주간 활동 계획안

주제	나와 가족 /우크라이나 사태			기간	3월 5주(3월 28일 ~ 4월 1일)
소주제	소중한 나 /우크라이나 사태와 전쟁				
활동 영역	**개시일**	**활동명**	**활동목표**	**활동자료**	**활 동 내 용**
기본생활 및 안전	3월 5주 월~	교실에서 걸어다녀요	☆교실에서 이동할 때 지켜야 할 약속을 안다. ☆교실에서 바르게 걷는 습관을 기른다.	그림 자료	–교실에서 이동 시 지켜야 할 약속을 이야기 나눈다. –교실에서 걸어 다녀야 하는 이유를 스스로 이해하고 실천할 수 있도록 약속한다.
	관련 요소	신체운동건강〉안전하게 생활하기〉일상에서 안전하게 놀이하고 생활한다. 사회관계〉더불어 생활하기〉약속과 규칙의 필요성을 알고 지킨다.			

<table>
<tr><td rowspan="2">언어</td><td>3월
5주
월~</td><td>♧♡
신체구조
수수께끼</td><td>☆단서를 듣고 추측하여 답을 맞히며 추리력을 기른다.
♧신체구조의 특징을 적절한 어휘로 표현하며 어휘력 발달을 돕는다.
♧신체구조 명칭, 하는 일을 글자로 써서 수수께끼 책을 만들며 바른 철자법을 익힌다.</td><td>신체구조 카드
책모양의 색지, 풀, 가위, 쓰기도구</td><td>도입:
–신체구조 카드를 보며 신체구조의 명칭, 특징에 대해 이야기나눈다.
전개:
–신체구조 카드를 보고 수수께끼를 내어본다.
–신체구조 사진 자료를 오려서 색지에 붙여 카드를 만든다.
–신체구조의 명칭을 따라 쓰기, 베껴 쓰기 할 수 있도록 안내한다.
–신체구조의 특징을 문장으로 써서 카드를 완성한다.
마무리:
–내가 만든 교통기관 수수께끼 카드를 활용하여 또래들과 함께 교통기관 수수께끼 놀이를 한다.</td></tr>
<tr><td>관련
요소</td><td colspan="4">의사소통〉듣기와 말하기〉상황에 적절한 단어를 사용하여 말한다.
의사소통〉듣기와 말하기〉상대방이 하는 이야기를 듣고 관련해서 말한다.
의사소통〉읽기와 쓰기에 관심 가지기〉자신의 생각을 글자와 비슷한 형태로 표현한다.</td></tr>
<tr><td rowspan="2">수</td><td>3월
5주
화~</td><td>♧♡
신체구조
패턴
만들기</td><td>♧ABAB 반복되는 규칙성을 인식하며 다음에 올 카드를 예측한다.
♡ABBABB 또는 ABC 반복되는 규칙성을 인식하며 다음에 올 카드를 예측한다.
☆신체구조 그림 자료를 보고 신체구조의 명칭과 하는 역할에 대해 알아본다.</td><td>신체구조
그림
패턴
자료</td><td>도입 :
–신체구조 그림 자료를 보고 신체 구조의 명칭은 무엇인지, 어떤 역할을 하는지 생각해본다.
전개:
–ABAB 패턴판의 그림을 맞춰 보다가 다음에 어떤 그림이 올 것 같은지 예측하여 맞춘다.
–ABBABB 또는 ABC 패턴판의 그림을 맞춰 보다가 다음에 어떤 그림이 올 것 같은지 예측하여 맞춘다.
마무리:
–패턴을 다양하게 만들 수 있는 방법에는 어떤 것이 있을 지 생각해 보고, 다양한 패턴을 시도한다.(ABCD, ABABBABBB 등)</td></tr>
<tr><td>관련
요소</td><td colspan="4">자연탐구〉생활 속에서 탐구하기〉물체를 세어 수량을 알아본다. / 주변에서 반복되는 규칙을 찾는다.
의사소통〉듣기와 말하기〉자신의 경험, 느낌, 생각을 말한다./ 바른 태도로 듣고 말한다.</td></tr>
</table>

과학	3월 5주 수~	☆ 남자와 여자는 어떻게 다를까?	☆여자와 남자의 신체에 관심을 갖고 그 차이를 비교한다. ☆여자와 남자가 다름을 알고 서로의 몸을 소중히 여긴다.	여자와 남자의 신체비교 사진, 돋보기	도입 : -여자와 남자의 신체 사진을 보며 다른점을 이야기 나눈다. 전개: -여자와 남자, 아이와 성인의 신체에서의 차이점을 찾아 비교해서 이야기 나눈다. -여자와 남자의 차이를 찾아본다. 마무리: -모든 사람의 몸은 소중함을 이야기 나눈다.
	관련 요소	자연탐구〉탐구과정 즐기기〉궁금한 것을 탐구하는 과정에 즐겁게 참여한다. 자연탐구〉자연과 더불어 살기〉생명과 자연환경을 소중히 여긴다.			
컴퓨터 *우크라이나 사태에 관심을 가진 유아들은 다양한 정보를 얻기 위하여 이러한 사태와 관련된 뉴스를 찾아보게 됨.	3월 5주 화~	☆ 우크라이나 사태	☆궁금한 점을 알아보는 과정을 통해 컴퓨터 활용방법에 대해 안다.	컴퓨터	도입: -뉴스에서 보았던 러시아와 우크라이나에서 일어나고 있는 일에 대해 이야기 나눈다. 전개: -뉴스를 보며 어떤 상황인지, 왜 이러한 일들이 일어나고 있는지 이야기 나눈다. -더 궁금한 것이 있는지 질문하고, 있을 경우 자료를 더 찾아본다.
	3월 5주 화~	☆ 우크라이나 사태	☆뉴스를 보며 러시아, 우크라이나와 관련된 현재 상황에 관심을 갖는다.	컴퓨터	-전쟁에 참여한 군인, 전쟁에 사용하는 장비(미사일, 탱크 등)를 찾는다. 마무리: -뉴스에서 보았던 전쟁에 사용된 탱크, 총, 미사일 등을 만들어보며 쌓기영역과 역할영역에서 전쟁의 모습을 표현해본다.
	관련 요소	자연탐구〉생활 속에서 탐구하기〉도구와 기계에 대해 관심을 가진다. 자연탐구〉탐구 과정 즐기기〉궁금한 것을 탐구하는 과정에 즐겁게 참여한다. 사회관계〉사회에 관심 가지기〉다양한 문화에 관심을 가진다.			
조작	3월 5주 수~	☆ 남자와 여자 몸 퍼즐	☆남자와 여자의 신체적 차이에 관심을 갖는다. ☆내 몸의 소중함을 알고 소중히 다룬다.	남자와 여자 몸 퍼즐	도입: -남자와 여자몸 퍼즐을 탐색한다. 전개: -남자와 여자의 같은점, 다른점을 이야기 나눈다. -남자와 여자의 몸의 서로 다른부분을 알고 소중함을 안다. -자기 몸을 보호하는 방법에 대해 이야기 나눈다.

영역	일시	활동	목표	자료	방법
조작					-남자와 여자 몸 퍼즐을 맞춰본다. 마무리: -퍼즐 맞추면서 재밌었던 점과 어려웠던 점이 무엇인지 이야기 나눈다.
	관련 요소	자연탐구〉자연과 더불어 살기〉생명과 자연환경을 소중히 여긴다. 사회관계〉나를 알고 존중하기〉나를알고, 소중히 여기기			
조형	3월 5주 월~	☆ 성장앨범 만들기	☆자신의 성장과정에 관심을 가지고 나만의 앨범을 다양한 꾸미기재료로 꾸며본다. ☆자신의 성장 과정을 알아보며 긍정적인 자아개념 형성의 기회를 갖는다.	어린시절 (만1세, 2세, 3세, 4세, 5세 현재사진),사진, 가위.색도화지.다양한 꾸미기 도구	도입: -유아들의 어린시절, 현재 사진을 조형영역에 제공한다. -어린 시절 사진과 현재 사진을 보며 달라진 점에 대해 이야기나눈다. 전개: -나의 사진을 시간 순서대로 나열해본다. -책 모양 종이에 자신의 성장 사진을 시간대로 붙이고 다양한 방법으로 꾸미기를 한다. 마무리: -유아들의 작품을 게시하여 또래의 작품을 감상한다.
	관련 요소	예술경험〉창의적으로 표현하기〉다양한 미술 재료와 도구로 자신의 생각과 느낌을 표현한다. 예술경험〉예술감상하기〉서로 다른 예술표현을 존중한다.			
쌓기·역할 *뉴스에서 보았던 총과 탱크를 만들어보고 싶다는 의견을 반영하여 총과 탱크를 만들고 이를 활용하여 할 수 있는 놀이를 생각	3월 5주 화~	☆ 블록으로 탱크와 대피소 만들기 ☆ 전쟁 놀이	☆탱크의 생김새, 구조와 대피소의 기능을 알아본다. ☆탱크와 대피소의 특징을 입체적으로 표상해본다. ☆또래와 함께 놀이를 하며 사회관계를 증진시킨다.	탱크 사진, 여러 가지 블록	도입: -컴퓨터 영역에서 보았던 것을 회상하며 전쟁에 필요한 장비에 대해 이야기 나눈다. 전개: -탱크 사진을 보며 탱크의 생김새와 구조에 대해 알아본다. -탱크를 만들 때 어떻게 만들 것인지에 대해 이야기 나눈다. -역할을 분담하고 여러 가지 블록을 사용하여 탱크를 만든다. (♡) -(탱크를 입체적으로 표상하는 것에 어려움을 느껴 1수준의 유아들이 무엇을 만들지 의견을 나눈 후 대피소를 만들기로 결정함.) 대피소의 기능에 대해 알아보고 다양한 블록을 사용하여 대피소를 구성한다. (♧) 마무리: -탱크에 누가 탈 것인지, 대피소에는

하던 중 유아들이 전쟁놀이를 제안하여 놀이가 이루어짐.					누가 있을 것인지 등에 대해 이야기나누며 역할을 나눈 뒤 전쟁놀이로 표현한다.
	관련 요소	예술경험〉창의적으로 표현하기〉극 놀이로 경험이나 이야기를 표현한다. 자연탐구〉물체의 위치와 방향, 모양을 알고 구별한다. 사회관계〉사회에 관심 가지기〉다양한 문화에 관심을 가진다. 사회관계〉더불어 생활하기〉친구와 서로 도우며 사이좋게 지낸다.			
음률	3월 5주 목~	☆ '소중한 나 내가 지켜요'율동 만들기	☆친구와 함께 노래에 맞춰 신체활동할 때의 즐거움을 경험한다. ☆노랫말을 따라 신체를 인식하고 적절하게 조절한다.	'소중한 나 내가 지켜요' 음원	도입: –'소중한 나 내가 지켜요' 노래를 들으며 감상하고 따라 부른다. 전개: –노래를 들으며 어울리는 동작을 만들어본다. –노래를 부르며 가사에 맞춰 율동을 한다. 마무리: –친구, 형님, 동생과 함께 동작 표현을 해보면서 어땠는지 자신의 느낌을 이야기 나눈다.
	관련 요소	예술경험〉창의적으로 표현하기〉신체나 도구를 활용하여 움직임과 춤으로 자유롭게 표현한다. 사회관계〉더불어 생활하기〉친구와 서로 도우며 사이좋게 지낸다.			
대집단 활동	3월 5주 월	〈이야기 나누기〉 누구의 어릴 적 모습일까요?	☆어릴 적 모습과 현재의 모습을 비교하며 '성장'하고 있음을 이해한다. ☆어릴적 모습을 보고 누구의 사진인지 맞혀본다. ♡나의 성장과 발달 과정에 대해 알아본다.	어릴 적 사진, 현재 사진	도입: –어릴적 사진을 보며 누구인지 이야기 나눈다. 전개: –친구들의 어릴적 사진을 보며 탐색한다. –아기때의 모습을 보며 누구일지 예측해본다. –아기얼굴을 떼어내어 뒤집은 후 예측한 친구가 맞는지 맞혀본다. –친구들의 어릴 적 모습과 현재 모습이 어떻게 다른지 찾아보고 이야기해본다. –앞으로의 내 모습이 어떻게 달라질지 예측해보고 이야기해본다. 마무리: –'성장'하는 것에 대해 알아보고 앞으로의 내가 어떻게 '성장'하고 싶은지 그렇게 되기 위해서 어떻게 해야 하는지 생각해보고 이야기 나누어 본다.
	관련 요소	자연탐구〉자연과 더불어 살기〉생명과 자연환경을 소중히 여긴다. 의사소통〉듣기와 말하기〉상대방이 하는 이야기를 듣고 관련해서 말한다.			

<table>
<tr><td rowspan="4">대집단 활동</td><td>3월
5주
목</td><td>〈동시〉
내 몸이 하는 일</td><td>☆내 몸이 하는 일에 관심을 갖는다.
☆동시를 즐겨 들어 본다.</td><td>'내 몸이 하는 일' 동시판</td><td>도입:
-눈, 코, 입을 찾아 보는 놀이를 해본다.
전개:
-내 몸이 하는일에 대해 이야기 나눈다.
-동시 '내 몸이 하는 일'을 감상해 본다.
-동시를 듣고 난 후 느낌에 대해 이야기 나눈다.
-동시를 다양하게 읊어본다.
-동시의 내용을 바꾸어 본다.
마무리:
-동시를 들어보니 어땠는지 가장기억에 남는 말은 무엇이었는지 생각해 보고 이야기를 나눈다.</td></tr>
<tr><td>관련
요소</td><td colspan="4">사회관계〉나를 알고 존중하기〉나를 알고 소중히 여긴다.
의사소통〉책과 이야기 즐기기〉동화, 동시에서 말의 재미를 느낀다.
의사소통〉듣기와 말하기〉자신의 경험, 느낌, 생각을 말한다.</td></tr>
<tr><td>3월
5주
금</td><td>〈동화〉
'다섯 발가락'</td><td>☆내 몸에 있는 발가락에 관한 이야기에 관심을 가진다
☆바른자세로 동화를 감상한다.
♡동화를 듣고 느낀 점을 말로 표현한다.</td><td>'다섯 발가락' 동화책</td><td>도입:
-내 몸에 관해 이야기 나눈다.
전개:
-동화의 표지를 보고 내용을 예측해 본다.
-동화를 감상한다.
-동화의 내용을 회상하며 이야기 나눈다.
-동화의 그림만 다시 감상한다.
마무리:
-동화를 읽고 기억에 남는 모습이 무엇이었는지 새롭게 알게 된 사실이 있었는지 느낀점을 이야기한다.</td></tr>
<tr><td>관련
요소</td><td colspan="4">의사소통〉책과 이야기 즐기기〉동화, 동시에서 말의 재미를 느낀다.
자연탐구〉탐구과정 즐기기〉탐구 과정에서 서로 다른 생각에 관심을 가진다.</td></tr>
<tr><td rowspan="2">실외 놀이</td><td>3월
5주
월</td><td>끼리끼리 모여라!
(※대체 활동:고깔 길 건너기)</td><td>☆몸의 균형을 유지하며 징검다리를 건너본다.
☆실외놀이터에서 안전하게 놀이하는 방법을 안다.</td><td>징검다리 신체 활동 자료
(원마커, 삼각뿔대 등)</td><td>도입:
-실외 놀이터에 나가기 전 안전하게 놀이할 수 있는 방법에 대해 생각해 보고 이야기 나눈다.
전개:
-징검다리 건너기에 사용할 기구들과 활동방법을 소개한다.
-한 명의 유아가 직접 시범을 보인다.
-순서를 지키며 차례대로 징검다리 건너기 활동을 한다.
마무리:
-징검다리 건너기를 하면서 재미있었던 점이나 어려웠던 점에 대해 이야기 나눈다.</td></tr>
<tr><td>관련
요소</td><td colspan="4">사회관계〉더불어 생활하기〉가족의 의미를 알고 화목하게 지낸다. / 약속과 규칙의 필요성을 알고 지킨다.
신체운동 · 건강〉신체 활동 즐기기〉실내외 신체활동에 자발적으로 참여한다.</td></tr>
</table>

〈표 2-7〉 주간 계획(예2)

주간계획

4월 3주 주제: 봄과 식물

날 짜	4월 14일(월)	4월 15일(화)	4월 16일(수)	4월 17일(목)	4월 18일(금)
행사 및 계획					학부모 참관일
주요목표	• 주말에 있었던 경험을 회상하여 이야기 구성요소에 따라 말해 본다.	• 봄에 볼 수 있는 식물의 종류를 안다. • 식물의 성장 과정에 대해 이해한다.	• 식물의 특성에 따라 돌보는 방법이 다름을 이해한다.	• 봄의 기후 변화와 이에 따른 사람들의 생활의 변화에 대해 알아본다.	• 식물의 구조와 각 부분이 하는 일에 대해 안다.
자유선택 활동 언어 영역	'꽃의 어느 부분일까요?' 수수께끼(듣고 말하기), '봄'에 관련된 그림 글자 카드 보고 자석 자 · 모음을 사용하여 글자 만들어 보기, 테이블 동화 '아빠, 꽃밭 만들러가요'자료로 이야기 꾸미기				
수학 영역	봄 꽃 패턴 이어가기, 밭에 심고 싶은 모종 조사하기(통계), '봄의 식물' 숫자책 만들기(1~10까지 합리적 수세기)				
과학 영역	씨앗 관찰하여 생김새와 자라는 과정 예측하여 그림과 글로 기록하기			실외놀이터에서 모아 온 여러 가지 흙 관찰하기(색, 밀도 등) → '씨앗이 싹을 틔우기에 어떤 흙이 가장 적합할까요?' 예측해보고 그 이유 생각해보기 → 씨앗 심고 변화과정 관찰하기	
역할놀이 영역	봄의 생활의 변화에 대한 역할놀이하기 (봄동산 나들이, 봄의 야채로 요리하기)			꽃가게 견학 후 꽃가게 주인과 손님 역할을 맡아 꽃가게 놀이하기(놀이 확장시 쌓기 영역과 연계하기)	
쌓기놀이 영역	친구와 함께 다녀온 봄나들이 회상하여 봄동산 구성하기(꽃밭의 울타리 모양, 길의 형태 등 구성하기)				
조작놀이 영역	사계절의 변화에 대한 퍼즐(날씨의 변화, 옷차림의 변화, 자연의 변화 등) 맞추기, 듀플로 블록으로 꽃모양 끼우기				
음률 영역	'새싹' 노래 부르기, '새싹' 색깔 악보 보며 악기 연주하기, '봄의 왈츠'감상하기				
미술 영역	주말 지낸 일 회상하여 자유화 그리기			나만의 화분 만들기, 꽃잎 모양 도장 찍기 → 다양한 꽃 만들기(여러 장의 꽃잎이 모여서 꽃이 만들어 지는 것 관찰 한 뒤 꽃 만들기→ 교실 꾸미기로 연계)	
간 식	우유 후레쉬번	오이/소스 통밀빵과자	두유 삶은 고구마	오렌지주스 두부고기완자	방울토마토

대집단 활동 (이야기 나누기 및 규칙의논, 놀이평가)	• 소집단 이야기나누기: 주말에 있었던 일 회상하여 이야기하기	• 밭에 무엇을 심고 싶나요? –심고 싶은 식물의 종류 –심고 싶은 이유 –씨앗과 모종을 구하는 방법	• 꽃가게에 가기 전 이야기 나누기 –어떤 씨앗과 모종을 구하러 가나요? –무엇에 대해 알아보고 싶나요?	• 꽃가게 산책을 회상하며 봄의 변화와 생활의 변화 이야기 나누기 –꽃가게 가는 길에 발견한 봄의 흔적(꽃, 날씨, 사람들의 옷차림, 식단 등)	식물의 뿌리, 줄기, 잎, 꽃, 열매, 씨가 없다면 어떤 일이 생길까? (식물의 구조, 각 부분이 하는 일)
실외 놀이 (바깥놀이 활동)	봄의 변화 관찰하기, 바깥놀이터에서 여러 종류의 흙 모으고 관찰하기(과학활동과 연계), 심은 식물 돌보기,				
점심 전 모임	• 점심 식단 안내 • 동화책 읽어 들려주기: 곰돌이와 꽃씨, 씨앗들은 느림보야		• 점심 식단 안내 – 점심 반찬 중에 먹을 수 있는 식물에 대해 이야기 나누기		놀이 평가: 만든 꽃, 씨앗 관찰 결과 등 소개하기
점심 지도 및 조용한 놀이	강낭콩밥, 들깨배추국, 궁중갈비찜, 비타민나물, 김치	기장밥, 순두부국, 코다리엿장조림, 유채나물무침, 깍두기	쌀밥, 감자탕, 닭고기 피망볶음, 호박나물, 김치	차조밥, 냉이된장국, 삼치구이, 무나물, 깍두기	쌀밥, 북어채국, 미트볼조림, 쑥갓나물, 김치
소집단 활동	〈언어〉 '씨앗들은 느림보야' 책 읽고 회상하여 그림책 만들기(이야기 순서, 주요 사건 등)	〈미술〉 나만의 화분 디자인하기(사과상자, 분유통에 아크릴 물감 칠하기, 화분에 재활용품으로 꾸미기 등)	〈산책 활동/과학〉 유치원 근처 꽃가게까지 산책하고 의논한 꽃과 야채 모종 사오기 (2집단으로 나누기)	〈실외/과학〉 유아들이 꾸민 화분과 밭에 씨앗과 모종 심기 〈수학〉 '봄의 식물' 숫자책 만들기	〈언어〉 '꽃의 어떤 부분일까요?' 수수께끼 카드 만들기(자신이 키우고 있는 꽃으로 수수께끼 만들기–글자 스티커, 그림 첨가)
귀가지도 (동화, 동시, 음률, 게임 등)	• 새노래 배우기 • '새싹' (식물의 각 부분의 명칭)	• 동시 감상 '새싹이 돋아났어요'(식물의 성장) • 내일 '꽃 가게 견학가기' 안내	• 꽃 가게에서 사온 사 온 꽃 감상: 실물화상기로 확대하여 보고 이야기 나누기 • 내일 '씨앗과 모종 심기' 소집단 활동 안내	• 테이블 동화 감상 • '아빠 꽃밭 만들러 가요'(식물 돌보기)	• 동화 '감자는 약속을 지켰을까?'(식물의 성장)
안전점검	꽃가게 견학갈 때 차 조심하며 다녀오기				
협의사항	• 쌓기 영역 '봄동산 구성하기'는 블록의 형태를 고려하여 꽃밭의 울타리, 경로 등의 구성에 중점을 두도록 함. • 금주의 식물이 성장하기 좋은 조건의 탐색과 예측한 가설에 연계하여 다음 주 과학 영역의 활동을 계획해야함.				

(5) 일일 활동 계획

일일 활동 계획을 위해서는 먼저 일일 활동 시간의 구성을 무엇으로 하는가를 생각해야 하고, 일일 활동 시간의 구성이 결정되면 구체적 활동을 계획해야 한다. 교사 주도적 활동과 자유롭게 움직이며 선택하는 소집단 활동이나 놀이를 통해 학습이 이루어질 수 있도록 계획하여 실행한다. 일일 활동 시간의 구성은 주간 계획에서 놀이 변화과정이 고려되어 계획된다. 일일 활동 시간의 구체적 순서나 구체적 활동 계획은 주간 계획에서 고려된 것을 좀 더 상세화하고, 활동 가능성과 놀이 변화에 따른 자료를 투입하여 준비하고, 유아의 학습을 지지하는 교사의 상호작용 방법을 확인한다.

① 일일 활동 구성

일일 활동 구성은 활동 영역의 구성, 유아 연령, 프로그램 유형에 따라 다르다. 예를 들어 3세에서 5세에 이르는 유아를 위한 하루 프로그램에서는 30분에서 2시간에 이르는 휴식 또는 낮잠 자는 시간이 요구된다. 그러나 3세에서 5세 유아를 위한 반일제 프로그램에서는 낮잠 자는 시간이 필요치 않으나 활동에서 쉬면서 휴식을 취할 수 있도록 배려한다. 하루 3~5 시간 운영되는 반일제나 종일제 프로그램에서는 점심 식사를 위한 시간도 고려해야 한다. 대체적인 일일 활동의 구성은 다음과 같다.

㉮ 유치원(유아 교육 기관) 도착 및 준비

가정에서 유아 교육 기관으로 전환하는 시간이다. 이 시간에는 유아가 개별적으로 교사나 다른 유아와 말하고 자신의 속도에 맞추어 활동을 시작할 수 있도록 도와준다.

㉯ 계획 시간

영역별 교구나 자료로 자신이 하고 싶은 놀이 활동을 계획하는 시간이다. 이 계획 시간은 유아가 도착하는 대로 개별적으로 이루거나 집단으로 교사와 학급 유아가 함께 가질 수도 있다. 집단으로 계획 시간을 갖는 경우 교사는 유아들이 전날 진행한 놀아 활동에 대해 말해 주고 연계하여 계획을 세우도록 돕는 질문이나 제안을 해 주어 하고 싶은 놀이 활동을 진행하도록 안내할 수 있다.

㉰ 자유 놀이 및 활동 시간

교사는 유아가 모든 놀이 활동 영역(흥미 영역)에 준비된 주제 활동들을 선택하여 놀이하면서 누리과정의 영역들을 서로 연결 짓는 경험을 할 수 있도록 놀이환경을 구성한다. 아울러 교사는 유아의 놀이 전개가 의미 있게 이루어지도록 지지하는 상호작용에 시간을 할애해야 한다. 잘 관리되는 학급에서는 유아가 활동에 적절히 참여하고 바람직한 방법으로 또래와 상호작용하기 때문이다. 자유 놀이 및 활동 시간을 통해 유아는 여러 영역의 지식 및 기술을 습득하고 연습하며, 통합하여 생각하게 된다.

㉣ 이야기 나누기(집단 토의) 및 평가 시간

이 시간은 교사와 유아가 함께 주말 지낸 경험, 견학 장소에서 관찰하여 알게 된 것이나 느낀 것 등에 대해서 이야기 나누고, 주제와 관련지어 더 알아보고 싶은 것이나 프로젝트로 전개하고 싶은 것에 대한 제안, 프로젝트의 진전사항, 다음날 특별히 전개할 활동에 대한 토의 등이 이루어지는 시간이다. 그 날의 여러 사건을 이야기 나누고 평가해 보는 과정도 포함한다.

㉤ 낮잠 시간

유아가 휴식을 취하는 시간이다. 대부분 유아는 낮잠이나 누워있는 시간이 필요하다. 몇몇 유아들은 아주 어린 시기에도 낮잠을 자지 않으나, 휴식이 요구된다는 것을 인식해야만 한다. 3, 4. 5세를 위한 반일제나 연장제의 경우, 정적인 활동과 동적인 활동을 교차하여 운영할 경우 낮잠 시간을 두지 않아도 된다.

㉥ 실외 놀이 (바깥놀이 활동)

실내 놀이 활동과 연계하여 실외에서 이루어지는 실외 자유 놀이 시간이다. 복합놀이 기구 영역, 물·모래 놀이 영역, 식물 기르기 영역, 동물 기르기 영역, 그늘 영역, 탈 것 영역 등 다양한 영역에서의 놀이 활동 중에서 선택하여 활동이 이루어진다. 바깥놀이 영역에는 자전거, 그네, 미끄럼틀 등 유아의 대근육 기술의 발달을 도와주는 기구가 제공되어 각 유아가 이러한 기구를 사용하도록 장려한다.

㉦ 간식과 점심시간

유아는 쉴 새 없이 움직여 에너지가 빨리 소모되기 때문에 자주 먹는 것이 필요하므로 오전과 오후의 식간에 간식을 제공해야 한다. 5시간 운영하는 반일제 프로그램이나 종일제 프로그램에서는 점심을 제공해야 한다.

㉧ 음률 활동

음률 활동은 자유 놀이 활동 시간에 개별적으로 가능하도록 준비해 준다. 그러나 공간 여건과 음률 활동의 종류에 따른 소음 때문에 자유 선택 놀이 활동 시간에 음률 활동 영역에서 제공하기 힘든 활동은 특별한 시간대를 따로 두어 제공할 수 있다. 예를들어 악기 놀이의 경우 음률 활동영역에서 교사의 안내로 개별적으로 또는 소집단으로 자유 선택 놀이 활동 시간에 할 수도 있고 전체적으로 대집단 활동으로 음악적 활동 시간을 두어 할 수 있다.

㉶ 대집단 활동

이야기(동화) 들려주기, 필름 스트립이나 비디오 또는 8㎜ 영화를 보고 이야기 나누기, 이야기 녹음 들려주기, 인형극 보기, 융판 동화, 노래 부르기나 음악 관련 활동, 음률 활동, 토의(또는 이야기 나누기와 평가), 극화 활동, 게임, 휴식 등의 활동들로 전체 집단이 모여서 하는 활동이다(McAfee, 1985).

2 일일 활동 시간의 순서 결정

여러 활동 유형과 활동의 시간적 길이를 정한 뒤 교사는 하루 활동 순서를 결정해야 한다. 일일 활동의 순서를 정할 때는 여러 가지 상황이 함께 고려되어야 한다.

첫째, 실외놀이터의 공간 크기와 실외 놀이 기구의 수, 학급의 수, 도와주는 사람의 수 등을 고려하여 고정된 시간이어야만 하는 것을 미리 정하고 다른 시간을 배치한다.

둘째, 일일 활동 순서는 활동의 성격이 동적인 활동과 정적인 활동이 교차 되고, 그리고 참여 방법이 서로 다른 활동이 교차 되도록 노력해야 한다.

셋째, 계획 → 활동 → 평가의 순서로 시간대가 구성되어 유아가 탐색하고 놀이 활동을 설계하여 수행하고 자신의 학습에 대한 결정을 내릴 수 있는 기회를 제공한다.

넷째, 여러 유형의 상호작용 즉, 소집단,·대집단, 그리고·교사와 유아, 유아와 유아의 상호작용 기회가 제공되고 유아가 제안한 놀이 활동과 교사가 제안한 활동이 고르게 이루어질 수 있도록 한다.

다섯째, 실내, 실외, 견학 장소 등 다양한 환경에서 활동할 수 있는 기회를 제공한다.

여러 유형의 프로그램의 하루 일과 활동의 예를 들면 다음과 같다.

㉮ 반일제 프로그램의 하루 일과 활동 예

– 도착 및 계획

– 자유 놀이 활동(60~80분)

–정리정돈(10분)
–집단 토의 및 평가(10~20분)
–화장실가기 및 손 씻기 (10분)
–간식(15분)
–소집단으로 이야기(동화) 들려주기(20분)
–실외 놀이(40~60분)
–점심 및 조용한 놀이(60분)
–소집단 활동(30분)
–귀가지도(10분~20분)

㉯ 종일제 프로그램의 하루 활동 예

–도착 및 계획
–자유 선택 놀이 활동(60~80분)
–집단 토의 및 평가(10~20분)
–화장실 가기 및 손 씻기 (10분)
–간식(15분)
–소집단으로 이야기(동화) 들려주기(15분)
–실외 놀이(60분)
–점심 및 이 닦기, 조용한 놀이(60분)
–낮잠 또는 휴식(90~120분, 낮잠 자기 어려운 유아들을 위해서는 조용한 놀이 활동 제공: 테이블 게임, 퍼즐, 그림그리기 등)
–음률 활동(15~20분)
–간식 및 휴식(20분)
–실외 활동(30~40분)
–집단활동 (이야기 녹음자료 들려주기, 비디오 / 인형극 보기, 이야기 읽어 들려주기, 융판동화 등: 10~20분)
–귀가 지도(10~15분)

③ 자유 선택 놀이 활동의 교육적 특성 및 계획

㉮ 자유 선택 놀이 활동의 교육적 특성

유치원 교사의 주된 교육 목표는 유아의 능동적 학습을 증진 시키는 일이다. 능동적 학습이란 유아 스스로 자발적으로 수행하여 이루어지는 학습을 의미한다. 유아의 능동적 학습은 또한 자료, 물체, 다른 사람들, 사건 등을 직접적으로 다루어 봄으로써 이루어진다.

구체적으로 자유 선택 놀이 활동으로 이루어지는 경험을 나열하면 다음과 같다.

① 제 감각 기관을 통한 능동적 실험

② 직접적 경험을 통한 제반 관계 발견

③ 자료의 조작·변형·혼합

④ 활동 및 자료 선택

⑤ 연장이나 기구 사용

⑥ 대근육 활동

⑦ 소근육 활동

그러므로 자유 선택 놀이 활동은 유아의 능동적 학습을 위해 필수적인 활동이라 할 수 있다. 따라서 자유 선택 놀이 활동 시간은 어린이집이나 유치원에서의 하루 생활의 핵심이 되는 시간이다. 하루 생활 계획 중에서도 가장 긴 시간이 자유 선택 놀이 활동에 할당되고 자유 선택 놀이 활동 시간에는 유아나 교사가 모두 바쁘게 움직인다. 영역별로 볼 때도 언어, 과학, 수학, 사회, 미술, 음률 등 모든 영역의 학습이 자유 선택 놀이 활동을 통해 이루어진다.

㉯ 자유 선택 놀이 활동 계획에서 유의할 점

자유 선택 놀이 활동 계획 시 교사는 먼저 다음과 같은 사항을 고려하여야 한다.

첫째, 교사는 개별 유아의 관심과 발달 정도를 고려하여 자유 선택 놀이 활동을 계획하여야 한다. 자유 선택 놀이 활동이 너무 어렵거나 너무 쉬울 때 많은 문제 활동들이 표출되기 때문이다. 자유 선택 놀이 활동이 유아의 발달 단계에 맞으면 유아는 재미있게 활동에 임하여 학습에 도움이 되고 아울러 문제 행동도 덜 나타나게 된다.

둘째, 자유 선택 놀이 활동 중 그 날 교사가 주로 역점을 둘 필요가 있는 활동을 결정하고 이 활동의 성격을 고려하여 다른 활동들을 계획한다. 예를 들어 자유 선택 놀이 활동에 전기 기구를 활용하는 요리하기를 포함할 예정이어서 안전 관리가 필요하거나, 유아와 상호작용할 필요성이 있을 때 다른 활동을 하는 유아들이 교사의 도움 없이 개별적으로 또는 소집단으로 다른 활동들을 할 수 있도록 계획한다.

셋째, 활동 영역을 명확히 하고 다양한 활동을 계획한다. 활동 영역이 명확히 구분되고 다양한 활동 중 선택하여 활동 할 수 있는 기회가 주어질 때 유아는 활동에 몰두하게 된다. 교사가 어떠한 학습 요인을 중요시하는가에 따라 각 영역의 구분이나 선택이 달라질 수 있다.

㉰ 주간 계획에 기초한 일일 자유 선택 놀이 활동의 계획

교사는 유아의 발달 정도와 흥미, 실내 환경, 구할 수 있는 자료 등을 고려하여 영역별로 다음 표와 같이 매일의 구체적 활동 계획을 한다. 자유 선택 놀이 활동명과 준비할 자료를 자세히 명시하여 교사용 게시판에 붙여 두면 교사 자신은 물론 부모 또는 보조자가 보조해 줄 때 자유 선택 놀이 활동을 위한 영역별 활동 준비에 참조할 수 있어 편리하다. 필요에 따라서는 장소가 허락하는 범위에서 한 영역에 두 가지 이상의 활동을 계획할 수도 있고 어떤 영역은 자유 놀이 선택 활동 계획시 제외될 수도 있다.

〈표 2-8〉 자유 선택 놀이 활동 계획의 예

	월	화	수	목	금
수학/조작놀이	• 조개껍데기 종류와 탈것들의 종류 분류하기	• 큐브쌓기 놀이	• 수 놀 이 자료: 수 컵과막대기	• 도형 모자이크 맞추기	
과학		• 계란 샌드위치 만들기 • 자료: 계란, 냄비, 전기곤로, 마요네즈, 식빵, 칼, 뒤젓는 스푼, 요리순서표		• 녹두 씻어 물에 담그기 • 글자카드, 빙고 게임	• 녹두 빈대떡만들기 • 자료: 요리순서표, 불린 녹두, 갈은 쇠고기, 양파, 믹서, 큰 그릇, 숟가락, 식용유, 유아용작업 장갑
언어 읽기			• 책읽기 : 우체국, 탈것에 관련된 그림동화책	• 자료: 빙고판, 글자카드, 숟래카드(글자카드에탈것들을 많이 첨가)	• 자료: 빙고판, 글자 카드, 숟래카드(글자카드에탈것들을 많이 첨가)

		월	화	수	목	금
언어	쓰기	• 만질 수 있는 글자들 • 자료 : 모래종이 글자, 모든 글자, 융판	• 편지 쓰기 • 자료 : 색연필, 봉투, 우표			
	말하기	• 신비의 상자(어휘 발달활동) • 자료 : 조개껍데기, 코르크, 자동차, 탁구공 등		• 그림보고 이름 말하기 • 자료 : 동물그림책, 탈 것들의 그림책	• 그림보고 이름 말하기 • 자료 : 동물그림책, 탈것들의 그림책	
	듣기	• 녹음동화듣기	• 탈것들의 소리 녹음 듣기			
미술		• 스티로폼 배 만들기 • 우유통으로 탈것 만들기 • 자료 : 스티로폼 접시, 우유통, 셀로판테이프, 고무밴드	• 콜라주	• 물감그림 그리기 • 밀가루 반죽모델 만들기 • 자료 : 밀가루 반죽, 색소, 플라스틱 기구들 • 버스표 , 기차표 만들기	• 풀물감 그림그리기 • 돈 만들기	
쌓기놀이	대	• 바퀴달린기구 제공				
	소			• 플라스틱 사람들, 소형 탈것들 추가		• 상자곽 빌딩
추가 역할		• 우체국놀이(우체부 가방, 모자 첨가)		• 상자로 버스나 전철 매표구 만들어 설치	• 기차놀이	
음률						
물놀이		• 물놀이대에서 배 띄우기(미술 영역과 연결)				
목공						

④ 일일 활동 계획의 예

일일 활동의 구체적 계획시에는 주간 계획을 기초로 하여 일과 중의 유아의 활동 수행 관찰과 유아들 간의 상호작용 관찰을 통한 유아의 발달 단계 평가와 유아의 흥미, 그리고 발현 되는 상황을 중심으로 전날 계획한다. 각 활동 시간대에 이를 구체적 목표와 개별적 유아 발달 및 전날의 활동이 고려된 활동을 계획한다.

일일 활동 계획의 예는 〈표 2-9〉와 같다. 〈표 2-7〉에는 수요일의 활동 계획 실시에 따른 관찰 사항과 평가가 제시되어 있고, 이에 기초한 목요일의 활동 계획이 이어서 제시되고 있다.

〈표 2-9〉 일일 활동 계획의 예 (예1: 4세 반일제 프로그램)

일일활동계획서(○○반)

담 임	원 감	원 장

4월 ○○일 수요일

<table>
<tr><td>주 제</td><td colspan="3">봄과 식물</td></tr>
<tr><td>오늘의 목표</td><td colspan="3">• 식물의 특성에 따라 돌보는 방법이 다름을 이해한다.</td></tr>
<tr><td>안전점검</td><td colspan="3">• 안전하게 꽃가게 다녀오기(교통 안전)</td></tr>
<tr><td>환경준비</td><td colspan="3">• 아침에 블라인드 걷기, 교실 환기, 전등 켜기, 온풍기 켜기
• 물감그림영역에 물감 준비, 화장실과 역할놀이영역의 종이수건 케이스에 종이수건 채우기
• 조작놀이영역에 지오블록으로 구성시 도움주기 위한 봄꽃 사진 붙이기</td></tr>
<tr><td>등원 및 놀이
(09:00~)</td><td colspan="3">• 선생님과 부모님께 바른 자세로 인사하기
• 등원하는 길에 본 봄꽃에 대해 이야기 나누기
• 전체계획시까지 일찍 등원한 유아들과 조용한 놀이하기</td></tr>
<tr><td>전체 계획
(09:10
~09:20)</td><td colspan="3">- 언어영역 : 동화책 '내 말이 맞아', '씨앗들은 느림보야' 읽어주기
- 조작 놀이 영역: 지오블록을 끼워 꽃 모양 구성하기 → 쌓기 영역에 구성한 봄동산에 꽂아 두기
- 조형 영역 : 여러 재료로 봄꽃 만들기</td></tr>
<tr><td>일 과</td><td colspan="3">내 용</td></tr>
<tr><td rowspan="3">자유선택활동
(09:20
~10:30)</td><td>활동영역</td><td>활 동 명</td><td>평가</td></tr>
<tr><td>언어 영역</td><td>• 동화책 '씨앗들은 느림보야' 읽기 → 생각나는 장면 회상하여 보기
• '봄' 그림-글자 카드 보고 자석 글자 만들어 보기</td><td></td></tr>
<tr><td>수학 영역</td><td>• ○○반 밭에 심고 싶은 모종 조사하기(기초적 통계 조사하기)
• 봄꽃 패턴 이어가기(모양 패턴 블록 활용)</td><td></td></tr>
</table>

<table>
<tr><td rowspan="12">**자유선택활동**
(09:20
~10:30)</td><td>과학 영역</td><td colspan="3">실외놀이터에서 모아 온 흙을 관찰하고 씨앗이 싹을 틔우기에 적합한 흙 예측해 보기 (과학책 보며 이유 생각해 보기)</td><td rowspan="11">* 언어 – 아직 학기 초이어서 유아들이 받침이 없는 단어의 글자를 더 쉽게 인식하였다. 음가와 연결할 수 있도록 상호작용해야 할 것이다.
* 수학 –유아들이 나름대로 그래프의 형태를 고안해 보도록 격려하였더니, 처음에 같은 종류끼리 모으는 것은 잘 하였다. 개수를 서로 비교하기 쉽도록 하는 방법을 제안하자 큰 종이에 위에서부터 아래로 일렬로 붙여놓았다. 놀이평가 때 소개하고 내일은 일정한 간격으로 자료를 붙이는 것을 생각해보도록 해야겠다.</td></tr>
<tr><td>미술 영역</td><td colspan="3">여러 재료로 봄꽃 만들기</td></tr>
<tr><td>조작 놀이 영역</td><td colspan="3">지오블록으로 꽃 만들기 → 봄동산에 꽂아두기</td></tr>
<tr><td>쌓기 놀이 영역</td><td colspan="3">봄동산 구성하기(작은 나무블록을 이용하여 벚꽃, 목련나무 구성하기)</td></tr>
<tr><td>역할놀이 영역</td><td colspan="3">봄의 생활 변화에 대한 역할 놀이하기 (모형꽃으로 집 장식하기, 봄 나물로 요리하는 역할놀이하기)</td></tr>
<tr><td>음률 영역</td><td colspan="3">'새싹' 노래 새깔 악보 보며 노래부르기/ 악기 연주하기</td></tr>
<tr><td colspan="4">세부 활동계획</td></tr>
<tr><td>활동영역</td><td>활동 내용</td><td>활동목표</td><td>활동자료</td></tr>
<tr><td>조작놀이 영역</td><td>지오블록으로 꽃 만들기 → 봄동산에 꽂아두기</td><td>• 블록의 모양을 탐색하고, 적절한 모양의 블록을 골라 꽃모양을 만들어본다.
• 블록으로 만든 꽃과 실제 꽃 사진을 보고 같은 블록을 찾아 꽃을 구성해본다.</td><td>블록으로 만든 꽃 예시자료, 실제 꽃 사진, 지오블록</td></tr>
<tr><td>쌓기놀이 영역</td><td>작은 나무블록을 이용하여 벚꽃, 목련나무 만들기</td><td>• 나무블록의 모양을 고려하여 실제 나무 형태를 안정하게 구성하여 본다.</td><td>벚꽃나무와 목련나무 사진, 작은 나무블록, 솜 등의 여러 가지 재료</td></tr>
<tr><td>과학영역</td><td>실외놀이터에서 모아온 흙 관찰하고 씨앗이 싹을 틔우기에 적합한 흙 예측해보기</td><td>• 오감을 활용하여 물질의 특성을 탐색해본다.
• 식물의 성장에 필요한 요소를 조사하고 예측해 본다.</td><td>실외놀이터에서 모아 온 여러 가지 흙(밭의 거름흙, 모래 놀이터의 흙, 나무 밑의 흙 등), 확대경, 과학책, 기록 용지와 필기도구</td></tr>
<tr><td>미술 영역</td><td>여러 가지 재료로 봄꽃 만들기</td><td>• 꽃을 만들기에 적절한 재료를 선택한다.
• 무엇을 만들지 미리 계획하고 봄꽃을 만들어본다.</td><td>여러 가지 색한지, 종이끈, 색상지, 수수깡, 모루, 꽃잎 모양 도장, 물감, 붓 등</td><td></td></tr>
</table>

<table>
<tr><td>정리 · 정돈
(10:30~10:40)</td><td colspan="2">• 10시 20분에 정리 예고하기</td><td></td></tr>
<tr><td>간식 및 휴식
(10:40~11:00)</td><td colspan="2">• 간식 메뉴 ; 두유, 삶은 고구마
– 간식 먹은 후 꼭 입 닦기, 입 닦은 휴지는 휴지통에 버리기</td><td></td></tr>
<tr><td rowspan="4">중간 모임
(11:00~11:20)</td><td>활 동 명</td><td>이야기 나누기 '꽃가게에 가서 무엇을 알아볼까?'</td><td rowspan="4">여아들은 예쁜 꽃에만 많은 관심을 보이므로 급식 반찬으로 먹을 수 있는 봄의 야채들을 제공하여 소개하고 상호작용할 필요가 있다.</td></tr>
<tr><td>활동목표</td><td>• 식물을 과일, 채소, 꽃으로 나누어 본다.
• 다른 사람 앞에서 자신의 생각을 자신감 있는 태도로 이야기해본다.</td></tr>
<tr><td>활동자료</td><td>융판, 교사가 미리 찍어 온 꽃가게 사진자료, 과일그림, 채소그림</td></tr>
<tr><td>주요 질문 내용</td><td>• 어제 이야기 나누기 때 의논한 결과를 회상한다.
– 어제 ○○반 밭에 무엇을 키우고 싶은지에 대해 이야기를 나누어봤는데 어떤 식물을 심고 싶다고 했었니?
• 꽃가게에 가서 무엇을 알아볼지에 대해 이야기를 나눈다.
– ○○반 밭에 심을 수 있으려면 어떤 식물이어야 할까?
– 또 무엇을 알아보고 싶니?
– 꽃가게에 두 팀으로 나누어서 가자. 어떻게 나누어서 갈까?
– 질문들을 잊어버리지 않으려면 어떻게 할까?
– 꽃가게에 안전하게 다녀오려면 어떤 점을 조심해야 할까?</td></tr>
<tr><td>실외 놀이
(11:20~12:00)</td><td colspan="2">• 실외 놀이터의 나무의 변화 관찰하기 → 물주기
• 바깥놀이시간에는 교실 창문을 활짝 열어 환기시키기</td><td></td></tr>
<tr><td>점심 전 모임
(12:00~12:10)</td><td colspan="2">• 점심 식단 소개 : 쌀밥, 감자탕, 닭고기피망볶음, 호박나물, 김치
→ 점심 반찬 중에 먹을 수 있는 식물로 조리된 것에 대해 간단히 이야기 나누기</td><td></td></tr>
<tr><td>점심 지도 및 휴식
(12:10~1:10)</td><td colspan="2">• 점심시간 지도 : 점심을 늦게 먹는 유아들 돕기, 식사 후 조용한 놀이하는 유아 돕기, 이 닦기 지도하기
• 조용한 놀이 : 유아들이 원하는 책을 중심으로 읽어주기</td><td>급식 반찬으로 나온 먹을 수 있는 식물을 소개했더니 피망과 호박을 유난히 더 잘 먹는 모습을 보였다.</td></tr>
<tr><td rowspan="2">소집단 활동
(1:10~1:40)</td><td>활 동 명</td><td>산책 활동: '밭에서 기를 식물을 알아보러 꽃가게에 가요'
(1집단: 꽃 가게 방문하고 교내 산책하며 봄의 변화 관찰하기
2집단: 교내 산책하며 봄의 변화 관찰하고 꽃 가게 가기)</td><td rowspan="2">미리 유아들과 과학책 등을 보며 질문목록을 생각해서인지 유아들이 굉장히</td></tr>
<tr><td>활동목표</td><td>• 꽃가게에서 일하시는 분의 설명을 귀 기울여 들어본다.
• 밭에서 기를 수 있는 식물과 그렇지 않은 식물에 대해 알아본다.</td></tr>
</table>

<table>
<tr><td rowspan="2">소집단 활동
(1:10~1:40)</td><td>활동자료</td><td>함께 의논한 식물의 종류와 질문을 적은 종이, 필기도구, 사진기, 장바구니</td><td rowspan="2">진지한 태도로 설명을 들었다. 오늘 나눈 대화 내용을 게시 자료로 만들어 게시해야겠다.</td></tr>
<tr><td>주요 질문 내용</td><td>– 밭에 기를 수 있는 식물에는 어떤 것이 있나요? 심을 수 없는 식물은 왜 심을 수 없나요?
– 나무, 모종, 씨앗으로 심는 식물은 각각 어떤 것인가요?
– 식물들을 돌보고 기를 때 주의해야 하는 점은 무엇인가요?</td></tr>
<tr><td rowspan="5">귀가지도
(1:40~2:00)</td><td>활 동 명</td><td>꽃 가게에서 사온 꽃과 모종 관찰하기</td><td rowspan="5">실물화상기로 확대하여 보는 경험이 유아들에게 식물의 구조에 대해 더 큰 관심을 불러일으키었다. 내일 원하는 유아가 과학 영역에서 더 볼 수 있도록 배치해야겠다.</td></tr>
<tr><td>활동목표</td><td>• 봄의 변화에 관심을 갖는다.
• 사물을 확대하여 새로운 시각으로 보는 경험을 한다.
• 자신의 생각을 말로 표현해 본다.</td></tr>
<tr><td>활동자료</td><td>꽃가게에서 구입한 꽃과 모종, 실물화상기, TV 모니터</td></tr>
<tr><td>주요내용</td><td>– 꽃가게 가서 ○○반 밭에 심기에 좋은 식물에 대해 어떤 점을 새로 알게 되었니?
– 우리가 사 온 꽃과 모종을 크게 볼 수 있는 '실물화상기'라는 기계로 한 번 크게 확대하여 보자.
– 우리가 가져온 꽃을 크게 보니까 어떠니?
– 꽃잎의 모양(색, 늘어선 배열 등)이 어떠니?
– 자세히 보니 어떤 점을 새롭게 알게 되었니?
– 이 꽃과 모종을 내일 어떻게 해 주어야 잘 키울 수 있을까?</td></tr>
<tr><td>기 타</td><td>• 내일 '씨앗과 모종 심기' 할 것임을 안내하기
• 등 · 하원 확인표로 보며 귀가 할 유아 이름 부르기</td></tr>
<tr><td>일일평가</td><td colspan="3">'꽃가게 견학'을 걸어서 다녀오며 안전이 걱정되었는데, 이번 주에 미리 심고 싶은 식물들을 조사하고 질문거리에 대해 많은 이야기를 나누어서인지 모두 관심을 가지고 진지하게 임해서 무사히 잘 다녀왔다.
오늘 다녀왔던 경험을 회상할 수 있도록 대화 내용과 사진 자료를 언어 영역에 제시하고 내일 더 많은 이야기를 나누며 유아들이 하고 싶은 활동을 제안하도록 해야겠다. 과학 영역에 실물화상기를 배치하고 교사와 함께 오늘 사온 꽃과 야채 모종을 관찰하며 성장 과정을 조사하고 예측하도록 해야겠다.</td></tr>
</table>

〈표 2-10〉 일일 활동 계획의 예 (예 2)

담 임	원 감	원 장

일일활동계획서(○○반)

4월 ○○일 수요일

주 제	봄과 식물
오늘의 목표	• 봄의 기후 변화와 이에 따른 사람들의 생활의 변화에 대해 알아본다. • 식물의 성장과정에 대해 이해한다.
안전점검	• 씨앗과 모종 심을 때 물조루에 물을 반 정도만 담기(너무 많이 담으면 유아들이 걸어 갈 때 무겁고, 바닥에 흘려 유아들이 미끄러져 넘어질 수 있으므로 주의하기)
한경준비	• 아침에 블라인드 걷기, 교실 환기, 전등 켜기, 온풍기 켜기 • 물감그림영역에 물감 준비, 화장실과 역할놀이영역의 종이수건 통에 종이수건 채우기 • 과학 영역에 '식물' 관련 과학책과 관찰용지 첨가하기
등원 (09:00~)	• 선생님과 부모님께 바른 자세로 인사하기 • 등원 인사하며 친구의 옷차림을 살펴보며 이야기 나누기
전체 계획 (09:10~09:25)	• 전체 계획시까지 일찍 등원한 유아들과 조용한 놀이하기 – 언어영역 : 동화책 '내 말이 맞아', '씨앗들은 느림보야' 읽어주기 , 동시 '새싹' 감상하기 – 과학영역 : 어제 사온 꽃과 야채 모종 관찰하기(변화과정 있는지 살펴보기), 관련된 과학 책 보기 • 전체 계획에서 '씨앗과 모종 심기' 활동 소개하며 소집단 활동 순서 정하기(유아들이 원하는 순서대로) – 1/ 2 집단 : 씨앗과 모종 심는 방법에 대한 이야기 나누기(실외 정자) → 밭에 심기 → '봄의 식물' 숫자 책 만들기(교실의 수학 영역) – 3/ 4 집단 : '봄의 식물' 숫자책 만들기(교실의 수학 영역) → 씨앗과 모종 심는 방법에 대한 이야기 나누기(실외 정자) → 밭에 심기

일 과	내 용		
	활동영역	활 동 명	평가
자유선택활동 (09:20~10:30)	언어 영역	• '봄' 그림-글자 카드 보고 자석 글자 만들어 보기 • 어제 꽃가게 다녀온 사진자료 보며 경험 회상하여 말하기(사진자료 옆에 말한 것 받아 적어주기)	
	수학 영역	• 봄꽃 패턴 이어가기(모양 패턴 블록 활용)	
	과학 영역	• 어제 사온 꽃과 야채 모종의 각 부분 관찰하기 (확대경 활용) → 어떻게 자랄지 예측해 보기, 과학책 보며 잘 기르는 방법 조사하기	
	미술 영역	여러 재료로 봄꽃 만들기(꽃잎 모양 그리기, 도장 찍고 오려 꽃 모양으로 배열해보기 등)	

<table>
<tr><td rowspan="11">자유선택활동
(09:20~10:30)</td><td>조작 놀이 영역</td><td colspan="3">지오블록으로 꽃 만들기</td><td></td></tr>
<tr><td>쌓기 놀이 영역</td><td colspan="3">봄 동산 구성하기(역할 놀이 영역의 꽃가게까지 가는 길 구성하기)</td><td></td></tr>
<tr><td>역할놀이 영역</td><td colspan="3">꽃가게 견학 후 꽃가게 주인과 손님 역할을 맡아 꽃가게 놀이하기(역할놀이에 필요한 역할과 소품 등 의논하기 → 필요한 경우, 가구 배치 바꾸기, 우레탄 블록 활용하기)</td><td></td></tr>
<tr><td>음률 영역</td><td colspan="3">'봄의 왈츠' 감상하기 → 음악에 맞추어 악기 연주하기</td><td></td></tr>
<tr><td colspan="4">세부 활동계획</td><td></td></tr>
<tr><td>활동영역</td><td>활동 내용</td><td>활동목표</td><td>활동자료</td><td></td></tr>
<tr><td>역할 놀이 영역</td><td>꽃가게 견학 후 꽃가게 주인과 손님 역할을 맡아 꽃가게 놀이하기 (필요한 역할과 소품 등 의논하기 → 필요한 것 구성하며 놀이하기)</td><td>• 꽃가게에서 일하시는 분의 역할을 이해하고 극 놀이로 표현해본다.
• 친구들과 협력하여 놀이에 필요한 역할과 소품을 준비해본다.</td><td>꽃가게 견학 사진, 계산기 모형, 플라스틱 모종삽 등</td><td></td></tr>
<tr><td>언어 영역</td><td>• '봄' 그림-글자 카드 보고 자석 글자 만들어 보기</td><td>• 봄의 날씨변화에 따른 사람들의 생활의 변화 에 대해 이야기 나눈다.
• '봄'과 관련된 단어의 모양과 소리를 익힌다.</td><td>'봄'과 관련된 그림-글자 카드, 자 · 모음이 각각 분리된 색깔자석 글자, 자석글자판</td><td></td></tr>
<tr><td>과학 영역</td><td>• 어제 사온 꽃과 야채 모종의 각 부분 관찰하기</td><td>• 식물의 각 부분의 명칭과 기능에 대해 알아본다.
• 식물의 성장에 필요한 요소를 조사하고 예측해 본다.</td><td>어제 사온 봄꽃과 야채 모종, 확대경, 과학책, 기록 용지와 필기도구</td><td></td></tr>
<tr><td>미술 영역</td><td>여러 가지 재료로 봄꽃 만들기</td><td>• 꽃을 만들기에 적절한 재료를 선택한다.
• 무엇을 만들지 미리 계획하고 봄꽃을 만들어본다.</td><td>여러 가지 색한지, 종이끈, 색상지, 수수깡, 모루, 꽃잎 모양 도장, 물감, 붓 등</td><td></td></tr>
<tr><td colspan="5"></td></tr>
<tr><td>정리 · 정돈
(10:30~10:40)</td><td colspan="4">• 10시 20분에 정리 예고하기</td><td></td></tr>
<tr><td>간식 및 휴식
(10:40~11:00)</td><td colspan="4">• 간식 메뉴 ; 오렌지쥬스, 두부고기완자
– 간식 먹은 후 꼭 입 닦기, 입 닦은 휴지 휴지통에 버리기</td><td></td></tr>
</table>

중간 모임 **(11:00~11:20)**	활 동 명	이야기 나누기: '봄이 와서 달라졌어요'	
	활동목표	• 봄의 변화(날씨, 자연, 사람들의 옷차림과 생활 등)에 대해 알아본다.	
	활동자료	융판, 꽃가게 다녀오며 주변의 풍경과 사람들을 찍은 사진자료(대집단 자료로 출력하여 준비)	
	주요 질문 내용	• 어제 꽃가게에 다녀온 사진자료와 함께 본 것들에 대해 이야기 나눈다. – 꽃가게 가는 길에 어떤 것을 보았니? – 어떤 꽃을 보았니? 나무의 모습은 어땠니? – 사람들의 옷차림은 어땠니? – 날씨는 어땠니? • 봄의 변화에 대해 이야기를 나눈다. – 겨울의 날씨와 봄의 날씨는 어떻게 다르니? 봄 다음에는 어떤 계절이 돌아오니? 그 때 날씨는 어떻게 변하니? – 사람들이 날씨가 점점 더워지니까 어떻게 옷을 입니? 요즘 바깥놀이 갈 때에 모자를 쓰는 친구들이 많은데 왜 모자를 쓰니? – 사람들이 봄이 되면 무엇을 하니? (봄나들이, 봄대청소...) – 봄에 보는 나무와 꽃, 풀 등이 어떻게 변했니?	
실외놀이활동 **(11:20~12:00)**	• 실외 놀이터의 나무의 변화 관찰하기 --〉 물주기 • 바깥놀이시간에는 교실 창문을 활짝 열어 환기시키기		
점심 전 모임 **(12:00~12:10)**	• 점심 식단 소개 : 차조밥, 냉이된장국, 삼치구이, 무나물, 깍두기, → 점심 반찬 중에 먹을 수 있는 식물로 조리된 것에 대해 간단히 이야기 나누기		
점심 지도 및 휴식 **(12:10~1:10)**	• 점심시간 지도 : 점심을 늦게 먹는 유아들 돕기, 식사 후 조용한 놀이하는 유아 돕기, 이 닦기 지도하기 • 조용한 놀이 : 유아들이 원하는 책을 중심으로 읽어주기		
소집단 활동 **(1:10~1:40)** 4집단으로 나누어 활동1과 활동2를 시간차를 두고 실시하기	① 활동명	실외/과학: 유아들이 꾸민 화분과 밭에 씨앗과 모종 심기	
	활동목표	• 식물의 성장에 대해 이해하고 직접 길러보는 경험을 한다. • 식물의 종류에 따라 성장 조건과 과정이 다를 수 있음을 안다.	
	활동자료	씨앗과 모종심는 방법 그림자료, 어제 사온 모종, 씨앗, 모종삽, 물조루, 비 닐 앞치마, 면장갑, 네임카드, 네임펜 등	
	주요 질문 내용	– 밭에 기를 수 있는 식물에는 어떤 것이 있을까? 심을 수 없는 식물은 왜 심을 수 없을까? – 나무, 모종, 씨앗으로 심는 식물은 각각 어떤 것인가요?	

소집단 활동 (1:10~1:40) 4집단으로 나누어 활동1과 활동2를 시간차를 두고 실시하기	주요 질문 내용	– 씨앗을 밭에 심을 때 무엇이 필요할까? – 어떤 일을 제일 먼저 해야 할까? 그 다음에는 어떻게 해 주어야 할까? – 식물들을 돌보고 기를 때 주의해야 하는 점은 무엇인가요?	
	② 활동명	수학 : '봄의 식물' 숫자 책 만들기	
	활동목표	• 봄의 날씨의 특징에 따라 봄에 볼 수 있는 식물의 종류를 안다. • 1에서 10까지의 합리적 수세기를 할 수 있다.	
	활동자료	색상지 11장을 묶어 만든 작은 책, 여러 가지 필기도구, 스티커 등	
	주요 질문 내용	– 밭에 기를 수 있는 식물에는 어떤 것이 있나요? 심을 수 없는 식물은 왜 심을 수 없나요? – 나무, 모종, 씨앗으로 심는 식물은 각각 어떤 것인가요? – 식물들을 돌보고 기를 때 주의해야 하는 점은 무엇인가요?	
귀가지도 (1:40~2:00)	활 동 명	테이블 동화 감상 '아빠, 꽃밭 만들러 가요.'	
	활동목표	• 봄의 변화에 관심을 갖는다. • 식물을 기르는 과정에 관심을 갖는다.	
	활동자료	교사가 제작한 테이블 동화자료와 배경판	
	주요내용	– 동화를 듣고 나니 어떤 생각이 드니? – 꽃밭을 처음에 어떻게 만들고 되었니? – 아빠와 만든 꽃밭에서 어떤 일이 생겼니? – 우리가 오늘 만든 밭의 씨앗과 모종은 어떻게 해 주어야 잘 키울 수 있을까?	
	기 타	• 등 · 하원 확인표로 보며 귀가할 유아 이름 부르기	
일일평가			

〈표 2-11〉 일일 활동 계획의 예 (예3)

일일교육계획안

<table>
<tr><td rowspan="2">학급명</td><td rowspan="2">○○반(만5세)</td><td rowspan="2">담임교사</td><td rowspan="2">송○○</td><td colspan="2">2021년 6월 3일 목요일</td></tr>
<tr><td>수업일수</td><td>62/180</td></tr>
<tr><td>생활주제</td><td>우주(별과 별자리)</td><td>소주제</td><td colspan="3">별자리 탐색하기</td></tr>
<tr><td>목표</td><td colspan="3">• 우주 공간의 특성에 대해 관심을 가진다.
• 별의 특성과 별자리의 종류에 대해 알아본다.
• 별자리에 얽힌 이야기에 관심을 가지고 알아본다.</td><td colspan="2">〈일과시간표〉
9:00~10:20 등원 및 자유선택놀이
10:20~10:50 간식시간
10:50~11:30 전체모임
11:30~12:30 바깥놀이시간
12:30~13:30 점심식사
13:30~13:55 전체모임
13:55~14:00 귀가준비</td></tr>
<tr><td rowspan="4">건강·안전 관련</td><td colspan="4">• 발열체크표, 코로나 생활 방역 실천 점검표, 교실 안전점검표, 청결점검표 확인 및 기록</td><td></td></tr>
<tr><td colspan="4">• 창문 열어 환기시키기(미세먼지 시 환기X-공기청정기만 가동)
• 등원/하원 전 발열체크하기</td><td></td></tr>
<tr><td colspan="4">간식: 감귤주스, 치즈&크래커</td><td>미세먼지 : 보통</td></tr>
<tr><td colspan="4">점심: 잡곡밥, 콩나물국, 돈육메추리알장조림, 시금치나물, 배추김치</td><td></td></tr>
</table>

<table>
<tr><td colspan="2">자유놀이시간</td></tr>
<tr><td>언어영역</td><td>· 별과 별자리에 대한 생각 모으기(브레인스토밍)
· 로켓 발사대 이야기꾸미기
· '별자리 영화관'으로 재구성하기</td></tr>
<tr><td>수·과학영역</td><td>· 아발론 구슬게임(전략)
· 별자리 관찰하기</td></tr>
<tr><td>컴퓨터영역</td><td>· '별자리 전설(신화)'검색하여 알아보기
· 아이패드 〈Star Walk 2〉어플로 별자리 찾아보기</td></tr>
<tr><td>역할놀이영역</td><td>· 우주선 조종실 놀이하기</td></tr>
<tr><td>쌓기놀이영역</td><td>· 별자리 관측 장소 구성하기→별자리 관찰하기</td></tr>
<tr><td>조작놀이영역</td><td>· 별자리 바느질하기
· 로꼬블록 탐색하기→우주선, 로켓 만들어보기</td></tr>
<tr><td>음률영역</td><td>· '신나는 장난감의 여행' 노래 부르기</td></tr>
<tr><td>미술영역</td><td>· 협동 구슬 그림 그리기/물감 튀기기(우주 표현하기)</td></tr>
<tr><td colspan="2">전체모임 '별자리에 얽힌 그리스 로마 신화'ohp동화+별자리 영화관 구성 계획</td></tr>
<tr><td>활동자료</td><td>ohp기기, 그리스 로마신화 ohp필름자료, 화이트보드, 보드마카</td></tr>
<tr><td>활동방법</td><td>하연이가 가져온 '은하수와 별자리 여행'책을 소개한다.
별자리에 얽힌 그리스 로마 신화 이야기를 ohp기기로 감상한다.
3. 빛을 이용하여 이야기를 감상해 본 느낌을 이야기 나눈다.
4. 언어영역에 별자리 영화관으로 재구성하기 위한 계획을 이야기 나눈다.</td></tr>
</table>

<table>
<tr><td colspan="2">바깥놀이(*미세먼지 시 복도놀이) –별 관찰해보기</td></tr>
<tr><td colspan="2">소집단활동 '우리가족 별자리 스트링 아트 준비하기'</td></tr>
<tr><td>활동자료</td><td>'별자리를 만들어줄게' 동화책, 스트링아트 예시자료, 폼보드판(10×10), 별자리 도안(10×10)</td></tr>
<tr><td>활동방법</td><td>*'별자리를 만들어줄게' 동화책
1. 기린반 가족들의 별자리를 조사한 결과를 확인해본다.
2. 가족 별자리 스트링아트 예시작품을 소개한다.
3. 스트링아트를 소개한다.(표현기법)
4. 우리가족 별자리 스트링아트를 하기위한 준비를 한다.(폼보드판 가족 수대로 준비–가족들 별자리 도안 준비–별자리판 배치하기)
5. 내일 두명씩 만들기를 예고한다.</td></tr>
<tr><td colspan="2">건강 · 안전관련</td></tr>
<tr><td colspan="2">〈출결 관련〉 결석(1명) : 조○○(기타결–중이염)</td></tr>
<tr><td colspan="2">일과평가</td></tr>
</table>

*태양계 행성 표현하기

<table>
<tr><td>
*태양계 행성 표현하기: 그림스블록 무지개 소품 활용하기
(오○○)</td><td>① "저 행성들 중에서 까먹은 거 있어요. 목성의 위성은 이만큼 많고, 그리고 해왕성은 위성이 트리톤이었던 거에요. 아빠한테 해왕성의 위성을 물어봤더니 트리톤이래요."→등원하자마자 어제 자신이 구성해놓고 간 태양계 행성들을 탐색하며 자신이 구성한 과정에서 발생한 오류를 점검하고 수정하는 등 매우 적극적으로 참여함.(그림스블록 무지개 소품 두 개씩 결합하여 행성 표현하고, 불 소품으로 태양 표현하기)/"해왕성이랑 천왕성이랑 원래 빛나요. (태양의) 홍염 때문에 우주에서 그렇게(그런 모양으로) 보이는 거에요." "제 9 행성이라는 행성도 있는데 그걸 잊어버려가지고 열 일곱 갠 줄 알았는데, 근데 제 9행성을 생각해보니까 총 열 여덟 개에요."
② 〈태양계 행성의 크기와 온도〉"지구가 금성보다는 좀 커야해요. 그 다음에 또 그리고 금성보다는 좀 차가워야해요. 금성이 더 뜨거워요." 행성의 온도 차이를 그림스블록 색으로 구분하여 표현함.(지구:초록+청록, 금성:파랑+하늘)</td></tr>
</table>

*오○○, 손○○: 우주와 관련된 관심이 많으며 자발적으로 가정과 연계하여 다양한 지식과 정보를 습득하고 이를 놀이에 활용하는 편임. 태양계 행성의 종류와 특성 등에 대해 매우 자세한 정보를 가지고 있으며 자신의 생각대로 다양하게 표상 및 구성해보는 과정을 격려하고있으나 주제가 시작되는 단계에서 다른 유아들의 호기심이나 상상력 등에 제한을 두게되는 경향이 있어 개별 유아들의 사전지식의 양과 질을 주의깊게 관찰하고 개별적으로 지원 및 격려하기 위해 노력하고 있음. 직접 경험해보기 어려운 주제로 다양한 가능성과 상상력을 수용하는 태도를 기를 수 있게 돕고 있음.

–손○○: 쌓기영역에 구성중인 우주왕복선에 필요한 소품을 만들기 위해 가정에서 재료를 직접 준비해올 정도로 주제에 대한 관심도와 몰입도가 높은 편임.

*우주 로켓 및 조종실 놀이하기 & 우주 공간 배경 꾸미기: 다인이가 로켓에 들어간 모습을 표현하자 조종실에 앉아있던 유아들(원○○, 서○○)이 조종실의 모니터를 보며 자신의 사전지식에 대해 이야기를 하게 됨. 모니터를 꾸며주기 위해 미술영역에서 색종이에 외계인, 로켓 안 카메라에 비친 모습 등을 그림으로 표현하여 꾸밈. 또한 우주 공간에 꾸밀 배경 그리기에도 적극적으로 참여함. 물감과 물의 번짐효과와 물감 튀기기 효과를 소개하고 꾸밈.(원○○, 이○○, 서○○, 박○○, 장○○) –이○○: 우주복에 관심을 보이며 의상을 입고 조종실에 앉은 친구들의 지시에 따라 움직이며 적극적으로 역할놀이에 참여함. 또한 우주복에 필요한 소품(산소통)을 만드는 과정으로 연결됨. –서○○: "바다에서 쓰는 거(산소통)는 주황색인데, 우주에서 쓰는 거는 이거에요. (왜 색이 다른지는) 몰라요.", "우주 가보고싶긴 한데, 산소통이 없어서 안 갈거에요. 무서워요." *별자리 관찰하기 및 표상하기: 어제 소개해준 별자리 관찰 교구에 관심을 보이며 야광 테이프로 빛나는 형상에 관심을 보이며 적극적으로 탐색함. –심○○: 아이패드로 별자리를 관찰해보며 새로운 정보를 습득하기도 함. "태양도 별 중에 하나래요. 천억 개가 넘는 별들 중에 하나래요."→'별'과 '우주'와 관련하여 생각을 모은 개념망 자료에 내용을 첨가할 것을 안내하자 직접 글자를 적고 '별' 주변에 붙여둠. –강○○: (아이패드) "엄마 핸드폰에서도 별자리 찾는 거 해봤어요. 기린반에 기린자리도 있어요~"→기린반 공간 내에서 찾을 수 있는 별자리를 탐색해보는 과정을 추가해보려 함. *우주정거장 이야기꾸미기(강○○, 이○○) *트위피 블록으로 별자리 입체적으로 구성해보기→라이트테이블에 전시해볼 수 있도록 안내하자 흥미를 보이며 참여함. 별 스티커를 활용하여 별자리 모양에 따라 붙이며 배경을 꾸며주기도 함.(심○○, 전○○, 손○○, 정○○) *별자리 바느질하기: 바느질하기에 자신감을 드러내며 자신의 별자리 이외에도 다양한 별자리를 골라 끈을 끼우며 별자리의 모양을 탐색하는 과정을 즐김.(이○○, 이○○, 김○○)
전체모임
*교실 벽면을 활용하여 ohp기기로 그리스 신화 이야기를 필름지에 스캔하여 들려주었더니 매우 흥미롭게 감상함. 영화관의 가본 경험을 떠올리며 감상 약속과 태도를 지키려고 노력함. 같은 이야기를 다른 매체로 감상하는 것의 차이와 ohp기기를 영화관에 활용하기 위한 방법에 대해 이야기를 나눔. →유아들이 만든 작품을 전시하는 방법과 공간을 재구성하는 것에 대한 계획을 바탕으로 내일 구성에 참여할 수 있도록 교실 공간을 재정비함. –손○○: "밝게 보면 잘 안보이고 어둡게 보면 잘 보여요."→"저쪽만 막아서 어둡게 해요." –오○○: "별자리 그림 저거를 벽에다 붙여다가 '별자리 영화관'이라고 해요." –이○○: "영화관 의자는 이 의자말고 부드러웠어요."
개별유아평가

정○○	–별자리 관찰 교구를 탐색하며 서이가 다가가서 함께 하고 싶다는 의사를 표현하자 바로 '안돼!'라고 단호하게 표현함. 이유에 대해 설명하도록 하자, "내가 지금은 너랑 같이 할 마음이 없고, 지금은 내가 하고 있어."라고 표현함. 거절의 표현을 친구가 오해하지 않게, 상처받지 않도록 표현하는 방법에 대해 모델링을 보이고 실천해보도록 안내함.

(6) 주간 일지 작성으로 일일계획 보완하기

자료나 환경 준비에 시간을 할애하느라 매일 계획서 작성에 어려움을 느끼는 교사의 경우 주간 일지에 다음날의 활동을 보완하여 구성하는 것으로 일일 활동 계획을 대신할 수 있다.

<table>
<tr><td rowspan="2" colspan="4">○○반(만3~5세) 보육일지 예</td><td>담 임</td><td>원 장</td></tr>
<tr><td>장○○
김○○</td><td></td></tr>
<tr><td>교사의 기대</td><td colspan="2">아라 · 마루반에서 지켜야 할 약속을 알고 상황별, 장소별로 지켜야 할 약속이 다름을 인식하고 지킬 수 있기를 기대한다.</td><td>기간</td><td colspan="2">3월 5주
(3월 28일 ~ 4월 1일)</td></tr>
<tr><td rowspan="2">날짜 및 날씨</td><td>28일(월)</td><td>29일(화)</td><td>30일(수)</td><td>31일(목)</td><td>1일(금)</td></tr>
<tr><td>날씨: 맑음</td><td>날씨: 맑음</td><td>날씨: 흐림</td><td>날씨: 흐림</td><td>날씨: 맑음</td></tr>
<tr><td>기본생활습관
안전교육,
소방대피</td><td colspan="5">〈물건을 스스로 정리해요〉
등원 후, 하원 전에 자신의 물건을 스스로 정리할 수 있도록 반복적으로 안내하며 스스로 정리할 수 있도록 지도하였다.(월)
〈교통안전- 안전하게 등원해요〉
등원 시 주위를 살피며 자동차로부터 안전할 수 있도록 상황극을 통해 유아들이 실제로 상황을 인식할 수 있도록 이야기 나누었다.(수)
〈생활안전- 교실에서는 안전하게 놀이해요〉
교실에서 안전하게 놀이해야 하는 이유에 대해 알아보고 왜 안전하게 놀이 해야하는 지에 대해 함께 이야기 나누었다.(목)</td></tr>
<tr><td>지역사회연계,
생일축하</td><td colspan="5">〈지역사회 연계 - 어른들에게 인사해요〉

창문을 보며 어린이집 앞을 청소해주시는 어른들에게 인사해보는 시간을 가져보았다. 교사가 어른들에게 인사하는 모델링을 보여 손 인사를 하거나 고개를 숙여 어른들에게 인사해보았다. (3.28.월)</td></tr>
<tr><td>일과 및 시간</td><td colspan="5">활동 실행 기록</td></tr>
<tr><td>등원 및
통합보육
7:30~9:00</td><td colspan="5">- 등원하는 영유아를 반갑게 맞이하고 전달사항 유무를 확인한다.
- 전일 나래 · 누리 · 나라반의 오후 자유 놀이를 연장하여 통합보육을 진행하며 9시가 되면 정리시간임을 알린다.
- 9시가 되면 영유아들이 각 반으로 이동할 수 있도록 한다.</td></tr>
</table>

<table>
<tr><td>오전, 오후 간식
9:00~9:20
15:00~15:20</td><td colspan="6">– 간식을 먹기 전 화장실에서 손을 씻을 수 있도록 안내한다.
– 위생적인 배식을 위해 행주와 소독액으로 책상을 닦은 후 개인 가림판을 놓는다.
– 적당량의 간식을 배식하고 골고루 먹어볼 수 있도록 안내한다.
– 간식 시간이 끝난 후 행주와 소독액으로 책상과 가림판을 다시 한 번 닦고 창문을 열어 환기를 한다.
– 당근스틱을 먹기 힘들어하는 유아가 있어 당근의 효능을 알려주어 치즈와 함께 먹을 수 있도록 격려하였다.(수)</td></tr>
<tr><td>대소집단 활동
09:20~09:50</td><td>주말지낸 이야기</td><td>〈이야기 나누기〉 안전하게 지내요</td><td colspan="2">〈교통안전교육〉 안전하게 등원해요</td><td>〈생활안전〉 교실에서는 안전하게 놀이해요</td><td>〈동화〉 짝꿍이 생겼어요</td></tr>
<tr><td>정리 및 일상 관리
09:50~10:00</td><td colspan="6">– 정리 노래를 틀어주어 스스로 정리정돈을 할 수 있는 분위기를 형성한다.
– 정리정돈 시작 시 교실 창문을 열어 환기를 한다.
– 자유롭게 물 마시기, 화장실 다녀오기를 할 수 있도록 안내한다.</td></tr>
<tr><td rowspan="5">실외놀이
10:00~11:00</td><td>미세먼지: 좋음</td><td>미세먼지: 좋음</td><td colspan="2">미세먼지: 좋음</td><td>미세먼지: 좋음</td><td>미세먼지: 좋음</td></tr>
<tr><td>○</td><td>○</td><td colspan="2">○</td><td>○</td><td>○</td></tr>
<tr><td colspan="6">형님들은 실외놀이 기구를 이용하며 놀이를 하다가 공놀이를 하고 싶다고 제안하였다. 공을 주자 어떤 놀이를 할지 토의하다가 축구 놀이를 하자고 하여 짝을 지어 축구 놀이를 한다. 도이가 윤이에게 공을 발로 찬다. 공이 윤이 앞으로 굴러 간다. 윤이가 다시 도이에게 공을 주기 위해 발로 찬다. 공이 도이 앞에 도착하지 않고 옆으로 굴러간다. 공을 보더니 윤이가 “어? 나는 왜 도이 언니처럼 공이 안가지?” 라고 이야기한다. 도이는 공을 줍고 다시 윤이에게 공을 준다. 윤이가 공을 받고 다시 도이에게 발로 찬다. 이번에는 공이 왼쪽으로 굴러간다. 윤이가 속상해 하는 모습을 본 도이는 “윤이야, 나도 6살에는 잘 못했어. 계속 연습하니까 이렇게 된거야.” 라고 말하자 윤이는 “알겠어.” 라고 이야기 하고 공을 다시 주우러 가서 도이에게 공을 준다.</td></tr>
<tr><td colspan="2">평가–발현된 교과개념</td><td colspan="2">평가–행동분석</td><td colspan="2">지 원</td></tr>
<tr><td colspan="2">동작–공간–방향–앞
동작–공간–경로–바닥 모양(직선)
언어–말하기–문장말하기–조사 사용하여 말하기</td><td colspan="2">윤이는 자신의 신체가 마음대로 조절되지 않고, 공이 원하는 방향으로 굴러가지 않자 속상함을 표정과 언어로 표현할 수 있다.</td><td colspan="2">상호작용–실패감을 느끼지 않도록 잘하고 있음을, 연습하면 변화될 수 있음을 이야기해주며 격려해주었다.</td></tr>
<tr><td>정리 및 일상 관리
11:00~11:10</td><td colspan="6">– 정리 노래를 틀어주어 스스로 정리정돈을 할 수 있는 분위기를 형성한다.
– 정리정돈 시작 시 교실 창문을 열어 환기를 한다.
– 실내놀이를 하기 전 화장실 다녀오기, 물 마시기를 할 수 있도록 안내한다.
– 용변을 본 후 물 내리기, 손 씻기가 이루어질 수 있도록 안내한다.</td></tr>
<tr><td>실내놀이
11:10~12:20
15:20~16:20</td><td colspan="6">명재가 젠가를 하기 위해 젠가를 쌓고 있다. 그 모습을 지켜보던 지안이는 “나도 같이 해도 될까?” 라고 묻자 명재는 “응.” 이라고 대답한다. 명재가 지안이에게 “어떻게 하는지 알아?”라고 말하자 지안이는 “응, 저번에 선생님이랑 해봤어.” 라고 이야기한다. 명재가 지안이에게 “내가 먼저 할게.” 라고 말한다. 명재가 젠가를 빼고 다시 위에 쌓는다. 지안이가 젠가를 빼서 위에 쌓는다. 순서를 반복적으로 하며 놀이를 한다. 지안이 차례가 되어 젠가를 빼다가 쌓아놓은 젠가가 무너지기 시작한다. 지안이가 “에이, 다시 하자.” 라고 이야기 하자 명재는 지안이에게 “응, 괜찮아.” 라고 이야기 하고 지안이와 함께 다시 젠가를 3개씩 쌓기 시작한다.</td></tr>
</table>

<table>
<tr><td rowspan="6">실내놀이
11:10~12:20
15:20~16:20</td><td>평가-발현된 교과개념</td><td>평가-행동분석</td><td>지 원</td></tr>
<tr><td>언어-말하기-문장말하기-의문문으로 말하기
사회-사회성 발달-친사회적 행동-공감적 이해
인성-협동-친구들과 함께 놀이하기</td><td>게임을 하기 전 게임방법을 알고 있는지에 대해 질문할 수 있고, 무너뜨려 속상해 하는 동생에게 괜찮다고 이야기할 수 있다.</td><td>자료-또래와 놀고 싶어 하지만 또래가 함께 놀이해주지 않을 때가 많아서 교사나 동생들과 함께 놀이할 수 있도록 함께 할 수 있는 놀이자료를 제공해주고 교사가 참여함으로 다른 유아들도 함께 놀이할 수 있도록 도움을 제공해야겠다.</td></tr>
<tr><td colspan="3"> (금)
가은이가 자신의 이름을 한글자석으로 표현하기 위해 교구를 가져온다. 옆에서 책을 읽던 지아가 관심을 보이며 가은이가 놀이하는 모습을 관찰한다. 지아는 자신의 종합장을 가져온다. 자신의 이름을 보고 한글자석을 찾는다. 한글 자석으로 자신의 이름을 구성하다가 교사에게 교사에게 "선생님, 제가 만들었어요. 보세요." 라고 이야기한다. 교사가 "지아 이름에서 '아'를 구성해 보았구나?" 라고 이야기 하자 지아가 "네." 라고 대답한다. 교사가 지아에게 "나머지 다른 글자도 만들어볼까?" 라고 이야기 하자 지아는 교사에게 "('배'를 가리키며) 이 글자 자석은 없어요." 라고 이야기한다. 교사가 한글 자석을 찾아보자 'ㅐ' 가없다.
교사가 'ㅏ'와 'ㅣ'를 합쳐 'ㅐ'를 만들어주자 지아는 교사에게 "우와, 신기해요." 라고 이야기 하며 자신의 이름 글자를 완성하기 시작한다. 규람이가 지아와 가은이에게 다가와서 "나도 같이 놀자." 라고 이야기 하자 지아가 "응." 이라고 대답하며 규람이의 종합장을 가져다준다. 규람이가 이름을 구성하려고 하자 지아는 "내가 도와줄게." 라고 이야기한다.</td></tr>
<tr><td>평가-발현된 교과개념</td><td>평가-행동분석</td><td>지 원</td></tr>
<tr><td>인성-배려-도와주기
언어-읽기-기계적 읽기-부분적으로 읽기-단어 읽기
언어-말하기-문장 말하기-품사 사용하여 말하기</td><td>글자에 관심을 갖고 자신의 이름 글자를 보고 한글 자석으로 구성할 수 있으며 어려움이 생겼을 때 교사에게 도움을 요청할 수 있다.</td><td>자료-최근에 한글에 대한 관심이 생겨 글자와 관련된 활동을 하는 모습이 자주 관찰되었다. 글자에 대한 관심이 지속될 수 있도록 궁금해 하는 글자를 함께 알아보거나 다양한 문해적 자료를 제공해주어야겠다.</td></tr>
</table>

점식식사 및 양치 12:20~13:10	– 점심식사 전 유아들이 화장실에서 손을 깨끗하게 씻을 수 있도록 안내한다. – 위생적인 배식을 위해 행주와 소독액으로 책상을 닦는다. – 식판, 숟가락, 포크를 나누어주고 교사가 밥과 국을 배식한 뒤 유아들이 반찬을 먹을 수 있는 만큼 배식해보도록 안내한다. – 식단을 소개한 후 골고루 먹기, 도구를 사용하여 바른 자세로 앉아 식사하기를 안내하며 바른 식사습관 형성을 돕는다. – 점심 시간이 끝난 후 행주와 소독액으로 책상과 가림판을 다시 한 번 닦고 창문을 열어 환기를 한다. – 유아들이 스스로 양치를 할 수 있도록 방법을 안내하고 마무리에 도움을 준다. – 쇠불고기만 먹는 유아들이 관찰되어 깻잎나물의 효능을 알려주어 반찬도 골고루 먹을 수 있도록 안내하였다.(월)
낮잠 및 일상관리 13:10~15:00	– 개별 침구류를 꺼내어 제공하고 낮잠 음악을 제공한다. – 유아들이 자신의 자리에 누워 휴식을 취할 수 있도록 돕는다. – 유아들이 이부자리를 스스로 정리정돈 할 수 있도록 격려한다. – 창문을 열어 환기를 한다. – 낮잠 및 휴식을 취하던 중 잠에 들지 않은 유아들은 미술영역과 언어영역에서 정적인 활동을 할 수 있었다.
귀가지도 및 통합보육 16:20~19:30	– 가방에 자신의 물건을 넣어 유아들이 스스로 하원 준비를 할 수 있도록 안내한다. – 보호자가 오면 교사가 유아를 보호자에게 인계하여 하원 한다. – 통합보육시간이 되면 당직 교사와 함께 아라·마루반의 오후 실내놀이를 연장하여 진행하도록 한다.
업무 평가 및 보완 사항	
28일(월)	교실에서 뛰어다녀 부딪힐뻔한 상황이 자주 발생이 되어 교실에서 어떻게 다녀야하는지에 대해 이야기를 나누어보았다. 또한 교실에서 안전하게 걸어다닐 수 있도록 반복적으로 이야기해주어야겠다.
29일(화)	마스크를 착용하고 이야기를 할 때 마스크가 코 밑으로 내려가는 경우가 있어 마스크를 코까지 착용할 수 있도록 반복적으로 안내해주었다.
30일(수)	자신의 물건을 챙기지 않고 그냥 바닥에 두고 가는 유아들이 보여 정리해야하는 이유를 함께 이야기나누어보았고 자신의 물건을 바구니 또는 가방에 정리할 수 있도록 이야기나누었다.
31일(목)	화장실에서 양치할 때 많이 모이게 되는 상황이 생겨 인원을 분산시켜 양치 지도를 하였고, 양치할 때 이야기하는 유아들이 있어 양치를 다 하고 마스크를 착용하고 이야기할 수 있도록 지도하였다.
1일(금)	낮잠이불을 정리하여 가방에 넣는 것을 어려워하는 동생들이 많아 낮잠이불 정리하는 방법에 대해 지속적으로 반복하여 지도해야겠고, 스스로 할 수 있도록 격려해야겠다.
흥미영역별 주간 평가	언어: 〈우리 반에서 지켜야 할 약속〉 우리 반에서 지켜야 할 약속에 대해 구어적으로 표현할 수 있도록 안내하였다. 유아들은 우리 반에서 지켜야하는 약속에 대해 설명할 수 있었다. 또한 우리 반에서 지켜야 할 약속을 간단한 문장으로 써보기를 시도하고 동생들에게 알려주며 활동이 지속될 수 있었다.

흥미영역별 주간 평가		
	수	〈약속상황 메모리 게임〉 저번주에 이어 반 약속 상황 6가지 그림을 기억하고 카드를 뒤집어 똑같은 상황을 찾는 메모리 게임의 규칙과 하는 방법에 대해 이야기나누며 게임을 시도할 수 있었다. 또한 약속상황 뿐만 아니라 유아들이 흥미있어 하는 주제(공룡, 음식 등)로 카드를 만들어보며 게임을 확장시켜 진행이 될 수 있었다.
	과학	〈사인펜 뚜껑을 열어 놓으면?〉 사인펜 뚜껑을 열어 놓고 정리하는 경우가 종종 있어 사인펜이 계속 열어져 있으면 어떻게 되는지 관찰할 수 있도록 안내하였다. 사인펜 뚜껑을 열어놓고 시간이 지남에 따라 달라지는 변화에 대해 유아들은 서로의 의견을 주고받았고 직접 기록도 해볼 수 있었다.
	컴퓨터	〈우크라이나 사태〉 주제와 관련하여 해당 영역의 활동이 계획되지 않았으나 유아들이 우크라이나 사태에 대해 이야기나누면서 관련된 뉴스와 정보에 대한 관심을 보여 컴퓨터 영역을 열였다. 관련 정보를 검색 후 미사일과 탱크를 만들어 보고자 하여 탱크는 쌓기영역과 연계하여 활동이 진행되었으며 미사일과 관련된 활동은 다음 주 로켓만들기 활동으로 전개해 보고자 한다.
	조작	〈함께 사용하는 공간을 만들어요〉 젠가를 이용하여 함께 사용하는 공간인 교실, 화장실 등을 구성해보았다. 교실에 있는 영역들에 대해 이야기를 나누어보았고 교실에 있는 영역에서 어떤 놀이를 하는지 서로 알려주며 젠가로 영역도 구성해볼 수 있었다. 또한 언어영역에 있는 동물인형을 가지고 와 교실에서 놀이하는 가작화놀이가 진행되었다.
	조형	〈안전한 아라마루〉 위험하게 놀이하는 유아들이 많이 보여 함께 교실에서 지켜야할 약속에 대해 이야기를 나누었다. 또한 유아들은 직접 써 보기를 시도하며 우리반 동생, 친구들, 형님들이 볼 수 있도록 약속판도 만든 후 벽에 게시해보고 약속판을 소개해주며 활동이 지속될 수 있었다.
	쌓기	〈탱크 만들기〉 우쿠라이나 사태에 대해 알아보던 유아들의 관심이 탱크를 만들어보고자 하는 방향으로 바뀌어 탱크를 입체적으로 구성하기 위해 필요한 탱크의 모양, 구조들을 참고할 수 있는 사진 자료를 제공하였다. 반면 탱크를 만드는 것이 어려웠던 1수준 유아들은 관련 뉴스를 떠올리며 대피소를 만들겠다고 제안하여 수준에 따른 활동이 동시에 진행되었다.
	역할	〈우리 교실을 만들어요〉 역할영역에 제공되어 있는 다양한 음식 모형들로 요리한 후 가작화놀이하는 것에 대해 흥미를 많이 보였고 어린이집에 나오는 음식을 생각하며 음식모형들로 요리하는 흉내를 내어보았다. 또한 우리반 점심시간에 지켜야할 약속들을 서로에게 알려주며 가작화놀이가 지속되었다.
	음률	〈제자리에 치우자〉 저번주에 이어 동요〈제자리에 치우자〉에 관심을 지속적으로 보였다. 자신이 사용한 놀잇감을 제자리에 정리해야하는 이유에 대해 이야기해볼 수 있도록 안내하였고 노래 가사를 따라 불러보며 자신이 연주하고 싶은 악기로 두드리기, 흔들기 등 다양하게 연주해보았다.

	실외	〈놀이 시설 약속을 지켜 안전하게 놀이하기〉 실외놀이 시 계단 손잡이를 잡고 매달리거나 미끄럼틀을 거꾸로 올라가는 경우가 종종 관찰이 되었다. 놀이 시설 약속을 지켜야하는 이유, 지켜야는 방법 등에 대해 이야기나누어보았고 안전하게 놀이 시설을 이용할 수 있도록 반복적으로 이야기해주었다. 또한 앞을 보지 않고 달리기를 하다가 서로 부딪히는 경우가 있어 앞을 보고 안전하게 달리기를 할 수 있도록 안내하였다.

(7) 상호작용 전략의 계획

교사는 유아의 놀이 및 활동 관찰과 기록을 토대로 유아의 흥미와 관심을 고려한 적절한 놀이 활동을 계획하고 유아의 놀이 활동을 관찰하고 기록하면서 유아의 놀이가 발전된 방향으로 전개되도록 지원해야 한다. 즉, 유아가 비계놀이(scaffold play)로 언어와 내용 지식이 발달하고 확대해 줄 기회를 제공한다(Bowman, 2014). 놀이를 통한 상호작용으로 교사와 유아 간에 긍정적이고, 지원적이며, 개별적인 상호작용이 이루어질 때 유아의 최적 발달이 가능하다고 연구 결과들은 보고하고 있다(NAEYC, 1984). 반응적 교사와 상호작용하면서 유아는 교사와 좀 더 안정적인 애착이 형성되며 또래와의 관계에서도 사회적으로 능력 있는 행동을 보인다고 제시되고 있다(Howes, Matheson, & Hamilton, 1994). Smith와 Connolly(1980)는 교사가 유아에게 반응적이고 유아의 참여를 제안하는 등의 조성자로서의 역할을 할 때 교사−유아간의 상호작용 횟수가 좀 더 많아지고 활동 집중 시간도 길었다고 제시하였다.

유아와의 상호작용 시 교사의 교수 유형은 비지시적 유형에서 지시적 유형에 이르기까지 8가지의 교수 유형으로 구분될 수 있다. 즉 가장 비지시적 유형으로 인정하기(acknowledge)를 들 수 있고, 그 다음으로 모델 보이기(model), 조성하기(facilitate), 지지하기(support), 비계 설정하기(scaffold), 함께 구성하기(co−construct), 시범 보이기(demonstration)의 순서로 점차 지시적 정도가 증가되는 교수 유형으로 구분할 수 있으며, 가장 지시적인 유형으로는 지시하기(direct)를 들 수 있다(Bredekamp & Rosegrant, 1992). Bredekamp와 Rosegrant (1995)는 실제 교실에서의 유아와의 상호작용에서 이들 상호작용 전략들이 고르게 활용되어야 한다고 주장하였다. 즉 비지시적, 중재적, 지시적 교수 전략 유형이 활동 내용이나 상황에 따라 적절히 활용되어야 한다는 것이다. 교사는 일일 활동의 계획 후 각 활동에 대한 상호작용 전략도 대체적으로 계획한다. 활동 전개 시의 유아의 활동 수준이나 반응에 따라 유동성이 있으나 활동의 성격에 따른 계획을 해 주면 조절이 용이하다. 상호작용 전략을 교사의 중재 정도에 따라 제시하면 〈그림 2-8〉과 같다.

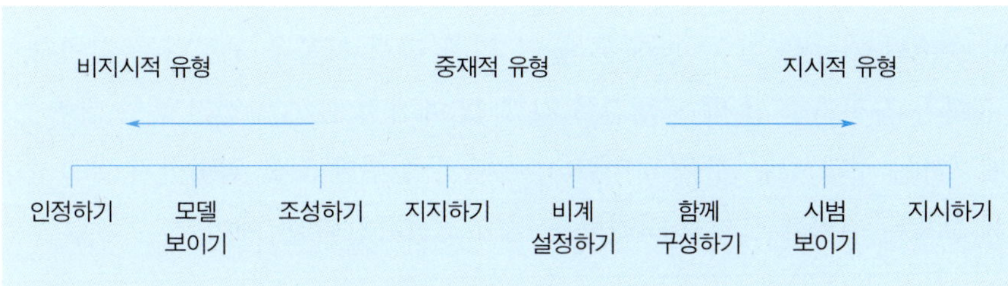

〈그림 2-8〉 교사의 상호작용 전략 유형과 교사 주도성 정도

교사의 상호작용 유형 및 각 유형의 특성을 구체적으로 제시하면 다음과 같다.

① 인정하기

어떤 활동에서 유아의 참여가 지속되도록 주의를 기울이거나 긍정적 격려를 하는 것이다. 이 수준의 상호작용은 유아가 활동에 지속적으로 참여하도록 하는 효과가 있으나, 칭찬의 과도한 사용은 과제에 대한 유아의 동기 유발을 감소시킨다는 것이 발견되었다.

② 모델 보이기

교사의 행동 목록에서 함축적인 형태와 명시적인 형태로 나타난다. 모델 보이기의 함축적인 형태는 명시적인 형태보다는 지시적 요소가 약하다. 모델 보이기를 통해서 교사는 교실에서의 바람직한 행동 방법을 제시한다. 함축적인 모델 보이기의 예를 들면, 교실에서 큰소리를 내는 것은 허락되지 않으므로 교사가 절대로 큰소리를 내지 않는다든지, 공손한 대화가 바람직하기 때문에 교사가 유아에게 정중하고 친절하게 말하는 것을 들 수 있다. 명시적인 모델 보이기의 예는 프로젝트를 시작하기 위하여 꼭 필요한 정보만을 제공하는 것, 힌트나 조언을 주거나 코치하는 것을 들 수 있다. 구체적인 예로, 역할놀이 영역에서 "나는 의사니까 청진기, 압설자, 환자에 대해 적어 놓는 메모 종이가 필요해."하고 말하면서 챙기는 것은 의사놀이의 모델을 보이며 의사가 하는 행동에 대한 비형식적 모델을 보이는 것이다. 이것은 또한 유아에게 참여의 본질에 대해 알도록 영향을 준다. 아울러 어떻게 활동에 참여할지에 대해 코치함으로써 유아가 활동(놀이)에 보다 만족스럽고 성공적으로 참여하도록 한다.

③ 조성하기

다음 수준의 기능을 할 수 있도록 돕기 위해 잠시 도움을 제공하는 것이다. 예를 들어, 유아가 자전거를 탈 때 균형감을 갖게 될 때까지 잠시 자전거 뒤를 잡아주는 도움을 제공하는 것과 같은 것을 의미한다. 유아가 실수할 것을 염려하지 말고 쓰기 실험을 해 보도록 칠판에 쓰기를 격려하는 것도 조성하기의 한 예이다.

④ 지지하기

조성하기와 유사하나 교사의 참여 정도에서 다르다. 조성하기는 어떤 상황에서의 행동의 시작과 끝을 유아가 통제하고, 지지하기는 유아와 교사가 함께 지지하기의 시작과 끝을 결정한다. 예를 들어 자전거 뒤를 붙잡아 줄 때, 조성하기에서는 유아가 교사에게 붙잡아 주거나 놓을 때를 결정하여 말하고, 지지하기에서는 함께 결정한다.

⑤ 비계 설정하기

교사가 도전적 활동을 준비하고, 유아가 현재의 능력에 따라 활동할 수 있도록 도움을 주어 현재의 발달 수준을 높이기 위한 도움을 제공하는 상호작용 유형이다. 모든 유아의 잠재적 가능성에 도달하는 목표를 달성하려면 비계 설정 하기는 필수적이다. 흔히 발달에 적절한 상호작용 형태를 잘못 해석하여 현재의 유아의 능력에 꼭 맞는 것만을 강조하는 것으로 잘못 이해하는 경우를 볼 수 있다. 그러나 상호작용에서는 유아의 현재의 발달을 고려해야 하지만 앞으로의 발전도 고려 해야 한다.

⑥ 함께 구성하기

비계 설정하기보다 좀 더 지시적 교수 유형으로 유아와 함께 놀이하는 상호작용 유형이다. 예를 들어, 유아 교육 기관에서 교사와 유아가 블록을 함께 구성하는 것, 소꿉놀이 영역에서 함께 역할놀이를 하는 것, 과학 활동을 위한 모델을 구성하는 것 등이 이에 해당된다.

7 시범 보이기

함께 구성하기보다 더 지시적인 상호작용 유형이다. 교사는 능동적 참여자이고 유아는 시범의 결과를 관찰하는 것이다. 활동이 잘못된 방향으로 진행될 것이 명백하거나 안전하지 않을 경우에, 시범 보이기는 적절한 상호작용 유형으로 추천되고 있다.

8 지시하기

한 가지 방법으로 어떤 것을 하도록 특별한 명령을 내리는 상호작용 유형이다. 예를 들어, "여기 요리하기 순서표가 있는데 이 순서대로 해야 돼." "이 순서대로 구두끈을 매자." 등에서와 같이 순서에 의해 완성하도록 상호작용하는 것이 '지시하기' 교수 행동이다.

이상의 8가지 교수 행동 유형은 유아를 위한 바람직한 교실에서 나타나는 필수적 구성 요인들이다. 학급 상황과 유아 특성에 따라 가장 적절한 상호작용 유형의 결정이 달라진다. 지시의 강도 측면에서 연속선상으로 배열될 수 있는 이들 8가지 교수 유형 외에 가장 지시적인 교수 행동으로 '강요하기 또는 저지하기'를 들 수 있다. 유아가 요리하기 활동에서 사용하는 칼을 놀이용으로 휘두르려고 한다면 교사는 얼른 그 행동을 하지 않도록 저지해야 한다. 이러한 상황은 자주 일어나지는 않겠지만 이러한 환경과 학습 기회에는 '강요하기 또는 저지하기'가 적절한 상호작용 유형이다.

발달에 적절한 교육이 이루어지는 곳에서는, 일단 학습 환경이 구성되면 교사는 활동 특성에 따라 지시적 및 비지시적 상호작용 유형을 적용하여 상호작용적이며 아동 중심적인 학습이 이루어지도록 배려한다(Bredekamp & Rosegrant, 1992; Kostelnik, 1992; Stipek, 1994). 제시된 8가지 상호작용 유형 중 어떤 한 유형에만 전적으로 의존하기 보다는 활동의 내용과 유아의 활동과 연결된 개념이해 및 기술발달 수준에 따라 모든 상호작용 유형이 고려되는 것이 바람직하다(Bredekamp & Rosegrant, 1992).

제3절 학습 활동의 운영

계획한 학습 활동에 유아가 흥미 있게 참여하여 학습이 효과적으로 이루어지려면 기본 환경 구성 위에 일일 활동을 운영하기 위한 구체적 자료들이 준비되어야 하고 각각의 일일 활동 시간의 지도가 바람직하게 이루어져야 한다. 또한 아무리 일간, 주간, 월간 계획이 치밀하게 되어 있어도 순간 순간의 결정이 특정한 상황이 있을 때마다 이루어져야 한다. 예를 들어, 걸어서 식료품 가게에 견학하기로 결정한 날 비가 오기 시작하면 견학이 취소되거나 미루어져야 한다. 보조 교사가 갑자기 병이 나거나 날씨가 갑자기 추워지고 바람이 불어 유아들이 걸어서 견학 가기가 적당하지 않은 때도 견학을 취소해야 할 것이다.

하루 학습 활동의 운영은 정적인 활동과 동적인 활동, 개인활동과 대·소집단활동, 실내 활동과 실외 활동의 균형을 고려하여 계획되어야 한다. 특히 오전의 활동들은 유아가 집중하여 활동할 수 있도록 계획하고 오후에는 가능한 편안한 마음으로 휴식과 함께 여유있게 활동할 수 있게 운영되어야 한다.

1. 자유 선택 놀이 활동의 준비 및 지도

실내 자유 선택 놀이 활동 시간은 연령과 프로그램의 유형에 따라 차이가 있으나 하루 일과에서 가장 비중이 큰 활동 시간이다. 특히 연령이 어릴수록 자유 선택 놀이 활동의 비중은 커진다.

학급은 주로 흥미 영역으로 구성되어서 실내 자유 선택 놀이 활동 시간에 유아들이 자신이 선택한 놀이에 집중하면서 또래간의 상호작용을 원할히 할수 있는 환경을 마련해 주어야 한다.

자유 선택 놀이 활동을 위하여 흥미 영역의 활동 영역별로 현재 진행중인 주제 및 유아의 발달 수준에 기초하여 자료를 준비한다. 이렇게 주제에 기초하여 영역별 활동이 준비될 때 유아는 활동 영역 및 정보간의 의미 있는 연결을 지을 수 있게 된다. 과제는 다양하게 준비되어야 하며, 독립적으로 수행하는 과제와 소집단 협력이 필요한 과제가 고르게 포함되어야 한다.

활동 영역에 의해 교실을 조직·운영한다는 것은 교사가 학습 과정에 능동적으로 참여함을 의미한다. 교사는 한 영역에서 다른 영역으로 이동해 가며 개별 유아를 대상으로 또는 소집단 유아들을 대상으로 상호작용 한다.

교실에서의 활동은 자연스럽게 진행되면서도 중심적인 구조가 있어야 한다. 개별 유아는 개인의 특성에 따라 선택한 활동을 진행하고, 교사는 유아의 결정 능력을 존중하고 유아 스스로 선택한 활동을 끝까지 완성하도록 안내한다.

활동이 원활히 되려면 무엇보다도 새로운 일을 시도해 보려는 의욕을 불러일으킬 만한 환경을 준비해야 한다. 영역별 자유 선택 놀이 활동 및 유아의 발달 정도를 고려하여 계획한 자유 선택 놀이 활동 계획에 의하여 교사는 각 영역마다 특정한 목적을 가지고 준비하여 놓지만, 일단 자유 선택 놀이 활동을 위해 환경을 준비한 다음에는 유아는 그 활동에 개인적 선택 또는 집단 결정에 따라 임하게 된다. 주어진 환경에서 무엇을 하는가는 개개인 유아가 결정하게 된다. 그러나 자유 선택 놀이 활동 시작 전에 교사는 계획하기를 먼저 진행하도록 한다. 이는 전체 집단 또는 소집단으로 유아를 모아 그 날 할 수 있는 영역별 자유 선택 놀이 활동의 종류 및 활동의 성격을 자유 선택 놀이 활동 선택판을 보여 주며 설명해 주고 유아가 활동을 선택하게 한다. 활동 영역의 크기, 준비된 자료의 수 또는 양, 활동의 성격 등을 고려하여 미리 교사가 정한 영역별 인원수에 맞추어 활동을 배치한다. 전날의 활동이 계속될 경우 우선 그 활동을 계속해야 할 유아를 먼저 배치하고, 각 활동에 참여할 수 있는 인원수가 배치되었을 때에는 아직 선택 못한 유아들에게 참여할 수 없는 활동을 알리고 다른 활동을 선택하게 한다. 유아가 계속 같은 활동만 선택할 경우 다른 활동에도 참여하도록 장려한다. 활동 선택을 위한 집단 토의 후 본인이 결정한 활동이 무엇인지 잊어버린 유아는 다시 게시판을 보고 본인이 계획한 활동을 확인하여 참여할 수 있도록 유아용 게시판에 활동 영역과 선택한 유아의 이름을 표시해 줄 수 있다. 보조자 없이 운영할 때는 새로운 활동의 소개나 새로운 활동 기구의 소개는 이 활동 결정 협의시에 전체적으로 우선 설명해 주고, 다시 해당 영역에 가서 활동에 임한 유아가 활동 성격의 이해나 기구 사용에 어려움이 없는지 확인하는 것이 바람직하다. 유치원 하루의 생활이 활동 계획과 자유 선택 놀이 활동으로 시작하는 경우는 자유 선택 놀이 활동 계획을 개별적으로 또는 소집단으로 할 수도 있다.

자유 선택 놀이 활동 계획시 또는 자유 선택 놀이 활동 진행중 유아가 결정을 내려야 할 때가 많다. 유아가 결정을 내리지 못하거나 자신이 하는 일에 확신을 가지지 못할 경우, 교사는 선택할 수 있는 다른 것들을 소개하거나 유아가 제시한 아이디어가 좋은 아이디어라고 구체적으로 예를 들어 칭찬해 줌으로써 선택 또는 활동 진행에 확신을 갖게 돕는다.

교사는 전체 시간 계획과 유아의 흥미를 고려하여 유아가 한 활동 후 다른 활동으로 옮기려할 때 남은 시간이 충분치 않으면 다른 날 그 활동을 하고, 다른 유아들이 활동이 끝날 때까지 시간을 많이 요하지 않는 놀이에 참여하도록 지도해 주는 것도 고려해야 한다.

자유 선택 놀이 활동 후의 정리 정돈까지 유아가 완전히 할 수 있도록 다음과 같은 몇 가지 기본적 규칙을 가르쳐야 한다.

① 자유 선택 놀이 활동을 위해 정해진 영역 안에서 활동하도록 한다. 예를 들어 유아가 물감으로 그림그리기를 원한다 면 물감 그림을 위한 영역 안에서만 하도록 한다.

② 사용될 자료들을 운반할 때는 쟁반이나 플라스틱 바구니를 사용하도록 한다.

③ 자료를 나를 때는 한 번에 한 가지만 나른다.

④ 한 자료를 사용하고 난 후 다른 자료를 사용하기를 원할 때는 일단 사용하던 자료를 제자리에 갖다 둔 후 다른 자료를 사용한다.

⑤ 교사는 전체적으로 유아들을 관찰하고 적절한 개입을 해 주면서 유아들이 가능하면 스스로 놀이 방법을 찾아가 도록 격려해 준다.

⑥ 활동이 끝나갈 무렵에 유아들에게 치우는 시간을 알려주고 정리정돈을 하도록 도와준다.

2. 대·소집단활동 시간을 위한 준비 및 지도

대·소집단활동은 유아들에게 개념이나 주제에 대한 계획등을 위하여 함께 모여서 이야기 나누기, 동시·동화를 듣고 극놀이 하기. 음률 활동 등으로 이루어질 수 있다.

집단 활동 시작 전에 다음과 같이 계획 또는 준비를 한다.

① 일과표에 집단 활동 시간을 정하고 대집단으로 모일 수 있을 정도로 충분한 크기이면서 유아의 주의가 집중될 수 있는 곳을 집단 활동 영역으로 정한다. 또한 유아가 열려진 문을 마주보고 앉거나 다음 활동 준비 상황을 보는 위치에 있어 주의가 산만하게 되지 않도록 좌석을 계획한다.

② 유아의 연령, 경험, 그리고 발달에 적절한 흥미 있는 활동을 집단 활동으로 준비한다. 동시 감상, 휴식, 이야기 들려주기, 게임, 시청각 자료 보기, 움직이기 등 다양한 집단 활동들로 변화를 가질 수 있게 선정한다.

③ 집단 활동에 유아가 적극적으로 참여하는 것을 도울 수 있게 유아가 학습하도록 기대되어지는 활동을 순서적 으로 조직한다. 끝말이 달라질 수 있는 노래 부르기, 손가락 놀이, 박자에 맞추며 노래부르기, 간단한 게임 같은 것으로 유아들을 모으며 유아가 진행하던 활동을 끝내고 자연스럽게 집단 활동에 참여할 수 있도록 돕는다.

이러한 방법으로 전체 유아들이 모인 후에는 다음과 같이 전개한다.

① 활기를 돋우는 동작이나 활동적 노래로 유아의 주의를 환기시킨다. 그 후 유아의 정신을 집중시키도록 돕는 이 야기 들려주기, 시범, 토의 등과 같은 활동을 한다.

② 집단 활동시에는 유아에게 민감하게 반응한다. 계속해서 유아가 활동에 어떻게 반응하는가 관찰한다. 유아의 행동에 따라 계획을 변화시켜 활동을 짧게 하거나 길게 한다. 활동이 특별히 중요하지만 집단의 주의가 빗나갈 때는 그 날 또는 다음날 그 활동을 다시 시도한다.

집단 활동시에 교사는 모든 유아의 반응이 보이고 유아도 교사를 볼 수 있도록 자리를 배치한다. 전체 집단의 반응을 자세히 살피고 필요시 적절한 때에 전체적으로 일어나거나 주위를 움직이는 기회를 가지어 신체적으 로나 정서적으로 관계가 유지되도록 한다.

③ 유아에게 기대되는 집단행동이 어떤 것인지 알게 한다. 교사가 행동 모델을 보이며 활동을 진행하면서 유아의 적절한 행동은 인정해 주고, 강화해 주며, 적절한 질문을 하여 사고할 수 있는 기회를 제공한다. 집단으로 그 날의 자유 선택 놀이

활동을 평가할 때는 유아들이 그 날의 경험을 말하면서 자신의 진척 상황을 평가할 수 있도록 돕는 질문과 정보를 제공한다. 이러한 평가 상황은 다음 날의 계획에 활용한다. 집단 평가 시간은 유아의 연령에 따라 다르나 가능하면 짧게 갖는다.

유아가 집단 활동에 계속 참여하도록 주의 집중하는 테크닉을 사용한다. 때로는 속삭여 말해 주고 때로는 유머 를 사용하고 그림이나 소품으로 유아의 주의를 집중시킨다. 유아의 주의가 쉽게 다시 모아지지 않으면 그때는 다른 활동으로 전환해야 할 시기이다. 유아의 적절한 행동을 인정해 주고 주의 산만한 태도는 무시한다. 유아 의 행동이 방해될 때는 문제를 빠르고 조용히 다루고 넘어간다. 만일 유아가 그 날 특별히 집단 활동에 어려움 이 있으면 보조 교사의 도움을 얻거나 유아가 할 수 있는 다른 활동을 발견해 준다.

집단 활동이 끝난 후에는 유아가 다음 활동으로 진전하도록 돕는다. 이때 분명하고 간단하게 유아가 할 수 있 는 순서대로 지시를 내린다. 예를 들어 유아가 다음 활동으로 옮겨가는 과정에서 "이젠 다음 활동하러 가야 지."하고 말하는 대신 "영은아, 기민아, 이젤에서 물감 그림 그리려면 앞치마를 입어야겠다."하고 말해 준다.

또한 교사는 일어났던 행동을 평가하여 다음의 집단 활동을 발전시키기 위해 사용한다. '활동의 전이가 어떻 게 하면 보다 잘 이루어질 것인가?', '활동의 진전 속도는 어떠했나?', '적절한 시간 길이였나?', '어떻 게 활동을 다양화할 것인가?', '교사들 간에 어떻게 협조하면 좋겠는가?', '소집단 활동이 더 효과적이었을까?' 하는 점들을 고려해 본다.

3. 간식 준비 및 지도

간식 시간에는 아침 식사와 점심 식사 사이에 영양을 고려한 음식을 제공한다. 아침 식사와 점심 식사 사이의 간식 제공은 신체적 성장 도모뿐만 아니라 바른 식사 습관 형성, 나누어 먹는 습관 기르기, 숫자 개념 형성, 언어적 상호작용 능력 및 사회성 기르기 등에 도움이 된다.

간식은 간식 시간을 정하여 교실의 전체 유아 대상으로 전체 집단 간식을 제공할 수도 있고, 아침 일찍부터 간식 영역에 간식을 준비해 두어 유아가 필요시 개별적으로 간식 시간을 갖도록 개별 간식으로 제공할 수도 있다.

전체 집단 간식을 할 경우 언어 및 사회적 상호작용을 고려하여 5~6명이 한 테이블에 앉을 수 있도록 책상과 의자를 배열한다. 간식 당번을 정하여 간식 당번이 미리 깨끗한 스펀지로 책상을 닦고 간식이 담긴 바구니, 우유 또는 주스통, 포크, 냅킨, 간식 컵과 접시를 테이블마다 놓아두도록 안내한다. 간식 이전의 활동을 끝내면서 몇 사람씩 교사의 안내대로 교실이나 화장실의 싱크대에서 손을 씻고 원하는 테이블에 가서 앉고 그 테이블의 의자에 모든 유아들이 앉았을 때 샌드위치나 과자, 떡, 과일 등 그 날의 간식 바구니에 담긴 간식을 집게로 집어 자신의 접시에 놓은 후 바구니를 옆의 친구에게 건네주도록 한다. 우유, 주스 등 음료도 자신의 컵에 따라 놓은 후 옆의 친구에게 음료수 통을 건네주도록 처음 간식 시작 전에 안내를 하고 모델을 보인다. 책상에 모인 5~6명의 유아들이 모두 준비가 되면 먹는 식사 예절도 지키게 안내한다.

집단 간식시 교사는 유아들과 책상에 함께 앉아 개별적 대화의 기회를 갖는다. 개별적으로 간식을 먹는 교실에서는 간식 영역을 방에 따로 두어 유아가 원할 때 간식 영역에 가서 간식을 먹도록 한다. 물론 간식 전에 손을 씻고 간식 영역으로 가도록 교사가 학기 초에 안내를 한다.

유아는 간식을 위해 책상을 정돈하고 준비하여 간식을 제공하는 것을 돕는 일을 즐기므로 개별적으로 간식을 먹는 교실에서도 전체 집단 간식 먹는 기회를 가끔 갖는 것이 좋다.

종일반의 경우 부모가 함께 직장에 나가는 준비에 바쁘고 때로는 유아가 식욕이 없어 아침 식사를 거르고 유치원에 오는 경우도 종종 있어 오전에는 개별 간식 형태를 취하고 오후에는 전체 집단 간식 형태를 취하여 개별 간식과 전체 간식의 장점을 고루 취하는 것도 바람직하다. 주별 또는 월별 간식 메뉴를 부모에게 통지하여 아침 식사와 중복되지 않도록 배려한다.

4. 실외놀이 활동 준비 및 지도

실외놀이 활동은 실내 활동의 연장으로 교실 외의 바깥 공간에서 이루어지는 유아들의 놀이 활동이다. 유아들은 실외놀이 활동시 활발하게 움직이며 자유롭게 탐색 활동을 하는 가운데 자신의 무한한 가능성을 발달시킨다. 그리고 실외 놀이터에서 자연물과 기구를 직접 다루고 놀이하면서 신체적 발달은 물론 자연 세계에 대해 많은 것을 학습한다. 간혹 실외 자유 선택 놀이 활동은 그저 유아가 뛰어 놀기만 하는 것으로 생각될수 있으며 방임의 형태를 취하기 쉽다. 따라서 실외놀이 활동도 실내에서의 활동과 마찬가지로 자연스럽게 유아의 학습이 이루어질 수 있는 활동을 준비해 두는 것이 필요하다. 교사는 실외 활동을 교사가 쉴 수 있는 시간으로 생각지 말고 매일매일의 실외놀이 활동들에 대한 계획을 해 두어야 한다.

실외놀이 활동시에도 실외놀이 활동판을 제시하고 활동 계획서를 비치하여 유아가 계획하여 실외놀이 활동을 할 수 있도록 돕고 일주일 동안 여러 영역에서 고르게 참여하도록 배려한다. 아울러 실외놀이 활동시 동물 먹이 주는 당번, 식물에 물주는 당번 등을 순서적으로 정하여 실외에 나가기 전에 교사가 당번표를 보며 상기시켜 주는 것이 필요하다.

실외에서 흔히 볼 수 있는 그림자, 바람, 눈, 비, 식물, 개미 등은 아주 좋은 학습 자료이다. 교사는 이러한 물체나 동물, 자연 현상에 대해 유아들이 흥미를 갖고 관찰해 볼 수 있도록 자극을 줌으로써 유아들의 학습에 도움을 줄 수 있다.

아크릴 개미집에 개미집을 함께 떠서 위를 망으로 덮어놓고 개미가 집을 형성하는 과정을 보는 것도 좋은 활동의 하나이다. 이때 한 곳의 개미집만 떠야지 여러 곳의 개미들을 모아두면 개미들이 모두 싸워 죽게 되므로 유의한다.

실외 대근육 활동을 통해서는 에너지, 운동, 마찰, 속도, 방향, 중력과 균형에 대해 학습하게 된다. 시소놀이를 하며 균형을 알게 되고 미끄럼틀을 내려오면서 중력을 느끼게 된다.

대근육 활동 영역에는 대근육 운동에 쓰이는 고정된 놀이 기구를 설치하여 유아의 대근육 운동 기능의 발달을 돕는다. 고정놀이 기구에는 그네, 미끄럼틀, 정글짐, 시소 등과 같은 전통적인 기구와 타이어나 널빤지, 그물 등을 이용한 창의적인 기구들이 있다.

실외놀이 활동에 트럭, 모자, 인형 등의 놀잇감을 첨가해 준다면 다양한 종류의 놀이 활동을 촉진시켜 활동의 다양성을 증가시킬 수 있게 된다. 모래놀이 영역이 넓은 경우 한쪽에 유아 놀이용 포클레인과 손수레차를 두어 유아가 작동해 보면서 모래 운반시 작동하는 기계의 원리에 대해서도 알 수 있고 눈과 손의 협응력도 기를 수 있다. 실외 놀이터가 넓은 경우 소형 모래놀이 영역과 대형 모래놀이 영역을 구분해 둘 수도 있다.

콘크리트나 물기가 빨리 마르는 굳은 바닥에 물놀이 영역을 설치해 줄 수 있다. 수영이나 물놀이를 위해서는 간이 수영장이 놓일 수도 있지만 물체가 뜨고, 가라앉고, 물결치고 흐르는 등의 물의 성질을 알게 하는 실험적 활동에는 물통 같은 것이 더 유용하다. 모래놀이와 마찬가지로 물을 푸는 바가지, 깔때기, 고무 호스, 구멍 뚫린 플라스틱통, 물에 뜨는 것과 가라앉는 물체, 스펀지 등 활동에 필요한 여러 가지 기구들을 준비하여 준다. 때로는 물에 연성 비누를 풀어 비누 거품 놀이를 하게 할 수도 있고 식용 물감을 섞어주어 유아의 흥미를 불러일으킬 수도 있다.

목공놀이 영역에는 목공놀이 작업대와 스티로폼, 연한 나무 조각, 못, 망치, 풀, 톱, 쇠자, 연필 등을 준비하여 유아가 스스로 스티로폼, 나무 등을 자르고 무엇인가를 만들면서 신체적, 지적, 사회적인 활동을 하게 되고 자신감과 성취감을 맛보게 한다. 잔디 영역에서는 공놀이, 술래잡기, 달리기, 게임 등과 같은 여러 자유로운 활동을 할 수 있다.

그늘 영역에서는 동화 들려주기, 조용한 게임 등을 할 수 있다. 여름철에는 뜨거운 햇볕을 피해 이동식 모래놀이대나 물놀이대를 이곳에 이동시켜 활동하게 할 수도 있다. 건물에 붙여 지붕이 있는 영역(테라스)을 마련하면 비오는 날에도 실외 활동이 가능하다. 목공놀이, 물감 그림 그리기, 풀 물감 그림 그리기, 점토로 모델 만들기 등의 활동을 테라스에서 할 수 있다. 플라스틱 대블록 쌓기도 이곳에서 할 수 있는 놀이 중의 하나이다.

동물 기르기 영역에서는 동물집을 만들어 토끼, 돼지, 닭, 거위, 기니픽 등을 기를 수 있다. 유아들에게 동물들의 변화를 관찰하게 하고 동물을 사랑하고 돌보아주는 경험을 제공할 수 있다. 동물 먹이주기 당번이 되어 실외놀이 시간에 동물 먹이를 주면서 동물의 먹이와 행동에 대해 좀 더 분명히 알게 될 것이다.

식물 기르기 영역에서 식물들을 기름으로써 유아들에게 성장, 발달, 생의 주기를 관찰하여 개념을 발달시키게 한다. 유아는 모래 놀이터에서 여러 가지 도구를 사용하여 모양을 만들기도 하고 구조물을 구성할 수도 있고 그것을 이용해 사회 극놀이도 할 수 있다.

5. 점심 준비 및 지도

유아 교육 기관에서 점심 식사를 하는 경우 유아가 집에서 싸온 도시락을 먹는 경우와 점심을 제공하는 경우를 생각할 수 있다. 유아가 도시락을 싸오는 경우 여러 반찬을 골고루 싸주도록 부모에게 요청한다. 유치원에서 더운물을 준비하여 물통에 넣어 책상마다 놓아준다. 도시락의 반찬만 각자 가정에서 싸오고 유아들이 쌀을 씻어 전기밥솥에 밥을 지어보는 경험을 밥 짓기 당번이 되어 돌아가며 가질 수도 있다. 과학 영역이나 소꿉놀이 영역, 또는 싱크대 근처 영역에서 이루어질 수 있으며 요리하기 순서표에 의해 유아들이 직접 쌀을 측정하여 씻고 물을 측정하여 붓고 열을 가함에 의해 딱딱한 쌀이 밥으로 지어지는 과정을 경험하게 한다. 당번을 정하여 실외놀이시 밥 짓기 당번은 교사나 보조 교사와 함께 쌀을 씻어 밥 짓기를 할 수 있다. 점심을 위해 지어진 밥은 점심시간에 교사가 가벼운 그릇에 퍼서 주걱과 함께 책상마다 놓아준다. 아울러 물통을 책상마다 놓아준다.

유아들이 교사와 활동하다 점심시간이 되면 자신의 차례를 기다려 손을 씻고 개인장이나 냉장고에 넣어둔 반찬을 꺼내어 자신이 앉고 싶은 책상에 갖다 둔다. 그 뒤 점심 그릇 카트에서 밥그릇, 물컵, 수저, 냅킨 등을 개인 쟁반 위에 담아 책상에 갖고 와서 자리에 앉는다.

한 책상에 모든 사람이 앉았을 때 유아들이 각자 자신이 먹을 수 있는 양만큼의 밥을 그릇에 담는다. 교사가 앉은 책상은 교사가 직접 밥그릇에 밥을 담아 줄 수 있다.

점심을 먹으면서 유아들끼리 그날 아침에 있었던 일들, 자신이 한 활동 또는 음식들에 대해 이야기를 나눌 수 있다. 때로는 유아들이 자유 선택 놀이 활동시 요리하기 영역에서 만든 김구이, 유치원 채소밭에 자신들이 씨를 뿌려 자란 상추, 또는 함께 담근 김치를 점심 반찬으로 먹으면서 요리하기 과정이나 씨 뿌리던 일, 채소밭에 물 주던 일 등을 이야기 나눌 수도 있다.

유아교육기관에서 점심 제공시 음식의 색이나 모양을 고려하고 영양에 대한 안내를 받아 식사를 제공해야 한다. 집에서 편식이나 식사 투정하던 유아도 유치원이나 어린이집에서 다른 유아들이 맛있게 먹는 것을 보면 그 영향을 받아서 차차 나아질 수 있다. 그러므로 종일제가 아니라도 많은 유아 교육기관에서 최소한 일주일에 한 번씩이라도 도시락을 가져오게 해서 식사 습관을 바로 잡고 식탁에서의 예절도 가르친다. 식사 전후에 손 씻는 습관, 식사 후 이 닦는 습관, 같은 식탁의 유아들이 모두 식사가 끝나면 자기가 먹던 그릇은 정해진 운반대에 차례로 갖다 놓는 습관 등을 몸에 배게 지도함이 바람직하다.

6. 낮잠 시간 준비 및 지도

낮잠 시간을 위해서는 낮잠을 위한 별도의 방이 없는 경우 개별 매트를 교실 한쪽에 준비하여 두었다가 방의 낮잠자기 영역에 깔아 준다. 창문의 커튼이나 블라인더를 내려 주어 휴식할 수 있는 분위기를 마련해 준다.

낮잠자기를 원하지 않는 유아들을 위해서는 다른 유아가 잠자는 것을 방해하지 않도록 분리된 영역을 마련해 주어 조용한 활동을 할 수 있도록 준비해 준다. 때로는 낮잠 자는 시간에 유아가 휴식하는 것이 어려울 때도 있다. 이때 유아의 휴식을 돕기 위해 여러 가지 테크닉을 사용할 수 있다. 부드러운 장난감 동물 인형을 옆에 둔다든가 책을 옆에 두어 유아가 잠들기 전에 휴식할 수 있는 기회를 준다. 조용한 음악도 도움이 될 수 있다. 어떤 유아는 등을 조용히 쓸어 주면 잠이 드는 유아도 있을 것이다. 오전 시간 동안만 프로그램이 제공될 경우에는 낮잠 시간이 꼭 필요하지는 않다. 유아가 계속적인 동적 활동으로 지나치게 피로하게 되지 않도록 동적 활동 후에는 정적 활동을 제공하여 일과를 운영하면 자연히 휴식의 효과를 낼 수 있기 때문이다. 그러나 종일반이나 어린이집같이 긴 시간을 지내게 될 때는 가정에서보다 유아의 활동량이 많아 긴장도가 높아짐을 고려할 때 오후의 원활한 활동을 위해 짧더라도 낮잠시간을 갖는것이 바람직하다. 그러나 지나치게 낮잠을 거부하고 문제가 되는 유아를 위해서는 잠시 누워서 휴식을 취하거나 조용한 놀이로 유도할 수 있어야한다.

7. 프로젝트의 운영 지도

프로젝트는 한 명 또는 그 이상의 유아가 특별한 주제에 대하여 깊게 탐구하는 활동이라고 정의한다(Katz & Chard, 1989; 오문자 1995). 교사에 의한 체계적인 교수활동에 프로젝트 접근법을 적용하여 유아들의 자발적 놀이와 교사에 의한 체계적인 교수를 통합하고 상호 보완해 줌으로써 균형 있는 교육 과정을 운영할 수 있게 한다(Katz & Chard, 1989).

교사와 유아가 주제를 선정하여 주제 관련 활동을 진행하는 과정에서 유아가 좀 더 탐색, 관찰, 실험, 조작, 현장 견학 조사, 관련 자료 조사 연구, 자원 인사 인터뷰 등을 통하여 알아보고 싶은 문제가 있을 때 프로젝트는 시작된다. 주제 중심 통합 교육을 운영할 때 주제에 관련된 문제가 프로젝트로 전개될 수 있는 가능성이 높으나 모든 주제가 다 프로젝트로 전개되는 것은 아니다.

프로젝트 전개 과정에서 탐구 학습 모델이나 지그소우 모델이 많이 적용되며 귀납적 모델, 개념 학습 모델, 통합적 모델도 적용될 수 있다. 프로젝트 활동은 매일의 일상적인 생활 경험에서 도입되어 유아가 스스로 계획하고 진행하며, 그 목적을 달성하기 위하여 다양한 활동과 노력을 며칠에서 몇 주 동안 지속해 나간다. 프로젝트 전개 활동으로 생각을 조정하기 위하여 이야기 나누기, 그림그리기, 진흙으로 만들기, 비디오나 사진 찍기, 구조물 만들기 등의 수단을 많이 사용한다. 경험한 것을 재고찰해 보기 위해 이와 같은 표상을 사용하며 표상은 유아가 탐구하는 주제 및 현상에 대한 이해를 깊게 해 준다.

프로젝트의 전개 활동은 서로 통합되어 운영되는 3단계로 나누어지는데, 제1단계는 유아 주도형 프로젝트 전개 활동의 도입 단계로 주제의 내용 중 유아의 흥미와 관심이 모아진 문제에 대한 토의가 주요 과정으로 구성된다. 이때 교사는 초기 단계의 극놀이, 그림 그리기, 쓰기, 유아들의 관심 문제에 대한 부모들의 관심과 협력을 유도하여 유아와 관심 문제에 대한 상호작용에 주력한다. 제2단계는 진행 단계로 집단 토의와 학습 활동을 위한 구성 활동, 조사 활동, 극화 활동으로 진행된다. 활동의 확장을 위하여 교실 전시를 활용하여 정보를 제공하고, 기록을 돕고, 외부 사람과의 의사소통이 되도록 함으로써 유아들의 문제 해결을 위한 활동 전개 및 진전을 돕는다. 완성 단계인 3단계에서는 다른 학급에서의 발표, 교실의 공개, 흥미의 유지와 강화 활동으로 마무리하면서, 프로젝트 전개 활동의 완결 및 평가를 하게 된다.

예를 들어 유아들이 '식물' 주제 전개 중 콩의 종류, 콩이 자라는 과정, 콩의 영양, 콩으로 만든 음식에 대해 알아보는 것을 프로젝트로 전개할 계획을 세울 수 있다. 이때 유아들이 콩의 종류를 알아보기 위해서 시장 견학 및 콩 종류 수집하기, 백과사전 등 여러 종류의 책 읽어보기, 콩이 자라는 과정을 알아보기 위해 콩 재배에 대한 책 찾아보기, 콩 심어 길러보기, 콩으로 만든 음식 알아보고 만들어 보기(콩자반, 콩국, 콩국수, 콩떡, 콩샐러드 등) 등을 통해 프로젝트를 전개한 후 각각의 활동에서 정리한 것을 종합하여 전시할 수 있다.

콩 프로젝트에서 유아들이 전개할 수 있는 활동 몇 가지를 제시해 보면 다음과 같다.

콩에 대해 무엇을 알아보고 싶나요?

활동목표 자신의 생각을 분명하게 표현한다.
타인의 이야기를 바른 태도로 경청한다.

대상연령 만 5세

집단구성 소집단(5~6명) 또는 대집단

시간구성 자유 선택 놀이 활동 시간 또는 대집단 놀이 계획 시간

공간구성 과학 영역 또는 대집단으로 모일 수 있는 공간

활동자료 하얀 칠판, 하얀 칠판용 수성펜

활동방법

① 유아들이 콩에 대해 알아보고 싶은 내용을 의논한다.
- 콩에 대해서 어떤 것들을 알아보고 싶니?

② 유아들이 궁금해 하는 내용에 대해 알아볼 수 있는 방법에 대해 이야기 나눈다.
- 우리들이 궁금해 하는 것들을 어떤 방법으로 알아볼 수 있을까?

③ 의논한 내용 중 어떤 것부터 알아보는 것이 좋을지 의논한다.
- 오늘 유치원에서 알아볼 수 있는 것에는 어떤 것이 있을까?
- 어떤 영역에서 알아보면 좋을까?

④ 유아는 알아보고 싶은 내용을 결정하여 놀이 계획 후 놀이한다.
- ○○영역에서 ○○○에 관해 알아보고 싶은 친구는 누구니?

⑤ 콩에 대해 수집하고 알아본 것을 붙이고 전시할 자리를 준비하고 "콩에 대해 알아본 것을 붙여 보세요."라고 표시해서 붙인다.

콩에는 어떤 것들이 있을까?

활동목표 콩의 종류에 대해 안다.
자신이 궁금해 하는 부분을 해결할 수 있는 방법에 대해 알아본다.

대상연령 만 4, 5세

집단구성 개별 또는 소집단(3~4명)

시간구성 자유 선택 놀이 활동 시간

공간구성 과학 영역, 시장

활동자료 콩 담아 놓을 그릇들, 여러 가지 콩, 콩에 관한 책, 종이, 수성펜

활동방법

① 유아들이 함께 콩을 어디에 가면 볼 수 있을까? 어떻게 수집할까? 의논한다.
- 시장에 쌀집과 채소 가게를 방문하여 여러 종류의 콩을 수집한다.
- 과학 영역에 비치한다.

② 과학 영역에 준비된 콩을 살펴보며 이야기 나눈다.
- 이 콩의 이름이 무엇일까?
- 이 콩의 이름을 알아보려면 어떻게 해야 할까?

③ 콩이나 식물과 관련된 책을 찾아서 콩의 이름을 알아본다.
- 이 책에서 콩에 대해 나와 있는 부분을 빨리 찾으려면 어디를 보아야 할까?

④ 콩의 이름을 적어 콩이 담겨진 그릇에 표시한다.

⑤ 콩을 색과 종류별로 분류해 보고 콩으로 할 수 있는 것에 대해 알아본다.
- 여기에 준비된 콩 말고 또 다른 콩을 본 적이 있니?
- 콩으로 할 수 있는 것이 무엇일까?

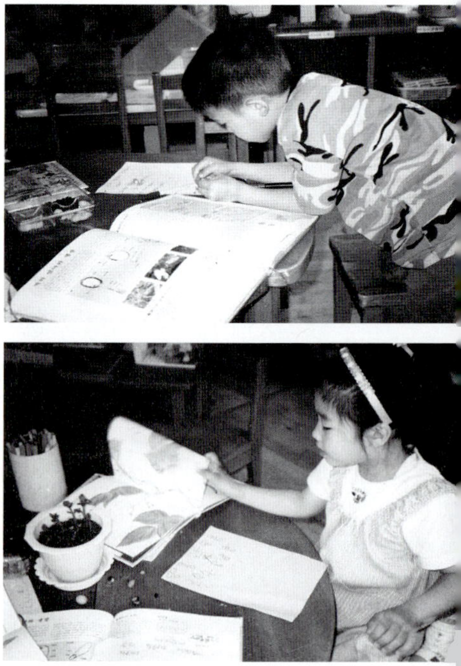

〈그림 2-7〉 책을 통해 통의 종류에 관하여 알아보

콩나물 기르기

활동목표 콩나물 기르는 방법을 안다.
콩나물의 성장 과정을 안다.
관찰 능력을 기른다.

대상연령 만 4, 5세

집단구성 개별 또는 소집단(5~6명)

시간구성 자유 선택 놀이 활동 시간

공간구성 과학 영역

활동자료 백과사전, 콩나물 콩 2컵, 콩나물을 재배할 그릇, 물뿌리개, 관찰일지

활동방법

① 교사와 유아들이 콩나물 콩의 모양과 색깔, 크기를 관찰한다.
- 콩의 모양이 어떠니?
- 우리가 먹어본 콩나물과 어떤 점이 다른가?
- 콩의 어디에서 뿌리가 나올까?

② 콩나물로 자라게 할 수 있는 방법에 대해 이야기 나눈다.
- 이 콩나물 콩을 콩나물로 자라게 하려면 어떻게 해야 할까?
- 어떤 것들이 필요할까?

③ 백과사전이나 콩나물 기르는 방법에 관한 그림책을 읽어 채소가게에서 콩나물 파는 사람이나 부모에게 기르는 방법을 알아본다.

④ 콩나물을 재배할 그릇을 탐색한다.
- 이런 것을 본 적 있니?
- 무엇을 할 때 사용하는 것일까?
- 왜 여기에 구멍이 뚫려 있을까?

⑤ 콩나물을 재배할 그릇에 준비된 콩나물 콩을 넣는다.

⑥ 물뿌리개로 콩나물 콩에 물을 뿌려주고 콩나물 재배 그릇의 뚜껑을 닫는다.
- 콩나물 콩을 잘 자라게 하려면 어떻게 해야 할까?

– 물을 어떻게 주는 것이 좋을까?

– 재배 그릇 뚜껑은 왜 닫아야 할까?

⑦ 콩의 변화를 예측하여 이야기 나눈다.

– 콩이 어떻게 변할까?

– 언제 콩나물로 될까?

⑧ 콩나물의 성장과 변화를 어떠한 방법으로 기록할지 의논하여 관찰한 것을 기록한다.

–어디에 적을까?

–어떻게 표시할까?

추후활동

① 유아들이 매일매일 콩나물에 물을 주고 변화를 관찰하면서 관찰 기록책에 기록할 수 있도록 한다.

② 콩나물이 다 자라면 유아와 함께 의논하여 점심 먹는 날 반찬으로 요리해 먹고 길게 자라고 있는 콩나물의 변화를 계속해서 더 지켜보고 싶어 하는 유아가 있는 경우는 병에 옮겨서 계속 관찰하도록 한다.

– 콩나물이 많이 자랐는데 어떻게 했으면 좋겠니?

– 어떤 음식으로 요리해서 먹을까?

– 언제 요리해 먹는 것이 좋을까?

〈그림 2-8〉 콩나물 기르기와 기른 콩 다듬기

제4절 평가

평가는 학습 목표를 향한 유아의 진전 사항을 살피며 교육과정 결정에 사용하고 교육 실제를 증진시키기 위해 유아의 학습과 발달에 대한정보를 수집하고 기록하는 체계적 수단이다(NRC, 2008). 평가 과정은 다음 세단계로 이루어진다(Heritage, 2010).

(1) 관찰과 다양한 평가 도구를 사용하여 유아에 대한 정보 수집하기.

(2) 정보를 기록하기.

(3) 유아에 대해 알게 된 것을 반영하기

평가 결과는 교사로하여금 유아의 학습과 발달을 이해하고 어떻게 발달을 지원해 줄까에 대한 결정을 내리는데 필수적인 도구이다.

1. 단위 활동 계획 및 평가

일일 활동 시간대를 위한 단위 활동 계획 및 평가는 다음 〈표 2-9〉에서 제시하는 양식에 의거하여 계획하고 평가할 수 있다. 이와 같은 양식에 의한 계획과 평가는 활동이 구체적으로 어떤 유아를 위해 어떻게 운영이 되고 다음의 활동으로는 어떠한 활동이 좋을지 다음 활동의 계획까지 가능하게 한다.

다음에 제시된 양식 외에도 교사의 편의에 따라 절충된 다른 양식이 만들어질 수도 있다. 다음의 〈표 2-9〉에 제시된 일일 활동 계획 및 평가표도 단위 활동 계획과 평가를 위해 사용되어질 수 있다.

〈표 2-9〉 활동 계획과 평가표의 예

계 획

활 동 명 :
활동목표 :
자 료 :

절 차

언제 활동이 이루어질 것인가?
어디서 활동이 이루어질 것인가?
어떤 유아가 참석할 것인가?
어떠한 방법으로 활동에 참석할 유아가 선택될 것인가?
순서를 기다려야 한다면 어떻게 유아들이 이러한 과정을 받아들일 수 있게 할 것인가?
유아도 활동 준비에 참여할 것인가? 그렇다면 어떻게 참여하게 할 것인가?
활동은 어떠한 교수 학습 전략 모델을 적용하여 진행할 것인가? (제3장 참조)
활동이 끝난 후 정리 정돈에 참여하나? 어떻게?
교사를 위한 특별한 유의점은?

특별한 고려 사항

특별한 어려움이 있는 유아를 위한 방법은?
다른 성인의 도움이 필요한가? 어떻게 해결하나?

평 가

1. 활동이 유아의 발달 정도에 적절했나?
   만일 수정이 가능하다면 어떻게 이 활동을 변형시키겠는가?
   유아가 이 활동을 통해서 학습이 이루어진 특별한 증거가 있다면 어떤 것인가?
2. 활동은 잘 진행되었는가? 아니면 잘 진행되지 못했는가? 그 이유는? 이 활동을 보다 발전시키기 위해 어떻게 변형시키겠는가?
3. 이 활동은 유아의 사전 발달 과정 또는 활동과 어떻게 연결되는가?
4. 다음의 활동으로는 어떠한 활동이 적절하다고 보는가?

기 타

2. 활동 시간대별 관찰 평가

일주일 또는 일정 기간 동안의 유아의 활동을 관찰 종합하여 활동 시간대별로 유아의 활동을 다음의 〈표 2-10〉과 같이 평가할 수도 있다.

〈표 2-10〉 활동 시간대별 유아의 활동 종합 관찰 기록의 예

유아 관찰 기록표

<table>
<tr><td colspan="3">유아 이름 :
교사 이름 :
관찰 기간 : 년 월 일 ~ 년 월 일
기록 방법 : 항목별로 해당 사항에 동그라미로 표시</td></tr>
<tr><td>계획시간</td><td>항목 1 :
활동의 선택과 계획에 대하여 표현하기</td><td>0. 유아가 자기 마음속에서 어떠한 선택이나 계획을 했다는 표시를 전혀 하지 않고 무료하게 서 있거나 교사 주위를 배회하며 자기 스스로 어떠한 결정도 하지 않는다. ······ 0
1. 유아가 교실 내의 자료들을 쳐다보거나 만져 보며, 영역이나 자료들 근처로 접근한다. 그러나 계획에 관하여 교사와 어떠한 의사소통도 하지 않는다. ······ 1
2. 유아가 의도적으로 자기가 선택한 영역, 자료 또는 다른 유아를 지적하거나 가까이 접근하며 언어적으로 표현함으로써 자신의 선택에 대해 교사에게 의사 전달을 한다. 교사는 그 계획을 인정해 준다. ······ 2
3. 교사가 많은 격려를 해 주면 유아는 자신이 무엇을 할 것인가에 대해서 의사 전달을 한다. ······ 3
4. 교사의 많은 격려 없이 유아가 자신이 무엇을 할 것인가에 대해서 의사 전달을 한다. ······ 4
5. 교사의 많은 격려와 함께, 유아가 자신의 계획을 어떻게 수행할 것인가에 대해서 의사 전달을 한다. ······ 5
6. 교사의 많은 격려 없이 유아가 자신의 계획을 어떻게 수행할 것인가에 대해서 의사 전달을 한다. ······ 6</td></tr>
<tr><td>자유선택 활동 시간</td><td>항목 2 :
처음 계획 이어서 하기</td><td>0. 유아는 처음 시작 계획을 하지 못하며, 따라서 이 항목은 적용 불가능하다. ······ 0
1. 유아가 처음 계획을 이어서 하지 못한다. ······ 1
2. 유아가 5일 중 1~2일간 처음 계획을 이어서 한다. ······ 2
3. 유아가 5일 중 최소한 3일간은 처음 계획을 이어서 한다. 그러나 계획에 대해 소요하는 시간이 10분 미만이다. ······ 3
4. 5일 중 1~3일간 처음 계획을 이어서 하며, 최소한 10분 정도는 계속 이어서 한다. 교실 내에서 다른 영역으로의 이동과 같이 약간의 변형이 도입될 때도 처음의 목표를 유지할 수 있다. ······ 4</td></tr>
</table>

자유선택 활동 시간		5. 5일 중에서 최소한 3일은 처음 계획을 이어서 하며, 소요 시간이 10분 이상이 되고 약간의 변형이 도입될 때도 처음의 목표를 계속 유지할 수 있다. …… 5
	항목 3 : 장기적인 계획	0. 유아가 전혀 장기적인 계획을 할 수가 없다. …… 0 1. 유아가 장기적인 계획을 할 수 있다. …… 1
	항목 4 : 자료를 사용해서 하는 문제 해결	0. 유아가 전혀 또는 거의 문제를 인식하지 못한다. …… 1 1. 유아가 문제는 인식하지만 그 문제에 대해서 거의 대처하지 못한다. …… 2 2. 유아가 문제를 해결하기 위해 한 번의 시도를 한다. 그러나 성공하지 못하면 포기해 버린다. …… 3 3. 유아가 문제를 해결하기 위한 첫 번째 시도에서 성공하지 못하면 다른 방법으로 다시 두 번째 시도를 한다. …… 4 4. 유아가 문제를 해결하기 위해서 2번 이상의 시도를 한다. …… 5
	항목 5 : 활동에의 집중력	유아가 한 가지 활동에 대해서 1. 한 번에 2분 이하로 집중한다. …… 1 2. 한 번에 5분 이하로 집중한다. …… 2 3. 한 번에 10분 이하로 집중한다. …… 3 4. 한 번에 10분에서 30분 정도 집중한다. …… 4 5. 한 번에 30분 이상 집중한다. …… 5
	항목 6 : 활동과 상호 작용의 다양성	1주일간을 통해서 유아가 1. 활동들에서 여러 가지 다양한 자료들을 통합해서 사용한다. … 1 2. 교실 내의 2개 영역 이상에서 활동한다. …… 2 3. 3명 또는 그 이상의 다른 유아들과 상호 작용한다. …… 3 4. 학급의 정규적인 교사 이외의 다른 사람과의 상호 작용을 받아들인다. …… 4
	항목 7 : 자료들을 사용한 자발적 표상	1. 유아가 단지 실물을 다루는 놀이에만 참여한다. …… 1 2. 유아의 구성물이나 그림이 항상 단순한 탑의 형태, 조직되지 않은 점, 선의 형태를 지닌다. 이러한 구성물이나 그림이 때때로.유아에 의해서 명칭이 부여되지만 유아가 설명을 한 후에도 관찰자에게는 표상물로서 인식되지 않는다. …… 2 3. 유아의 구성물이나 그림이 유아가 그것들에 대해서 설명을 한 뒤에는 관찰자에게 표상물로서 인식될 수 있는 형체와 모양으로 구성된다. …… 3 4. 유아의 구성물이나 그림이 설명 없이도 표상물로서 인식될 수 있을 정도의 형체와 모양으로 구성된다. …… 4 5. 유아의 표상 능력이 4의 수준에 있으며, 덧붙여서 3수준이 포함되거나 또는 표상된 사물의 특별한 특성에 대한 보다 자세한 표상이 포함된다. …… 5

자유선택 활동 시간	항목 8 : 역할놀이에서 자발적인 표상	0. 전혀 관찰되지 않음 1. 유아가 한 가지 사물을 사용해서 다른 것을 설명한다. ········ 1 2. 유아가 무언가를 하고 있는 것처럼 가상하기 위해서 행동이나 소리를 사용한다. ········ 2 3. 유아가 무대를 설정하기 위해서 단어를 사용한다. ········ 3 4. 유아가 누군가 다른 사람의 역할을 가정한다(5분). ········ 4 5. 무생물인 사물을 유아의 역할놀이에서 주인공들로 사용한다. 5 6. 유아가 주어진 역할에 적당한 언어를 사용해서 이야기한다.··· 6 7. 유아가 동료들과 함께 통합된 역할놀이를 한다(5분). ········ 7
	항목 9 : 미술 자료를 통한 표상	0. 유아는 자신이 했던 것을 표상하기 위해서 미술 자료를 사용하지 않는다. ········ 0 1. 유아가 때때로 두 가지 또는 그 이하의 품목들을 가지고 표상을 한다. ········ 1 2. 유아가 흔히 두 가지 또는 그 이하의 품목들을 가지고 표상을 한다. ········ 2

3. 유아의 발달 및 학습 성취 평가

평가는 유아가 알고 있는 지식과 행동하는 방법을 기록하는 과정으로 교실에서 제공할 경험 및 요구되는 상호작용에 대해 결정하는 기초 자료를 제공하는 것이다. 유아의 학습 상황을 평가하려면 교사는 유아의 발달에 대한 분명한 아이디어가 있어야 한다. 유아의 학습 평가는 세 단계가 포함된다. 첫째로 유아의 기술과 이해의 발달 정도를 결정할 정보가 수집되어야 하고, 둘째로 현재의 기술과 이해 수준을 이전의 수준과 비교해야 하며, 셋째로 현재의 기술과 이해 수준을 유아를 위해 설정한 학습 목표와 비교하여야 한다.

표준화 검사를 사용하여 평가하는 경우 유아의 지식이나 능력을 반영하지 못하며, 검사를 실시하는 동안 유아들의 손톱 물어뜯기, 울기, 과제 수행 거절과 같은 스트레스 관련 행동이 증가하므로(Fleege et al., 1992) 유아의 평가 방법으로 바람직하지 않다. 따라서 주제를 중심으로 한 통합적 프로그램에서는 이에 대한 대안으로 관찰평가, 수행 평가, 포트폴리오 평가 등의 활용을 제안하고 있다. 이러한 평가 방법을 사용하는 이유는 유아의 경우 행동이나 작품을 통해 직접 평가하는 것이 보다 타당하고, 매일의 경험의 일부로 자연스럽게 평가가 이루어질 수 있고 이 방법이 유아 발달에 대한 구성주의적 견해와 일치하기 때문이다(Fleege, 1997).

이러한 평가 방법 중 관찰 평가 방법의 경우 유아의 행동에 방해되지 않으면서도 유아가 할 수 있는 것에 대해 알 수 있도록 해준다. 관찰 평가를 통해 얻어진 유아에 대한 정보는 유아를 위한 교수 전략으로 연결된다. 관찰을 통해 유아가 주어진 상황에서 문제를 해결하는 방법과 수준을 파악하고 도움이 필요한 부분이 무엇인지를 알 수 있다. 관찰의 경우도 특정한 행동에 대한 관찰에 초점을 두어 보다 형식적이고 계획된 관찰을 하여 기록할 수도 있다. 관찰 결과를 기록하는 전략으로는 체크리스트, 척도, 사진, 녹음, 녹화, 작품 샘플(포트폴리오) 수집 등이 포함될 수 있다(Schickedanz, 1990).

통합적 프로그램에서 평가는 개별적으로 이루어지며 일정 기간 동안의 유아의 진전에 대한 교사의 견해가 평가에 반영된다. 주제를 중심으로 한 통합적 프로그램 운영시 유아 평가는 발달 체크리스트, 작품 샘플 수집에 의한 평가와, 사회성 발달, 언어와 문해, 수학적 사고, 과학적 사고, 사회적 문화적 인식, 미술과 음악, 신체적 발달 등 발달과 학습의 일곱 영역에 대한 종합 보고서 등으로 이루어져야 한다(Meisels, 1992, 1993). 유아의 작품 샘플은 그림이나 쓰기 자료 외에는 교사가 평가를 위해 보관하기 힘드므로 관찰 기록 방법이 많이 활용되어진다.

각각의 활동들에 대한 관찰 평가를 기초로, 교사는 개별 유아의 여러 측면에서의 성취를 평가할 수 있다. 다음의 일람표는 유아의 활동을 관찰하여 평가할 때 분석해 볼 수 있는 성취 평가의 다양한 측면을 제시해 준다(Decker & Decker, 2001).

① 일반적인 적응력(예 조심성, 휴식을 취할 줄 아는 능력)

② 주체 의식(예 이름 쓰기, 주소 알기)

③ 사회적 성숙(예 우호적 관계 형성, 나누어 주기, 기분 통제하기)

④ 눈과 손의 협응력(예 미술 도구 사용할 수 있기, 모양 따라 그릴 수 있기)

⑤ 방향 지각(예 오른쪽–왼쪽 알기)

⑥ 놀이/활동 습관(예 적절하게 주의 집중 할 수 있기, 지시에 따르기)

⑦ 언어 발달(예 정확하게 말하기, 적절한 어휘 사용하기, 이야기 만들기)

⑧ 읽기(예 순서 이해하기, 이야기에 대해 흥미 보이기, 시각적 청각적으로 같은

점과 차이점 인식하기)

⑨ 수학(예 수세기, 숫자 인식하기)

⑩ 과학(예 호기심 나타내기, 분류하기)

⑪ 음악(예 감상하는 것과 노래 부르는 것을 즐기기, 리듬 활동에 참여하기)

⑫ 미술(예 미술 활동 즐기기, 색깔 인식, 도구를 올바르게 다루기)

⑬ 건강, 안전, 신체 교육(예 좋은 건강 습관 익히기, 안전 규칙 지키기, 신체 활동에 참여하기, 정정당당하게 임하기)

유아의 개별 성취 평가 기록 카드에는 여러 가지 유형이 있다. 그중 하나는 유아가 성취한 면에만 교사가 체크하는 유형으로, 아직 발달되지 않은 기술이나 이해 측면이 있을 경우는 체크하지 않고 남겨둔다.

예를 들면 다음과 같다.

유아의 이름 ______________	평가 시기 ______________	
대집단 상황에서의 행동	자신감을 가지고 참여한다.	
	일반적으로 타인이 하는 대로 따라 한다.	
	활동에 참여한다.	
	다른 유아들과 잘 지낸다.	
규칙에 대한 반응	격려될 때 협력한다.	
	집단의 결정을 받아들인다.	
	학교의 규칙을 지킨다	

다른 형태로 교사가 3가지 또는 4가지 발달 진행 기준 중에서 한 가지를 선택하여 표시함으로써 유아의 발달 진행 상황을 종합할 수도 있다.

유아의 발달 상황 유아의 이름______________________						
	1학기			2학기		
	대부분 됨	부분적 으로 됨	전혀 안 됨	대부분 됨	부분적 으로 됨	전혀 안 됨
활동 습관 : 자료들을 주의해서 다룬다.						
주의 집중을 잘한다.						
혼자서 활동을 할 수 있다.						
지시를 따를 수 있다.						

이와 같은 원리에 의한 평가 척도의 예로 모든 영역별로 관찰에 의해 유아의 전반적 성취 정도를 평가하도록 개발된 유아 관찰 척도(이은해·정미라·박경자·이종희, 1995), 부분적으로 사회 적응 행동 발달을 평가할 수 있는 사회 적응 발달 영역의 평가 척도(이영자·양옥승·이종숙, 1986)를 들 수 있다.

또 다른 성취 평가 기록 형태로 교사는 모든 영역별 개념 및 기술의 발달 단계를 고려하여 영역별로 나열하고 유아별로 각 항목의 발달이 나타난 시기를 기재하는 방법도 있다.

유아의 이름_________________________		
영역	개념 및 기술(내용)	발달 시기
수학 영역	분 류	
	일대일 대응	
	다섯까지 셀 줄 알기	
언어 영역	오른쪽과 왼쪽의 구별	
읽기	첫소리 같은 단어 구별	
	그림 보고 이야기 꾸며 읽기	

일화 기록은 보통의 체크리스트로 판단할 수 없는 특별한 사실의 자세한 기록을 허락한다. 일화 기록시는 일어난 사건 자체뿐만 아니라 구체적 상황과 행동을 포함한다. 예를 들어 "영희는 바깥놀이시 즐거워했다."하고 기록하기보다는 "영희는 모래놀이 영역에서 플라스틱 작은 통에 축축한 흙을 넣어 다진 후 그릇에서 흙 모양을 빼어 내고는 만족한 얼굴로 웃으며 '선생님, 이것 봐요. 꽃무늬가 생겼어요.'하고 말했다." 라고 기록하는 것이 바람직하다.

일화 기록은 상황과 행동이 자세히 기록되고 읽을 수 있게 쓰여진다면 형태는 문제가 되지 않는다. 교사가 기록할 수 있는 연필과 노트를 주머니에 넣고 다니면 그때그때의 상황을 유아의 행동에 방해되지 않게 자연스럽게 기록할 수 있고 후에 잊어버릴 수 있는 말도 구체적으로 기록할 수 있다. 체크리스트를 사용한 관찰 기록이나 일화 기록을 종합하여 교사는 유아의 개별 학습 성취를 평가할 수 있다.

참고문헌

이영자 (1994). 상호작용 이론에 기초한 유아교육 프로그램, 덕성여자대학교 부속 유치원 개교 10주년 기념 강연회 발표자료, 3-17.

이은해,·정미라,·박경자,·이종희 (1995). 유아관찰척도. 교육부.

이영자,·양옥승,·이종숙 (1986). 유아의 사회적응행동 발달검사지 개발 연구. 유아교육연구, 8, 1-19.

Barber, M. (1999). Time now to think about thinking. *The Times Educational Supplement 7*, May, 21.

Berk, L. E., & Winsler, A. (1995). *Scaffolding children's learning: Vygtsky and early childhood education*. Washington, D.C.: NAEYC.

Bredekamp, S. & Rosegrant, T. (1992). *Reaching potentials*: Appropriate curriculum and assessment for young children(vol. 1). Washington, D.C.: NAEYC.

____________________(1995). Reaching potentials through transforming curriculum, assessment, and teaching. In Sue Bredekamp and Teresa Rosegrant (Eds.), *Reaching potentials*: Transforming early childhood curriculum and assessment (vol. 2: 15-22). Washington, D.C.: NAEYC.

Chance, P. (1986). *Thinking in the classroom*. New York, NY: Teacher Collage Press.

Costello, P. J. M. (2000). *Thinking skills and early childhood education*. London: David Fulton Publishers.

Decker, C. A. & Decker, J. R. (2001). *Planning and administering early childhood programs* (7th ed.). Columbus, Ohio:Prentice-Hall.

Fleege, P. O., Charlesworth, R., Burts, D. C., & Hart, C. H. (1992). Stress begins in kindergarten: A look at behavior during standardized testing. *Journal of Research in Childhood Education, 7*(1), 20-26.

Fleege, P. O. (1997). Assement in an integrated curriculum. In Craig H. Hart, Diane. C. Burts, and Rosalind Charlesworth (Eds.), *Integrated curriculum and developmentally appropriate practice. Albany*, NY:State University of New York Press.

Hart, C. H., Burts, D. C., & Charlesworth, R. (1997). *Integrated curriculum and developmentally appropriate practice*. Albany, NY:State University of New York Press.

Hedegaard, M. (1990). zone of proximal development as basis for instruction. In Luis C. Moll(Ed.)

Vygotsky and education. New York, NY: Cambridge University Press.

Hohmann, M. & Weikart, D. (1995). *Young children in action*. Michingan. MI:The High/Scope Press.

Heritage, M. (2010). *Formative assessment: Making it happen in the classroom*. Thousand Oaks, CA: SAGE.

Howes, C., Matheson, C., & Hamilton. (1994). Maternal, teacher, and child care history correlates of children's relationships with peers. *Child Development, 65*, 264–273.

Ingraham, P. B. (1997). *Creating & managing learning centers*: A thematic approach. Peterborough, NH:Crystal Springs Books.

Katz, L. G., & Chard, S. C. (1989). *Engaging children's mind*: The project approach. Norwood, NJ: Ablex.

Katz, L. G., & Chard, S. C, (2000). *Engaging children's minds*: The project approach (2nd ed.). Stanford, CT: Ablex.

Kostelnik, M. (1992). Myths associated with developmentally appropriate programs. *Young Children, 47*(4), 17–23.

Krogh, S. L. (1995). *The integrated early childhood curriculum*. New York:McGraw–Hill.

Lay–Dopyera, M. & Dopyera, J. (1987). *Becoming a teacher of young children* (3rd ed.). New York: Random House.

McAfee, Oralie D. (1985). Circle Time: Getting past "Two little pumpkins. *Young Children, 40*(6), 24–29.

National Association for the Education of Young Children (1984). *Accreditation criteria and procedures of the National Academy of Early Childhood Programs*. Washington, DC:Author.

NRC (National Research Council). *Early childhood assessment: Why, what, and how.* Washington, DC: National Academies Press.

Petersen, E. A. (2003). *Early childhood curriculum: Linking thematic, emergent, and skill based planning to children's outcomes* (2nd ed.). Boston, MA: Allyn and Bacon.

Schickedanz, J. (1990). *Strategies for teaching young children*. Englewood Cliffs, New Jersey: Prentice–Hall. Inc.

Slavin, R. (1983). *Cooperative learning*. New York:Longman.

Smith, P., & Connolly, K. (1980). *The ecology of preschool behavior*. Cambridge:Cambridge University Press.

Stipek, D. (1994). *Reconceptualizing the debate on appropriate early childhood education*. Symposium presented at the annual meeting of the American Educational Research Association, New Orleans,

LA.

Stone, J. G. & Rudolph, N. (1970). *Play and playgrounds*. Washington, DC:National Association for the Education of Young Children.

Vygotsky, L. S. (1962). *Thought and language*. Cambridge, MA:MIT.

____________(1976). Play and its role in the mental development of the children. In J. S. Brunner, A. Jolly, & K. Sylva (Eds.), *Play: Its role in development and evolution* (pp.537–554). New York:Basic Books.

Vygotsky, L. S. (1978). *Mind in society: The development of psychological processes*. Cambridge, MA:Harvard University Press.

CHAPTER

03

유아를 위한 교수·학습 활동 전략 모델

유아는 교사가 전달하는 지식을 수동적으로 받아들일 때보다는 정보를 조직하고 정보들의 관계 발견에 능동적으로 참여할 때 효과적으로 학습을 할 수 있다. 그뿐만 아니라 스스로 정보를 조직하고 정보 내의 관계를 발견하는 활동을 할 때 학습 효과가 크고 학습 내용의 보유 능력도 높으며 사고 기술도 훨씬 증진될 수 있다. 유아의 교수 · 학습 활동이 바람직하게 이루어지려면 교사는 다양한 교수 · 학습 활동의 모델 중 학습 내용에 적절한 교수 · 학습 모델을 선정하여 활동을 제시하여야 한다. 본 장에서는 교수 · 학습 활동의 모델 유형들을 소개하고 각 모델별로 모델의 특성 및 실천 과정을 제시하였다.

제1절 교수·학습 활동 전략 모델 유형 및 선정

1. 교수·학습 활동 전략 모델 유형

교수·학습 활동 전략 모델이란 어떠한 방법과 절차에 의해 유아가 내용을 익히면서 동시에 사고 기술을 연습할 수 있도록 하며 활동에서의 교사의 역할은 무엇인지를 구분하여 분류한 교수 학습 유형을 의미한다. 달성하려는 목표에 적절한 교수 전략이 적용될 때 유아의 학습효과가 증대 될 수 있다. 유아교육이 주제를 중심으로 통합적으로 운영되므로 통합적 접근 안에서 학습 내용이나 활동 특성에 따라 적용될 수 있는 교수학습활동 전략 모델을 제시하고자 한다.

교수 목표 및 내용에 따라 적절한 교수·학습 모델이 다르다. Lasley II와 Matczynski(1997) 는 교수·학습 범주를 추론기술, 재조직 기술, 기억촉진, 관계형성 네 가지 범주로 구분하고 이 네 가지 기술범주에 해당하는 적절한 교수학습활동 전략 모델을 제시하였고 이를 그림으로 제시하면 다음 〈그림 3-1〉과 같다.

추론기술 -개념학습모델 -탐구모델	**재조직기술:** -개념학습모델 -시넥틱스 (창의적문제해결)
기억촉진기술: -연상기억교수 -직접적교수모델	**관계형성기술:** -협력학습모델 -토의학습모델

〈그림3-1〉 교수 · 학습 범주와 교수 · 학습모델

교수·학습기술 범주에 따라 다른 교수학습 조성모델이 적용된다. 추론기술 조성을 위해서는 개념학습모델과 탐구모델이 적합하다. 재조직 기술 조성을 위한 모델 유형에는 개념학습모델과 창의적 문제해결 모델(시넥틱스)이 해당된다. 기억촉진기술 조성을 위한 모델유형으로는 연상기억 교수모델과 직접적 교수모델을 들 수 있다. 관계형성기술 조성을 위한 모델유형에는 협력 학습 모델과 토의 학습 모델 등이 있다(Lasley II & Matczynski, 1997,pp.72-74).

다양한 교수·학습 활동 전략 모델들 중 유아 교육에서 쉽게 적용할 수 있는 모델로는 개념학습 모델(concept attainment model), 탐구 모델(inquiry model), 직접적 교수 모델(direct instruction model), 협력 학습 모델(cooperative learning model) 등을 들 수 있다(Eggen & Kauchak, 2001; Lasley II & Matczynski, 1997).

2. 교수·학습 모델의 선정

교수 행위는 학생이 지식, 기술 또는 태도를 학습할 수 있도록 도와주기 위하여 교사가 시도하는 행위라고 할 수 있다. 모든 교수·학습 활동에 적용될 수 있는 가장 우수한 교수·학습 모델은 없다. 따라서 교사는 학습 목표를 명확히 하여 특정 목표에 적절한 교수·학습 활동 모델을 선정할 수 있어야 한다.

추론기술 조성모델은 다양한 학문분야의 개념과 비판적 사고와 문제해결에 포함된 기술의 습득 기회를 제공한다. 따라서 개념 습득과 탐구적 문제해결능력을 길러주기 위해 이 모델을 선정할 수 있다. 재조직 기술조성 모델은 학습하거나 이해한 것을 재검토하고 이 지식을 새로운 상황에 적용하도록 돕기 위하여 적용된다. 기억촉진기술 조성모델은 연습, 반복훈련, 암기 등을 통해 정보와 기술을 습득하도록 돕는 교수학습 모델이므로 이러한 과정을 통해 유아가 기억해야할 특별한 학습 정보와 기술이 정해져 있을 때 이를 도와주기 위해 이 모델유형을 사용하여 교수·학습 설계를 한다. 관계형성기술 조성모델은 대인간 의사소통과 집단적 과정접근을 통해 다른 사람과 자신을 이해하는 기회를 제공하는 모델로 긍정적 자아개념 형성, 의사소통기술 증진, 팀으로 일하는 능력 기르기, 지식 습득 등을 위해 관계형성기술 조성 모델을 적용한다.

따라서 교사는 가르칠 것이 무엇인지를 분명히 파악하여 이 목표에 부합되는 모델을 선정한다. 일단 적합한 모델을 선정한 후에는 각 모델에 따른 활동계획 및 실행과정을 유아들의 반응에 따라 융통성 있게 전개한다.

제2절 개념 학습 모델

1. 개관

개념 학습 모델은 유아들의 개념 이해를 돕고, 가설 검증의 실천 기회를 통해 분석적 사고 기술을 갖도록 돕기 위한 모델이다. 개념 학습 모델은 Jerome Bruner의 연구에 기초하여 Joyce Weil이 처음 제시한 모델로서 구성주의 견해에서 활용하는 모델의 하나이다(Eggen & Kauchak, 2001). 이 모델에서는 학습자에게 이미 조직된 형태로 개념을 제시하기보다는 학습자 스스로 개념에 대한 이해를 구성하도록 한다. 개념 학습 모델은 과학적 방법을 적용해 보도록 경험을 제공하며 특히 과학 외의 다른 내용 영역에서 제공하기 어려운 가설 검증 경험을 제공한다.

개념 학습 모델은 전적으로 개념에 초점을 둔다. 개념 학습 모델은 그 개념에 대해 약간의 배경적 이해를 가지고 있어야 한다. 그러므로 개념 학습 모델은 보통 초기 학습보다는 개념의 심화에 효과적이다. 개념 학습 모델은 개념에 대한 복습을 하기위해 사용하거나 서로 밀접히 관련된 개념들 간의 관계 이해를 돕기 위하여 효과적으로 사용될 수 있다.

개념이란 정의내리기, 예(example) 제시하기, 예가 아닌 것(nonexample) 제시하기, 특징찾기, 다른 개념과의 상위, 하위, 동위 관계 제시 등을 통해 묘사되어질 수 있는 추상적 아이디어이다. 예를 들어 '명사'라는 개념은 말(상위 개념)의 일부로서 사람, 장소, 사물의 이름으로 정의내릴 수 있다. '명사'의 예로는 어머니, 저울, 공 등을 들 수 있고 명사의 예가 아닌 것으로는 '달리다', '큰', '빨리' 등을 들 수 있다. '달리다'는 동사, '큰'은 형용사, '빨리'는 부사로서 명사와 동위 개념에 해당된다.

개념은 우리 생활에서 중심적 역할을 하는 것이다. 개념은 아이디어의 복잡성을 줄이고 명확히 하기위하여 사용된다. 개념은 사건 부류별로 순서 짓고 관계 지을 수 있는 기초를 제공한다. 또한 개념은 일반화와 인과 관계로 연결되어질 수 있다. 개념 학습 모델은 또래와 짝을 지어 활동하거나 소집단 활동으로 전개되는 것이 바람직하다.

2. 개념 학습 모델에 의한 교수·학습 활동의 계획 및 실행

(1) 교수·학습 활동의 계획

소주제의 선정, 명확한 목표의 설정, 개념의 예(examples) 선정, 개념의 특성을 확정짓고 사례들을 검증해 보기 등으로 개념 학습 모델에 의한 교수·학습 활동의 계획이 이루어진다.

① 소주제의 선정

소주제의 선정은 귀납적 모델과 같으나, 개념 학습 모델의 소주제는 개념이다. 소주제로 개념을 선정할 때는 유아가 그 개념에 접해본 경험이 있는 것으로 선정하는 것이 좋다. 처음에는 단순 개념에서 시작하여 점점 복잡한 개념으로 전개되도록 한다. 유아가 어떤 개념 습득이 요구되는지 파악하여 교사는 개념 학습 모델로 적용할 개념을 선정하며 그 후 유아는 개념에 대한 이해 구성 활동에 능동적으로 참여하게 된다.

② 명확한 목표의 설정

개념 습득 모델을 활용하는 목표로 개념들 간의 관계 이해를 도와주는 것과 비판적 사고 과정의 연습, 가설의 설정과 검증 등이 포함된다.

③ 개념의 예 선정

개념의 특성을 가장 잘 제시하는 예들을 판단하여 선정하는 것은 가장 중요한 과정이다. 개념의 특성을 명확히 나타내는 예들을 제시하여 유아가 그 특성으로 개념을 파악할 수 있도록 한다.

④ 개념의 특성을 확정짓고 사례들을 검증해보기

비판적 사고의 발달은 개념 학습의 중요한 목표이기도 하다. 그러므로 여러 예에서 개념의 특성을 찾고 다시 검증해 보는 기회를 가지어 이러한 능력이 발달할 최선의 기회를 제공해야 한다. 비판적 사고의 기회 없이 개념을 빨리 소개하려 하면 개념에 대한 깊은 이해를 하지 못하게 되기 때문이다.

(2) 교수·학습 활동의 실행

개념 학습 모델에 의한 교수·학습 활동의 실행은 융통성이 있다. 교사가 제시하고자 하는 어떤 개념을 염두에 두고 게임처럼 시작할 수 있다. 친근한 주제를 활용하여 유아가 게임에 익숙해지게 할 수 있다. 이런 방법으로 유아는 주제에 접근하면서 과정에 초점을 두게 될 것이다. 생물, 동물 등은 과정에 익숙하도록 돕는 좋은 주제이다. 개념 학습의 모델은 예의 제시와 가설 생성, 가설 분석, 종결, 적용의 순서로 진행된다(Lasley II & Matczynski, 1997. 107−110).

① 개념의 예 제시 및 가설 생성

기초 자료가 되는 예를 제시하고 예에서 가설을 생성하는 단계가 개념 학습 활동의 첫 번째 단계이다. 유아는 예시들을 통해 개념을 배운다. 예를 들어 어머니가 유아에게 '자동차'를 손으로 지적하며 '자동차'라고 말한다면 이는 개념 '자동차'에 대한 예시이다.

유아 교육 기관에서 유아는 다양한 새로운 개념에 접하게 되며 이때 개별적 일대일 관계로 개념을 제시하고 개별적 피드백을 제공하는 것이 바람직하다. 그럼에도 불구하고 예시를 통해 개념을 소개하기보다는 막연히 언어적으로만 부적절하게 접근할 경우 유아들이 어려움을 겪는다. 유아가 어릴수록 구체적 예를 제시하는 것이 중요하다(Berk, 1997). 개념의 예가 되는 자료와 예가 아닌 자료를 제시하여 개념에 대한 가설을 설정하도록 한다. 초등학생과 달리 유아는 예가 아닌 자료의 제시에 혼란을 일으키는 경우가 많으므로 가능한 한 예가 되는 자료를 많이 제시하고 예가 아닌 자료는 수를 줄이고 분명히 예가 아닌 것이 두드러지는 자료를 제시하도록 한다. 예를 제시할 때 개념에 밀접히 연결된 것들만 예로 제시할 수도 있으나 유아의 가설 설정 가능성을 좁히므로 비판적 사고가 줄어들게 된다.

② 가설 분석

제시된 개념의 바른 예와 틀린 예를 통하여 가설을 분석하는 단계이다. 교사가 예를 제시하고, 개념에 대한 가설을 설정해 보도록 요구하며 다른 예를 제시하고 개념에 대한 가설을 다시 생성하고, 생성한 가설을 분석하여 가설을 받아들이거나 기각하고, 가설 승인이나 기각의 이유를 말하면서 새로운 가설을 생성하는 주기는 반복되어 이루어질 수 있다. 가설을 받아들이거나 기각하는 이유를 말하면서 유아의 사고 기술이 발달하고 개념에 대한 이해가 보다 분명해진다. 가설 분석 과정에서 교사는 분석이 옳고 그르다는 판단을 내리는 것을 가능한 한 억제하고 새로운 바른 예와 틀린 예를 제시하여 다시 분석해 보도록 장려한다. 초기단계에서는 예가 아닌 것이 분명한 것들을 포함시켜 개념의 예가 명확하여 쉽게 선정할 수 있는 것들을 제시한다.

③ 종 결

제시된 예를 사용하여 개념의 특성을 분명히 진술하고 개념의 정의를 다듬는 단계이다. 모든 예에 의해 지지되는 가설이 성립되면 활동이 종결될 시기가 된다. 이때에 교사는 유아에게 개념의 특성과 정의를 제시하게 한다. 정의 제시로 유아는 개념을 상위 개념 내에 포함하여 이해하게 되고 개념의 특성을 이해하게 된다. 보통 교사들이 유아가 개념을 말하면 그것으로 활동을 종료시키는 경향이 있는데 개념을 말하고 바른 예와 틀린 예를 다시 확인하는 것이 분명한 개념 이해에 도움이 된다.

④ 적 용

개념에 대한 정의를 확대하고 다른 예에도 정의를 일반화시키는 단계이다. 적용단계에서 유아 스스로 습득한 새로운 개념의 예가 되는 것과 예가 아닌 것을 기회를 갖게 된다. 이 단계에서 교사는 유아가 개념을 잘 이해하는지 파악하여 피드백을 제공할 수 있다.

(3) 개념 학습 모델을 활용한 학습의 예

주 제 나
활동명 안경

① 개 념

- 유리
- 코 받침
- 테
- 귀걸이
- 보호한다
- 작아진다
- 도와준다
- 커진다

종류 : 안경, 돋보기안경, 선글라스, 수경, 스키고글, 공사장에서 쓰는 안경 등

2 일반화

① 안경은 눈을 도와준다.
② 안경은 눈을 보호해 준다.

활동 전개

유아들이 신체에 관한 책을 보던 중 시력의 부분에 나와 있는 안경이라는 것에 대해서 관심을 보이는 경우 이 유아들에게 안경이라는 개념을 확실하게 이해할 수 있는 기회를 위해 활동을 제공한다.

3 도 입

과학 영역에 안경을 관찰할 수 있도록 알이 없는 안경을 놓아준다. 유아들이 과학 영역에서 안경을 관찰하고 있을 때 자연스럽게 유아들과 이야기를 시작한다.

4 전 개

다음과 같은 상호작용으로 개념 학습 모델을 전개한다.

교 사: 너희들 이거 본 적 있니?
유 아: 집에서요. 우리 엄마는 안경을 써요.
유 아: 우리 할아버지도 안경을 써요.
교 사: 그래 이건 안경이라고 하는 것이구나. 그런데 이건 언제 쓰는 것일까?
유 아: 우리 할아버지는 책을 볼 때 써요.
유 아: 우리 엄마는 매일 써요.
교 사: 그럼 왜 쓰는지 아니?
유 아: 눈이 나빠서요. 우리 엄마는 눈이 나빠서 쓴데요.
교 사: 안경은 눈이 나쁠 때만 쓰는 것이니? 혹시 다른 곳에서 안경을 쓰는 것을 본 적이 있니?
유 아: 안경은 텔레비전을 많이 봐서 눈이 나빠지면 안경을 쓰는 거라고 했어요.
교 사: 그러면 안경은 눈이 나쁠 때만 쓸 수 있는 거라고 생각하는구나. 그러면 선생님이 무언가를 가지고 왔는데 그것이 무엇인지 한 번 볼래? (물안경을 꺼내서 보여준다.) 이거 본적 있니? 어디에서 쓰는 것이지?
유 아: 이건 물안경이에요. 물에서 쓰는 거예요.
유 아: 이거는 물에 들어갈 때 쓰는 거예요.
유 아: 저는요, 예전에 수영장에 갈 때 써봤어요.
유 아: 물에 들어갈 때 물이 눈에 들어가지 못하도록 쓰는 거예요.
교 사: 그렇구나. 이건 물에서 눈에 물이 들어가지 못하도록 하기 위해서 쓰는 것이구나. 또 다른 안경을 본 적이 있니?
유 아: 잘 모르겠어요.
교 사: (선글라스를 제시하며) 선생님이 또 다른 안경을 가지고 왔거든. 한 번 볼래. 너희들 이것을 본 적이 있니?
유 아: 선글라스예요.
유 아: 그건요, 여름에요 햇빛을 가리기 위해서 써요.
유 아: 우리 엄마는요 운전을 하면서 써요.

교 사: 운전을 하거나 여름에 햇빛을 가리기 위해서 쓰는 것이구나. 자, 이번엔 선생님이 이상하게 생긴 것을 가지고 오셨어. 한 번 보겠니? (스키 고글을 보여준다.)
유 아: 이건 어디에서 쓰는 거예요?
유 아: 나는 저거 본 적 있어. 저번에 나랑 엄마랑 스키를 타러 갔었는데, 그때 우리 엄마도 그런거 썼어요. 그거 스키 안경이에요.
교 사: 아, 스키를 탈 때도 안경을 쓸 수 있구나. 그런데 왜 스키를 탈 때 이런 안경을 쓰는 걸까?
유 아: 우리 엄마가 그러는데요, 눈에 눈이 들어갈 수도 있고, 햇빛도 있어서 쓰는 것이라고 했어요.
교 사: 그렇구나. 이것은 눈에 다른 것이 들어가는 것을 막아주고 햇빛도 막는 것이구나. 너희들 조금전에 안경은 언제 쓰는 것이라고 이야기하였지?
유 아: 눈이 나쁠 때요.
교 사: 안경은 꼭 눈이 나쁠 때만 사용하는 것이니? 안경은 언제 사용하는 것이니?
유 아: 안경은 물에 들어갈 때나 스키를 탈 때에 눈에 뭐 들어가지 말라고 쓸 수 있어요.
유 아: 그리고 햇빛을 가리고 싶을 때도 써요.
교 사: 안경은 눈이 나쁠 때도 쓸 수 있고, 눈에 다른 것이 들어가지 못하도록 할 때나 햇빛을 가리기 위해서 쓸 수도 있구나. 그러면 여기 있는 안경 중에서 눈이 나쁠 때 사용하는 것은 무엇이니? 또 눈을 보호하기 위해서 쓰는 것은 무엇이니?
(아이들이 분류를 해 본다.)
교 사: 물안경, 선글라스, 스키 고글은 눈을 보호하기 위해서 쓰는 것이고 다른 안경은 눈이 나빠져서 눈이 잘 보이도록 할 때 쓰는 안경이구나. 너희들은 어떠한 안경을 써보고 싶으니? 너희들이 써보고 싶은 안경을 미술 영역에서 만들어 볼 수 있단다. 빨대, 수수깡, 나무젓가락 등을 이용해서 너희들이 써보고 싶은 안경을 만들어 보자.

⑤ 추후 활동

미술 영역에서 여러 가지 재료들을 이용하여 자기가 쓰고 싶은 안경을 만들어 본다.

제 3 절 탐구 모델

1. 개관

탐구 모델은 문제해결에 기초한 학습 모델 유형으로 탐구적 문제에 유아가 포함되도록 하여 고차원적이며 비판적인 사고 기술의 발달을 도와주는 데 가장 효과적인 모델이다. 다른 모델이 특정 내용 목표에 초점을 두었다면 탐구 모델은 고차원적이며 비판적 사고 기술의 발달에 초점을 둔다.

탐구의 가장 기초적인 수준은 사실과 관찰에 기초하여 질문에 대답하고 문제를 해결하는 과정이다. 탐구 모델은 문제 제기, 가설 설정, 자료 수집, 가설 검증, 일반화, 탐구과정 분석 및 검토로 진행된다. 교사가 탐구 모델을 활용할 때에는 유아들이 자연적으로 발생하는 질문이나 문제를 이와 같은 여섯 단계를 통해 해결하도록 안내한다. 탐구 모델을 적용하기 위해서는 호기심이 일어나는 문제에 대해 어떤 결론이나 증거가 나오든 유아가 비판받거나 당황하게 되는 일이 없이 자유롭게 실험하고 조사해 볼 수 있는 교실 분위기를 조성해 주어야 한다. 탐구 모델에서는 교사의 역할로 정보를 제시하는 역할보다 탐구 과정에서의 조성자 역할이 강조된다. 이렇게 자연히 발생하는 탐구적 수업의 경우 유아의 수업 참여 동기가 높고 질문에 대한 탐구 결과를 직접 알 수 있으며, 협력 학습 분위기가 형성되며 협동심이 발달될 수 있다. 또한 유아들이 일단 탐구 정신이 생기면 질문에 대한 유아의 사고(생각)를 안내하는 것 외에는 교사의 시간과 노력이 별로 요구되지 않는다. 탐구 수업의 이점은 탐구적 활동이 수시로 자연히 발생하는 의문에서 시작될 수 있다는 인식이 증가한다는 점에 있다.

이미 습득한 개념이 유아에게 탐구 과정을 소개하는 데 도움이 된다. 유아들이 완전한 탐구 과정을 시작하기 전에 탐구에 대한 아이디어가 형성되도록 돕는 것이 바람직하다.

2. 탐구 모델을 적용한 학습 활동의 계획 및 실행

(1) 탐구 학습 활동의 계획

탐구 모델은 학습 목표가 내용 주제에 대한 이해보다는 주로 고차원적이고 비판적 사고를 길러주는 것일 때 적용한다. 탐구 모델이 이상적으로 적용되려면 탐구 문제, 가설, 검증에 사용될 자료 등이 유아에게서 나와야 하기 때문에 교사는 탐구 과정을 진행하기 위해 필요한 안내를 하되, 교사의 안내가 유아의 가설 설정이나 탐구과정을 방해하지 않도록 한다. 또한 대부분의 탐구 활동은 계속적으로 이루어지는 것이어서 단일 활동 시간에 끝나지 않으므로 교사는 계획 시에 이를 고려하여 계획한다. 탐구 학습은 유아의 탐구기술과 자기주도적 학습능력 형성에 도움이 되므로 길고 짧은 탐구 학습활동에 참여할 수 있도록 계획한다.

① 목표의 상세화

탐구 모델에서는 내용 이해보다 사고 기술의 발달을 강조하기는 하나 사고 기술의 적용과 내용 이해는 상호 얽혀 있기 때문에 내용 목표와 사고 기술의 발달을 위한 목표를 모두 고려한다. 탐구 모델을 활용할 때 내용 목표로 다른 아이디어 간의 관계를 발견하는 목표가 계획될 수 있다. 예를 들어 버터 우유로 버터 만들기를 할 때 버터 우유를 흔들어 주는 '시간'과 버터의 굳어지는 정도 간의 관계를 알아보는 목표 같은 것이 이에 해당된다. 탐구 수업 결과 유아는 "버터 우유를 흔들어 주는 시간이 길면 길수록 버터가 더 굳어진다."라는 일반화를 구성하게 된다. 유아의 사고가 증진됨에 따라 사실과 관찰에 기초하여 일반화하는 능력이 좀 더 길러지고 내용과 사고 간의 관계를 제시할 수 있게 된다.

탐구 수업을 통한 고차원적 비판적 사고 발달 목표는 문제 인식, 가설 제시, 관련 정보 파악 및 수집, 가설 검증 능력 등을 길러주는 탐구 기술 목표를 의미한다. 이는 과정적 목표로서 유아가 주된 탐색자이며 교사는 탐색 과정을 조성하기 위한 계획을 세운다.

교사는 주제에서 유아가 발견·탐구할 수 있는 관계를 파악하고 관계를 포함하는 질문이나 문제를 계획한다. 예를 들어, 식물이라는 주제에서 식물의 성장에 대한 탐구 수업을 포함시킬 수 있다. 주제가 전개됨에 따라 교사는 다른 종류의 식물의 성장 특성, 식물의 성장과 환경 등에 대한 탐사를 계획할 수 있을 것이다.

② 자료 수집 계획

탐구 문제가 설정·계획되면 교사는 가설 검증을 위해 사용될 정보를 수집해야 한다. 교수·학습 활동 과정이 효과적으로 이루어지려면 설정 문제에 대해서 미리 계획했드시 자료 수집에 대해서도 미리 계획이 있어야 유아들이 교실에서 자료 수집을 원활히 할 수 있다. 자료 수집 자체는 유아가 하더라도 교사는 자료 수집 과정을 안내하고 조성해야 하기 때문에 교사의 자료 수집 계획이 요구된다. 유아의 탐구 학습을 위한 자료는 구체물, 그림 백과사전, 그림책, 그림 자료, 비디오 자료 등이며 이 중

가능하면 직접 견학하여 구체물을 수집하거나 구체적 현상을 보는 것이 가장 바람직하다. 제기된 문제와 관련하여 어떤 자료를 어떤 방법으로 수집하는 것이 좋을지 계획한다. 또한 자료 수집을 전체 학급 유아가 함께할 것인지, 소집단으로 할 것인지, 개별적으로 하게 할 것인지 계획한다. 예를 들어 식물 성장에 대한 자료 수집은 전체 학급 유아가 함께 하면서 개별적으로 성장을 측정하고 물을 주고, 식물을 보게 할 수 있다. 자료 수집 시간에 대해서도 계획이 필요하다. 예를 들어 여러 다른 상황에서의 식물의 자라는 과정을 통해 유아가 식물의 성장을 탐구하도록 안내하려면 여러 주에 걸쳐 식물의 성장을 관찰 기록하는 것이 필요하다. 이때 주제에 포함되는 다른 소주제와 관련된 활동을 계속하면서 식물 성장 자료가 생길 경우 다시 식물의 성장으로 되돌아갈 수 있으며, 이러한 시기에 대한 계획이 필요하다.

(2) 탐구 학습 활동의 실행

탐구 학습은 질문이나 문제 제기로 시작하여 잠정적 대답 또는 해결책을 제시(가설)한다. 그 뒤 가설의 타당도를 결정지을 수 있는 자료를 수집한다. 자료를 통해 가설이 검증되면 일반화를 시킨다.

① 문제 제기

질문 또는 문제가 제기되면 탐구가 시작된다. 문제는 학급 토의 중 자연적으로 나오기도 하고, 교사가 사전에 계획하여 질문·문제를 제기하도록 안내할 수도 있다.

문제 자체를 명확히 하기 위하여 교사는 그림과 말로 문제를 확인할 필요가 있다. 문제를 유아가 자신의 말로 다시 진술해 보도록 요청하여 문제를 분명히 한다.

② 가설 설정

의문 사항이나 문제가 명확해지면 그 문제의 해답 또는 해결을 시도할 준비가 되었다고 볼 수 있다. 잠정적 대답이 나오면 유아는 가설 설정 과정에 참여하고 있다고 본다. 흔히 가설은 잠정적 일반화이다. 유아들에게 가설은 자신의 경험과 사전 지식에 기초하여 추측으로 제시된다. 처음에 모든 아이디어를 가설로 받아들이고 목록을 만든 후 유아에게 각 가설이 질문이나 문제와 관련이 있는지 결정하도록 요구한다.

가설 목록이 제시되면 이 가설들을 우선적으로 조사하는 활동이 있어야 한다. 이

때 유아들이 어떤 가설을 검증하는 것인지를 분명히 해야 어떤 변인을 통제하고 어떻게 자료를 수집할지가 분명해진다. 가설을 하나씩 검증해 나간다. 일단 가설이 진술되고 검증의 우선순위가 되면 이 학급은 자료 수집 준비가 되었다고 볼 수 있다.

③ 자료 수집

가설은 자료 수집 과정을 안내하는 데 활용된다. 제기된 문제에 따라 자료 수집 과정의 복잡성 정도가 다르다. 예를 들어 식물의 성장에 대한 자료 수집에서 성장 조건을 조직적으로 다르게 하여 씨를 뿌리고 성장 정도를 측정할 수 있다. 탐구 경험에 따라 유아가 제기된 탐구 문제 해결 이상의 기술이 발달할 수도 있다. 예를 들어 자료마다 일관성이 없을 때의 모호성에 대해서도 관대해질 수도 있고 어떤 중요한 정보가 빠졌는지 확인할 수도 있을 것이다.

자료 수집 과정은 단순하고 직접적인 과정인 것처럼 보이나 항상 그렇지는 않다. 자료 수집 기술을 발달시키는 가장 좋은 방법은 유아가 과정에 직접 참여하여 결과를 전시하고 사용된 방법을 토의하는 것이다. 그림, 도표, 그래프, 기록 등 다양한 제시 방법이 사용될 수 있을 것이다.

④ 자료 분석 (가설 검증)

수집한 자료를 기초로 가설에 대한 검증을 한다. 자료 분석에서 일관성을 찾을 수 없어 가설을 기각하는 것도 커다란 경험이다. 이때 유의할 점은 가설 설정 당시 주어진 정보에 기초하여 가장 적절한 결론을 내렸을 가능성이 있으므로 가설을 기각할 경우 가설 설정 당시보다 더 많은 새로운 자료를 충분히 수집하여 분석되어야 한다. 또한 이때 새로운 가설을 세우고 이를 위한 자료 수집 및 분석이 요구된다.

⑤ 일반화

자료 분석에 기초하여 유아들이 일반화할 때 탐구 수업의 종결이 이루어진다. 모든 상황에서 일관성 있는 검증된 가설이 일반화이다.

⑥ 탐구과정 분석

유아로 하여금 탐구과정을 분석하고 반성해보게 하는 것이 탐구모델의 마지막 과정이다. 교사는 유아가 탐구문제와 가설, 가설에 따라 탐구과정을 어떻게 진행되었는지를 제시하는 과정에서 일상생활에서 탐구과정을 통해 추상적인 아이디어가 어떻게 현실화되는지를 알도록 도와준다.

(3) 탐구적 모델을 적용한 활동의 예

주제 : 자석

〈포함된 내용〉

개념
자석의 종류, 자력, 극, 물체, 붙는다, 붙지 않는다, 밀어낸다, 당긴다, 통과한다, 이용

원리
① 자석에는 양극이 있다.
② 같은 극끼리는 밀어낸다.
③ 다른 극끼리는 당긴다.
④ 양극의 자력이 가장 세다.
⑤ 자석에 붙는 물체와 붙지 않는 물체가 있다.

학문적 규칙
• 자석에는 여러 가지 종류가 있다.
• 자석을 이용한 물건에는 여러 가지가 있다.

〈탐구 과정〉

가 설
• 모든 금속은 자석에 붙는다.

자료수집
금속으로 만들어져 자석에 붙을 수 있는 물체들을 모을 수 있도록 한다. 유치원 교실에 금속이지만 자석에 붙지 않는 물체(포크, 열쇠, 알루미늄 캔, 동전들)들을 비치해 둔다.

실험활동
자석을 탐색해 보는 기회를 갖고 모든 자료들을 자석에 직접 붙여본 후 붙는 것과 붙지 않는 것을 분류해 보고 기록해 본다.

결과 분석 및 결론 (자료분석및 일반화)
• 기록한 것을 분석하여 결론을 내린다.
• 가설은 기각되고 "자석에 붙는 금속과 붙지 않는 금속이 있다."로 결론을 짓는다.
탐구과정 분석 그림이나 실물로 자석에 붙는 금속과 붙지않은 금속을 분류하여 전시하거나 일반화된 정의를 내릴 수 있게 된 근거를 친구에게 설명한다.

주제 : 씨앗

개념

- 씨앗의 종류-잔디씨, 강낭콩, 완두콩, 열무씨
- 봄
- 싹이 난다
- 물, 햇빛
- 기르다
- 크기

원리

① 씨앗에서는 싹이 난다.
② 싹이 나려면 물과 햇빛이 필요하다.

일반화

사람들은 씨앗을 기른다.

목표

- 이해
  - 식물마다 씨앗이 다름을 안다.
  - 씨앗에서 싹이 난다는 것을 안다.
  - 싹이 나려면 물과 햇빛이 필요하다는 것을 안다.
- 기술
  - 씨앗에서 싹을 틔울 수 있다.
  - 적절한 양의 물을 줄 수 있다.
  - 싹이 트는 과정을 관찰하고 기록할 수 있다.
- 태도
  - 식물을 돌보는 마음을 갖는다.

탐구 모델 적용 과정

문제제시

- 개방적 질문.
  - 씨앗 속에는 무엇이 있을까?
  - 왜 씨앗이 필요할까? 어떨 때 씨앗이 필요할까?
  - 씨앗이 자라면 무엇이 될까?

가설 설정

- 씨앗 안에는 작은 싹이(씨눈) 들어있다.
- 싹이 나게 하려면 씨를 뿌리고 물과 햇빛과 같은 적절한 환경을 제공해야한다.

자료수집

교 사: 여기 씨가 네 종류가 있네. 어떻게 다르니?

유 아: 색깔이 달라요. 갈색이고요, 녹색이에요.
모양도 달라요. 강낭콩은 길쭉하고요, 완두콩은 동그래요. 그리고 강낭콩이 더 커요.

교 사: 그렇구나. 그런데 이 씨앗 안에 뭐가 있을까?

유 아: 없어요. 있어요.

교 사: 그럼 우리 한 번 안에 무엇이 있는지 쪼개어 볼까?
씨앗을 반으로 쪼개어 안에 무엇이 있는지 관찰해 본다.
(씨앗을 쪼개어보니 안에 작은 싹이(씨눈) 들어있다.)

교 사: 이 작은 싹은 왜 있을까?

유 아: 클려고요. 잎이나요.

교 사: 그래, 그러면 싹이 나게 하려면 무엇이 필요할까?

유 아: 물이요, 햇빛이요.

교 사: 싹이 날 때까지 우리는 어떻게 해야 할까?

유 아: 물을 잘 줘요.

교 사: 물을 잘 주면 싹이 날까?

유 아: 예. 나와요.
(가설 설정하기 : 적절한 환경을 제공하면 싹이 틀 것이다.)

교 사: 그러면 이 씨앗을 어디에 심을까?
(무씨를 텃밭에 심고 화분에 강낭콩과 완두콩을 심고 투명한 그릇에 솜을 깔고 물을 부은 후 잔디씨를 놓는다. 화분과 그릇을 햇빛이 잘 드는 곳에 놓아두고 관찰한다. 씨앗이 발아되는 과정을 관찰하고 기록한다. 싹이 트는 과정을 관찰하고 기록한다.)

교 사 : 너희들이 이 텃밭에 무엇을 심었니? (또는 너희가 화분과 이 그릇에 무슨 씨를 뿌렸지?)

유 아: 무 씨를 심었어요. (잔디씨를 뿌렸어요. 강낭콩을 심었어요. 완두콩을 심었어요.)

교 사: 물을 잘 주고 키웠더니 어떻게 되었니?

유 아: 싹이 났어요.

교 사 : 우리 싹이 어떻게 생겼는지 잘 보고 그려보자. 앞으로 어떻게 자라는지 같이 관찰해 보자.
(유아들이 씨앗과 싹을 주의 깊게 관찰하여 그림으로 나타내 보았다.)

자료분석 및 일반화

- 씨앗 속에는 작은 씨눈이 들어있다.
- 심은 씨앗에 따라 다른 모양의 싹이 나오고 싹이 자라는 속도나 모양과 크기가 다르다.
- 물을 잘 주고 햇볕을 쪼이면 식물이 잘 자란다.
- 뿌리를 먹는 식물도 있고 무는 뿌리이다.

탐구과정 분석

무나 자란 잔디 등을 보이고 자라는 과정을 그림으로 제시하면서 각각의 씨를 땅이나 화분에 심고 물을 주고 햇볕을 잘 쪼이게 하니 씨에 따라 무, 강낭콩, 완두콩, 잔디 등으로 자라남을 제시한다.

제4절 직접적 교수 모델

1. 개관

직접적 교수 모델은 개념과 기술을 가르치기 위하여 널리 적용하는 전략이다. 직접적 교수 모델은 교사가 중심이 되어 직접 지도가 이루어지는 모델이다. 교사는 가르칠 내용과 기술을 조직하여 유아들에게 설명하거나 모델을 보이고 유아가 연습할 기회를 제공하고 유아의 학습 결과에 대한 피드백을 제공한다.

직접적 교수 모델에서는 학습 목표 소개 단계, 개념과 기술 제시 단계, 지도에 의한 연습 단계, 개별 연습 단계로 진행하여 교수·학습 활동이 이루어진다. 학습목표 소개 단계에서는 새로운 내용의 윤곽을 제공하고 유아의 배경 지식과 연결시키며 유아들이 새로운 내용의 가치를 이해하도록 돕는다. 개념과 기술 제시 단계에서는 새로운 내용을 설명하고 기술의 모델을 보인다. 지도에 의한 연습 단계에서는 유아에게 교사가 요구하는 대로 새로운 내용을 시도해 보는 기회를 제공한다. 개별 연습 단계에서는 유아 스스로 개념과 기술을 적용해 보며 개념을 보유하고 기술을 보다 숙련되게 한다.

직접적 교수 모델에서는 순서적이며 구조적 자료를 활용하여 교사 중심의 수업에 초점을 둔다. 유아에 대한 피드백은 즉각적이며 학문적으로 관련지어 이루어진다 (Rosenshine, 1979). Bandura(1986. 1989)의 모델관찰 학습과 모델행동 따라서 하기 (modeling), Vygotsky(1978)의 비계 설정 원리에 기초한 교수 모델이다. 직접적 교수 모델 적용에서 유의할 점은 개인적 개념습득과 기술의 발달에 초점을 두고 다른 또래와의 경쟁을 강조하지 않도록 하는 것이다. 아울러 개인적 노력으로 기술이 증진되었음을 느끼도록 말해준다.

2. 직접적 교수 모델의 실행 계획 및 실행

(1) 직접적 교수 모델의 실행 계획

직접적 교수 모델을 적용한 교수·학습 활동 계획은 목표 상세화, 선수 지식 밝히기, 샘플 문제 선정 및 준비 등으로 이루어진다.

직접적 교수 모델은 특정 개념과 기술을 가르치기에 적절한 교수 모델로 특정 내용에 유아가 관심을 가지도록 동기 유발하여 집중시킨다. 모델을 효과적으로 적용하려면 교사는 우선 특정 주제를 선정하고 특정 주제를 이해할 수 있는 예를 만들거나 찾아야 한다. 개념은 직접적 교수 모델의 주된 내용으로 유아는 개념을 알고 다른 개념과의 관계를 파악해야 하고 정적 예와 부적 예를 검토하여 개념의 특성을 파악할 수 있어야 한다.

기술은 세 가지 특성을 지닌 인지적 조작이다. 첫째, 특정의 변별되는 조작 또는 과정을 내포하고, 둘째, 다양한 예로서 제시될 수 있고, 셋째, 연습을 통해 발달시킬 수 있다(Doyle, 1983). 기술은 교육 과정의 모든 영역에서 찾아볼 수 있다. 기술을 가르치는 것은 기술이 발달하여 자동적으로 활용되고 다른 환경이나 학습 사항에 전이가 이루어지도록 하기 위해서다. 예를 들어 자전거의 페달을 돌리어 자전거를 움직이는 기술이 발달하면 큰 노력 없이도 자전거를 자동적으로 움직일 수 있게 된다. 쓰기 기술이 발달되면 쓸 일이 있을 때 자동적으로 쓰기가 이루어질 수 있다. 이러한 기술들은 다른 문제 해결에 적용될 수 있을 것이다. 교사는 우선 유아가 기술을 습득할 기회를 제공하고, 습득한 기술을 적용하는 다양한 예를 제시하며, 혼자 기술을 독립적으로 연습해 볼 수 있는 기회를 제공한다.

내용 목표가 선정되면 개념과 기술을 습득하기 위한 선수 개념과 기술을 밝힌다. 그 후 제시할 예 또는 구체적 예와 문제의 선정이 수업의 성공에 필수적이다. 이때 새로운 학습 내용에 대한 유아의 배경을 파악하여 새로운 개념과 기술을 유아가 이미 알고 있는 지식과 연결시켜 소개한다.

예가 선정되면 이 예들을 순서대로 배열하고 가장 구체적이고 명확한 것을 먼저 제시하여 유아가 개념을 빨리 파악하도록 돕는다. 기술 습득을 위한 예와 문제를 선정하고 순서화할 때에는 성공에 대한 배려가 중요하다. 이와 같이 예와 문제가 선정되고 순서화되면 직접적 교수 모델을 적용하여 수업을 할 수 있다.

(2) 직접적 교수 모델의 실행

직접적 교수 모델을 활용한 수업은 네 단계로 이루어진다. 먼저 유아의 배경 지식과 연결지어 새로운 내용의 주제가 소개되고, 그 다음 새로운 내용의 주제에 대한 설명을 의미 있게 해주는 구체적 예를 제시하며, 그 후 새로운 내용을 실험해 보고 새로운 문제를 시도해 보는 안내적 연습이 이루어지고, 마지막으로 자동적이고 전이가 가능하도록 유아 혼자 연습함으로써 학습이 이루어진다.

새로운 학습 내용을 소개할 때에는 수업 내용에 유아의 주의를 끌어야 한다. 수업의 초기에 유아의 관심을 끌고 유지하도록 하는 것이 중요하다. 학습 내용 소개 시에는 목표 제시, 새로운 내용에 대한 짤막한 요약, 수업 과정 등을 중심으로 수업 내용에 대한 오리엔테이션을 제공하는 것이 추천되고 있다(Murphy, Weil, & McGreal, 1986). 아울러 교사는 새로운 내용을 왜, 어떻게 학습해야 하는가를 설명하면서 학습에 대한 유아의 동기를 유발한다.

제시 단계에서는 주제가 유아에게 의미 있게 되도록 시범을 보이거나 모델을 보인다. 그러나 실제 교사에게는 소개하는 개념이나 기술이 자동적이고 무의식적으로 수행하고 있는 것이라 그것을 말로 설명하고 차근차근 모델을 보이는 것이 쉽지는 않다. 예를 들어 구두끈 매는 것을 설명하고 모델을 보이는 상황에서 서두르거나 혼돈하지 않고 유아의 연령에 맞게 설명하고 모델을 보이는 것이 쉽지는 않다. 너무 설명을 적게 하거나 유아들이 기술을 시도해 볼 준비가 되기 전에 시도하는 상황이 생길 수 있다. 가장 바람직한 제시는 유아가 이해할 수 있도록 명확하고 상호작용적으로 설명하면서 충분한 예를 제시하고 모델을 보이는 것이다.

교사의 안내 아래 진행되는 연습 단계에서는 교사와 유아의 역할을 바꾸어 유아가 설명하거나 새로운 기술을 시도하고 이 시도가 성공적으로 이루어지도록 교사가 지도적 비계 설정을 한다. 교사와 유아 간에 상당한 상호작용이 있으며 점차적으로 교사가 일깨워주는 횟수를 줄이고 유아 혼자 할 수 있도록 이끈다.

개별적 연습 단계에서는 유아가 새로운 기술이나 개념이 자동화되고 전이가 이루어지는 발달에 이를 때까지 연습하는 단계이다. 초기에는 교사의 지도하에 교실에서 연습하고 후에는 집에서 연습한다. 교실이나 놀이터에서 유아가 개별적으로 연습을 할 경우 교사는 학습 진전을 살펴가면서 필요할 때 도움을 준다.

제5절 협력 학습 모델

1. 개관

협력 학습은 공통적 목표에 도달하기 위하여 유아들의 협력적 작업이 포함되는 교수 전략이다. 협력 학습은 유아의 참여를 높이기 위한 노력의 일환으로 유아가 지도력을 갖고 집단 의사 결정을 경험할 수 있게 하며, 유아에게 다른 문화적, 사회 경제적, 능력적 배경을 지닌 유아들과 상호작용하며 학습이 이루어지는 경험을 제공한다. 협력 학습은 유아에게 학습자와 교수 역할을 모두 경험하게 한다. 또한 협력 학습은 세 가지 본질적인 구성 요소－공통적 목표, 개별 책무, 동일한 성공 기회－를 지니고 있다.

협력 학습은 공통적 목표에 도달하기 위하여 함께 작업하게 한다. 협력 학습에서는 각 유아의 노력이 다른 유아의 목표 도달에 공헌한다. 개별 노력이 중요하지만 개별 노력의 결과 판단은 팀의 성취로 이루어진다. 집단 공동 목표가 협력 학습에서 팀 정신을 조성하도록 돕고, 서로 돕도록 장려하는 동기를 부여한다. 협력 학습에서는 집단 목표가 강조되나 개별 학습도 여전히 중요하다.

협력 학습에서 집단 목표는 집단 응집력을 형성하게 하고 개별 책무는 각 팀의 구성원들이 책무와 연결된 내용을 학습하는 것을 보장한다. 이에 더하여 협력 학습은 동등한 성공 기회를 제공하고 이로 인해 유아의 학습 동기를 증가시킨다. 동등한 성공 기회란 특히 유아들의 배경 지식이나 기술 수준이 다를 때 협력 학습에서 공헌한 정도는 다르겠으나 각 유아가 기울인 노력만큼 인정해 주는 것을 의미한다.

유아 교육에서 협력 학습은 주제가 어느 정도 전개되어 주제 관련 종합적 활동으로 전개하고 싶을 때 필요한 사항들을 관심에 따라 팀을 구성하여 팀별로 활동을 전개한 후 전체 집단에서 발표하거나 함께 모아 극놀이 또는 전체 프로젝트 활동으로 전개할 수도 있다. 협력 학습은 이와 같이 구성원이 각각 다른 활동을 전개하였으나 주제 전체에 대해 이해하고 적용할 수 있도록 돕는 학습 전략을 의미한다.

2. 협력학습 모델의 실행 계획 및 실행

(1) 실행 계획

협력 학습을 위해서는 목표상세화, 학습 자료 고안, 팀 형성, 학습 진전 평가 등이 요구된다. 협력 수업의 목표는 유아들로 하여금 그림책, 비디오테이프, 녹음자료, 백과사전, 현장 조사 등을 활용하여 주제에 대하여 이해하도록 돕거나 종합적 놀이를 위한 세부 계획을 세워 실천하는 것이다.

계획 과정에서 중요한 과제는 학습 활동에서 활용될 자료의 수집이다. 특히 교사는 유아들이 중요한 정보에 초점을 둘 수 있도록 계획해야 한다. 알아볼 질문, 유아들이 발견할 정보 차트, 그림책, 전시물, 종합놀이에 필요한 도구 등도 계획할 필요가 있다.

(2) 모델의 실행

협력 학습 모델은 정보 수집, 집단 내에서의 협의, 전체 집단에서의 이야기 나누기, 개인과 팀의 수행 사항에 대한 이해 및 최종 마무리 활동으로 진행되어 실천된다. 먼저 대집단으로 유아들이 알아볼 소주제나 제작할 내용이 논의되고 유아의 관심에 따라 소주제 또는 분담 내용별 팀을 구성한다. 알아보려고 하는 것에 대한 이해를 돕고 체크할 수 있도록 그림으로 된 체크 표를 제시할 수도 있다.

팀별로 팀 구성원들이 논의를 통해 알아볼 방법이나 만드는 방법을 결정하여 조사하거나 공동 제작한다. 이때 팀 구성원들은 서로 공동 제작품의 의도와 활용 방법을 분명히 알고 있도록 돕는다. 각 팀별로 조사한 내용이나 제작한 것을 전체 모임에서 제시하고 협의하여 전시회나 인형극, 극놀이, 직접 만든 악기 연주, 가게놀이, 우체국놀이, 병원놀이 등으로 전개한다. 개인 또는 팀, 전체 집단으로 활동하는 과정에서 주제에 대한 이해 및 학습이 이루어질 수 있다. 교사는 각 소집단 의견 교환이 잘 이루어지며 활동이 계획대로 잘 협력하여 이루어지는지, 개별 유아들이 내용에 대해 잘 이해하면서 활동을 진행하는지 등을 평가한다. 아울러 교사는 전체 모임 또는 개별 팀 모임에 참여하여 유아들이 협력하여 조사 또는 구성, 제작할 것들에 대해 이야기가 잘 전개될 수 있도록 안내하고 필요한 자료를 제공한다(Thompson & Taymans,

1996). 만 5세는 자신이 팀으로 협력해서 하고 싶은 것에 대한 이해가 있고 팀에서 조사 또는 제작한 것에 대해 다른 유아들에게 말로 설명할 수 있어 팀의 활동이 원활하게 진행될 수 있을 뿐만 아니라 다른 팀의 활동도 이해하므로 교사의 안내가 적절하면 협력학습이 잘 이루어질 수 있다. 그러나 3. 4세의 경우 교사가 전체모임에서 이야기 나누어 분명히 팀에서 조사 또는 구성할 것에 대해 논의한다 하여도 팀 구성에 의한 협력학습의 진행에 어려움이 따른다. 그러므로 3. 4세의 경우 활동에서 이루어진 것을 자연스럽게 종합하여 전체가 함께 활동을 전개하는 형태가 되도록 교사가 안내해야 할 것이다.

동화내용을 극놀이로 전개하기로 계획하였다면 극놀이를 하기 위해 필요한 것을 이야기 나누어 대본작성 팀, 무대를 꾸미는 팀, 음악을 녹음하는 팀, 등장인물로 출연하기 등 각각 분담할 사항을 결정할 수 있다. 극놀이 세부 준비사항을 담당한 각 팀 내에서 서로 협의하고 활동을 전개하여 맡은 것을 완성하고 전체가 다시 모여 필요한 사항들이 제대로 준비되었는지를 확인 점검한 후 극놀이가 진행될 수 있다. 교사는 각 팀에서의 활동이 원만히 진행될 수 있도록 협의에 참여하거나 필요한 기기나 준비물들이 준비되어 사용할 수 있도록 돕는다. 또한 필요한 경우 전체 이야기 나누기를 통해 점검하여 모든 유아가 극놀이 전개에 요구되는 사항 및 준비 과정을 알고 진전할 수 있도록 돕는다. 극놀이 진행 후에는 유아들의 느낌과 또다시 극놀이를 할 경우 어떻게 다르게 할 것인지에 대한 생각을 나누는 것으로 전체 팀 협력활동 전개 사항을 평가해 볼 수 있다.

참고문헌

Bandura, A. (1986). *Social foundations of thought and action*: A social cognitive theory. Englewood Cliffs, NJ: Prentice-Hall.

__________(1989). Social cognitive theory. In R. Vasta, (Ed.), *Annals of Child Development*, Vol. 6 (pp.1–60). Greenwich, CT: JAI Press.

Berk, L. (1997). *Child development* (4th ed.). Needham Heights, MA: Allyn & Bacon.

Eggen, P. D. & Kauchak, D. P. (2001). *Strategies for teachers*. Boston, MA: Allyn and Bacon.

Lesley II, T. J., & Matczynski, T. J. (1997). *Strategies for teaching in a diverse society: Instructional models*. Belmont, CA: Wadsworth Publishing Company.

Murphy, J., Weil, M., & McGreal, T. (1986). The Basic Practice Model of Instruction. *The Elementary School Journal, 87*, 83–95.

Rosenshine, B. (1979). Content, time, and direct instruction. In P. Peterson and H. Walberg (Eds.), *Research on teaching: Concepts, findings, and implication* (28–56). Berkeley, CA: McCutchan.

Thompson, K. L., & Taymans, J. M. (1996). Taking the chaos out of cooperative learning: The three most important components. *The Clearing House, 70*(2), 81–85.

Vygotsky, L. S. (1978). *Mind in society: The development of psychological processes*. Cambridge, MA: Harvard University Press.

CHAPTER

04

유아 교육 기관의 환경 구성

유아 교육 기관의 물리적 환경은 고정적 · 반고정적 시설, 놀이 및 교육 활동 자료와 교구, 실내외 공간의 구성 등과 같이 유아 교육 기관의 분위기를 조성하고 유아의 행동에 직접 · 간접적으로 영향을 주는 환경을 의미한다(Phyfe-Perkins, 1980). 유아 교육 기관의 교사는 유아 교육에서의 교육 환경의 중요성을 인식하고 자연스럽게 유아의 놀이가 이루어질 수 있는 바람직한 물리적 환경의 요인 및 구성 방법을 알고 실행할 수 있어야 한다.

제1절 유아 교육에서 교육 환경의 중요성

유아 교육 기관의 교육 환경 중에서도 물리적 공간 및 환경은 유아 교육 프로그램의 질을 결정하는 중요한 요인이다. 교실을 놀이 활동 영역으로 구분하여 영역별 경계를 분명히 하고 다양한 놀잇감을 갖춘 교실 공간에서는 유아의 놀이 활동이 활발히 이루어지고, 놀이 지속 시간이 길어지고, 다른 유아와 함께 협력하여 놀이하는 행동이나 놀잇감을 정리하는 행동이 나타난다. 반면, 교실의 놀잇감이 부족하면 유아의 경험이 제한되게 된다. 또한 놀잇감의 질이 부적절하거나 불량하면 놀잇감의 기능이 제대로 발휘될 수 없음은 물론 좌절이나 욕구 불만이 생기어 공격적 행동을 조장할 위험이 있다.

인적 환경 역시 중요하다. 유아들의 연령과 수, 교사들의 수, 교사와 유아 간의 상호작용 형태에 따라 인적 환경은 달라진다. 과밀 학급에서는 개인차의 반영이나 부모 참여 수업이 어렵고, 놀이를 통한 직접 경험이 어려우며 경험의 종류가 제한되게 된다. 또한 교사로 하여금 지시적인 말을 많이 하게 하고, 대집단 활동을 많이 하게 하며, 유아의 자연적인 동기 유발을 저해한다.

유아의 생활은 놀이와 활동이 주가 된다. 또 유아기는 성장과 발달의 속도가 빠르고 환경과의 긴밀한 상호작용을 통해 발달이 이루어지므로 교사가 교육 환경을 어떻게 진행되는 유아의 놀이와 연결하여 합리적으로 잘 계획하고 구성하느냐가 교육과정 운영의 정상화에 영향을 미치며, 그 결과 유아의 균형 있는 성장·발달에도 큰 영향을 미치게 된다. 유아의 사회성, 독립성, 놀이 참여 정도 및 놀이 확대 수준은 실내·외 놀이 공간이 구성되고 사용되는 방법에 따라 높아지기도 하고 좌절되기도 한다.

따라서 유아 교육 기관에서도 발달에 적합하고 안전한 시설 설비를 갖출 뿐만 아니라 유아의 관심과 흥미를 파악하여 유아의 놀이 활동에 이용될 수 있는 다양한 교구 또는 놀잇감을 구비하고 발달 단계에 적합하게 학급 인원을 구성해야 한다. 이러한 환경이 갖추어졌을 때 자주적인 개인의 특성이 존중되고 발달에 적합한 교육이 가능해진다.

제2절 물리적 환경 구성

유아 교사는 유아의 인지적, 언어적, 사회·정서적, 신체적 발달에 적합한 물리적 환경을 구성해야 한다. 물리적 환경 구성 시 교수·학습 활동과 사회화 문제뿐만 아니라 유아의 신체적 요구와 안전 요구를 고려해야 한다. 아울러 프로그램의 목표가 반영되도록 물리적 환경을 구성해야 한다.

물리적 환경 구성은 실내 환경 구성과 실외 환경 구성으로 구분될 수 있다. 그러므로 다음에는 실내 교육 환경 구성, 실외 교육 환경 구성, 환경 구성 평가로 구분하여 생각해 보려고 한다.

1. 실내 교육 환경 구성

(1) 활동실 배치와 유아의 학습 행동

연구 결과들에 의하면 교실의 배치와 유아의 행동과는 밀접한 관계가 있다(Prescott & David. 1977. Decker & Decker, 2005. Weinstein, 1975. 1976. Sutfin, 1980). Sutfin(1980)은 유아 교육 기관의 활동실 배열과 유아의 행동과의 관계를 연구하였다. 활동실을 바람직하게 흥미 영역별로 배열·변화시켰더니 소음이 감소되었고 비참여적 행동이나 소요적 행동이 감소되었다. 또한 자료를 활동 목적을 위하여 사용하고 제자리에 정돈하는 습관이 길러지고, 흥미 영역에 고르게 참여하는 것을 볼 수 있었다.

최영애(1984)는 유치원 활동실의 배치를 정적 영역과 동적 영역에 맞추어 재배치한 결과, 유아가 여러 영역에 고르게 참여하면서 협동적 놀이가 증가하였다고 연구·보고하였다. Wolfe와 Proshansky(1974)는 활동실의 물리적 공간 배치는 어떤 학습이 이루어지는 것이 기대되는지에 대한 상징적 의미를 전달해 주며, 활동실의 가구의 배치에 따라 다른 기능적 결과를 가져온다고 주장하였다.

이상과 같이 교사가 창조하는 물리적·인적 환경 즉, 공간 배치 및 제공하는 교수 매체, 시간 계획, 상호작용 방법 등이 유아의 세계에 대한 안목과 지각에 영향을 미친다(Cuffaro, 1991). 즉, 교실 공간의 배열이 유아의 적극성이나 계획성의 정도, 놀이 활동 선택 방법과 기회, 교구나 자료를 사용하는 방법, 다른 유아와의 상호작용 관계에 영향을 끼치므로 유아에게 매우 중요하다.

(2) 유아 교육 프로그램 접근 방법과 활동실의 공간 배치

활동실의 공간 배치는 그 유아 교육 기관의 교육 철학을 반영한다. 개방주의 이론, 성숙주의 이론에 근거하여 자유 활동 선택 프로그램을 운영하는 유아 교육 기관에서는 유아가 정돈된 환경에서 선택한 활동에 능동적으로 참여할 때 학습이 이루어진다고 보기 때문에 활동영역별로 활동실 공간을 배치한다.

상호작용 이론이나 상황 중심 이론과 같이 유아의 자유로운 활동 선택을 허용하면서도 교사가 계획한 소집단 단위의 반구조적 활동도 강조되는 유아 교육 기관에서의 교실 공간 배치도 자유 활동 선택 프로그램과 마찬가지이고 활동영역별로 활동실 공간을 배치한다. 그리고 대집단 토의를 할 만큼 큰 활동영역을 하나 정해 두어 대집단 활동의 공간으로 사용한다.

행동의 환경지배주의 원리에 입각한 고도로 구조화된 프로그램에서는, 교사가 주도하는 학습 활동 시간과 개별 연습 활동 시간이 교차되어 하루 프로그램이 운영되므로 교사와의 집단 활동영역과 개별 연습을 위한 공간이 요구된다. 연습을 위한 활동, 공간 배치는 반구조적 프로그램과 유사하나 자료의 선택이 제한되어 있다.

(3) 활동 영역별 공간 배치의 가치

실내 활동실의 환경 구성은 활동 영역별(흥미 영역별) 구성이 추천되어지고 있다. 활동 영역이란 분리대라든가 기타의 방법으로 경계를 암시해 주도록 설비함으로써 분명히 구분짓게 되는 활동실의 각 영역들을 총칭한다(Seefeldt, 1980).

이들 영역들에 각각의 영역에 맞는 창의적 놀이를 조장해 줄 수 있는 놀잇감 또는 교구를 비치하여 유아 스스로 탐색할 놀잇감과 완성할 과제를 선정하게 한다.

활동영역별 구성은 구조적 환경 속에서 유아가 놀이하고 학습하는 요구를 자유롭게 충족시킬 수 있도록 환경을 구성하는 효과적인 방법이다(Cataldo, 1983; Wilson, 1986; Morrison, 2001). 활동의 선택 기회가 주어지고 다양한 활동영역이 구분되어진 곳에서는 유아의 사회적 상호작용 수준이 높고 유아 제안적 행동과 활동에의 참여가 증가하였다는 연구 결과 보고를 보더라도 활동영역별 환경 구성은 필수적이다.

활동영역별 공간 배치시 다음과 같은 효과를 기대할 수 있다(Mindess & Mindess, 1972).

① 유아에게 활동에 대한 선택의 기회를 풍부히 해주고 자신의 활동 계획 수행을 좀 더 분명하고 손쉽게 해 주며 사려 깊고 목적이 뚜렷한 활동이 되도록 도와준다.

② 물리적·시각적으로 경계가 뚜렷해지고 영역별 참여 인원을 정할 수 있으므로 공격성이 줄어들고 다른 유아의 방해를 자연적으로 통제하게 되므로 유아가 보다 안정된 분위기에서 활동에 몰두할 수 있다.

③ 다양한 활동에 고르게 참여할 수 있도록 교사가 배려할 수 있다.

④ 유아 스스로 활동을 선택하고 계획할 수 있는 기회를 갖게 되므로 의사 결정 능력 및 자율성, 독립심을 길러 줄 수 있다.

⑤ 자신의 속도에 맞추어 활동을 진행할 수 있다.

⑥ 다른 유아와의 언어적 상호작용이 증가하고 긍정적인 행동이 나타난다. 또한 교사–유아 간의 상호작용도 증가 된다(Decker & Decker, 2005,Rogers, 1976; Phyfe–Perkins & Shoemaker, 1986).

⑦ 효과적인 배치로 불필요한 관리 시간을 줄일 수 있다.

(4) 활동 영역별 환경 구성 원리

2~3세 유아를 위한 활동영역의 구성은 몇 개의 기본 영역을 두는 것이 바람직하다. 아울러 대근육 활동영역이 포함되고 탐색과 발견의 기회를 제공하는 탐색 영역을 제공한다. 아울러 좀 더 유아의 가정환경과 비슷하도록 구성하는 것이 바람직하다. Olds(1983)은 2~3세 유아를 위한 환경에서 구성해야 하는 활동을 5가지 종류–조용하고 침착한 활동, 구성 활동, 조형 활동, 탐색 활동, 역할놀이 활동–로 구분하였으며 이러한 활동이 적절히 이루어질 수 있도록 활동실의 활동영역이 설계되어져야 한다고 주장하였다.

4~5세 유아를 위한 활동영역은 좀 더 세분화될 수 있다. Olds는 4, 5세 유아를 위한 교실에서는 최소한 6개 정도의 활동영역을 계획하는 것을 추천하였다. 탐색 영역 대신 별도의 수학과 과학 영역을 두며 실외 대근육 놀이 기구가 있을 경우 실내 대근육 활동영역은 두지 않아도 된다. 유아를 위한 활동실(교실)의 환경은 대집단 활동, 소집단 활동, 개별 활동을 위해 기능적이며 미적이고 쾌적한 공간이어야 한다.

활동영역이 효과적으로 운영되려면 다음과 같은 배치 원리를 기초로 활동영역을 구성해야 한다(Prescott, 1980; Wilson, 1986).

① 낮은 개방적 선반, 개인장, 이동식 나무가림대(2~3세:30~45㎝ 높이, 3~5세:45~90㎝ 높이), 전신 거울, 책상, 의자, 책장, 소파, 물놀이대, 카펫 등을 이용하여 활동영역을 구분한다. 그리고 주어진 공간 내에서 유아 가 안락하고 흥미 있게 놀이할 수 있도록 놀이 영역을 구성한다.

② 조형 영역, 과학 영역, 물놀이 영역, 모래놀이 영역, 식사하기 영역, 기저귀 갈기 영역(2.5세 이하 프로그램) 등과 같이 물이 필요한 영역은 활동 준비나 정리 정돈이 편리하고 유아들의 활동이 원활하도록 싱크대 근처에 위치하게 한다. 전체 카펫을 깔아 놓았을 경우 이 영역들에 부분 비닐을 깔도록 한다.

③ 정적 활동영역과 동적 활동영역들이 서로 떨어져 있도록 배치한다. 이는 유아가 서로 방해하는 것을 피하는 데 도움이 된다. 소음이 심한 블록 영역에는 카펫을 깔면 소음을 줄일 수 있다.

④ 전기를 필요로 하는 활동은 근처에 전기 콘센트를 두거나 활동을 이에 맞추어 배치한다. 예를 들어 듣기 영역 에는 전기 콘센트가 가까이 있을 필요가 있다.

⑤ 유아는 다른 활동에 쉽게 이끌리기 때문에, 활동하는 곳에서 지나치게 모든 영역이 유아에게 다 보이게 되면 주의 집중이 되지 않고 진행되던 활동을 완성하기 어려우므로, 흥미 영역들이 시각적으로 분리되도록 구성한다. 단, 교사는 모든 유아의 활동을 볼 수 있어야 한다.

⑥ 출입구, 놀이 영역, 식사·간식 영역, 유아 변기 영역이 분리되도록 구성하되 화장실이 활동실과 접해 있어 쉽게 드나들 수 있어야 한다.

⑦ 물리적 환경이 유아가 집단에서 떨어져 있는 기회도 제공할 수 있도록 구성되어야 한다. 특히 어린 시기에는 때로는 혼자 조용히 놀이하는 것이 중요하다.

그러므로 유아들이 집단 속에서 벗어나 혼자 놀이에 몰두할 수 있도록 구성한다.

⑧ 개별 공간 외에 유아는 가정과 같이 안정되고 아늑하며 부드러운 공간이 필요하다. 부드러운 공간은 안락의자 배치, 바닥에 카펫 설치, 밀가루 반죽 활동 제공, 봉제 인형 제공 등으로 이루어질 수 있다. 이러한 부드러운 공간은 유아에게 안정감을 줄 수 있어 바람직하다.

⑨ 낮잠 영역은 진행 중인 활동에서 떨어져 있는 곳에 둔다.

⑩ 기관에 따라서 혹은 가정 보육시설에서는 공간의 제한으로 제한된 활동영역을 구성할 수도 있다. 이렇게 제한된 곳에서는 며칠에 한 번씩 활동영역을 바꾸어 구성해 줄 수 있다. 흥미 영역별로 교구나 자료를 상자에 넣어 두었다가 교환하는 방법으로 영역을 바꿀 수 있다.

⑪ 예산과 공간이 제한될 경우 주변의 폐품을 이용하여 각 흥미 영역에 필요한 교구를 직접 제작하여 비치한다.

⑫ 활동영역별로 그 영역 안에서 활동하는 유아의 수, 가구, 재료, 기구 등을 고려하여 충분한 공간을 할당한다. 가구 배치시 가장 큰 비중을 차지하는 가구는 교구 정리장과 책상이다. 교구 정리장은 활동영역을 구분해 주 는 주 역할을 담당하며 활동할 공간의 크기 및 형태를 결정해 준다. 교구 정리장은 문이 없는 개방식이 바람직 하며 가로와 폭을 각각 120㎝, 30㎝ 크기로 하고 높이는 유아의 눈높이로 한다. 교구장의 배치는 ㅡ형, ㄱ형, ㄴ형, ㅜ형, ㄷ형 등으로 활동 종류 및 앞에 제시된 공간 배치 원리 등을 고려하여 활동영역이 구분될 수 있 도록 계획하여 배치할 수 있다.

개인 사물함은 활동실 인접 지역에 배치되는 것이 좋으나 가능하지 않을 경우 활동실 내에 배치한다. 이때 사방 벽면에 개인 사물함이 위치하여 영역별 활동 배치를 어렵게 만드는 경우가 있다. 사물함의 배치도 반드시 ㅡ형으로 제한하지 않고 ____형, ㄱ형 등으로 고려할 수 있고, 사물함 뒤쪽을 유아 게시판 등으로 활용할 수도 있다(그림 4-1 참조).

활동영역 안에서의 배치는 책상과 의자의 배치, 활동 자료에 의해 결정된다.

〈그림 4-1〉 영역안 책상과 의자 배치의 다양한 방법

(5) 기본 활동영역과 활동영역별 교육 환경 구성

유아를 위한 바람직한 활동영역과 활동영역별 교육적 특성 및 환경 구성을 제시하면 다음과 같다.

① 역할놀이 영역

2세가 되면 가작화 놀이를 막 시작한 때이며 자신을 변별하고 돌볼 수 있다. 그러므로 이때부터는 유아들이 가정놀이와 친근한 주변 생활을 중심한 소꿉놀이가 가능하도록 준비해 줄 수 있다. 4, 5세가 되면 주변 지역 사회와 연결된 좀 더 확대된 극놀이가 이루어지도록 극놀이 영역을 구성할 수 있다.

역할놀이 영역은 유아에게 병행적 극놀이에서 협력적 극놀이에 이르는 여러 유형의 극놀이에 참여할 수 있는 기회를 제공한다. 극놀이는 유아가 언어와 사회적 관계를 발달시킬 수 있는 기회를 제공한다.

여아나 남아 모두 극놀이에 참여할 수 있도록 장려해야 한다. 극놀이 자료와 소품은 성차별이 없고 여러 문화적 배경을 포함시켜야 한다.

역할놀이 영역에 제공할 수 있는 자료는 다음과 같다.

① 병원놀이 자료: 간호사와 의사가 사용하는 모자, 장갑, 가운, 마스크, 청진기, 의사 가방, 인형 등과 같은 소품, 예약 카드 용지, 시력 검사표, 진찰중, 금연·휴진 등의 사인 표시

② 가정놀이 자료: 영아 크기에 맞는 식탁과 의자, 싱크대, 스토브, 냉장고, 거울(영아 키 높이에 알맞게 걸어둔 다), 인형 가구(높은 의자, 침대 등), 찬장, 옷장, 인형과 인형옷, 부엌 도구와 접시들, 플라스틱이나 종이로 만 든 과일과 채소, 빗자루, 걸레, 먼지 털개 등과 같은 가정의 비품 등

③ 다양한 옷 종류: 모자, 코트, 드레스, 구두, 스카프 등과 같은 남자와 여자옷, 손거울, 벽거울 등

④ 교통 기관 놀이: 놀이용 차표, 지도, 이름표 달린 여행 가방, 여행 소책자, 기록용 작은 공책 등

⑤ 우체국 놀이: 다양한 크기의 봉투, 사무용 도구, 연필, 놀이용 우표, 스탬프 인주와 우체국 검인 스탬프 등

⑥ 식료품상 놀이: 빈 음식 상자, 상점 이름 표지판, 음식에 관한 포스터, 놀이 용돈, 계산대, 식료품상 광고, 상점 영업시간 표지판 등

〈그림 4-2〉 역할 놀이 영역 구성 예

2 탐색 영역

3세 이하 유아가 흥미 있는 자료를 탐색할 수 있는 영역이다. 유아는 붕어나 다른 동물 관찰하기를 즐기며 기이한 물체를 탐색 코너에서 발견하는 것을 즐긴다. 식물, 나뭇잎, 조개류, 자석, 호박, 새의 둥지, 솔방울, 나뭇가지, 확대경, 기타 다른 자연 물체를 관찰하도록 두면 유아는 유심히 관찰하고 만져 보고 느끼는 경험을 하며 기뻐한다. 계절

에 따라 비치하는 것들은 달라질 수 있다. 이외에도 모양, 소리, 글자, 수의 짝 맞추고 분류하기, 촉감 놀이 상자, 자석과 자석에 붙고 붙지 않는 물건들 등을 제공한다.

③ 과학 영역

과학 영역에서는 동·식물 기르기, 자석 실험하기, 라디오나 기계 다루기, 그 외에 여러 가지 과학적 개념을 알기 위한 활동을 한다. 실내에서 작은 동물이나 식물을 기르는 경우 조용하고 햇빛이 잘 드는 영역에 배치한다. 큰 동물(토끼, 고양이)을 기를 경우, 유아가 자유롭게 관찰하고 먹이를 줄 수 있도록 넓은 영역에 위치하게 한다. 유아가 쉽게 돌볼 수 있는 낮은 장소에 동물 우리가 위치하도록 한다.

〈그림 4-3〉 과학 영역 구성의 예

④ 수학 영역

수학 영역은 독서 영역이나 조작적 놀이 영역과 마찬가지로 조용한 곳에 배치한다. 이 영역에는 충분한 자료를 비치해 놓아 유아가 수에 관한 기본 개념의 형성에 자극을 받을 수 있도록 한다.

〈그림 4-4〉 수학 영역 구성의 예

⑤ 조작놀이 영역

조작놀아 영역은 모든 유아 교육 프로그램에서 꼭 갖추어야만 하는 영역이다. 이 영역에 포함될 자료로는 발달 정도에 따라 조각 수가 다른 퍼즐들(2~2.5세는 4~5조각, 2.5~3세는 6~12조각, 4세는 10~20조각, 5세는 15~30조각), 놀이용 큰 구슬, 겹끼우기 컵들, 듀플로(큰 레고 블록), 레고 블록, 와플 블록 소형(10×10㎝ 크기의 와플 블록) 등이다.

여러 끼우기 자료들은 다양한 구조를 구성하게 한다. 크기에 따라 분류하게 하거나 블록들을 서로 연결하게 함으로써 변별력을 기르고 손과 손가락의 소근육 통제 능력을 발달하게 한다. 조작놀이 영역의 자료들은 유아가 쉽게 접근할 수 있는 선반에 둔다. 자료들은 유아가 자료를 잘 볼 수 있도록 투명 플라스틱 쟁반에 담아 두는 것이 이상적이다.

퍼즐이나 구슬 끼우기 같은 활동을 위해서는 조작놀이 영역의 한쪽에 낮은 테이블을 두어 주로 그곳에서 활동할 수 있도록 한다.

〈그림 4-5〉 조작놀이 영역 구성의 예

⑥ 미술 영역(창작적 활동 영역)

미술 활동은 창작적 표현과 감각적 탐색의 기회를 제공하고 언어, 사회, 심미적 발달을 증진시키는 기회를 제공한다. 미술 활동은 항상 유아의 자유로운 표현을 허락하는 활동이어야 한다. 미술 영역은 싱크대 근처에 두고 창작적 프로젝트에 사용될 폐품들을 모아 놓을 선반을 준비해 두어야 한다.

2~3세 유아도 다양한 미술 활동에 참여할 수 있다. 유아는 이젤과 책상에서 물감

으로 실험하기를 즐긴다. 풀칠하기, 종이 자르기, 크레용 그림 그리기, 손가락 그림 그리기도 유아가 즐기는 놀이이다. 물론 3세 이하의 프로그램에서는 이러한 활동 시 유아들이 이러한 자료를 입에 대어 맛보기 시도를 하는 일이 없도록 잘 관찰해야 한다. 또한 자신이나 다른 사람을 가위나 붓으로 상해하는 일이 없도록 항상 감독하여야 한다.

〈그림 4-6〉 미술영역 구성의 예

7 대근육 활동 영역

3세 이하의 유아 프로그램에서는 실내에도 대근육 운동을 위한 활동영역이 요구된다. 낮은 오르기 기구, 미끄럼, 계단, 흔들 배, 평균대 터널, 밀고 당기는 놀이 기구 등이 이 영역에 배치될 수 있다. 2세 유아는 낮은 미끄럼이면 자신 있게 탈 수 있다. 이러한 활동 기구들은 한 번에 다 제공하지 않고 교대하여 제공한다.

〈그림 4-7〉 대근육 활동 영역 구성의 예

⑧ 쌓기 놀이 영역

쌓기 놀이는 다양한 목적을 지닌다. 쌓기 놀이는 창작적 표현과 발달의 수단이 된다. 유아는 스스로 미적인 만족감을 가질 수 있는 구성물 만들기를 즐긴다. 이러한 구성물은 상상적, 창조적, 극적 놀이의 소품이 된다.

쌓기놀이는 색, 크기, 형태, 분류, 서열화, 유사성과 차이점의 인식, 측정, 균형, 공간적 관계, 부피. 면적 등에 관련된 개념을 학습하는 수단이다. 아울러 쌓기놀이는 자기 자신감과 사회적 자신감의 발달을 위한 배경이 된다.

유니트 블록 세트, 종이 벽돌 블록, 우레탄 블록, 비닐 스펀지 블록, 나무, 플라스틱 또는 고무로 된 미니카(소형 놀잇감 차)와 사람 모형 등은 유아들이 바닥에서 놀이하기에 적절한 교구와 소품이다.

〈그림 4-8〉 쌓기 놀이 영역 구성의 예

⑨ 언어 영역

언어 발달은 유아의 중요한 발달 과제 중의 하나이다. 그러므로 언어 기술에 공헌할 수 있는 흥미 영역을 갖추는 것이 의미가 있다. 언어 활동 영역은 휴식과 안정을 위한 영역으로 사용될 수도 있다. 언어 활동 영역은 유아들에게 책을 읽어 주는 이야기 책 영역으로 사용되고 유아끼리 또는 유아와 교사의 대화에 참여하는 곳이 될 수도 있다.

카펫을 깔고 유아가 좋아하는 매력 있는 표지로 되어 있는 다양한 책들을 준비한다. 2~3세 유아에게는 20페이지 정도의 이야기가 조금 있는 그림책이 적절하다(Honig & Lally, 1981). 4~5세 유아를 위해서는 진행 중인 주제나 유아 주변의 생활이나 갈등을 다루는 좀 더 복잡한 이야기 줄거리를 가진 그림책을 제공한다. 책들은 표지가 보일 수 있도록 비치하여 유아가 쉽게 접근하여 선택할 수 있도록 한다. 모든 책의 내용은 성차별이 없고 문화적 편견이 없어야 한다. 손인형과 같은 소품도 이야기 말하기를 위한 좋은 자료가 된다.

〈그림 4-9〉 언어영역 구성의 예

⑩ 음률 영역

유아는 특히 음악적 활동을 즐긴다. 피아노, 벨, 실로폰 소리에 맞추어 흔들고, 뛰어다니고 고개를 흔드는 것을 좋아한다.

음악적 경험은 자연스럽고 편안하게 이루어져야 한다. 유아가 준비되었을 때 몇 가지 리듬악기를 추가하여 줄 수 있다. 기본적으로 벨, 마라카스, 북 등이 사용하기 쉽고 안전하다.

〈그림 4-10〉 음률 영역 구성의 예

⑪ 물놀이 영역

유아는 물놀이를 좋아한다. 물놀이는 유아의 개념 학습, 구어 발달, 사회적 기술의 발달과 연습, 소근육 운동의 협응 연습과 완성, 주의 집중력증가에 도움이 된다. 물놀이는 학습 방법의 습득과 연결된 기술의 증진을 위해 활용될 수 있는 자연적 매개체이다.

물놀이 도구는 교사의 선호나 창의성에 따라 다양하게 구비할 수 있다. 물놀이대에서는 물 대신 쌀, 콩, 밀 등을 사용하여 놀이할 수 있다. 물놀이대는 상업용으로 판매하는 것이나 플라스틱 통을 활용할 수 있다.

물놀이 자료로서 근본적으로 포함시켜야 할 자료는 다음과 같다.

① 물놀이 하는 동안 유아가 입을 비닐 앞치마
② 여분의 옷(개별 유아를 위한): 교사가 옆에 함께 있으면서 유아가 물과 기구를 다룰 수 있도록 도와주는 경우 필수적인 것은 아니나 필요한 준비물이다.
③ 깔때기, 다양한 크기와 모형의 통, 물통, 휘저어 섞는 기구, 뜨고 가라앉는 물체들, 플라스틱 비누병, 계량컵, 플라스틱 튜브 등
④ 정리 정돈을 위한 스펀지, 걸레, 물통, 부드러운 헝겊
⑤ 교사의 직접적 감독 하에 사용할 자료: 비눗방울을 만들 액체 비누, 빨대, 색거품을 내기 위한 식용 색소

교사는 물놀이가 잘 이루어지도록 항상 깨끗한 물로 갈아주어야 하며 물놀이대 위를 깨끗이 정리해 둔다.

⑫ 모래놀이 영역

모래놀이 영역은 물을 공급받기 쉬운 지역과 인접하여 배치하며 모래놀이대는 2~3세의 경우 90×135×40㎝(가로×세로×높이), 4~5세의 경우 90×135×55㎝(가로×세로×높이)의 크기로 된 직사각형 모양을 제공할 수 있다.

4, 5세 유아를 위해서 모래놀이 영역에 제공할 수 있는 기구와 자료는 다음과 같다.

① 유아의 크기에 적절한 모래놀이대와 소독한 모래
② 그릇 및 측정 도구: 양동이, 플라스틱 컵, 다양한 크기와 모양의 플라스틱 그릇, 모양 찍기 틀, 모래체, 물품이 개, 계량컵, 계량스푼
③ 모래를 파거나 뜨는 기구: 플라스틱 삽, 포클레인, 숟가락, 나무막대, 국자
④ 기타: 플라스틱 소형 블록, 나무 인형 틀, 플라스틱이나 나무로 된 자동차류, 확대경, 자석, 다양한 종류의 병 뚜껑, 비닐 앞치마, 빗자루와 쓰레받기

이상에서 제시한 기본 흥미 영역 외에 종일제 프로그램에서는 낮잠 영역, 식사

영역, 기저귀 갈기 영역, 화장실 영역 등을 활동실 내에 또는 활동실과 인접하여 둔다. 영역에서 놀이 활동을 하면서 영역 간에 서로 연결하여 활동이 이루어질 수 있어 쌓기 놀이 영역과 역할 놀이 영역, 언어 영역과 역할 놀이 영역 등의 영역 간에 경계 없이 연결되어 활동이 이루어질 수 있도록 놀이 도구를 준비해 둔다.

〈그림 4-11〉 교실 환경 구성의 예

(6) 영아와 걸음마기 유아를 위한 실내환경

유아를 위한 실내 환경과 달리 영아와 걸음마기 유아를 위한 실내환경 구성은 그 구성에서 조금 다른 특징을 가진다. 우리나라의 보육프로그램에서는 영아의 각 월령별로 제시하고 있다. 각각 월령별로 권장하는 영역에 약간의 차이가 있지만 대체로 1세 미만의 학급에는 ① 기저귀 갈기 영역 및 영아용 화장실, ② 언어 영역, ③ 신체 영역, ④ 탐색·조작 영역을, 만 1세 학급에는 ① 기저귀 갈기 영역 및 영아용 화장실, ② 언어 영역, ③ 신체 영역, ④ 탐색·조작영역, ⑤ 창의영역을, 만 2세 학급에는 ① 대근육영역, ② 언어 영역, ③ 미술 영역, ④ 음률 영역, ⑤ 쌓기 영역, ⑥ 탐색·조작 영역, ⑦ 극화 영역을 구성할 것을 제시하고 있다(삼성복지재단, 2005. 서울특별시, 2005. 여성가족부, 2005. 김희진·김언아·홍희란, 2005). Decker와 Decker(2005)는 듣기, 보기, 촉각과 같은 감각활동을 위한 교구들, 그리고 조작활동, 상상놀이, 창의적 활동, 대근육 활동을 위한 교구들을 포함하여 영역을 구성할 수 있음을 제시하였다. 또한 낮잠, 수유, 기저귀 갈기 및 화장실 영역이 실내의 공간 계획에 포함되어야 한다. 우리나라의 영아전담보육시설평가인증 지침서(2005)에 따르면 영아를 위한 보육

실은 영아의 기본적인 욕구를 충족시킬 수 있는 기본 일상생활 공간과 흥미 있는 대상을 탐색할 수 있는 놀이 및 활동을 위한 공간이 적절하게 함께 구성되어 있어야 한다고 제시하고 있다. 예를 들어, 기저귀 갈기 영역과 음식을 먹는 영역과 같은 일상생활과 관련된 영역과 더불어 대근육 활동을 위한 영역, 언어 영역, 감각 및 조작 영역, 역할 및 쌓기 영역 등을 기본으로 하는 놀이 영역이 제시되도록 권고되고 있다. 놀이 및 활동 영역은 위의 영역들을 기본으로 하여 영아의 연령에 따라 추가하거나 분화시킬 수 있는 것이다. 유아의 실내환경 구성과 다르게 영아의 학급에서 주로 구성할 수 있는 기본적인 영역의 특징들을 덧붙여 살펴보면 다음과 같다.

① 일상생활 영역 (기저귀 갈기, 식사 공간 등)

일상생활 영역은 영아가 일상생활을 스스로 영위할 수 있도록 기본 생활 습관을 중심으로 한 자조 기술 발달을 지원하는 영역이다. 유아를 위한 교육 과정과는 달리 일상생활 영역을 독립시킨 이유는 만 3세 미만의 영아에게 일상생활을 해가는 데 필요한 음식 먹기(수저 사용하기, 바른 자세로 먹기, 흘리지 않고 먹기, 골고루 먹기, 즐겁게 먹기, 뒷정리하기), 씻기(깨끗이 씻기, 수건·비누 사용하기, 수도를 적절히 사용하기, 씻는 습관 갖기), 옷 입고 벗기(입기, 걸기, 벗기, 단추·지퍼 채우기, 적절한 옷 입기), 인사하기(친구와 성인에게 인사하기, 때와 장소와 상대에 적절한 인사하기), 대·소변 가리기(대소변 의사 표시하기, 실수하지 않고 대소변 보기, 대소변 후 뒤처리하기), 놀잇감 정리하기 등이 중요한 과업이기 때문이다. 기저귀 갈기 및 배변학습과 화장실 사용은 영아기 학습의 가장 중요한 부분의 하나이자 일상의 활동이기도 하다. 기저귀를 사용하는 시기의 영아 학급에서는 기저귀 갈기 영역이 일상의 영역으로 학급의 한 공간에 배치되어 있어야 한다.

② 신체 활동 및 대근육 활동 영역

영아가 운동능력이 발달하여 움직이기 시작하면서 운동능력을 향상시킬 수 있도록 넓고 개방된 공간과 대근육 활동을 위한 시설 및 자료를 제공하여야 한다. 기어다니기를 하는 영아시기에는 기어다닐 만한 넓이와 푹신한 바닥재질의 공간을, 걷는 시기에는 자신의 신체 움직임을 능숙하게 할 수 있도록 도울 수 있는 신체활동 기구들과 공간을 제공한다. 경사로, 오르내리기 활동을 할 수 있는 낮은 기구, 계단, 터널,

매트, 타는 놀잇감, 밀고 끄는 놀잇감, 공, 영아용 그네, 흔들 배, 흔들 말과 같은 흔들리는 놀이기구 등이 비치될 수 있다. 또 종이 블록, 스펀지 블록, 우레탄 블록 등 다양한 블록 종류도 준비해 준다. 블록 선반에는 그림이나 사진을 붙여두어 쉽게 정리할 수 있도록 한다.

대근육 활동이 일어나는 공간은 활동량이 많으므로 안전하고 밝은 공간이 필요하다.

〈그림 4-12〉 대근육 활동 영역에서활동하고 있는 영유아

③ 감각 및 조작 영역

영아들, 특히 걷기 이전의 영아들은 세상에 대한 지각이 주로 시청각, 촉각 등의 오감각을 통하여 이루어지므로 이러한 감각경험을 제공하는 환경과 놀잇감을 제공하여 주는 영역이다. 영아들은 자신이 직접 참여하여 보고, 듣고, 맛보고, 냄새 맡고, 만져서 느낌으로 자신을 둘러싼 세상을 이해하게 되고 점차 적극적으로 탐색하려는 태도를 보이게 된다(Fu, Stremmel, & Hill, 2002). 이처럼 영아기는 감각기능을 통한 탐색이 주로 이루어지는 시기이므로 표현보다는 오히려 탐색에 초점을 두는 활동이 필요하고 이를 위한 환경이 제공되어야 한다(김희진·김언아·홍희란, 2005).

또한 이 영역에서는 영아의 소근육 발달, 눈과 손의 협응력을 발달시키며, 여러 종류의 색 모양 질감 등을 경험할 수 있는 다양한 놀잇감과 자연물에 대한 탐색을 도울 수 있는 자료를 제공한다.

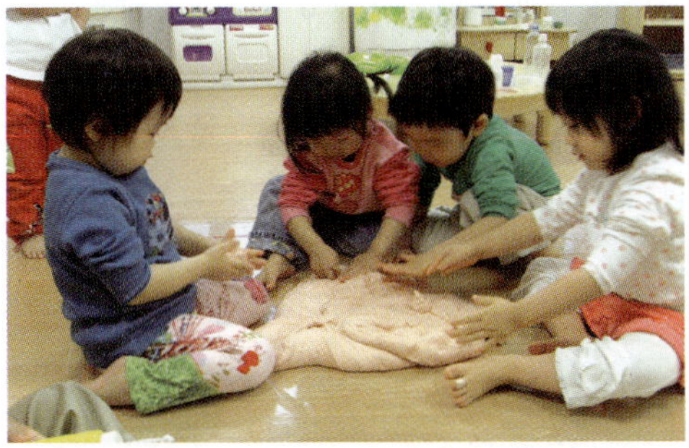

〈그림 4-13〉 감각 및 조작영역에서의 탐색활동

(7) 활동영역별 환경 구성의 실제

활동영역별 환경 구성을 위해서는 우선 교실에 배치할 활동영역들에 대해 먼저 고려해 본다. 활동영역이 고려되면 활동영역별 환경 구성 원리에 기초하여 대체적인 배치도를 그려본다.

Ingraham(1997)은 교실을 먼저 〈그림 4-14〉와 같이 몇 개의 다른 일반적 영역으로 구분해 보고 그 후 연령에 따라 영역들을 정하여 구체적 영역으로 구분해 본 뒤(〈그림 4-15〉 참조) 배치하는 것을 제안하였다.

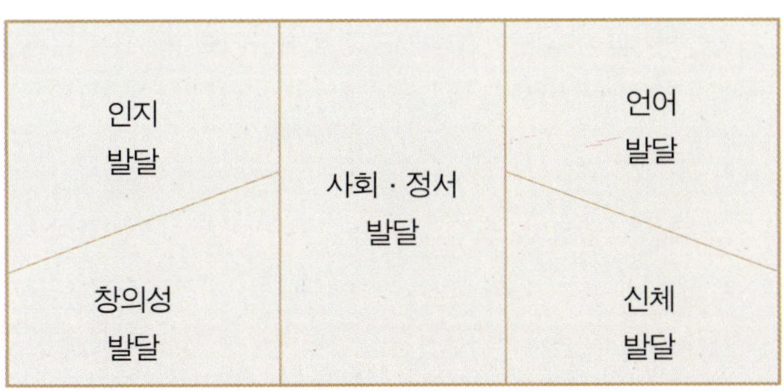

〈그림 4-14〉 교실 공간 구분위 일반적 방향(Ingraham, 1997:24)

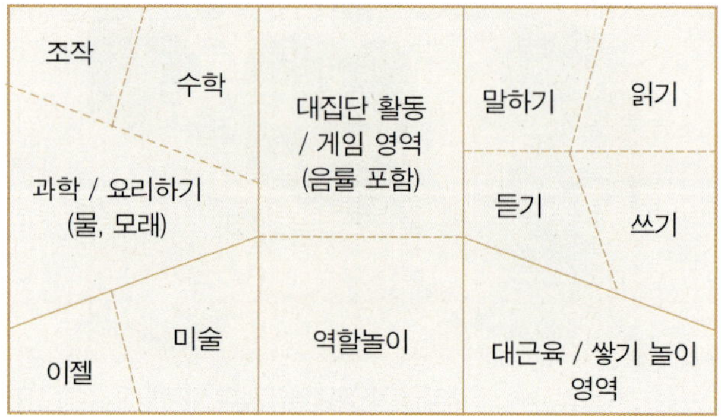

〈그림 4-15〉 4,5세를 위한 구체적 영역 구분의 예(Ingram, 1997)

물론 교실의 출입문 위치, 창문 위치 등에 따라 다소 배치에서 변동이 있겠으나 이러한 배치 방법을 따르면 편리하다. 위의 4세와 5세를 위한 구체적 영역 구분 원리를 참조하여 구성한 교실 공간구성의 예를 제시하면 〈그림 4-17〉와 같다.

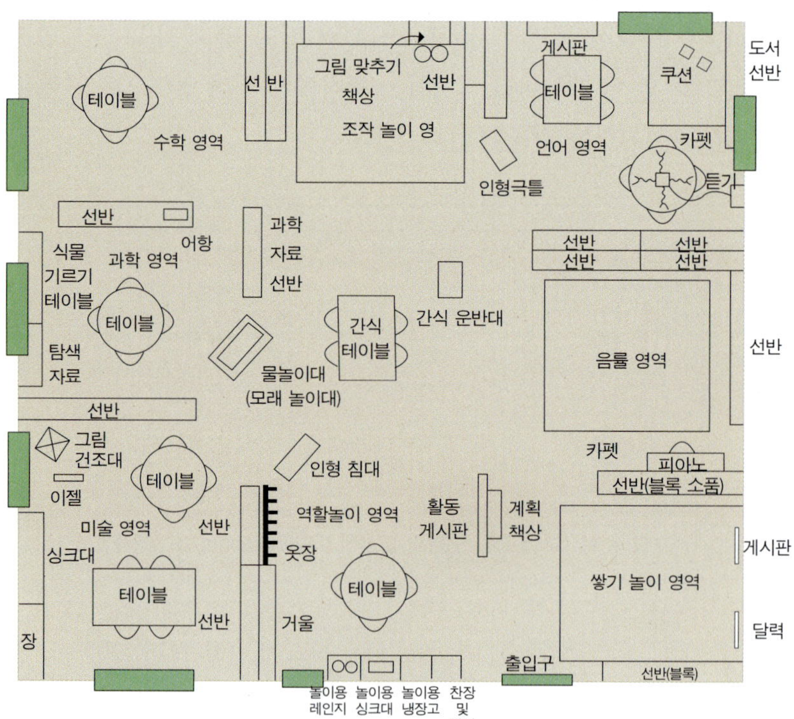

〈그림 4-16〉 4,5세 교실 공간 구성의 예

2. 실외 교육 환경 구성

실외놀이는 유아를 위한 프로그램에서 빠뜨릴 수 없는 부분이다. 실외놀이는 유아에게 개념 학습의 기회, 기술과 사회적 관계의 발달 기회, 창작적 활동에의 참여 기회, 놀이 활동을 통해 즐기는 기회를 제공한다. 실외놀이터에서의 활동은 유아의 신체적, 정신적 건강에도 도움이 된다. 아울러 실외놀이 활동을 통해 유아는 정서적 긴장을 풀 수 있다. 따라서 실외놀이 환경을 바람직하게 만드는 것이 중요하다. 이러한 실외놀이 환경에 관련하여 실외놀이 영역의 구성을 중심으로 생각해 보려고 한다.

(1) 실외놀이 활동 영역

실외놀이터는 실내 활동실의 연장으로 고려되어야 하며 실제 활동실과 마찬가지로 흥미 영역으로 구분한다. Essa(1981)는 실외놀이 영역은 조용한 공간과 소음이 있는 공간, 사회적 놀이 영역, 혼자 놀이 영역, 조작할 수 있는 자료 등을 포함해야 한다고 제안하였다. Esbensen(1987)은 실외놀이 영역을 전이 영역, 조작·조형·목공놀이 영역, 사회적 놀이 영역, 사회적 역할놀이 영역, 신체 활동 영역, 동·식물 기르기 영역으로 구분하는 것이 실외놀이터를 즐거운 실외 활동실로 제공할 수 있게 한다고 주장하였다. Esbensen이 주장한 것이 Essa의 구분을 포함하면서 좀 더 구체적이다. 다음에는 Esbensen이 제시한 것을 중심으로 살펴보려고 한다.

① 전이 영역

활동실에서 실외놀이터로 나와 탐색을 시작할 때 자신이 원하는 활동을 준비하기 시작하는 곳이 전이 영역이다. 이 전이 영역에는 수동적이고 조용한 활동을 제공하여 유아가 자신의 속도에 맞추어 실외 활동에 임할 수 있게 해 준다. 이 전이 영역은 부분적으로 다른 영역과 겹쳐질 수도 있다.

② 조작 · 미술 · 목공 놀이 영역

실외놀이 영역에 실내 활동실에서 제공하는 모든 소근육 기술을 위한 자료(블록, 퍼즐, 구슬 끼우기 등)를 제공할 수는 없으나 소근육 기술의 발달을 도와주는 활동을 제공할 수 있는 영역을 준비하는 것이 중요하다. 이 영역은 자료의 보관과 놀이 활동

감독이 용이하도록 건물에 가깝게 위치하게 하는 것이 바람직하다.

실외 영역에서의 미술놀이는 점토, 밀가루 반죽놀이, 이젤 페인팅 등을 제공할 수 있다. 목공놀이 기구와 자료도 이 영역에 준비할 수 있다. 이러한 놀이들이 실외에 제공되면 유아는 엎지르거나 소음에 의한 방해 없이 창작적 과정에 집중할 수 있다.

③ 물놀이 · 모래놀이 영역

모래 또는 물놀이대를 실외에 준비해 놓거나 모래 영역을 마련하고 모래놀이·물놀이 소품을 제공하면 여러 가지 투사적·환상적 놀이가 일어날 수 있다.

Stone과 Rudolph(1970)는 유아의 실외놀이와 실외놀이터에 대한 연구에서 유아에게는 쌓고 손과 손가락으로 다독거리고 찌르는 등 손 전체를 사용하는 자료인 모래가 요구된다고 언급하면서, 모래는 다른 도구가 없이도 손이 도구가 되어 사용할 수 있는 자료라고 언급하였다.

물과 물놀이도 유아에게는 매력적인 자료이다. Johnson(1981)은 실외 물놀이를 통하여 유아는 물의 질, 즉 물의 흐름, 물 위에 뜨는 물체, 용기에 따른 모양의 변화, 다른 물체와의 섞임, 증발 등을 발견하게 된다고 주장하였다. 또한 유아는 물놀이를 통하여 기술과 개념을 습득한다고 설명하였다. 물놀이는 협응력을 기르고 부피와 측정의 개념을 갖게 하며, 언어 연습과 확장의 기회를 제공하여 자신감과 성취감을 갖게 한다. 그리고 물놀이는 유아에게 즐거움과 만족감을 제공한다.

④ 사회적 활동 영역

유아가 앉아서 친구나 교사와 이야기할 수 있는 영역이다. 다른 영역들과 경계 짓는 곳에 있으면서 놀이터의 중앙부에 자리 잡은 그늘진 곳에 이 영역을 위치하게 한다. 교사는 유아들이 발견한 나뭇잎, 돌, 곤충 등에 대해 이야기하면서 유아의 활동을 지지해 줄 수 있다. 이 영역에서는 유아가 활동적인 놀이에 참여해야 하는 의무감 없이 관찰하면서 안정감을 느낄 수 있다. 조용하고 수줍어하는 유아가 앉아서 관찰할 수 있도록 흔들말이나 흔들새를 한두 개 놓아줄 수도 있다.

⑤ 사회적 역할놀이 영역

유아가 병행적, 연합적 또는 협동적 놀이에 참여하면서 상징적 놀이의 가능성을 좀 더 높여 줄 수 있도록 이 영역이 마련되어야 한다. 테이블과 의자가 있는 놀이집에 냄비, 삽, 팬, 스푼, 옷 등을 준비해 줄 수 있다.

모래도 제공되어 가작화 놀이가 모래 케이크 만들기, 과자 만들기 등과 연결될 수도 있다. 큰 공간 블록, 끼우기 블록(와플 블록) 등이 첨가되어 상상력에 따라 활동이 바뀌도록 해 줄 수 있다.

⑥ 신체적 활동 영역

이 영역에는 대근육 기술의 발달을 도와주는 기구나 흙 언덕, 낮은 언덕, 바위 등과 같은 다양한 지형적 변화를 제공한다. 또한 길을 내어 포장하고, 이곳에서 놀이할 수 있도록 왜건, 세발자전거, 스쿠터와 같은 바퀴 달린 놀잇감을 첨가하여 주면 신체적 활동영역이 더욱 활성화될 수 있다. 이 영역에는 평균대, 그네, 오르기, 미끄럼 등을 함께 할 수 있는 복합 놀이기구의 배치도 필요하다. 필요에 따라 유동성 있게 그림에서 제시된 바와 같이 신체적 활동영역에 변화를 제공한다. 이 영역은 조용한 활동영역과 조금 떨어져 위치해야 한다. 그러나 사회적·극화 놀이 영역과는 인접하게 위치하는 것이 좋다. 놀이기구가 역할극 활동의 복잡성을 높여 주기 때문이다. 유아가 안전하게 놀이하면서 발달에 도움을 줄 수 있도록 기구의 크기를 유아에게 맞도록 설계하여 배치한다.

⑦ 동 · 식물 기르기 영역

자신이 씨를 뿌리거나 모종을 하여 자라는 식물을 보는 것은 아주 어린 유아에게도 즐거움이 된다. 빨리 자라는 꽃씨나 야채씨를 뿌려 영아가 식물을 돌보게 할 수 있다. 유아를 위해서 60㎝ 폭으로 식물 자라는 곳을 만들고 양쪽에 길을 만들어 유아가 실수하여 식물 위로 걸어다니지 않도록 배려한다. 꽃과 식물이 자라는 곳에는 새나 다양한 곤충이 날아오기 때문에 자연히 이들 동물을 소개하는 계기가 된다. 또한 토끼, 기니픽, 병아리 등을 기르면서 유아가 풀을 넣어주게 하는 것도 동물을 사랑하는 마음을 갖게 하는 계기가 될 수 있다.

Frost와 Klein(1979)은 실외 여러 놀이 영역은 기능적으로, 시각적으로 분리시키는 경계에 의해 규정지으며, 인접 영역들이 공간적으로 통합되도록 구성해야 한다고 제안하였다. 실외놀이 영역 구성 원리에 따라 Esbensen(1987)이 제시한 이상적인 실외

놀이 영역 구분은 〈그림 4-17〉과 같고 이러한 구분에 입각한 실외 환경 구성의 예는 〈그림 4-18 〉와 같다.

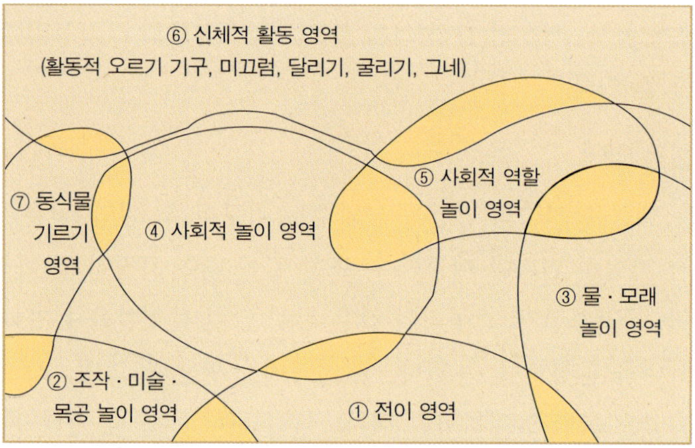

〈그림 4-17〉 이상적인 실외놀이 영역 구분(Esbensen, 1987: 13)

〈그림 4-18〉 실외 환경 구성의 예(덕성여대 부속유치원)

3. 주제에 따른 환경 구성

2세 이상의 유아 교육 프로그램에서는 주제에 따라 발달에 적절한 유아 교육 과정을 구성하여 운영하므로 환경 구성도 이에 준한다. 즉, 주제와 대상 유아 연령에 따른 환경 구성이 이루어진다.

주제 및 연령에 따른 환경 구성을 위하여 먼저 선정한 주제에 내포된 개념 또는 주요 아이디어 전개를 한다. 학급의 환경은 유아의 연령, 발달 수준에 적합하면서 유아가 흥미를 가지고 활발히 활동을 진행할 수 있도록 구성되어야 하므로 개념과 아이디어를 중심으로 그 개념과 아이디어를 이해하고 관련 기술을 익히며 태도를 형성할 수 있는 활동을 나열해 본다. 가능하면 구체적으로 직접적인 경험을 제공하여 유아가 개념과 아이디어를 구성할 수 있어야 한다. 나열된 활동들 중 연령과 발달 수준에 적합하고 흥미 있을 활동들을 선정하고 이 선정한 활동들을 실시하기 위해 필요한 교구와 자료를 고려해 본다. 교구와 자료를 해당 활동 영역에 배치한다. 아울러 개념 및 아이디어 구성, 태도 형성에 도움이 될 수 있는 벽면 환경 구성에 대하여 고려한다.

〈그림 4-19〉 주제에 따른 실내 환경 구성의 예 (주제: 우리 동네)

4. 환경 구성 평가와 특수아를 위한 배려

실내외 물리적 환경 구성은 유아 교육 프로그램의 성공적 운영을 좌우하므로 실내 물리적 환경 구성에 대한 정기적 평가가 요구된다. 유아를 위한 실내 환경 평정 척도로는 Harms와 Clifford(1980)의 유아 환경 평정 척도(early childhood environment rating scale)를 수정하여 이영자와 이기숙(1991)이 제시한 2~3. 유아를 위한 환경 평정 척도, 임재택(1983)이 제시한 유아를 위한 환경평정 척도, 이영자, Harms, 권영례(1998)의 유치원 교육 환경 평정 척도 등을 활용할 수 있다.

유아를 위한 프로그램에서는 실외놀이가 중요한 역할을 하므로 실외놀이 영역이 제대로 운영되고 있는지에 대한 평가가 필요하다. 실외놀이 환경도 발달의 적절성, 안전, 복잡성, 창조성, 견고성, 안정성, 유지 보수 등을 고려하여야 한다. 실외놀이 공간을 다양성과 복잡성 정도를 고려하여 평가해 보는 것이 실외 공간 설계에 도움이 된다(Kritchevsky, Prescott, & Walling, 1977). 실외놀이 영역 평가 시에는 Lovell과 Harms(1985)가 개발한 실외놀이 증진을 위한 평가 척도를 활용하도록 한다(이영자·이기숙, 1993).

실내와 실외 환경 구성 시에는 특수아를 위한 배려도 포함되어야 한다. 문턱과 계단의 경사로 처리나 승강기 이용, 넓은 출입구, 교재·교구 접근의 용이성 등에 대한 배려가 일반 학급에 특수아를 내포하는 통합 교육을 위해 요구된다.

참고문헌

김희진 · 김언아 · 홍희란 (2004). 영아를 위한 프로그램의 이론과 실제. 서울:창지사

김희진 · 김언아 · 홍희란 (2005) 영아교사를 위한 교사 교육 매뉴얼. 서울:창지사.

삼성복지재단 (2006). 삼성어린이집 영아프로그램, 1세. 서울:다음세대.

여성부 (2005) 2004년도 전국보육교육실태조사; 보육시설 실태조사보고 2005.

이기숙 (2000). 유아교육과정. 서울:교문사.

이영자 · Harms, H. · 권영례 (1998). 유치원과 초등학교 저학년 교육환경 평가척도 개발 예비연구. 초등교육연구, 12(1), 141-160.

이기숙 · 이영자 (1991). 유아교육프로그램. 서울:교문사.

이기숙 · 이은화 · 이영자 · 이숙재 (1995). 유치원 실내 교육환경. 교육부.

이영자 · 이기숙 (1991). 2~3세 영아를 위한 탁아프로그램의 환경구성. 사단법인 한국어린이육영회 학술연구보고서 2집.

이영자 · 이기숙 (1993). 2~3세를 위한 유아교육프로그램. 서울:창지사.

임재택 (1983). 유아교육환경 평정척도의 표준화를 위한 예비연구. 부산대학교 사범대학 교육논집, 10, 107-143.

최영애 (1984). 물리적 환경 변화에 따른 유아의 놀이 행동에 관한 연구. 숙명여자대학교 교육대학원 석사학위논문.

Cataldo, C. Z. (1983). *Infant and toddler programs*. New York:Addison-Wesley Publishing Co.

Cuffaro, H. (1991). A view of materials as the texts of the early childhood curriculum. In B. Spodek & O. Saracho(Eds.), *Issues in early childhood curriculum*(pp.64-85). New York:Teachers College Press.

Decker, C. A., & Decker, J. R. (2005). *Planning and administering early childhood programs*(8th ed.). NJ:Allyn & Bacon.

Esbensen, S. B. (1987). *An outdoor classroom*. Ypsilant, MI:The High Scope Press.

Essa, E. L. (1981). Outdoor play area designed for learning. *Day Care and Early Education, 9*(2), 37-42.

Frost, J. L., & Klein, B. L. (1979). *Children's play and playgrounds*. Boston:Allyn and Bacon, Inc.

Maslow. A. H., & Mintz, M. L. (1956). Effects of esthetic surroundings: Ⅱ. Prolonged and repeated experiences in a 'beautiful' and 'ugly' room. *Journal of Psychology, 41,* 459 466.

Mindess, D., & Mindess, M. (1972). *Guide to an effective kindergarten program*. West Nyack, New York: Parker Publishing Company, Inc.

Harms, T., & Clifford, R. M. (1980). *Early childhood environment rating scale*. New York: Teachers College Press.

Hallinan, M. T. (1973). *The effect of structural organization of classroom on the cohesiveness of student peer groups*. Washington, D.C.: National Institute of Education(DEEW). ERIC Document Reproduction Service, ED 122166.

Honig, A. S., & Lally, J. R. (1981). *Infant caregiving: A design for training. Syracuse*, New York: Syracuse University Press.

Ingraham, P. B. (1997). *Creating & managing learning centers: A thematic approach*. Peterborough, NH: Crystal Springs Books.

Johnson, E. (1981). Water wet and wonderful. *Day Care and Early Education, 8*(3), 12–14.

Kritchevsky, S., Prescott, E., & Wallings, L. (1977). *Planning environments for young children: Physical space*. Washington, DC: National Association for the Education of young Children.

Lovell, P., & Harms, T. (1985). How can playgrounds be improved? A rating scale. *Young children, 40*(3), 3–8.

Morrison, G. S. (1988). *Education and development of infants, toddlers and preschoolers*. Boston, MA: Scott Foresman and Company.

Olds, A. R. (1983). Planning a developmentally optional day care center. *Day Care Journal, 1*(1), 16–24.

Phyfe–Perkins, E. (1980). Children's behavior in preschool settings–A review of research concerning the influence of the physical environment. In Lilian G. Katz(Ed.), *Current topics in early childhood education*, Vol. Ⅲ (pp.91–126). New Jersey, Norwood: Ablex Publishing Corporation.

Phyfe–Perkins, E., & Shoemaker, J. (1986). Indoor play environments: Research and design implications. In G. Fein. & M. Rivkin(eds.), *The young children at play: Reviews of research*, Vol. 4. Washington, DC: National Association for the Education of Young Children.

Prescott, E. (1980). Is day care as good as home? *Young Children, 3*3(2), 13–19.

Rogers, C. D. (1976). The relationship between the organization of play space and children's behavior. Ed. M. thesis, Oklahoma State University. ERIC document Reproduction Service, ED 127011.

Seefeldt, C. (1980). *Teaching young children*. Englewood Cliffs, NJ: Prentice–Hall, Inc.

Stone, J. G., & Rudolph, N. (1970). *Play and playgrounds*. Washington, D.C.: NAEYC

Sutfin, H. D. (1980). The effect on children's behavior of a change in the physical design of a kindergarten classroom. Unpublished doctoral dissertation, Boston University.

Weinstein, C. S. (1975). The effects of a change in the physical design of an open classroom on student behavior. Unpublished doctoral dissertation, Harvard University.

Weinstein, C. (1976). Effect of change in the physical design of an open classroom in student behavior. Ed. D. dissertation, Harvard Univ. ERIC document Reproduction Service, ED 122429.

Wilson, L. C. (1986). *Infants & toddlers*. Albany, NY: Delmar Publishers.

Wolfe, M., & Proshansky, H. (1974). The physical setting as a factor in group fuction and process. In J. Lang, ed., *Designing for human behavior: Architecture and the behavioral sciences*. Stroudsburg, Penna: Dowden, Hutchinson and Ross. 194–201.

유아 교수·학습 방법

CHAPTER

05

언어 교육

인간에게 의사소통 능력은 중요한 의미를 갖는다. 인간은 음악, 미술, 제스처, 언어 등 다양한 방법으로 의사소통하며 이 중에서 언어는 가장 힘 있는 의사소통 도구이다. 정보를 주고받으며, 다른 사람을 이해하고 나를 이해시키기 위해서 우리는 언어를 사용할 줄 알아야 한다(Schickedanz, 1990).

본 장에서는 언어의 본질 및 언어 교육의 중요성, 유아의 언어 발달, 유아 언어교육의 목적 및 내용, 유아 언어 교육 계획 및 지도 방법, 유아 언어 발달 평가 등을 다루고 유아 언어 교육 활동의 예를 제시하였다.

제1절 언어의 본질 및 언어 교육의 중요성

언어는 소리와 문자에 의한 의사소통이며, 이 소리와 문자는 표상하려고 하는 것과 전혀 닮지 않은 특별한 상징으로 되어 있고, 이들 상징의 의미는 사회적으로 약속되어 있다. 이처럼 언어는 그것이 전달하는 의미와는 전혀 다른 추상적인 상징이기 때문에 유아 혼자서 언어를 학습할 수 없으며 성숙된 언어 사용자와의 상호작용을 통해서 비로소 언어의 학습이 가능하다.

언어는 경험과 아이디어를 조직하고 구조화하는 수단이며 모든 발달의 기초가 된다. 이와 같이 의사소통 도구로서 언어가 차지하는 비중이 크고, 언어를 이루고 있는 소리와 문자가 지닌 추상적 성격과 의미 발견에 내포된 사회성 때문에 언어 교육은 불가피하며 중요하다.

언어는 구어와 문어로서 표현되고 이해되며, 듣기, 말하기, 읽기, 쓰기 네 가지 형태로 제시될 수 있다. 네 가지 언어 형태의 사용을 위해서는 언어 형태별로 각기 다른 기술이 요구되나 이들 언어 형태들은 서로 밀접히 연결되어 있다. 어떤 단어를 읽는 것을 처음 배울 때는 구어적 지식을 활용하여 예상하고, 의미가 통하도록 단어의 발음을 바꾸어 보며 파악하게 된다. 읽는 단어에 대한 어휘를 구어로 이미 습득한 상태에서 문자 상징을 의미 있는 단어로 전환시키는 것이 가능하다. 즉, 인쇄된 글자를 해독하는 것이 글자를 표상하는 자모음과 그 자모음의 소리를 아는 것으로 충분치 않고 이들 인쇄된 글자에 대한 구어적 어휘 지식도 갖추어야 한다.

흔히들 유아들이 모국어는 형식적 지도 없이 배우는 것으로 생각한다. 그러나 부모나 주변 사람이 유아가 놀이하는 동안 새로운 어휘를 소개하거나 말로 확장된 반응을 해주고 새로운 탐구를 이끄는 질문이나 의미깊은 피드백을 제공하는 것과 같은 상호작용 없이 언어 학습이 저절로 이루어지는 것은 아니다(Snow, 1983). 가정이나 유아 교육 기관에서 언어의 네 가지 유형을 다루는 의미 있는 활동이 제공되고 활동을 진행하면서 자연스러운 상호작용을 하여 필요한 도움을 제공할 때 언어 학습이 이루어질 수 있다. 유아는 의미 있는 사회적 상황 속에서 경험을 통해 언어 규칙을 습득하고 구성하기 때문에 무의미하게 직접적인 지도를 하는 것은 바람직하지 않다.

제2절 유아 언어 교육 목표 및 내용

1. 유아 언어 교육 목표

3~5세 개정 누리과정 (교육부, 보건복지부, 2019)에는 언어교육을 의사소통영역으로 다루었으며, 언어 교육의 목표는 누리과정 의사소통 영역의 목표로 제시되어 있다. 듣기와 말하기, 읽기와 쓰기, 책과 이야기를 통해 상상하기를 즐기기 등이 포함된 3, 4, 5세를 위한 의사소통 영역 교육 목표는 다음과 같다.

> **의사소통 영역의 목표**
> **'일상생활에 필요한 의사소통 능력과 상상력을 기른다.'**

이와 같은 목표 아래 다음과 같은 네 가지 하위 목표가 설정되어 있다.

① 다른 사람의 말을 주의 깊게 듣는 태도와 이해하는 능력을 기른다.
② 자신의 생각과 느낌을 말하는 능력을 기른다.
③ 글자와 책에 친숙해지는 경험을 통하여 글자 모양을 인식하고 읽기에 흥미를 가진다.
④ 말과 글의 관계를 알고 자신의 생각, 느낌, 경험을 글로 표현하는 데 관심을 가진다.

2. 유아 언어 교육 내용(의사소통 영역의 내용)

Schickedanz, Pergantis, Kanosky, Blaney와 Ottinger(1997)는 3. 4. 5. 유아들을 위한 언어 교육을 구어 교육과 문어 교육으로 나누어서 교육 내용을 제시하고 있다. 구어 교육 내용으로 어휘, 듣기, 말하기, 음절과 음운 인식, 사회적 언어 행동 및 정서적 언어 행동을 제안하고 있다. 문어 교육 내용으로는 책 다루기, 문자에 대한 개념, 쓰기의 기능과 쓰기 상황에 대한 지식, 문어의 형식, 동화의 이해, 읽기 전략, 이야기 구성하기, 문어 자료와 활동 즐기기, 알파벳 인지, 음소 인지, 분절 기술, 문자와 소리의 연결, 단어 창안 전략이 포함된다. 미국의 NAEYC(2003)에서는 유아교사가 유아 언어교육 내용으로 폭넓은 어휘를 사용하여 대화하기, 어휘 이해하기, 읽기와 쓰기를 즐기고 이들의 유용성을 알기, 이야기와 글의 이해, 글자의 인식, 말과 글의 관계 이해 등을 다룰 수 있어야 한다고 제시하고 있다(Epstein, 2007). 다른 사람과 의사소통하려면 어휘를 습득하고 문법 규칙을 알고 적용하여 말할 수 있어야 한다. "어휘습득을 위한 내용은 글의 문맥 안에서 다루어질 때 의미가 있고, 이렇게 어휘습득이 이루어질 경우 문해능력도 길러질 수 있다"(Genishi & Fassler, 1999. 62).

우리나라의 경우 2019년 개정 누리과정에서 의사소통 영역으로 제시된 듣기와 말하기, 읽기와 쓰기 에 관심 가지기, 책과 이야기 즐기기 세 가지 내용 범주 아래 모두 12가지 교육 내용을 제시하고 있다(교육부·보건복지부, 2019). 이를 표로 제시하면 〈표 5-1〉과 같다.

〈표 5-1〉 의사소통 영역 내용범주 내용 및 세부 내용 (교육부 · 보건복지부, 2019, p.140-141)

내용범주	내용
듣기와 말하기	말이나 이야기를 관심있게 듣는다.
	자신의 경험, 느낌, 생각을 말한다.
	상황에 적절한 단어를 사용하여 말한다.
	바른 태도로 듣고 말한다.
	고운말을 사용한다.
읽기와 쓰기에 관심가지기	말과 글의 관계에 관심을 가진다.
	주변의 상징, 글자 등의 읽기에 관심을 가진다.
	자신의 생각을 글자와 비슷한 형태로 표현한다.
책과 이야기 즐기기	책에 관심을 가지고 상상하기를 즐긴다.
	동화 동시에서 재미를 느낀다.
	말놀이와 이야기 짓기를 즐긴다.

이상을 종합할 때 유아를 위한 언어 교육 내용은 의사소통 영역의 듣기와 말하기, 읽기와 쓰기에 관심가지기, 책과 이야기 즐기기를 중심으로 내용 체계를 구성할 수 있다. 듣기에서 다른 사람의 말이나 이야기를 관심 있게 듣고, 자신의 일상생활 경험,

생각과 느낌을 다른 사람이 이해할 수 있도록 적절한 단어를 사용하여 말하기, 상대방이 하는 이야기를 듣고 관련하여 말하기, 바른 태도로 듣고 말하기, 고운말 사용하기, 말과 글의 관계에 관심 가지기, 주변의 상징, 글자 등의 읽기에 관심 가지기, 자신의 생각과 느낌, 전달하고 싶은 생각을 글자와 비슷한 형태나 글자로 표현하기, 책 읽기에 관심을 가지고 상상하기를 즐기기, 동화, 동시에서 말과 글의 재미를 느끼기, 말놀이나 이야기 짓기를 즐기기 등이 유아기 언어 교육의 내용을 구성한다.

제 3 절 유아 언어 교육 계획 및 지도 방법

1. 언어 교육 계획

언어 교육은 매일의 일과 속에서 진행되는 주제와 연결하여 목표 및 내용이 통합적으로 다루어질 수 있도록 계획이 요구된다. 특히 읽기와 쓰기의 기초 교육을 위해서는 듣기와 말하기의 경우와 같이 뇌에 이들 발달이 자연스럽게 이루어질 수 있도록 유전적으로 타고난 영역이 정해져 있거나 생존기술로서 시간이 지남에 따라 자연 습득 되는 기술이 아니므로 읽기와 쓰기의 기초가 이루어지는 특별한 계획과 지도가 요구된다. 주제 학습 활동 계획 및 하루 일과 계획에서 누리과정의 의사소통 영역 내용이 반영되는 방법에 대해서 생각해 보려고 한다.

(1) 주제 학습 활동 계획 시 누리과정의 의사소통 내용 반영

유치원의 주제는 유아의 흥미와 발달 수준, 계절, 시기, 주변 여건 등을 고려하여 결정이 되며 이 주제에 따른 주제 학습 활동이 전개된다. 주제에 포함된 여러 개념(아이디어)이 제시되고 각 개념(아이디어)에 대한 활동망을 구성하게 된다. 활동망은 보통 교실에 구성된 흥미 영역별 활동들의 제시로 나타나게 된다. 어떠한 개념이든 그 개념의 이해 및 구체화에 언어는 중요한 역할을 한다. 주제 중심의 교육 계획 및 운영 시 주제마다 의사소통 영역의 내용이 모두 다루어질 수 있으며, 유아의 언어 발달 수준에 따라 내용 수준, 활용하는 교재·교구, 그리고 활동 수준이 다를 뿐이다. 아울러 의사소통 영역의 내용도 듣기와 말하기, 읽기와 쓰기에 관심가지기, 책과 이야기 즐기기 놀이 등이 통합적으로 다루어진다. 그 결과 유아는 의사소통 영역의 듣기와 말하기, 읽기와 쓰기를 통합적으로 경험한다.

의사소통 영역의 내용은 교실의 흥미 영역 중 언어 영역의 활동에만 국한되지 않는다. 주제의 개념(아이디어)을 다루는 언어 영역에서의 특별한 활동들도 있으나 의사소통 영역 내용의 성격상 모든 흥미 영역에 의사소통 영역의 내용이 반영되게 된다. 활동망 구성 시에 언어 영역 및 다른 흥미 영역에서 이루어지는 복합적 언어활동의 성격도 분석해 보고, 하루 일과 활동에서 다른 누리과정 영역과 통합되어 의사소통 영역의 내용 및 수준도 고려하여 주제 학습 활동을 계획하여야 할 것이다. 주제별로 주제와 연결하여 의사소통 영역의 듣기와 말하기, 읽기와 쓰기, 책과 이야기 즐기기 등의 구체적 내용 및 시간대별로 가능한 활동을 나열해 보고 가능한 활동들을 중심으로 전개되도록 한다. 의사소통 영역에서 기초가 되는 것은 어휘(낱말)이므로 주제와 연결하여 새롭게 생각해 볼 수 있는 어휘도 고려해 보고 이들 어휘를 다양한 방법으로 자연스럽게 생각해보게 되도록 활동을 계획한다. 아울러 각 어휘를 이루는 소리를 익히는 음운인식 활동들도 활동의 일환으로 고려되도록 한다. 상호작용주의 이론에서는 다음 그림이 나타내는 바와 같이 주제를 다루면서 상황에 적절한 듣기와 말하기가 이루어지고 읽기, 쓰기와 관련한 균형적 접근 방법을 취하여 어휘습득, 음운인식, 말과 글의 연결 이해, 자모음의 기초, 그림책을 읽고 이야기 이해하기 등 언어의 모든 내용이 놀이를 통해 자연스럽게 습득되도록 활동을 계획하고 지도한다.

(2) 유아 교육 기관의 하루 일과를 통한 의사소통 영역 활동 계획 및 언어 교육

① 자유 선택 놀이 활동

흥미 영역별 활동 계획 및 진행에서 자연스럽게 듣기와 말하기, 읽기와 쓰기에 관심 가진 놀이 및 활동이 이루어지도록 활동을 계획하고 적절한 상호작용이 이루어지도록 놀이와 활동을 운영한다. 계획에 의해 언어활동이 이루어지는 대표적 영역과 영역 내 활동을 제시하면 다음과 같다.

㉮ 언어 영역 활동

책 읽어주기, 책 읽기, 책 대출하기, 손인형, 테이블 인형 자석판, 융판 등을 이용하여 이야기 꾸며 말하기, 녹음 이야기 듣기, 녹음 소리 변별하기, 녹음된 단어 소리와 단어카드 짝짓기, 녹음된 이야기 들으며 책 읽기, 그림 이야기책 만들기, 단어 카드와 그림 짝짓기, 단어카드 보며 자모음 조각으로 단어 만들기, 같은 음소로 시작되는 단어 카드 모으기, 카드 쓰기, 초대장 만들기 등

㉯ 쌓기놀이 영역 활동

구성물의 표시 및 팻말 쓰기, 구성물을 짓기 위해 관련된 책 읽기, 구성물을 토대로 자연스러운 놀이 활동하기 등

㉰ 역할놀이 영역

책 읽기, 병원 놀이, 가게 놀이 등의 놀이 및 놀이를 위한 간판이나 표시 붙이기 등

② 집단 활동

이야기 나누기, 게임, 노래 부르기, 동화 감상하기, 동시 감상 및 동시 짓기, 동극, 생일 축하, 견학 등의 집단 활동을 통해 의사소통 영역의 내용이 복합적으로 다루어지도록 계획하여 운영한다.

㉮ 이야기 나누기

규칙 세우기, 정보 전달하기, 특정 주제에 대해 토의하기, 활동의 진척 상황 이야기하기, 다음날의 활동계획, 주말 지낸 경험 말하기, 견학 시 경험한 것에 대한 생각과 느낌 이야기 나누기, 함께 이야기 꾸미기 등

㉯ 게임

게임 안내, 팀 이름 정하기, 팀의 인원수 비교하기, 규칙을 의논하여 정하기, 게임 평가하기, 게임 진전 상황 기록하기, 반대말 찾기, 단어 빙고 게임, 동물의 새끼 명칭 짝짓기 등

㉰ 노래 부르기

노랫말 소개하기(노랫말 적힌 판), 노랫말의 의미 알기, 노랫말 바꾸기 등

㉣ 동화 감상하기

동화책, 그림 동화, TV 동화, 융판 동화, 자석판 동화, 막대 동화, 슬라이드 동화, VTR 동화

㉤ 동시 감상 및 동시 짓기

주제와 연결된 동시 감상, 동시 짓기를 위한 구체적인 경험 후(요리하기, 견학, 행사) 동시 짓기

㉥ 동극

동극에 적절한 동화를 선택하여 읽어주거나 유아들이 꾸민 동화를 읽어주기, 배역 정하기, 소품 만들기, 동극하기, 동극 평가하기 등

㉦ 견학

주제에 따라 시장, 슈퍼마켓, 소방서, 우체국, 박물관, 동물원 등의 장소를 견학하여 궁금한 사항을 조사

③ 실외놀이

실외놀이 계획판을 보며 계획하기, 놀이하면서 친구들과 의사소통하기, 동물 집에 동물 이름 표시 알아보기, 탈것들이 다니는 길의 표지판 알아보기, 식물·동물 관찰 결과 표시하기, 나무 그늘 밑에서 그림책 읽기 등의 실외놀이 활동을 통해 다양한 언어적 경험이 이루어질 수 있다.

2. 유아 언어 교육 지도 방법

언어 교육은 특별한 기술의 기계적인 반복 연습을 피하고 듣기와 말하기, 읽기와 쓰기에 대한 관심을 이루는 활동, 책과 이야기 즐기는 활동이 의미 있게 이루어지도록 통합적으로 접근해야 한다. 언어 교육이 통합적으로 진행되는 가운데 언어 형태들이 제대로 발달하도록 주제 전개뿐만 아니라 개별 활동에서 각 언어 형태의 지도 방법에 유의하여 지도한다.

(1) 구어 지도(듣기와 말하기 지도)

문장의 구조가 복잡한 복문으로 구성된 말의 경우 유아가 잘 이해하지 못한다. 이 경우 주의 깊게 듣지 않았기 때문에 이해하지 못하는 것이 아니므로 유아의 언어 발달 수준에 적절하게 언어적 표현의 모델을 제공하는 상호작용을 하는 것이 바람직하다.

언어가 유아에게 의미 있으려면 구체적 상황에서 말로 표현하고, 유아의 경험과 관련된 노래를 부르고, 동시를 들려주어, 유아가 듣고 이해하도록 도와야 한다. 글이나 노래에서 이해되지 않은 단어의 경우 실제 상황과 연결하여 설명이나 경험을 통해 이해할 수 있는 기회를 제공한다. 말을 많이 하도록 요구하는 게임을 통해 말하고 듣는 경험을 갖도록 한다. 극놀이, 인형극, 이야기 들려주기, 미술, 구성 프로젝트, 직접 경험한 것에 대한 토의 등이 듣기·말하기 학습에 도움이 되는 활동들이다.

유아 교육 기관에서는 유아들이 자연스럽게 말하도록 허락되고 기회가 주어져야 한다. 유아가 아침에 유치원이나 어린이집에 도착하면서 교사와 또래 친구와 인사를 나누는 것에서 시작되어 활동 계획하면서 이야기 나누기, 문제 해결을 위해 대화하며 상호작용하기, 집단 이야기 나누기 시간에 아이디어 교환하기, 놀이하면서 사회적으로 상호작용하기 등, 구어 사용 기회는 다양하다. 무엇보다도 먼저 교사는 말하고 듣는 상황이 이루어질 수 있는 학습 환경을 구성하여 말하고 듣는 경험이 이루어지도록 하며 대화 제안 방법을 제시하여 대화를 할 수 있도록 안내한다. 언어 영역 내에 듣기 영역, 말하기 영역을 마련하고 기본 자료와 기구를 준비한다. 그리고 또래 친구나 교사와의 대화를 격려하고, 이야기 나눌 소재를 제공할 수 있고, 보다 말하고 듣는 기회를 많이 갖도록 언어활동 경험을 제공한다.

이에 더하여 유아의 언어적 표현을 지원해 준다. 그러나 몇몇 어린이가 집단 토의에서 독점하여 말하거나 또래와의 상호작용에서 혼자만 말하려고 할 경우 교사가 적절한 중재를 하여 여러 친구들에게 말할 수 있는 기회를 제공한다. 때로는 질문, 설명, 대화에 참여하는 방법에 대한 모델을 보이고 필요한 안내를 한다.

말하기 지도 시 교사가 유의할 점은 교사에게는 분명한 진술이나 단어도 유아에게는 새롭기 때문에 의도한 의미가 전달되지 않을 수도 있다는 것을 고려해야 한다는 것이다. 따라서 이때는 유아가 교사의 말에 귀를 기울이지 않는다고 속단을 내리지 말고 다른 방법으로 다시 이야기해 주고 교사가 의미한 것이 이해되도록 행동으로 시범을 보여주어야만 한다. 아울러, 말하는 모델을 접할 수 있는 기회를 자주 제공하도록 한다. 주말 지낸 경험 등 경험을 말하는 개인적 내러티브 제시 기회를 자주 제공하고 유아가 좀 더 발전된 수준의 개인적 내러티브를 제시할 수 있도록 비계설정을 한다. 또한 진행되는 주제에 따라 말하기의 토픽에 변화를 주고, 사용하는 자료에도 변화를 주도록 유의한다.

유아가 다른 사람의 말을 들을 때는 말을 이루는 개별 소리에 귀를 기울이기보다는 말의 의미에 초점을 두어 듣는다. 유아가 단어를 파악하고 단어의 의미를 이해하여도 여러 단어를 들려주고 같은 소리로 시작하는 단어들을 바로 구분하는 데에는 어려움을 느낀다. 우리말은 소리글이기 때문에 다른 외국어처럼 단어의 소리와 문자가 연결되지 않는 예는 드물지만 초기에는 단어 전체를 연결하여 하나의 소리로 파악하는 경우가 많기 때문이다. 단어를 구성하는 소리의 변별을 위해 같은 소리로 시작하는 단어 말하기 게임을 하는 것이 도움이 된다.

(2) 문어 지도(읽기, 쓰기 지도)

초기 문어 이해(문해) 발달을 도와주는 전략에 대한 연구에 의하면 문자 환경 구성(주영희, 1992; Teale, 1986), 초기 문해가 이루어질 수 있는 놀이 제공(이영자·이종숙, 1985, 1990a, b; 김영실, 1991), 성인의 상호작용(Ferreiro & Teberosky, 1982; 이차숙, 1992)이 높은 수준의 초기 문해 발달과 연결되어 있다. 아울러 최근의 초기 문해 프로그램 효과 연구에 의하면 주제에 따라 영역별로 자연스럽게 문어 활동이 이루어지도록 문자 환경을 구성하고 초기 문해가 이루어질 수 있는 놀이를 제공하여 성인이 상호작용하였을 때 3~6세 유아의 문해 개념, 읽기, 읽은 내용에 대한 이해와 회상, 구어와 문어의 구별 능력 발달 등의 문해 행동 발달을 촉진시키는 것으로 나타났다(이영자·이종숙, 1996b; Lee & Lee, 1996).

① 문자 환경 구성

초기 문해의 여러 요인 중 초기 문해가 가능하도록 놀이 환경을 구성하는 것이 가장 중요한 단계이다. 즉, 놀이에 읽기와 쓰기를 자연적으로 요구하게 되는 환경을 구성해 준다.

최근 환경 심리 연구에 의하면 유아의 교실에서의 학습 경험에 물리적 환경이 중요한 역할을 하며 특히 문해 학습과 지도에서는 물리적 환경이 본질적이고 지원적인 능동적 역할을 한다. 연구에 의하면(Morrow & Rand, 1991), 유아 교육 기관 교실의 물리적 환경이 자유 놀이 시간 동안의 문해 행동 증진과 높은 관련이 있다.

초기 문해를 위한 환경 구성에서는 그림책을 갖춘 도서 영역, 녹음된 이야기와 이야기책을 구비한 듣기 영역, 여러 종류의 종이와 쓰기 도구를 갖춘 쓰기 영역을 제공할 뿐만 아니라 문자 관련 소품을 구비한 극놀이 영역과 블록 영역을 제공하고 문자 관련 조작물을 갖춘 조작 영역을 구비하는 것이 추천되고 있다.

자유 놀이 시 문해 발달을 위한 상황을 제공할 수 있는 영역은 도서 영역이다. 연구에 의하면 도서 영역의 물리적 환경 구성을 적절히 하고, 교사 안내적 활동을 제공하면, 자유 놀이 시 유아의 자발적 도서 영역 활용과 문해 활동 참여가 증가된다(Morrow, 1987. 1990; Morrow & Weinstein, 1982. 1986).

Morrow(1987. 1990)연구나 Morrow와 Weinstein(1982. 1986)의 연구에서는 교사가 매력적이고 접근하기 쉬운 곳에 도서 영역을 두고 많은 다양한 책들과 융판 이야기, 녹음기에 녹음한 이야기, 손인형과 같은 조작적 읽기 자료를 제시했을 때 유아가 자발적으로 문해 활동에 참여하는 수가 늘었다고 보고되고 있다. 따라서 교실의 영역에 배치한 자료의 유형이 행동에 영향을 줄 수 있다.

도서 영역은 개별적 안정감을 줄 수 있도록 조용한 영역에 배치하고 가림대나 선반으로 가리어 아늑하게 해 준다. 그러나 다른 놀이 영역에서 시각적으로 신체적으로 접근 가능하도록 도서 영역을 구성하며, 도서 영역의 크기는 최소 6. 7명의 유아가 활동할 수 있도록 넓게 만든다.

도서 영역의 책은 책의 표지를 볼 수 있도록 놓고 책들 중에 교사가 읽어준 책들이 많이 포함되도록 한다. 책에는 아동 문학의 장르가 모두 경험될 수 있도록 그림 이야기책, 동시, 정보 제공책, 사실적 이야기, 우화, 전래 동화, 유아 잡지 등 여러 종류의 책을 다양한 수준으로 제공한다. 베개, 양탄자, 봉제 동물, 그리고 다른 부드러운 요소가 포함되도록 한다. 아울러 융판, 손인형, 책 만들기 자료, 책 대출 용지, 녹음된 이야기를 들을 녹음기와 헤드폰, 포스터 등을 구비한다(Morrow, 1985).

역할놀이 영역의 경우 진행 중인 주제와 관련지어 극놀이가 자연적으로 이루어지면서 문자를 다룰 수 있도록 문자가 있는 소품을 준비해 둔다. 소품의 종류나 소품의 수가 유아들이 연출하는 줄거리에 영향을 주며 문자가 있는 소품을 소꿉놀이, 의사놀이, 식료품상놀이, 음식점놀이, 교통 기관 놀이, 우체국놀이, 사무실 놀이 등에 적절하게 제공해 주면 유아들이 자신의 이해 수준에 맞추어 다양한 방법으로 활용하게 되고 자연히 문자의 기능을 이해하게 된다. 역할놀이 영역에 문자가 있는 소품들을 유아의 자발적 놀이 행동에 반응하여 한 번에 조금씩 첨가하여 주면 더 진가를 발휘하고 충분히 활용될 수 있다(Schickedanz, 2002).

블록 영역의 경우 도로 표지판의 축소형을 포함시키거나 도서카드, 가위, 수성펜, 테이프 등을 준비하여 주면 유아가 찻길을 구성하거나 건물의 간판을 만들고 싶을 때, 동물원의 동물 우리를 만들고 싶을 때, 자신이 구성한 것을 그대로 보관하도록 '부수지 마세요.'표시를 하고 싶을 때 사용할 수 있다.

조작 놀이의 경우 도로 표지판 퍼즐, '교통 안내원', '경찰'과 같은 이름 표기가 되어 있는 직업에 관한 퍼즐, 이야기 제목이 포함된 단어카드와 나무, 플라스틱, 부직포로 된 자음과 모음 글자, 이야기 내용을 담은 퍼즐, 숫자 이름 카드 등 문자가 포함된 자료를 제공하여 놀이를 통해 자연히 문자를 접하고 조작해 보는 기회를 갖게 할 수 있다.

이 외에도 유아 교육 기관에서 교실에 사물 이름 표기, 당번 차트, 출석표, 하루 일과표, 달력 등으로 일반적 환경을 자연스럽게 문자를 포함하여 구성해 줄 때 유아가 놀이 활동에서 자연히 문자와 접하게 되며 기능적 문자 경험을 하게 된다.

② 초기 문해가 이루어질 수 있는 놀이 제공

Fein(1985b)은 놀이를 '자발적 활동'으로 정의하였고 이에 비해 일(work)은 '의무적 활동'으로 정의하였다. 그러나 놀이와 일은 완전히 분리된 별개의 활동은 아니다. 놀이와 일은 상호 연관성을 가지고 있다. 일이 그 자체에 만족을 주고 기능적 자동성이 일어날 때 일이 놀이가 될 수도 있다(Fromberg, 1990).

놀이는 문해 발달의 기초가 되는 표상 능력을 조성해 주며(Isenberf & Jacob, 1983. Pellefrini, 1980; Piaget, 1962. Vygotsky, 1978), 문자의 다양한 활용과 기능을 탐색하는 기회를 제공하고 직접 여러 문해 기술을 연습해 보는 기회를 제공한다(Morrow & Rand, 1991b). 아울러 놀이는 유아의 초기 이야기 개념 형성을 도와준다. 그러므로 유아에게 다양한 문해 관련 자료를 가지고 놀이하는 경험을 제공하여, 자연스러운 상황 속에서 문자를 탐색하고 읽고 쓰는 기회를 제공하도록 한다.

㉮ 이야기책 읽기(책 읽어주기)

영유아는 책을 읽으면서 많은 것을 학습할 수 있다(DeBaryshe, 1993. Bruner, 1983). 그리고 영유아의 이야기 책 읽기 참여 정도와 초기 문해 발달과는 높은 상관관계가 있다(Bus & Van IJendoorn, 1988). 또한 책 읽기의 빈도나 보유한 책의 수보다는 그림책 읽기의 시작 연령이 2세경의 문해 발달의 예보적 역할을 한다(DeBryshe, 1993). Bruner(1983)는 영아가 일찍 책을 다루며 책과 상호작용하는 기회를 가지면 그림책의 약정을 일찍 학습하며 '그림 보고 명명하기'와 같은 읽기 행동이 빨리 나타난다고 보고하였다.

그림 이야기책을 읽을 때의 상호작용을 통하여 유아는 탈상황화된 언어를 해석하는 방법을 배운다(Snow, 1983. Wells, 1985). 유아는 이야기책 읽기에서 연령에 따라 다른 지식을 습득한다. 어휘에 대한 지식에서부터 시작하여(Ninio & Bruner, 1978), 통사론적 구조(Snow & Goldfield, 1983), 그리고 인쇄 글자 관계와 이야기 구조에 대한 지식으로 발전된다(Teale, 1984).

소리 내어 책 읽어주기 활동과 초기 읽기 활동 참여를 통해 영유아는 언어에 대해 학습하고 읽기의 의미를 학습하는 기회를 갖게 된다. 읽어주는 것을 듣는 경험을 통해 영·유아는 이야기 언어와 구조를 알게 된다. 그리고 유아가 좋아하는 책을 부모가 반복하여 읽어줄 때 유아는 이야기 언어와 친근해지며 이야기를 원문 그대로 기억하게 되고 궁극적으로 이러한 언어 유형을 독립적으로 사용할 수 있게 된다. 이러한 과정이 영·유아 문해 발달의 기초가 되므로, 책 읽어 주기는 문해 이해를 위해 일반적으로 추천되는 활동이다(Buttler & Clay, 1982. Snow, 1983. Teale, 1981).

최근의 실험적 연구뿐만 아니라 상관관계 연구, 관찰적 연구들에서 이야기책 읽기는 유아의 문해 발달에 유의할 만한 공헌을 한다는 것이 밝혀졌다(Sulzby & Teale, 1991). 아울러 유아 언어 교육 과정 계획에서 유아가 독립적으로 이야기책을 다루는 기회를 배려하도록 추천되고 있다(Morrow, 1989b; Schickedanz, 1986. Teale & Martinez, 1988). 이야기책 읽어 들려주기와 독립적으로 이야기 책 다루기, 이 두 유형의 이야기책 읽기 경험 중 이야기책 읽어 들려주기가 보다 잘 알려져 있다.

유아는 읽기의 초기 단계에서 스스로 또는 봉제 동물이나 애완동물을 대상으로 '가상적 이야기 읽기'에 많은 시간을 보낸다(Clark, 1976. Durkin, 1966). Teale과 Sulzby(1987)의 사례 연구에 의하면 독립적인 책 읽기 행동이 유아의 문해 습득에 중요한 역할을 한다. 이야기책 읽기를 위해 듣기 영역에 이야기 테이프와 책을 함께 두면 유아는 이야기책을 펼치고 녹음한 이야기를 들으면서 이야기책을 손으로 짚어가며 추적하기도 하고 때때로 반복되는 구절이 나오면 같이 읽기도 한다.

책을 읽어 줄 때 머리와 손, 손가락이 글자를 따라 움직이는 것을 영아가 관찰하면서 글은 왼쪽에서 오른쪽으로 진행된다는 것을 알게 된다. 영아에게 책을 읽어주고 책과 상호작용하는 기회를 제공함으로써 영아가 책을 즐기며 책과 읽기에 대해 많은 것을 배우며 능력 있고 자신 있는 독서가로 성장하도록 도울 수 있다(Lamme & Packer, 1986. Elater, 1994). 이야기책 읽기는 단순 이야기 암송하기, 그림의 이름 명명하기, 단어와 단어 철자 말하기, 글자와 단어 스탬프 찍기와 같은 활동보다 초기 읽기 관련 지식 습득에 도움이 된다. 이야기책 읽기만으로도 유아는 책 다루는 방법, 이야기 재구성을 위해 다양한 단서를 사용하는 방법을 알게 된다(Granucci, 1986. 이영자·이종숙, 1990a).

좋아하는 이야기책을 유아가 반복해서 읽을 때 이야기 언어 및 구조를 알게 되고 이야기에 대하여 말하는 능력이 발달한다(Glazer, 1989. Valdez-Menchaca & Whitehurst, 1992). 즉, 이야기책 읽기는 유아의 이야기 개념 형성을 도와준다.

㉯ 문자 관련 소품을 포함하는 사회적 극놀이

유아의 초기 문해를 도와주는 가장 적절한 방법은 유아의 상징적 놀이 속에서 문해 개념과 지식을 적용해 보게 하는 것이다. 상징적 놀이와 문해 발달 간의 관계는 여러 학자들에 의해 보고되고 있다(Schickedanz, 2002. Schrader, 1990). 이들에 의하면 유아는 상징적 놀이와 문해 행동에서 유사한 표상적 정신적 과정을 적용하게 된다고 제시하였다. 유아는 자신이 가진 문해 개념과 지식을 놀이에 적용하여 실제 생활에서의 필요에 의해 쓰기를 하거나 자신이 쓴 것을 읽었다. 전화 메시지 쓰기, 쇼핑 리스트 작성하기, 요리 순서표 쓰기와ㅁ 읽기, 편지 쓰기, 주소와 전화번호 읽기와 쓰기, 은행 청구서 쓰기, 주문서 읽기와 쓰기 등은 극놀이 시 자연적으로 이루어질 수 있는 문해 놀이이다. 이러한 문해 놀이는 문자의 기능 즉 읽기와 쓰기의 기능을 이해하도록 돕는다. 또한 교사가 읽어 들려준 이야기 내용을 행동으로 재현하는 가상적 역할놀이는 이야기 이해 증진에 도움이 된다(Pellegrini, 1985).

㉰ 조작적 놀잇감을 이용한 놀이

문자가 포함된 퍼즐, 자석 자모음 글자, 게임 자료(자모음 짝짓기, 빙고 게임 등) 등의 조작적 놀잇감으로 놀이하면서 유아는 글자를 인식할 수 있게 되고 글자와 소리 간의 연결을 할 수 있게 되고 방향성을 인식할 수 있게 된다.

㉱ 쓰기 도구 탐색 및 자연적 쓰기 활동

쓰기 발달을 위해서는 능동적 참여가 중요하다. 유아는 쓰기 도구 탐색을 위한 충분한 시간이 필요하다(Teale, 1986). 자신의 작품과 그림카드에 이름 쓰기, 구성한 구성물에 표지판 만들기 등이 쓰기 발달에 도움이 된다.

그러므로 쓰기 증진을 위하여 쓰기 영역을 소개하고(Teale, 1987), 쓰기 영역에서 실험할 수 있는 기회를 주며 다른 사람과 협력할 기회를 주어 유아들이 자신이 쓴 것을 읽고 다른 또래의 반응을 자연스럽게 얻을 수 있도록 도와준다(Teale & Martinez, 1989).

(3) 성인의 상호작용

유아 교육 기관의 놀이 상황에서 성인의 역할은 가장 중요한 변인이다. 특히 근접 발달 지대에 맞추어 성인이 제공하는 사회적 상황이 성인의 지원적 상호작용이 없거나 상황이 배제된 때보다 유아로 하여금 좀 더 높은 수준의 행동 수행이 가능하도록 도와준다(Vygotsky, 1978). 유아는 처음에는 성인의 행동을 관찰하고 그 후 협동적 노력을 수행하며 이때에 성인의 격려와 조언이 따른다. 결국 독립적으로 행동을 수행할 수 있게 된다. 따라서 놀이를 통한 자연적 학습의 경우에도 현실적으로는 유아의 요구와 현재 능력에 기초한 성인의 개입에 의해 형성되고 지원되는 것이다.

Schrader(1990)는 유아의 문해 놀이 시 교사의 확장적 상호작용이 문해 발달에 무엇보다도 효과적임을 시사하였다. 확장적 상호작용을 위해서는 교사는 먼저 유아를 관찰하여 유아가 관심을 가지고 성취하고 싶어 하는 것이 무엇인지 파악하여야 한다. 그 뒤, 교사는 유아의 아이디어와 관련을 가지면서도 다른 아이디어로 상호작용함으로써 유아의 아이디어에 초점을 맞추지만 유아가 뜻하는 의도를 넘어서서 이와 관련된 보다 다양한 요소를 소개함으로써 확장해 준다. 이러한 상호작용을 통하여 유아의 문해 수준을 높이도록 도와줄 수 있다. 이때 유아가 관심을 기울이어 성취하려는 시도를 무시하고 방향을 완전히 전환시키면 유아가 통제력을 잃게 되고 놀이 활동이 될 수 없다(Garvey, 1977).

그러므로 유아의 의도를 파악한 후 상호작용하고 유아의 아이디어에 관련되면서 다른 아이디어를 제시하여 유아의 아이디어에 초점을 두면서 유아가 현재 지닌 의미를 넘어서서 이 의미와 관련된 특별한 정보를 소개하는 것으로 놀이 상황에서 문어적용 아이디어를 자연스럽게 확대해 줄 수 있다.

영·유아는 그림책을 읽으면서 부모나 교사(성인)와 함께 상호작용하기를 즐긴다. 책 읽기 활동에서의 상호작용은 영·유아의 연령과 능력에 따라 다르다(Senechal, Cornell, Broda, 1995; Ninio, 1980; Murphy, 1978).

아주 어린 영아를 위해서는 책의 그림에 주의 끌기, 명명하기, 명명 요구하기 등으로 상호작용하다가 유아의 명명에 '어디에'라는 질문으로 손가락으로 지적하게 하는 등의 상호작용을 하여 소리 내어 읽기를 장려한다. 유아들이 책에 친근해지면 좀 더 오랜 시간 책을 읽도록 요청하고 책을 읽어달라고 요청할 수 있다.

역할놀이 영역에서는 교사가 놀이 활동 시간 동안 기능적 쓰기의 모델을 보이고 문자의 새로운 기능을 소개함으로써 쓰기 발달을 증진시킬 수 있다(Schrader, 1989). 역할놀이 영역에 문자 소품 자료 제공과 함께 어른이 모델을 보일 때 유아의 역할놀이에서 문해 활동 참여 시간이 증가하고 유아가 문자와 상호작용하는 빈도에서 차이를 보인 것(Schickedanz, 1993)으로도 성인이 문자 소품 사용 모델 보이기를 통한 상호작용 또는 개입이 문해 발달에 중요한 요인임을 시사받을 수 있다.

성인 또는 교사의 상호작용 및 개입에서 유의할 중요한 사항은 놀이의 경우 유아가 진행의 주체자가 되며 아무도 놀이하는 방법을 직접적, 설명적으로 가르칠 수는 없다는 것이다(Paley, 1986). 그러므로 문해를 돕는 놀이의 변화나 확대를 위해 성인은 놀이의 일원으로 참여적 상호작용을 하면서 모델 보이기, 아이디어 제공 등으로 적절한 상호작용을 하여 자연스러운 놀이의 변화와 확대가 이루어지도록 한다.

제4절 유아 언어 발달 평가

유아들의 개별 또는 집단 활동 시의 언어적 행동 관찰, 활동 결과물(포트폴리오) 체크 등을 통해 유아의 듣기, 말하기, 읽기, 쓰기의 특성 및 발달 수준을 수시로 기록하여 유아의 의사소통 영역 발달을 평가할 수 있다. 다음 〈표 5-2〉와 같이 체크리스트를 만들어 최소 연 3회(1학기 초, 1학기 말, 2학기 말) 체크하여 유아의 발달 정도를 파악할 수 있도록 하고 이를 뒷받침할 개별 유아의 포트폴리오를 만들어 두면 그 때그때의 진전 상황을 파악할 수 있다.

〈표 5-2〉 의사소통 영역 발달 체크리스트의 예

구분	내용		1차 월 일	2차 월 일	3차 월 일
듣기	활동 참여	• 언어 영역의 듣기 활동에 전혀 참여하지 않음 • 주 1회~2회 참여 • 주 3회~4회 참여 • 주 5회~6회 참여 • 주 7회 이상 참여			
	회상 내용	• 도입 부분 • 주인공의 이름 • 배경 인물 • 에피소드(구성 일화) • 문제 해결 언급(목표 달성 및 이야 기 종결) • 이야기 연결(배경, 주제 구성 일화, 해결의 순) 말하기			
말하기	말의 명료성	• 무슨 말을 하는지 알아들을 수 없다. • 상대방이 알아들을 수 있게 분명히 말할 수 있다.			
	태 도	• 상대방을 쳐다보지 않고 말한다. • 대화하는상대방을쳐다보며말한다.			
	구 조	• 전보형 • 문장 -문법적으로 불완전 하나 문장 형태로 말한다. -문법적으로 완전한 문장 형태로 말한다. • 일어문 또는 전보문 형태보다는 완전 한문장을 사용하여질문할수있다. • 진행되는 이야기 주제에 전혀 관계 없는 말을 한다.			

구분		내용	1차 월 일	2차 월 일	3차 월 일
말하기	의사소통	• 진행되는 이야기 주제에 관계지어 말을 한다. • 진행되는 이야기 주제와 관련하여 질문을 할 수 있다. • 진행되는 이야기 주제에 관계지어 상호 작용적으로 의사소통한다. • 필요시에 말로 도움을 청할 수 있다. • 보다 분명한 의사소통을 위하여 한 말을 반복할 수 있다. • 가정에서 유치원으로, 유치원에서 가정에 전하는 말을 그대로 전달할 수 있다.			
	다양한 목적을 위한 언어 사용 구조	• 역할놀이 영역에서 가족의 일원으 로 참여하여 말할 수 있다. • 짧은 동요의 가사를 반복할 수 있다. • 어른의 도움 없이 사회적 인사말을 할 수 있다(예 '안녕하세요',' 감사 합니다.'등). • 자신이나 다른 사람의 느낌을 말로 표현할 수 있다. • 운율이 같은 말을 창안하여 할 수 있다. • 친구와 농담을 나눌 수 있고 새로 운 농담을 지어낼 수 있다. • 자신이 직접 경험한 것이나 관찰한 것을 말로 표현할 수 있다.			
읽 기	읽기 활동 참여	• 전혀 읽기 활동을 하지 않는다. • 참여 교사가 책읽기 영역에 있을 때만 참여한다. • 주 1회~2회 참여 • 주 3회~4회 참여 • 주 5회~6회 참여 • 주 7회 이상 참여			
	읽기 발달	• 읽기 이해 전 단계 –말없이 그림만 쳐다보기 –그림을 지적하기 –그림의 명칭을 이야기하기 –그림에 대해 질문하기 • 이야기 구성 능력이 없어"난 못 읽어요."하며 의사 표현하는 단계 • 그림을 보고 마음대로 이야기 만들기 단계 • 의미가 비슷하게 꾸며 말하기 단계 • 단어나 구절을 암기하여 이야기하 는 단계 –책에 나온 글자의 50% 미만의 단 어나 구절을 사용하여 이야기하기			

<table>
<tr><th colspan="2">구분</th><th>내용</th><th>1차 월 일</th><th>2차 월 일</th><th>3차 월 일</th></tr>
<tr><td rowspan="2">읽 기</td><td>읽기 발달</td><td>–책에 나온 글자의 50% 이상의 단어 나 구절을 사용하여 이야기하기
• 글자를 읽어야 한다는 것을 이해 하지만 글자를 읽을 줄 몰라"난 못 읽어요."와 같은 의사를 표현 하는 단계
• 글자를 읽는 단계
–글자를 보고 한 문장을 기준으로 25% 이하로 똑바로 읽기
–글자를 보고 한 문장을 기준으로 50% 이하로 똑바로 읽기
–글자를 보고 한 문장을 기준으로 75% 이하로 똑바로 읽기
–글자를 보고 한 문장을 기준으로 75~100% 똑바로 읽기</td><td></td><td></td><td></td></tr>
<tr><td>문해 개념</td><td>• 책의 앞과 뒤 구별
• 글자를 읽어야 함을 인식
• 읽는 방향이 왼쪽에서 오른쪽, 위 에서 아래로 진행됨을 인식
• 왼쪽 페이지에서 오른쪽 페이지로 읽어가는 순서 인식
• 성인이 읽고 있는 글자를 한 자 한 자 지적할 수 있음
• 책을 읽을 수 없을 때는 어떻게 해야 하는지 인식
• 낱말의 첫 글자와 끝 글자 인식
• 구두점 인식
• 의문 부호 인식 및 의미 이해
• 쉼표 인식 및 이해
• 책 속에 있는 단어를 찾아낼 수 있음</td><td></td><td></td><td></td></tr>
<tr><td rowspan="2">쓰기</td><td>활동 참여</td><td>• 쓰기 활동을 전혀 하지 않는다.
• 주 1회~2회 쓰기 활동
• 주 3회~4회 쓰기 활동
• 주 5회 이상 쓰기 활동
• 교사에게 자신이 쓰고 싶은 말을 써 달라고 한다.</td><td></td><td></td><td></td></tr>
<tr><td>쓰기 발달</td><td>• 긁적거리기 단계
• 한두 개의 자형이 우연히 나타남
• 글자의 형태가 나타나는 단계
–획순이 틀림
–획순이 정확함</td><td></td><td></td><td></td></tr>
</table>

구분		내용	1차 월 일	2차 월 일	3차 월 일
쓰기	쓰기 발달	• 단어 쓰기 단계 –획순이 틀림 –획순이 정확함 • 문장 쓰기 단계 –부분적으로 틀림 • 완전한 문장 형태			
	이야기 구조 개념	• 단순 나열 • 이야기 형태 인식 • 초보적 이야기 진술 • 단순 나열식 이야기 형성 • 연결적 이야기 형성 • 논리적 이야기 형성			

제5절 유아 언어 교육 활동의 예

언어 교육 활동은 듣기와 말하기, 읽기와 쓰기, 책과 이야기 즐기기가 통합적으로 다루어지는 것이 보통이다. 그리고 각각의 언어 형태를 다루는 내용에 따라 언어 영역 이외의 다양한 영역에서 다루어지며 개별, 소집단, 대집단 활동으로 다루어진다. 아울러 다양한 교과 영역의 개념을 다루게 된다. 그러나 다음에는 포함된 주된 언어 형태로 분류하여 활동의 예를 제시하였다.

1. 듣기·말하기

(1) 조작영역의 소품들과 인형 움직이며 대화하거나 이야기 꾸미기

조작 영역에 있는 소품들과 테이블 인형 움직이며 이야기를 꾸미거나 유아들 간에 또는 유아–교사 간에 대화를 나누는 기회를 제공함으로써 말하기와 듣기 능력 및 기술의 발달을 도울 수 있다. 대화를 나누면서 교사는 유아의 사고와 언어적 표현을 확장해 줄 수 있다. 언어적 표현 확장 과정에서 유아는 교사의 원숙한 언어에 접할 기회를 가짐으로써 점차 언어의 규칙을 이해하고 문법적 발달을 이룰 수 있다. 또한 이야기 꾸며 말하는 기회에 유아의 이야기 구조 개념을 파악하고 이야기 구조 개념 발달을 도와줄 수 있다.

(2) 이야기나누기 시간에 TV 틀을 통해 개인적 내러티브 제시하기

주말 지낸 후 유아가 주말동안 개인적으로 경험한 것이나 느낀 점을 친구들에게 말하는 개인적 내러티브 제시를 TV 틀을 매개로 자연스럽게 이루어지도록 도와줄 수 있다. 교사는 유아가 경험을 누구와 함께하였는지, 어디를 갔었는지, 무엇을 어떻게 하였는지, 얼마나 오래 하였는지, 어떤 느낌을 가졌는지, 어려운 점은 없었는지 말할 수 있도록 안내한다. 이와 같은 활동을 한 후 유아 혼자서도 TV틀에서 텔레비전 속에서 출연자가 되어 놀이하면서 말을 잘 할 수 있게 된다.

(3) 역할놀이 영역에서 놀이하면서 맡은 역할하기

역할 놀이 영역에 주제에 따라 미장원 놀이, 병원 놀이, 전화놀이 등을 할 수 있도록 소품을 준비해두고 자연스럽게 역할놀이가 이루어지도록 안내하는 경우 역할놀이에 참여하여 상호작용하면서 듣기·말하기 능력이 길러진다.

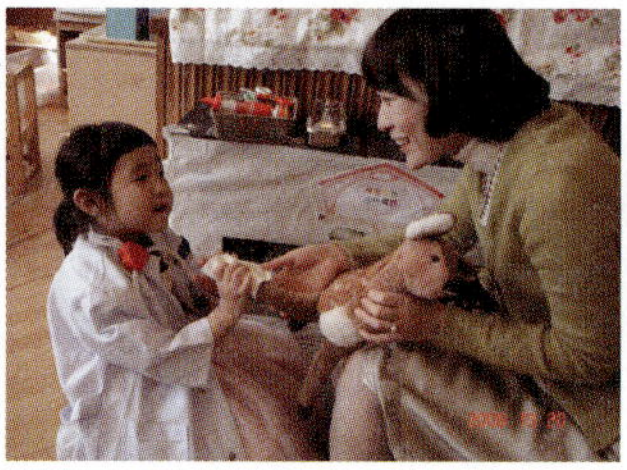

(4) 융판 자료 또는 막대 인형으로 이야기꾸미기

융판자료 또는 막대인형들을 제공하고 유아들이 자유롭게 자료를 개별적으로 또는 다른 유아와 함께 움직여가며 이야기를 꾸미어 말할 수 있도록 안내할 경우 듣기, 말하기, 이야기 구성 능력이 자연스럽게 발달할 수 있다.

(5) 수수께끼 내고 알아맞히기

유아가 그림을 보면서 수수께끼를 내고 다른 유아들이 알아맞히는 활동이다. 수수께끼를 내거나 듣고 알아맞히면서 생각하여 말하기, 듣고 이해하여 말하기 등이 발달한다.

2. 읽기·쓰기

(1) 이야기책 읽기

유아들이 아늑한 느낌이 들 수 있도록 쿠션, 의자, 방석, 인형 등을 책보기 영역에 비치해 두고 개별적으로 또는 소집단 단위로 자주 책을 읽어 준다. 유아가 책을 앞에 들고 페이지를 넘기도록 해 준다. 점차적으로 유아는 책에 써있는 글자들이 이야기 내용이라는 것을 인식하고 동시에 각 페이지에 본인이 아는 이야기와 글자가 어떻게 짝지어지는지 알고 싶어하게 된다. 처음에는 전혀 맞추지 못하지만 점차적으로 한두 가지씩 비슷하게 맞추게 되고 거듭 흥미 있을 때마다 읽고 시도해 보면서 글자와 말소리가 어떠한 관계에 있고 어떤 글자가 어떤 소리를 표상 하는지 알게 된다.

유아는 친근한 책을 반복해서 읽기를 좋아한다. 이들은 이렇게 같은 책을 본인이 원할 때 반복적으로 접하고 말과 책의 글씨를 본인의 방식대로 짝지어 보는 많은 시간을 보낸 후에야 글자와 말과의 관계를 발견할 수 있게 된다. 아울러 읽은 책의 내용에 대한 또래와 교사와의 상호작용은 어휘습득과 읽은 글의 내용이해에도 도움이 된다(Dickinson & Porche, 2011).

(2) 동극

그림이야기 책의 내용을 동극으로 꾸미어 제시하는 활동을 하면서 대본꾸미기, 음악 만들기, 역할 분담하여 맡은 역할하기 등을 통해 이야기 구조를 이해하게 되고 듣기, 말하기, 쓰기, 읽기 등의 경험도 하게 된다.

(3) 단어카드보고 단어 만들기

그림단어 카드를 보고 자모음을 찾아 단어를 만들거나 같은 음절을 찾아 단어 만들기를 하면서 단어를 구성하는 자소에 대해 알고 단어읽기·쓰기의 기초가 형성될 수 있다. 교사는 유아가 만든 단어의 자소가 구별되도록 천천히 발음해주어 단어의 소리구성을 알 수 있도록 돕는다.

(4) 자동차 놀이 (택시 놀이)

주제 '탈것'들과 관련한 활동으로 자동차 (또는 택시)놀이에 필요한 것(예 택시 타는 곳 표지판, 돈, 지갑 등)과 역할(운전기사, 손님 등)을 이야기 나누고 필요한 것들을 계획하여 만들고 놀이하는 과정에서 자연스럽게 듣기, 말하기, 읽기, 쓰기 활동이 이루어지도록 한다.

자신의 경험을 언어적으로 표현하고, 다른 사람의 이야기를 흥미를 가지고 주의 깊게 듣는 기회를 갖게 되며, 놀이를 위하여 다른 사람이 인식할 수 있도록 말과 문자를 연결하여 표상하는 방법, 쓰기의 형태나 기능에 대해 표지판, 돈 등을 만들며 생각해 볼 수 있게 된다.

(5) 자전거 면허증 발급하기

유치원 놀이터에서 자전거를 안전하게 타기 위한 방법을 이야기나누기 시간에 의논한다. 자전거 길에 신호등과 표지판을 세울 뿐만 아니라 안전하게 운전할 수 있는 자격을 갖추기 위하여 자전거 면허증을 취득해야한다고 결정을 내렸다면 신호등과 표지판 모양, 자전거 면허증을 따는 과정, 면허증에 들어가야 하는 내용에 대해 책을 읽거나 자원인사를 초청해 알아본다. 신호등과 표지판을 만들고, 면허증을 만들어 주는 활동을 하면서 읽기, 쓰기, 듣기, 말하기 경험이 자연스럽게 이루어지도록 한다.

참고문헌

교육부 (2019). 유치원 교육과정. 교육부 고시 제2019−189호.

교육부·보건복지부(2019). 개정 누리과정: 해설서. 교육부 고시 제2019−189호, 보건복지부 고시 제2019−152호.

김영실 (1991). 상황적 읽기 교수전략이 유아의 읽기 능력에 미치는 영향−자발적 발화를 중심으로−. 이화여자대학교 대학원 박사학위 논문.

주영희 (1992). 유아의 글자환경과 읽기에 관한 연구. 교육학연구, 30(4), 217−232.

이영자ㆍ이종숙(1996a).유아의 문어발달과 비지시적 지도방법이 문어발달에 미치는 영향에 관한 연구. 교육학연구, 28(2), 105−124.

이영자ㆍ이종숙(1996b). 영·유아 문어교육 프로그램 개발과 그 적용에 대한 기초연구. 청삼아동연구시 리즈 12. 서울:창지사.

이차숙 (1992). 유아의 그림이야기책 읽기 활동에서 어머니의 매개적 역할이 유아의문식성 발달과정에 미치는 효과. 고려대학교 대학원 박사학위 논문.

Bus, A. G. & Van IJendoorn, M. H. (1988). Mother−child interacitions, attachment, and emergent literacy: A cross−sectional study. *Child Development, 59*, 1262−1272.

Bruner, J. S. (1983). The acquisition of pragmatic commitments. In R. Gollinkoff (eds.), *The transition from prelinguistic to communication*. Hillsdale, NJ:Erlbaum.

DeBaryshe, D. B. (1993). Joint picture−book reading correlates of early oral language skill. *Child Development, 50*, 38−42.

Dickinson, D.K., Porche, M.V. (2011). Relation between language experiences in preschool classrooms and children's kindergartenand fourth grade language and reading abilities. *Child Development, 82*(3): 870−886.

Epstein, A. S. (2007). *The intentional teacher: Choosing the best strategies for young children's learning*. Washington, DC: NAEYC.

Ferreiro, E., & Teberosky, A. (1982). *Literacy before schooling*. Exeter, NH: Heinemann.

Fromberg, D. P. (1990). Play issues in early childhood education. In Carol Seefeldt (ed.). *Continuing issues in early childhood education*(pp. 223−243). Columbus, Ohio:Merrill Publishing Company.

Garvey, C. (1977). *Play*. Cambridge, MA:Harvard University Press.

Genishi, C., & Fassler, R. (1999). Oral language in the early childhood classroom: Building on diverse foundations. In C. Seefeldt (Ed.). *The early childhood curriculum: Current findings in theory and practice*, 3rd ed. (pp. 54–79). New York: Teachers College Press.

Lee, Y. J. & Lee, J. S. (1996). A Study on the development of an emergent literacy program and its application for young children. *International Journal of Early Childhood Education, 1*, 59–88.

Morrow, L. M. (1985). *Promoting voluntary reading at school and home*. Bloomington, IN:The Phi Delta Kappa Educational Foundation.

____________ (1987). Promoting inner–city children's recreational reading. *Reading Teacher, 24*, 266–276.

____________ (1990). Preparing the classroom environment to promote literacy during play. *Early Childhood Research Quarterly, 5*, 537–554.

Morrow, L. M., & Rand, M. (1991). Preparing the classroom environment to promote literacy during play. In J. Christie (Ed.), *Play and early literacy development* (pp. 141–165). Albany, NY: State University of New York Press.

Morrow, L. M. & Weinstein, C. (1982). Increasing children's use of literature through programs and physical design change. *The Elementary School Journal, 83*, 132–137.

Morrow, L. M. & Weinstein, C. (1986). Encouraging voluntary reading: The impact of a literature program on children's use of library corners. *Reading Research Quarterly, 21*, 330–346.

________________________ (1991a). Promotion literacy during play by designing early children classroom environments. *The Reading Teacher, 44*, 396–402.

Murphy, C. M. (1978). Pointing in the context of a shared activity. *Child Development, 49*, 371–381.

NAEYC (2003). NAEYC standards for early childhood professional preparation: Initial licensure programs. Position Statement, adopted July 2001. In M. Hyson (ed.), *Preparing early childhood professionals: NAEYC's standards for programs* (pp. 17–63). Washington, DC: Author.

Ninio, A. (1980). Picture–book reading in mother–infant dyads belonging to two subgroups in Israel, *Child Development, 51*, 587–590.

Ninio, A. & Bruner, J. S. (1978). The achivement and antecedents of labeling. *Journal of Child Language, 5*, 1–15.

Pellegrini, A. D. (1985). The relations between symbolic play and literate behavior. *Review of educational research, 55*, 107–121.

Paley, V. (1986). *Mollie is three: Growing up in school*. Chicago:University of Chicago Press.

Schickedanz, J. A. (1990). *Strategies for teaching young children*. Englewood Cliffs, New Jersey: Prentice Hall.

_____________ (1993). Designing the early childhood classroom environment to facilitate literacy development. In B. Spodek & O. N. Saracho(Eds.), *Language and literacy in early chidhood edu-*

cation (pp. 141–155.) New York, NJ:Teacher College Press.

Schickedanz, J. A. (2002). *놀이를 통한 읽기와 쓰기의 지도* (이영자 역). 서울 이화여자대학교 출판부. (Original work published 1999.)

Schickedanz, J. A., Pergantis, M. L., Kanosky, J., Blaney, A., & Ottinger, J. (1997). *Curriculum in early childhood: A resource guide for preschool and kindergarten teachers*. Boston, MA: Allyn and Bacon.

Schrader, C. T. (1989). Written language use within the context of young children's symbolic play. *Early Chidhood Reasearch Quarterly, 4*, 225–244.

____________ (1990). Teaching children while they play: Cultivating emergent wirting and reading. *Day Care and Early Education*, Spring. 22–25.

Senechal, M., Cornell, E. H., & Broda, L. S. (1995). Age–related differences in the organization of parent–infant interactions during picture–book reading. *Early childhood Research Quarterly, 10*, 317–337.

Snow, C. E. (1983). Literacy and Language: Relationships during the preschool years. *Harvard Educational Review, 53*(2), 165–189.

Snow, C. E. & Goldfield, B. A. (1983). Turn the pagd please: Situation–specific language acquistion. *Journal of Child Language, 10*, 551–569.

Sulzby, E. & Teale, W. H. (1991). Emergent Literacy. In R. Barr, M. Kamil, P. Mosenthal, & P. D. Pearson (Eds.), *Handbook of reading research, Vol, 2* (pp. 727–757). New York: Longman.

Teale, W. H. (1984). Reading to young children: Its significance for literacy development. In H. Goelman, A. A. Oberg, & F. Smith(Eds.), *Awakening to Literacy* (pp.110–121).

____________ (1986). Home background and young children's literacy developmet. In W. H. Teale & E. Sulzby(Eds.), *Emergent literacy: Writing and reading* (pp. 173–206). Norwood, NJ: Ablex.

____________ (1987). Emergen literacy: Reading and writing development in early childhood. n J. E. Readence and R. S. Baldwin(Eds.), *Research in literacy: Merging perspectives* (pp.45–74). Rochester, NY:National Reading Conference.

Vygotsky, L. S. (1978). *Mind in society: The development of higher psychological process*(M. Cole, V. John–Steiner, S. Scribner, & E. Souberman, Eds.) Cambridge, MA:Harvard University Press.

Wells, G. (1985). Preschool literacy–related activities and success in school. In D. R. Plson, N. Torrance, & A. Hildyard (Eds.), *Literacy, language, and learning* (pp.229–255). Cambridge, England:Cambridge University Press.

CHAPTER

06

사회 교육

본 장에서는 교사가 사회적 세계에 대한 유아의 학습을 보다 효과적으로 지원할 수 있도록 유아사회교육의 정의 및 목적에 대해 살펴보고, 유아가 민주 사회의 구성원으로 적절하게 기능하기에 필요한 사회 교육 내용을 제시하였다. 이와 함께 유아 사회 교육을 위한 교수 지침과 구체적인 지도 방법을 제시하였다.

제1절 유아 사회 교육의 정의 및 목적

인간은 혼자서는 살아나갈 수 없는 사회적인 존재이다. 인간은 가정이라는 사회집단 속에서 출생하여 또래 놀이 집단, 유치원, 학교, 종교 집단, 직장 등과 같은 사회집단에 소속되어 살아간다. 이처럼 일생을 계속 다른 사람들, 그리고 제도, 기관 등과 같은 사회적 체제와 관계하며 살아가므로 개인은 상호 의존적인 인간 사회 속에 효과적으로 참여하며 살아갈 수 있어야 한다. 따라서 유아는 성장해 가면서 사회적 존재로서의 자신에 대한 이해, 자신과 다른 사람들과의 관계에 대한 이해, 그리고 자신이 사는 사회에 대한 기본적인 이해 및 지식을 발달시키는 것이 필요하다. 아울러 다른 사람들과 사회적인 관계를 형성하며 더불어 살아가기 위해서 요구되는 사회적 기술, 민주 사회의 시민으로서 필요한 태도와 가치를 발달시켜야 한다. 사회 교육은 유아가 자신이 속해 있는 가정, 놀이 집단, 유치원, 지역 사회와 같은 사회적 세계를 이해하고 참여하기 위해서, 그리고 좀 더 나은 사회로 만들어가는데 필요한 지식, 기술, 태도 및 가치를 지니도록 도와주기에 특히 적합한 영역이다(Seefeldt, 1993, 1995).

Swiniarski, Breitorde와 Murphy(1999)는 인류가 지닌 다양성에 대한 이해와 존중이 특히 요구되는 21세기의 지구촌 사회에서 사회 교육은 다음과 같은 특징을 지닌다고 제시하고 있다(박찬옥·이경미·장명림, 2007, 재인용).

첫째, 현대 지구촌 사회에서 기본적으로 익혀야 할 사회적 지식·기술·태도를 내용으로 하는 기본 교육이다.

둘째, 삶의 과정에서 새롭게 익혀나가는 평생교육이다.

셋째, 지구촌 이슈나 관심거리들을 그룹으로 모여 토의하고 문제해결 하는 교육이다.

넷째, 다양한 편견으로부터 개인의 인권을 보호하고 존중하는 교육이다.

다섯째, 대인관계에서의 책임감 있는 사회적 소양을 기르는 교육이다.

여섯째, 역사·경제·지리·시사 등 다양한 사회적 지식을 내용으로 하는 교육이다.

일곱째, 세계 여러 나라의 인물, 풍습, 환경 등에 관한 정보를 효율적으로 수집하고 교류할 수 있도록 공학적 매체를 이용하는 교육이다.

여덟째, 세계 각 곳에서 일어나는 사건과 현상에 대해 비판적이고 창의적인 사고를 요구하는 교육이다.

아홉째, 다양한 문화권의 사람들을 개방된 구조로 사회적 인식을 하는 다문화 교육이다.

마지막으로 세계 시민 교육으로 책임 있는 민주시민으로서의 윤리강령을 요구하는 도덕교육이다.

이와 같은 사회 교육의 성격은 유아 사회 교육이 단지 바람직한 습관의 형성이나 다른 유아들과 사이좋게 잘 지내기, 교사와 적절하게 상호작용하기 등과 같은 사회적 행동의 발달만을 의미하는 것은 아님을 제시한다. 바람직한 사회적 행동의 발달뿐만 아니라 유아가 주변의 사회적 세계를 효과적으로 다룰 수 있으려면 이에 대한 기본적인 이해 및 지식에 기초하여 의사 결정을 하고 문제해결을 할 수 있는 능력도 필요하다. 사회 과학의 여러 분야(지리, 역사, 경제, 정치, 사회학 등)의 기본 개념들은 유아가 일상생활의 경험을 통하여 자신이 사는 사회를 이해하도록 돕는다.

그러나 사람과 사회현상을 다루는 사회 과학의 제반 분야들은 지리, 역사, 경제, 정치, 생태학, 다문화적 교육 등의 대단히 광범위한 지식 체계이며, 이들 분야의 방대한 지식이 유아에게 모두 소개되어야 할 필요는 없다. 그뿐만 아니라 유아의 경험과 동떨어진 추상적인 사실들로서 제시되고 주입될 경우는 유아에게 아무 의미가 없게 된다. 따라서 다양한 학문 분야로부터 유아의 생활 경험과 연결되고 발달 수준에 적절한 핵심적인 기본 개념들을 선정하여 이를 탐색하기 위한 주제나 단원, 프로젝트 등을 통하여 사회 교육이 이루어질 수 있다(Seefeldt, 1995).

유아가 사회 공동체의 구성원으로서 참여하기 위해서는 그 사회가 중요하게 여기는 가치 및 태도를 형성해야만 한다. 모든 교육이 가치와 관련되어 있지만 사회 교육은 특히 유아에게 다른 사람들과 사회를 이해할 수 있도록 여러 가지 다른 생각들, 신념들, 가치들을 소개함으로써 보다 직접적으로 가치와 태도를 가르치는 것과 관련이 된다(이영자·유효순·이정욱, 2001).

그러므로 유아 사회 교육은 공동체의 일원으로서의 자질 함양에 필요한 사회성 발달 및 사회 과학의 기본 개념 발달을 모두 포함하는 것이다. 즉, 유아 사회 교육은 유아가 사회의 구성원으로 적절하게 기능하기 위한 사회적 지식, 사회적 기술, 그리고 태도와 가치 형성을 중점으로 다루는 유아 교육 과정의 한 영역이라고 정의할 수 있다.

이와 같은 유아 사회 교육의 정의는 사회 교육을 통해 달성하려는 목적이 무엇인가를 잘 나타내준다. 미국의 전국사회교육협회(National Council for Social Science, NCSS, 1994)는 사회 교육의 주된 목적이 상호 의존적인 세계 속에서 문화적으로 다양하며 민주적인 사회의 시민으로서 합리적인 의사결정을 할 수 있는 능력을 배양하는 것이라고 밝히고 있다(이영자·유효순·이정욱, 2001, 재인용). Krogh(1995)도 유아 사회 교육의 목적은 유아를 상호 의존적인 세계 속에서 인간적이며 합리적인, 참여하는 시민으로 준비시키는 것이라고 하였다. 우리나라는 2007년 개정 유치원 교육과정에서 사회생활 영역은 유아가 자신을 소중하게 알고 사랑하며, 자신의 생각과 행동을 조절하여 가족과 친구를 비롯한 다른 사람과 함께 화목하게 살아가는 방법을 익히고, 유아를 둘러싼 생활 세계에 대해 관심을 갖고 적응해 나갈 수 있는 기초 능력을 기르는 것이라고 고시한 이후 이 내용이 계속 유지되고 있다. 결국, 유아 사회 교육의 궁극적인 목적은 공동체 안에서 더불어 살아가는 능력을 기르는 것이라고 볼 수 있다.

제2절 유아 사회 교육의 내용 및 접근 방법

1. 유아 사회 교육의 내용

유아 사회 교육은 유아가 사회적 존재로서의 자신에 대한 이해, 자신과 다른 사람들과의 관계에 대한 이해, 그리고 자신이 살고 있는 사회에 대한 기본적인 이해 및 지식을 형성하도록 도와야 한다. 또한 자신이 속한 사회의 책임감 있는 구성원이 되기 위해 필요한 여러 가지 사회적 기술, 가치 및 태도를 배울 수 있는 기회를 제공해야 한다.

이를 위해 미국의 전국사회교육협회(NCSS, 1994)는 사회교과의 내용범위를 다음의 10개의 기본 주제 중심으로 유치원부터 12학년까지 연계성 있게 제시하고 있다: ① 문화 ② 시간·영속성·변화 ③ 민족·지역·환경 ④ 개인적 발달·정체성 ⑤ 개인·단체·기관 ⑥ 힘·권력·지배 ⑦ 생산·분배·소비 ⑧ 과학·기술·사회 ⑨ 지구의 연계

⑩ 시민의식·실천. 이들 10가지 주제를 중심으로 유치원에 해당되는 사회교육 내용은 지리학, 경제학, 역사학, 정치학, 생태학 등의 사회과학분야의 지식과 다양한 환경, 집단생활 및 대인관계에서 발생하는 문제를 해결하는 능력을 길러주는 내용을 포함하고 있다(박찬옥 외, 2007).

3, 4, 5세를 위한 교육과정으로 2019년 발표된 개정 누리과정에는 사회교육의 내용이 사회관계 영역으로 제시되고 있다. 개정 누리과정에서는 사회관계 영역의 목표와 세부 목표를 다음과 같이 제시하고 있다.

자신을 존중하고 더불어 생활하는 태도를 가진다.

1) 자신을 이해하고 존중한다.
2) 다른 사람과 사이좋게 지낸다.
3) 우리가 사는 사회의 다양한 문화에 관심을 가진다.

사회관계 영역 내용은 '나를 알고 존중하기', '더불어 생활하기', '사회에 관심 가지기' 로 내용 범주가 구성되어 져 있고 이 3가지 내용 범주 아래에 12가지 하위 내용이 구성되어 있다(교육부·보건복지부,2019). 이를 표로 제시하면 〈표 6-1〉과 같다.

〈표 6-1〉 사회 관계 내용 범주별 내용 (교육부 · 보건복지부,2019)

내용범주	내용
나를 알고 존중하기	나를 알고 소중히 여긴다.
	나의 감정을 알고 상황에 맞게 표현한다.
	내가 할 수 있는 것을 스스로 한다.
더불어 생활하기	가족의 의미를 알고 화목하게 지낸다.
	친구와 서로 도우며 사이좋게 지낸다.
	친구와의 갈등을 긍정적인 방법으로 해결한다.
	서로 다른 감정, 생각, 행동을 존중한다.
	친구와 어른께 예의 바르게 행동한다.
	약속과 규칙의 필요성을 알고 지킨다.
사회에 관심가지기	내가 살고 있는 곳에 대해궁금한 것을 알아본다.
	우리나라에 대해 자부심을 가진다.
	다양한 문화에 관심을 가진다.

〈표 6-1〉에서 알 수 있듯이 유아 사회 교육의 내용은 나, 가족, 다른 사람, 사회 현상이란 주제 안에서 유아에게 필요한 사회적 기술, 가치와 태도, 그리고 사회과학 각 분야의 기본적 개념들을 다루도록 구성되어 있다.

2. 사회 교육 내용의 접근 방법

유아 사회 교육의 교육 내용을 구성하는 대표적인 두 가지 접근 방법으로 동심원적 접근 방법과 나선형적 접근 방법이 제시될 수 있다.

(1) 동심원적 접근 방법

유아 사회 교육 내용을 구성할 때, 유아의 생활 주변 세계를 중심으로 한 내용을 먼저 다루고 점차 시간과 공간적으로 유아와 원거리에 있는 내용들로 확대해 나가는 방법이다. 예를 들어, 교육 내용의 중심을 유아 자신에 대한 이해로부터 시작하여 점차적으로 가족, 이웃, 지역 사회, 국가, 세계 여러 나라로 넓혀 나가는 것이다.

유아가 지닌 제한된 경험과 자기 중심적인 특성 때문에 유아는 구체적이며 직접적으로 가까이 접한 환경에서 기본적인 사회적 개념을 형성하는 것이 중요하며, 점차적으로 자신의 세계를 넓혀가면서 이에 따른 개념을 형성하고 주변 세계에 대한 이해의 폭이 확대되어야 한다는 생각에 근거한 접근 방법이다.

우리나라 「3~5. 연령별 누리과정」의 사회관계 영역은 동심원적 접근에 의해 내용 조직을 하고 있다. 유아가 자신을 알고 소중히 여기며 자신과 타인의 감정을 알고 표현하는 것과 자신의 감정을 조절하는 개인적 발달을 사회적 관계의 출발점으로 한다. 이어서 함께 생활하는 가장 친숙하고 가까운 가족으로, 그리고 또래 및 주변 사람들과 협력하고 화목하게 지내는 경험으로 확장하고 있다. 점차 주변 이웃과 더불어 살아가기 위해 정직, 존중, 배려, 예절, 약속, 규칙 등이 요구됨을 알고 실천하도록 확장하고, 점차적으로 유아가 살고 있는 지역사회에서부터 우리나라, 그리고 세계 여러 나라에 관심을 가지는 내용으로 확장하는 데 중점 두고 있다.

(2) 나선형적 접근 방법

나선형적 접근 방법은 1960년대에 Bruner에 의해서 처음 주장되었으며, 사회 교육에서는 Taba(1971)에 의해 구체화 되었다. 이 접근 방법은 사회 교육을 통하여 유아가 학습하여야 할 중요하고 기본적인 개념들을 선택한 후, 이 개념들을 여러 차례 반복적으로 다루면서 점점 그 내용을 심화시키는 것이다. 기본적 개념이 반복적으로 다루어짐에 따라서 개념의 일반화, 복잡성, 추상성이 더해져서 상위 수준에 도달하게 된다.

Walsh(1980: 54)는 3세에서 7세 사이의 유아에게 나선형적 접근 방법을 적용하여 사회 교육을 실천할 경우 '나'에 대한 개념을 어떻게 형성하는지를 〈표 6-2〉에 제시하고 있다.

〈표 6-2〉 '나'에 대한 개념의 나선형적 발달

3세 유아	4, 5세 유아	6, 7세 유아
• 나는 사람이다. • 이 세상 사람들은 모두 다르다. • 나는 이 세상에서 하나밖에 없는 존재이다.	• 우리는 모두 자기 자신에 대해 좋은 생각을 가질 수 있다. • 우리는 누구나 가치 있는 사람이다.	• 사람은 각자 자기에게 중요한 가치가 무엇인지를 알아야 한다. • 우리는 다른 사람과 생각을 나누어 봄으로써 가치를 학습할 수 있다. • 각 개인은 자기 자신의 가치관을 선택할 권리가 있다. 그러나 그 선택의 결과에 대해서 숙고하여야한다.

〈표 6-2〉에서 반복적으로 동일 개념을 다루는 경우 연령의 증가에 따라 개념이 나선형적인 형태로 확대되어 이루어진다는 것을 확인할 수 있다.

제 3 절 유아 사회 교육 지도 방법

유아기의 사회 교육은 초등학교나 중·고등학교에서의 지도 방법과는 다르다. 본 절에서는 유아 사회 교육을 위한 교수 지침과 구체적인 지도 방법에 대해서 알아본다.

1. 사회 교육을 위한 교수 지침

유아를 대상으로 사회 교육을 할 때 고려할 교수 지침은 다음과 같다.

① 사회 교육은 유아의 발달에 적합하게 이루어져야 한다. 이 시기 유아들은 전 조작적 사고의 특징을 지니며, 활동적이고, 호기심이 많아서 학습에 대해 내재적으로 동기 유발이 되는 특성이 있다. 또한 유아들의 욕구는 유사한 점도 있지만 개별 유아 간의 차이가 크게 나타난다. 개별적 욕구, 경험, 흥미, 능력 등에서 유아들 간에 큰 차이를 보인다. 따라서 교사는 유아들의 일반적인 발달 특징 및 개인차를 고려하여야 한다. 유아의 발달에 적합한 교육 실제는 다음의 사항들을 강조한다(Bredekamp, 1987).

- 교육 과정의 계획은 개별 유아의 흥미와 발달적 진행 과정에 대한 교사의 관찰과 기록에 기초하여야 한다.
- 교사는 유아가 능동적인 탐색, 성인 및 다른 유아, 자료와의 상호작용을 통하여 학습할 수 있도록 환경을 구성하여야 한다.
- 학습 활동과 자료는 구체적이며 사실적이고 유아의 생활과 관련되어야 한다.
- 교사는 다양한 활동과 자료를 제공하여야 한다. 유아의 이해와 기술이 발달됨에 따라서 활동의 난이도, 복잡성, 도전의 정도가 증가되도록 한다.
- 교사는 일반적인 발달의 범위에서 벗어나는 흥미와 기술을 지닌 유아들의 요구를 만족시킬 수 있도록 준비되어야 한다.

② 사회 교육은 유아들의 일상적인 경험으로부터 시작되어야 한다. 유아들은 일상적인 경험으로부터 자신과 주변의 사회적 현상에 대한 여러 가지 개념들을 형성하게 된다. 초기 개념들은 흔히 불완전하고 부정확한 경우가 많으나 보다 정확하고 성숙된 개념을 형성하는 토대가 된다. Vygotsky(1986)는 이들 초보적인 개념을 태아적 개념(embryonic concepts)'이라고 명명하였으며, 유아의 일상적 경험 속에서 자발적으로 이루어진 태아적 개념들이 정확하고 과학적인 개념으로 발달된다고 하였다. 따라서 사회 교육의 교수 활동은 유아들의 일상적인 경험들에 기초하여 시작되고 확장되어야 한다. 단순 사실에 대한 암기가 아니라 유아들의 놀이와 생활 경험과 관련되어 형성될 때 사회 교육 학습이 유아들에

게 의미 있는 학습이 된다.

③ 유아는 일상생활 속에서 통합적인 경험을 통하여 학습하고, 인지적 성장, 사회적, 신체적, 정서적 성장이 서로 연결되어서 전인적인 발달을 하게 되므로 사회 교육은 통합적인 교육과정 제공으로 이루어져야 한다. 사회 교육은 성격상 내용 범위가 광범위하고 여러 분야가 통합된 분야이므로 교육 과정 통합의 토대가 될 수 있다(Seefeldt, 1997). 그러나 통합적 교육 과정은 통합을 위한 통합이 되어서는 안 된다. 그 보다는 탐색할 주제의 특성상 통합적인 접근이 요구되기 때문에 실시되어야 한다. 통합적 교수 활동이 교육적 가치나 실제적인 목적 없이 통합 그 자체를 위해서 실시되는 경우는 유아들의 사회적 학습의 확장 및 이해에 도움이 되지 않고 단지 재미있는 활동에 그치게 된다(Krogh, 1995).

④ 유아는 주변 환경과의 상호작용을 통해서 스스로 지식을 구성하고 학습해간다. 따라서 교수 방법은 지시적이지 않고, 유아의 자율적인 학습을 촉진할 수 있어야 한다. 교수 방법은 유아가 미리 정해진 사실들은 단순히 수용하는 것이 아니라 스스로가 사회적 탐구자－지리학자, 역사가, 경제학자, 인류학자－가 되도록 허용하여야 한다(Krogh, 1995). 집단 토의 및 모임, 역할놀이, 견학, 게임 등은 유아의 자율적인 학습을 촉진하는 교수 방법이 될 수 있다.

⑤ 사회 교육을 위한 학습 활동을 실시할 때, 다루고자 하는 한 가지 교수－학습 내용이 한 번의 활동으로 끝나는 것이 아니라 다양한 활동으로 여러 차례에 걸쳐 다루어질 수도 있고, 그 내용이 보다 심화될 수도 있다. 교사는 한 가지 교수－학습 활동에서 너무 많은 내용을 포함하여 다루려는 욕심을 피하도록 한다. 또한 교수－학습 활동을 계획·실행할 때 지나치게 구조화되지 않도록 유의한다. 교사의 계획과는 달리 유아들의 흥미나 관심에 따라서 활동이 변화될 수 있는 유동성이 있어야 한다. 즉 유아들에 의해 자발적이며 즉흥적으로 일어나는 학습을 고려하여야 하며, 가르칠 수 있는 순간을 포착하여 활용하도록 한다.

2. 지도 방법

유아 사회 교육은 특정한 시간에, 특정한 활동을 통해서만 이루어지는 것은 아니다. 일과 중의 다양한 활동들을 통하여 이루어진다. 본 절에서는 사회 교육을 위한 지도 방법으로 교사의 모델과 교실 운영 방식, 협동적 계획, 집단 토의, 책 읽어 들려주기, 교수 매체의 활용, 견학 및 자원 인사의 활용, 극화놀이, 그리고 흥미 영역의 구성에 대해서 살펴보고자 한다.

(1) 교사의 모델과 교실 운영

교사의 행동과 태도는 항상 유아의 모델이 된다. 유아는 주변에서 중요한 성인의 행동을 따르는 경향이 있다. 그러므로 교사는 유아가 학습하기를 바라는 행동에 대해 자신이 먼저 행동으로 모범을 보여주도록 한다. '쓰고 난 물건은 제자리에 가져다 놓아야지'라고 말하며 언어적 훈계나 지시만을 할 것이 아니라 교사 스스로가 이러한 행동을 함으로써 유아가 이를 관찰하고 모방할 수 있게 한다. 교사는 친사회적 행동 및 감정 이입의 모델을 유아에게 제시하고, 말과 행동을 일치시키는 것이 필요하다.

활동의 조직 방법, 허용되는 자유의 정도, 규칙의 설정 및 준수 방법 등과 같은 교실 운영 방법은 유아의 사회성 발달 및 사회적 지식 형성에 도움이 된다. 하루 일과 속에서 동적이며 시끄러운 활동 시간과 정적이며 조용한 활동 시간이 교차적으로 안배되고, 대집단·소집단·개별 활동의 기회가 고르게 주어지며, 다음에 이루어지는 활동이 무엇인지 활동의 순서를 유아가 터득할 수 있도록 교실이 운영되면 유아는 질서감과 안정감을 느끼게 되고 자신의 행동에 대한 자신감을 가지게 될 것이다.

활동들의 전이 시간에는 유아에게 기대되는 행동을 교사가 분명히 제시하고 다음의 활동 장소에서 먼저 준비하여 활동을 전개할 때 보다 바람직한 사회적 분위기가 조성되고 활동과 연결된 건설적인 행동의 발달을 가져올 수 있다.

유아에게 자율적인 활동 수행의 기회를 제공하는 교실 운영을 통해서 유아의 사회적 발달을 도와줄 수 있다. 유아는 스스로 자율적으로 활동을 수행함으로써 자신의 존재 가치에 대한 인식이 증가하고 자신의 능력을 확신할 수 있게 된다. 교사는 유아 스스로 자신이 할 활동을 선택하고 계획 및 수행을 하고 정리 정돈을 할 수 있는 기회를 제공하도록 한다. 또한 "네 생각에는 어떻게 했으면 좋겠니?", "네가 결정하렴."과 같이 유아가 자율적으로 의사 결정을 하도록 격려할 수 있다. 간식 준비, 꽃에 물주기, 교실 내의 애완동물에게 먹이 주기, 자료 배부 등과 같이 유아들 스스로 할 수 있는 일은 순서를 정해 돌아가면서 담당하도록 하면 책임감과 학급의 구성원으로서의 소속감을 발달시키는 데 도움이 된다.

학급에서 필요한 규칙을 유아들이 스스로 정하도록 하는 것은 민주 시민 교육의 일환이 된다. 집단생활을 편리하게 하기 위해서는 규칙이 필요함을 알고, 우리 교실에서는 어떠한 규칙들이 필요할까에 대해서 이야기를 나누고 유아들과 함께 규칙을 결정하도록 한다. 이렇게 결정된 규칙들은 유아들이 자율적으로 규칙을 지키도록 동기 유발한다.

교사는 언어적 상호작용의 기회를 충분히 제공함으로써 유아들의 의사소통 기술의 발달을 촉진할 수 있다. 교사나 다른 유아들과의 언어적 상호작용을 통해서 유아는 점차 다른 사람의 의견을 듣고 정확하게 이해할 수 있으며 자신의 의사 표현을 명확히 하는 기술을 학습하게 된다. 소집단 활동과 협력 학습은 유아들 간의 언어적 상호작용이 특히 많이 일어날 수 있다.

(2) 협동적 계획

유아와 교사가 함께 학습할 내용이나 활동, 하루의 일과를 계획할 수 있다. 교수계획에 유아의 생각을 반영할 수 있게 되면 유아는 자신이 신뢰받고 있다는 느낌이 생기고, 학습에 대한 동기 유발이 일어날 수 있다. 이와 함께 자기 자신의 감정과 의사를 표현하고 다른 사람의 관점을 이해하는 데 도움이 되며, 집단 구성원으로서의 소속감을 지닐 수 있게 된다. 유아와 함께 계획하는 과정에서 교사는 유아의 흥미, 관심, 이해 정도를 알 수 있게 된다.

교사는 다음의 사항들을 유아와 함께 계획할 수 있다.:'자유 놀이 시간 동안에 어떠한 놀이 및 활동을 할 것인가?' '누구와 함께 놀이할 것인가?', '어떠한 자료를 사용할 것인가?', '어떠한 내용, 주제에 대해서 좀 더 알고 싶은가?', '어떤 장소에 견학을 갈 것인가?', '친구의 생일 축하를 어떻게 해 줄 것인가?'등에 대해 함께 생각해 볼 수 있다.

교사와 유아의 협동적 계획에는 모든 유아가 참여할 수 있도록 지도한다. 대집단뿐만 아니라 소집단 또는 개별적으로 실시함으로써 수줍음이 많은 유아, 집단 토의 시간에 이야기할 기회가 없었던 유아들도 자신의 의견을 개별적으로 말할 수 있도록 한다.

(3) 집단 토의

유아가 집단생활을 하다가 보면 해결하여야 할 여러 가지 갈등 상황이나 문제들이 발생하게 된다. 교사는 이러한 상황이 발생할 때 집단 토의를 통하여 유아가 자신의 느낌이나 생각을 표현하고, 갈등이나 문제 해결을 위한 제안을 하도록 도와주어야 한다.

집단 토의는 유아가 자신의 느낌이나 생각을 이해하고 말로 표현하도록 도우며, 다른 사람들의 생각이나 느낌을 듣고 자신과의 유사점과 차이점을 인식하도록 돕는다. 교사는 유아들이 자신의 의사를 자유롭게 표현할 수 있도록 토의를 이끌고, 특정한 입장에 서서 판단하는 것을 피하고 중간적 입장에서 유아들이 제시한 여러 가지 제안들과 결정 사항을 요약하여 정리해 주는 중재자 역할을 하여야 한다.

토의는 요술의 원(magic circle) 형태로 앉아서 소집단으로 하는 것이 효과적이다(Walsh, 1980: 31). 요술의 원은 '특징적이고 효력 있는 인간 상호간의 의사소통 제도'이며, 교사와 유아가 서로 얼굴을 볼 수 있도록 둥글게 앉아서 시행하는 활동이기 때문에 언어 소통뿐만 아니라 비언어 소통도 가능하다(이경우, 1981: 29). 요술의 원 형태로 토의를 할 때 3, 4세의 경우 5~10명, 5세는 8~12명 정도의 인원으로 구성되는 것이 이상적이다(유효순·이영자, 1986).

유아들의 사고는 자기중심적이기 때문에 집단 토의는 유아들이 직면하는 직접적이고 구체적인 상황을 중심으로 이루어져야 한다. 예를 들어, 조작 영역에 있는 퍼즐의 조각을 사용한 후에 제자리에 두지 않아서 다음번에 사용할 수 없게 된 경우와 같이 유아들이 부딪치는 직접적인 문제 해결 상황을 토의할 수 있다. 필요에 따라서는 교사가 임의로 갈등 상황을 제시하고 토의를 하도록 이끌 수 있다. 환경오염, 재활용, 집단 따돌림 등과 같은 사회적 문제들도 유아의 생활 경험과 관련된 구체적인 상황을 중심으로 유아의 이해 범위 안에서 다루어질 수 있다.

〈그림 6-1〉 소집단 토의

(4) 책 읽어 주기

사회 교육에서 다루는 많은 기본적인 개념들은 읽기 자료를 통하여 학습될 수 있다. 책은 유아에게 사회 교육 내용에 관련된 풍부한 정보를 제공하며, 일상생활에서 직접적으로 표현되지 않는 사람들의 내적 느낌도 경험할 수 있게 해 준다. 유아는 정보를 제공받기 위해 교사나 다른 보조자와 함께 책을 읽을 수 있다. 책 읽어 주기가 자연스럽고 흥미 있게 진행될 때 유아는 책 읽기를 즐기고 책이 정보의 중요한 원천이라는 것을 인식하게 되며, 필요할 때마다 책을 찾게 된다.

나, 가족, 친구, 생활 습관, 지역 사회, 의사소통, 주거 생활, 교통수단, 직업, 생산과 소비, 명절, 세계 여러 나라, 위기 상황(이혼, 죽음, 병 등), 의사소통 등의 사회 교육 내용과 관련된 주제별로 책들을 분류해 놓으면 교수 활동을 준비하는 데 도움이 된다. 유아가 관심 보이거나 진행되는 주제와 관련된 책들을 도서 영역에 비치해 주고 유아가 스스로 읽거나 교사가 읽어 주도록 한다. 읽으려는 요구와 읽기 그 자체가 성공적인 학습의 중요 요소가 되므로 좋은 책의 매력적인 전시가 중요하다.

(5) 교수 매체의 활용

실물, 축소 모형, 사진, 슬라이드, 동영상, 녹음 자료, 게시판 등의 시청각 자료를 활용한 활동은 사회 교육 학습을 보다 구체화하는 데 도움이 된다.

시간적으로나 공간적으로 다른 곳에 속하는 실물이나 실물의 축소 모형을 사용하여 유아가 실제로 관찰하고 조작해 보면서 학습 활동을 진행할 수 있다. 예를 들어, 등잔, 갓, 맷돌 등의 실물이나 축소 모형은 유아가 옛날 사람들의 생활 모습을 이해하는 데 도움이 된다.

사진은 사회 학습을 위한 기초 자료로 가장 많이 사용하고 있다. 특정한 주제에 대해 시리즈로 구성한 사진은 유아에게 주변 세계를 소개하는 매력적인 자료가 될 수 있다. 유아들은 사진을 보고 자신이 학습한 개념과 관련하여 이야기를 만들어 볼 수도 있다. 두세 명의 유아가 한 조가 되어 자신들이 선택한 사진들을 책상 위나 카펫 위에 정돈하여 놓고 이야기를 만들 수 있다. 집단 토의에 사진을 사용할 때는 유아들에게 제시하는 사진의 크기가 충분히 커야 한다. 사진을 게시판에 제시할 때는 유아가 무엇이 중요한가를 파악하는 데 도움이 되도록 배치하여야 한다. 게시판의 다른 전시 자료와도 연결이 되도록 한다.

견학할 때 관찰한 우체국이나 소방서, 주변 지역 사회에서 일어나는 일들을 슬라이드나 동영상으로 만들어 보여주면 토의나 실제 놀이 활동의 전개가 활발해질 수 있다. 유아가 방문하거나 실제로 접하기 어려운 지역에 대한 슬라이드나 영화는 유아가 이들 지역에 대해 친숙하도록 돕는다.

필름이나 영상자료로 교사는 주변 세계에 대한 중요한 아이디어를 전달할 수 있다. 여러 종류의 집에 관한 이야기 나누기를 하고 필름을 통해 여러 형태의 집을 보는 것은 유아의 개념 발달에 도움이 된다.

녹음 자료도 사회 교육을 위한 좋은 학습 자료로 사용될 수 있다. 상업적으로 시판되는 녹음 자료뿐만 아니라 유아들 자신의 노래나 이야기를 녹음한 자료도 유용하게 사용될 수 있다. 비행장 견학 활동에서 녹음한 비행기 이·착륙 안내 방송, 비행기 엔진 소리 등을 어린이집이나 유치원에 돌아온 후에 다시 들어보면서 극화놀이 등을 통해 활동을 보다 확장해 나갈 수 있다.

이러한 교수메체는 사용하기 전에 교사가 내용을 확인하여 교육적 가치, 길이, 내용의 난이도, 진행되는 주제와의 관련성, 사용된 어휘, 제시된 개념 등이 적절한가를 점검하여야 한다.

(6) 견학 및 자원 인사의 활용

견학은 유아에게 교실 안에서 가능하지 않은 경험을 직접적으로 제공함으로써 주변 세계 및 사회적 현상에 대한 지식을 확장해 주는 가치 있는 교육 활동이다. 견학은 관찰하기, 자료 수집하기, 분류 및 조직하기, 해석하기, 결론 내리기 등의 사회 학습 기술발달을 돕는 좋은 기회를 제공하며, 학습에 대한 동기 유발에 도움이 될 수 있다.

견학이 효과적인 경험이 되기 위해서는 견학의 필요성을 분명히 인식하여야 한다. 별로 필요성을 느끼지 못하고 관심이 없는 장소의 견학은 그 견학에 대한 계획 및 준비가 소홀하게 되어 좋은 성과를 얻기가 어렵다. 가치 있는 견학을 위해서는 교사의 철저한 사전 계획 및 준비, 착오 없는 실행, 그리고 견학 후의 적절한 추후 놀이 활동이 요구된다.

견학을 위한 사전 활동으로 교사는 첫째, 견학의 목적을 뚜렷이 하고 이러한 목적을 가장 잘 만족시킬 수 있는 적절한 장소를 선정하여야 한다. 둘째, 견학 장소를 사전에 답사하여 견학 목적에 적합한 곳인가를 살펴보고, 견학 장소의 사정을 알아보고 관계자와 협의하여 일정을 정한다. 사전 답사에서 어떤 경로를 사용하여 무엇을 보여 줄 것인지, 소요 시간이 어느 정도인지, 간식 및 물을 마실 장소가 있는지, 화장실이 가까운지 등을 알아본다. 견학 당일에 유아를 안내해 줄 사람을 만나서 견학의 목적 및 취지를 설명하고 유아의 이해 수준을 고려한 설명을 부탁한다. 셋째, 사전 답사에 기초하여 교통편을 결정하고, 가정으로 견학 장소와 일시, 견학 목적, 견학 내용, 준비물, 출발 및 도착 예정 시간 등을 알리는 안내문을 발송한다. 부모나 주변의 자원봉사자로 견학 시에 도움을 줄 사람을 교섭하고, 날씨의 변화에 대한 예비 대책을 마련한다. 넷째, 견학을 떠나기 전에 유아들에게 견학 장소와 견학 목적을 설명하고, 필요에 따라서는 사전 답사에서 찍은 사진이나 동영상을 보여주면서 견학에 흥미를 갖게 한다. 유아들과 함께 견학에 편안한 복장 및 견학 태도, 필요한 규칙 등에 대해서도 이야기를 나눈다.

실제 견학 활동 동안에는 무엇을 볼지를 다시 말해 주고, 유아들이 스스로 관찰하고 탐색할 시간을 충분히 제공하도록 한다. 교사나 안내자는 지나치게 설명을 많이 하지 않도록 유의한다. 안전사고나 미아 사고가 없도록 주의하는 것도 필수적이다.

〈그림 6-2〉 버스회사 견학

견학을 마치고 어린이집 또는 유치원에 돌아와서는 유아들과 함께 견학에 대한 평가 시간을 갖는다. 견학이 재미있었는지, 무엇을 보았는지, 무엇을 알게 되었으며 느꼈는지, 견학 장소에서의 태도가 적절했는지, 미리 정했던 규칙들이 잘 지켜졌었는지 등에 대해서 평가해 보도록 한다. 견학과 관련된 사후 활동을 통해서 견학에서의 경험을 재구성하도록 도와준다. 토의 시간에 교사는 견학에서 가장 좋았던 것은 무엇이며 왜 그런지, 또는 가장 좋지 않았던 것은 무엇이며 왜 그런지를 질문하면 유아들의 생각을 파악할 수 있는 기회가 된다. 또한 견학할 때 찍은 사진을 보거나 녹음 자료를 들으면서 이야기 나누기를 할 수도 있다. 극화놀이 영역에는 견학 활동과 관련되는 소품을 준비하여 주어서 견학에서 얻은 경험을 극화 놀이를 통해서 자유롭게 재구성해 볼 수 있는 기회를 가질 수 있다.

견학 장소에서 보았던 내용을 사용하여 수수께끼 내기, 보고 느낀 것을 그려보기, 율동으로 해 보기, 동시 짓기 등을 사후 활동으로 진행할 수 있다. 블록을 사용하여 견학 장소에 대한 지도를 만들어 볼 수도 있다. 견학 경험과 관련하여 추가적으로 더 알고 싶은 내용들은 책 읽기나 필름 보기, 자원 인사 초빙하여 이야기 나누기 등을 통해서 탐색할 수 있다. 사후 활동에서 견학 시 도움을 받은 사람들에게 감사 편지나 카드를 보내도록 지도하는 것도 필요하다.

유아와 함께 하는 견학은 유아들이 걸어서 갈 수 있는 거리인 근거리 견학과 교통수단이 필요한 원거리 견학을 모두 포함한다. 유아의 사회 학습을 위한 견학 장소는 우체국, 소방서, 경찰서, 슈퍼마켓, 시장, 백화점, 주유소, 서점, 도서실, 꽃가게, 애완용 동물 가게, 목공소, 은행, 전화국, 방송국, 박물관, 과자 공장, 초등학교 등이며, 지역 여건과 유아들의 관심에 따라 달라질 수 있다. 유아들의 생활 경험과 관련짓기 어렵고 너무 새롭거나 익숙하지 않은 장소는 견학 장소로서 적절하지 않다.

유아들의 참여 의욕, 흥미, 개념 발달을 증진 시키는 구체적 경험은 견학 외에 교실에 초청한 자원 인사에 의해서 주어질 수 있다. 외국 거주 경험이 있거나 여행 경험이 있는 부모들이 초청되어 그 곳의 문화와 사회에 대해서 소개하거나 이야기 나누기에 참여할 수 있다. 소방대원, 경찰관, 의사, 교사, 목수, 방송인, 미술가, 슈퍼마켓 주인 등의 다양한 직업을 지닌 부모들을 초청하여 각 직업별로 하는 일에 대해서 이야기를 들을 수도 있고 실제 일하는 직장을 방문할 수도 있다. 교사는 초청된 자원 인사와 이야기 나누기를 할 때 자유롭게 묻고 답할 수 있도록 도와주고 자원 인사의 활용 목적에서 벗어나지 않도록 유의한다.

(7) 역할 놀이

역할 놀이는 유아가 사회 내의 다양한 상황이나 역할을 상상적인 사고를 통해 이야기식 가상적인 활동으로 전개하는 가작화 놀이를 의미한다(Garvey, 1977). 역할 놀이는 가작화가 이뤄진다는 점에서 가상놀이 또는 가장 놀이, 환상놀이, 상징 놀이의 요소를 포함하고 있으며, 또래와 어울려 일정한 극적 연출을 한다는 점에서 극놀이 또는 사회적 역할놀이의 성격을 갖기도 한다(유혜령, 2004).

역할 놀이를 통해 유아는 사회 내의 다양한 역할을 경험하면서 다른 사람들의 생각이나 감정에 접하게 되고, 이에 따라 점차 자기 중심성에서 벗어나고 감정 이입이나 다른 사람의 관점을 이해하는 사회인지 능력이 발달하게 된다. 역할 놀이에서의 가상활동은 사물과 행동을 상징적으로 변화시키는 능력, 상호작용을 통한 대화와 협상, 역할 선택, 대본 구성, 즉흥성, 공동계획, 협상, 문제해결, 목표 찾기, 사회 언어적 능력, 학습 기술 등 유아의 전인적 발달을 촉진시킨다(지성애·정현주·이영선·박유영, 2007; Lindsey & Mize, 2000; Johnson, Christie, & Yawkey, 2001).

유아의 역할 놀이가 원활히 일어나도록 도와주기 위해서 교사는 다음과 같은 점에 유의하여 지도한다.

① 역할 놀이를 위한 기본 준비

㉮ 역할 놀이 시간 배정

실내와 실외의 자유놀이 시간은 유아가 역할 놀이 아이디어를 계획하고 수행하기에 충분한 시간이다. 교사는 보다 많은 유아가 역할 놀이에 참여하는 것이 필요하다고 생각될 경우, 자유놀이 시간에 제공하는 다른 흥미 영역의 수를 줄일 수 있다. 유아들의 사회적 역할 놀이 참여 빈도는 모래놀이, 물놀이, 퍼즐 활동, 미술 활동이 제공될 때는 줄어드는 것으로 보고되었다(Rubin & Seibel, 1979). 따라서 일일 활동 계획 시에 자유 놀이 활동으로 역할 놀이를 강조하고 관련 활동을 다른 활동 시간대에 할 수 있도록 가끔 배려하는 것도 중요하다.

㉯ 역할 놀이 영역 기구 및 소품 준비

역할 놀이는 소꿉놀이 영역과 쌓기놀이 영역에서 주로 이루어진다. Tizard와 동료들(1976) 그리고 Field(1980)의 관찰 연구에 의하면 교실이 완전히 트여있는 배치보다 여러 흥미 영역 중심으로 배치되었을 때, 역할 놀이가 보다 많이 나타나고 유아들 간의 사회적 상호작용도 높았다. 또한 쌓기놀이 영역과 소꿉놀이 영역을 결합시켜 놓으면 다양하고 상호작용이 활발한 역할놀이가 이루어지며(Kinsman & Berk, 1982), 남아와 여아의 혼성 놀이가 증가하고 방관적 행동이 감소하는 것으로 나타났다(박승이, 1985).

극화 활동 주제별로 소품을 분류하여 모아 두는 것은 유아의 극화 활동에 많은 도움이 된다. Bender(1971)는 다양한 주제의 소품들을 각각 넣어 둘 수 있는 견고하면서도 가벼운 상자를 많이 준비해 두는 것이 소품들을 운반하고 보관하기 쉽다고 제안하였다.

② 역할 놀이를 연장, 확대해 줄 수 있는 경험의 제공 및 교사의 역할놀이 참여

견학, 책 읽어주기, 그림 자료 제시, 토의, 지역 사회 자원 인사 초청 등은 유아가 역할 놀이에 관심을 갖게되는 계기가 된다. 유아의 흥미와 경험에 기초하여 역할 놀이가 진행되고, 시간이 계획되고 공간과 자료가 구비되어진다면, 일반적으로 교사의 참여는 많이 필요하지 않다. 교사는 문제 해결을 돕고, 역할 결정에 갈등이 일어났을 때 다른 가능한 역할을 제시해 주며, 놀이가 확대될 때 부가적으로 필요한 소품들을 제공해 준다. 유아의 극놀이에 교사가 불쑥 끼어드는 것은 바람직하지 않으며, 유아가 도움을 필요로 하는 시점을 알아야 한다. 유아들이 극놀이 활동에 경험이 없을 때에는 보다 직접적인 교사의 관여가 필요하다.

교사는 Wolfgang(1977)이 제시한 바와 같이 개방적 관찰에서 구조적 행동 안내에 이르는 아래의 놀이 참여 방법 중에서 선택 결정하여 참여하는 것이 바람직하다.

〈그림 6-3〉 교사의 역할놀이 참여

① 유아의 극놀이를 방해하지 않고 관찰하는 것으로 놀이에 흥미 보이기
② 질문하기, 비지시적 제안하기 또는 일상적 소품 제공하기
③ 실제 역할을 맡아 유아와 함께 놀이함으로써 행동 모델 보이기
④ 필요한 경우에 직접적 제안을 하거나 특별한 가작화 행동이나 사회적 상호작용에 대해 분명한 시범 보이기

(8) 실내의 흥미 영역별 자유놀이 활동

역할놀이 영역 이외에 다른 흥미 영역에서의 활동을 통해서도 사회 교육이 이루어질 수 있다. 각 흥미 영역에서 이루어지는 활동들과 사회 교육과의 관계를 구체적으로 살펴보면 다음과 같다.

① 도서 · 언어 영역

유아는 교사, 성인, 다른 유아와 언어적 상호작용 속에서 다른 사람의 의견을 존중할 줄 알게 되어 원만한 대인 관계를 가질 수 있게 된다. 교사는 사회 교육의 다양한 주제를 다루는 도서를 제공하거나 유아들이 소책자를 만들도록 제안하여 사회 교육 경험을 재 강화할 수 있다.

② 수학 영역

방향과 위치 파악, 길 따라가기, 길이·넓이 측정하기, 사건의 순서 알기, 자료의 분류, 그래프 등의 수학 활동을 통하여 사회 교육의 기본 개념 형성을 도울 수 있다. 수학 활동은 개별 활동뿐만 아니라 다른 유아들과 함께 소집단 활동으로도 이루어질 수 있다. 따라서 다른 유아와 협동하는 과정에서 타인의 의견을 존중하고 이해하는 태도를 기르게 된다.

③ 과학 영역

과학 활동 영역에서 애완동물 기르기나 식물 기르기 활동들은 유아가 책임감을 가지고 동·식물을 돌보게 함으로써 자신이 맡은 일을 자율적으로 하는 경험을 할 수 있게 한다. 또한 유아는 생명의 존귀함을 배우게 됨으로써 자연을 사랑하고 보호하는 태도를 배운다. 이와 함께 유아는 정리 정돈 하는 생활 습관을 배우게 되어 청결한

태도를 갖게 되며, 나아가 타인을 위한 배려를 할 수 있게 된다.

④ 조형 영역

그리기나 찰흙놀이, 다양한 재료로 구성하기 등 조형 영역의 다양한 놀이를 통해 유아들은 서로의 의견을 교환하고 하나의 작업 목표를 향해 함께 협동할 기회도 가지게 되어 협동적, 사회적 행동 발달에 도움이 된다. 다른 유아와 함께 작업을 하는 기회를 통해 그 일 속에서 자기의 역할을 인식하게 되어 소속감을 가지게 된다. 또한 조형 영역에서의 활동을 통해 친구들의 생각이나 의견을 들을 수 있는 기회를 가지게 되어, 나와 다른 타인의 의견이나 감정 상태를 이해하게 된다.

유아는 다양한 미술 작품들을 감상하면서 작품 속에 나타난 그 시대 사람들의 생활 모습에 대해서 탐색해 볼 수 있고, 문화적 차이를 살펴볼 수 있다. 예를 들어, 수묵화 중심의 동양화와 채색화 중심의 서양화를 감상하면서 지역(동양과 서양)에 따른 표현 양식의 차이를 접할 수 있다. 또는 단원 김홍도의 풍속화를 감상하면서 옛날 우리 조상들의 옷, 머리 모양, 주거 형태, 생활 모습 등에 대해서 살펴볼 수 있다.

⑤ 쌓기 놀이 영역

블록은 유아기의 사회 교육 학습을 지지하는 데 효과적으로 사용될 수 있는 구체적 자료이다. 블록을 사용하여 유아는 집이나 학교 등을 구성할 수 있으며, 이러한 구성물은 유아의 표상 능력을 반영하며 동시에 이를 보다 발달시키기도 한다. 유아에게 블록을 제공하고 생각할 시간적 여유를 충분히 주면 매우 자세하게 사물을 표상해 내는 것을 볼 수 있다. 교사는 유아가 블록 외에도 상자, 상업적 레고 세트나 모형 등 다른 재료를 사용하여 특정한 장소의 모형을 만들도록 도울 수 있다.

쌓기 놀이를 할 때 여러 가지 소품들을 제공하여 주면 유아의 경험을 재구성하는 데 도움이 된다. 소품으로 나무나 플라스틱으로 만든 사람 모형이나 장난감 차, 트럭, 배, 비행기 등이 제공될 수 있다. 교통 신호와 신호등의 모형도 보다 사실적인 구성을 위해 첨가될 수 있다. 유아나 교사가 장소 표지판을 만들어 사용할 수도 있고, 종이나 플라스틱 줄을 사용하여 거리나 강을 나타낼 수 있다. 많은 일상 자료의 상상적인 활용은 유아의 구성 놀이를 확장하고, 창의성을 나타낼 기회를 준다.

쌓기 놀이 영역의 활동은 유아의 지도에 대한 개념 이해에 도움이 된다. 지도는 장소를 그림으로 나타낸 표상 방법이며, 사회 교육에서 학습하여야 할 중요한 상징체계이다. 유아는 삼차원적 표상이 이루어지는'블록'을 사용하여 장소를 표상하기 시작하면서 지도에 대한 이해가 점점 발달한다. 유아는 동물원을 견학한 후에 블록으로 지도를 구성해 볼 수 있다. 지도를 구성하면서 사물 간의 공간적 관계－멀리 떨어져 있는 것, 가까이 있는 것, 옆/뒤/앞에 있는 것, 같은 방향에 있는 것 등－를 탐색하게 된다. 삼차원적 표상으로부터 시작하여 이후에는 그림을 사용하여 지도를 만들어 보고, 마지막으로 순수한 상징을 사용한 지도로 전이되어야 한다(Spodek, 1976).

〈그림 6-4〉 블록으로 우리 동네 지도 만들기

⑥ 음률 영역

다 같이 하는 율동, 예를 들어 큰 원을 만들거나 두 줄로 서서 하는 율동을 통해 타인과의 상호 협조, 조화성, 질서감을 발달시켜 사회성 발달을 돕는다. 이러한 과정에서 자신 생각 만을 표현해서는 안 되며, 남과 함께 조화롭게 활동해야만 아름다움을 창조해 낼 수 있음을 인식하게 된다. 또한 여러 나라의 다양한 음악을 들으면서 그 문화와 생활에 대한 기초적인 이해를 도모할 수 있다.

⑦ 물 · 모래 놀이 영역

모래 놀이와 물놀이는 유아가 자연물을 가지고 놀면서 물리적 지식 형성의 기회를 제공하며, 긴장감을 해소하고 심리적으로 안정감을 지니도록 돕는다. 모래를 사용하여 구성물을 만들기 위해서 다른 유아와 협동할 수 있으며, 서로의 의견을 교환하고 문제가 생겼을 때 해결하는 과정에서 상대방의 권리를 존중하게 되고 자신과 타인을 이해할 수 있게 되며 타협하는 능력과 양보심이 생기게 된다.

(9) 주제 중심 활동

유아의 배경과 발달 정도를 고려하여 현재 유아가 관심과 흥미를 나타내는 상황 또는 사회 과학의 기본적 내용을 중심으로 유아와 함께 주제를 정하고, 이 주제를 중심으로 계획한 활동을 통해 사회 교육 경험이 이루어질 수 있다.

주제를 중심으로 교사의 지원으로 이루어지는 사회 교육 활동은 며칠 동안의 단기 계획과 몇 주 동안의 장기적인 계획으로 운영될 수 있다. 유치원에서 탐색하는 주제는 보통 유아의 직접적인 환경에서 나온다. 일반적으로 다루어지는 주제는 나, 집과 가족, 유치원, 이웃(상점, 슈퍼마켓, 주유소 등), 지역 사회(지역 사회 기관과 일하는 사람들), 교통과 통신, 세계 여러 나라 등으로 구성된다. 이외에도 '안전하게 작업하고 놀이하기', '작업과 놀이에서의 규칙' 등 매일의 활동에서 일어나는 특별한 문제 해결 상황을 중심으로 주제가 설정될 수도 있다.

교사 계획에 의한 주제 중심의 활동에는 앞에서 제시되었던 모든 활동 유형들이 활용될 수 있다. 주제 중심 사회 교육 활동에서 유아들은 중심 개념과 관련 개념을 포함하는 풍부한 경험을 하며 생각을 나눌 수 있다.

제4절 유아 사회 교육 활동의 예

1. 나를 알고 존중하기

1) 나를 알리고 소중히 여기기

(1) 정리 정돈하기

자신이 사용한 물건을 제자리에 정리 정돈하는 것을 통하여 유아는 자신의 행동에 대해 책임지는 것을 배우게 되며 이는 민주적 태도와 가치 형성의 기초가 된다.

교실 내의 모든 물건이 각각 정해진 장소에 있도록 교실 환경을 조직하는 것은 유아들의 정리 정돈을 도울 수 있는 첫 번째 방법이 된다. 물건의 각 위치에 그 물건들의 분류 표시를 함으로써 물건들이 어디에 있었는가를 유아들이 기억할 수 있도록 돕는다. 새 학기가 시작된 첫 주 동안에 정리 정돈하는 것과 정리 정돈이 중요한 이유를 이야기 나눈다. 유아들이 정리 정돈하는 것을 잊었을 경우, 교사는 "○○야, 그 퍼즐을 제자리에 가져다 놓았으면 좋겠다."라고 말하여 정리 정돈을 상기시킬 필요가 있다. 활동이 끝나고 모두 함께 정리 정돈을 할 때 교사도 함께 도우면서 "선생님은 이것들을 치울게. ○○는 저쪽에 있는 블록 조각을 치우도록 하자.", "○○를 도와서 함께 정리하자." 등의 제안을 하여, 유아들이 서로 도우며 함께 정리 정돈하도록 한다.

(2) 나의 과거와 현재

유아가 어릴 때 사진을 가져오도록 하여 처음 태어났을 때, 걷기 시작할 때 등 유아의 성장 단계를 보여줄 수 있는 사진을 시기별로 선정한다. 사진을 보면서 유아의 과거와 현재의 경험들에 대해 이야기를 나눈다. 교사는 유아들이 시간이 지나감에 따라서 일어난 변화에 대해 인식할 수 있도록 돕는다.

자료 사진들

2) 감정을 알고 상황에 맞게 표현하기

(1) 내가 기쁠 때/슬플 때

다양한 감정에 대해 이야기를 나눈 후, 자신이 기쁠 때와 슬플 때의 상황을 이야기 나눈다. 그림으로 그리거나 여러 가지 상황 컷 자료를 사용하여 언제 기쁘고 슬픈지에 관한 이야기를 지은 후 책으로 엮어서 기분 책을 만든다. 이때, 다른 유아들과 공유하는 기회를 마련하여 자신과는 다른 느낌과 생각을 가지는 다른 사람에 대해 인식할 수 있도록 한다. 이를 통해 유아들은 자신이 가지고 있는 느낌과 생각이 있음을 알고, 감정을 표현하는 어휘를 사용하여 자신의 기분을 표현할 수 있다.

자료 여러 가지 기분의 표정, 여러 가지 상황 컷 자료, 쓰기 도구, 종이

〈그림 6-5〉 내가 기쁠때 / 슬플 때

(2) 어떤 말을 할까요?

'행복해요, 뿌듯해요, 슬퍼요, 화가 나요, 기뻐요' 와 같은 친숙한 정서와 관련된 어휘가 적힌 게임판을 준비하여 주사위를 던져서 나온 수만큼 앞으로 가는 게임이다. 게임을 할 때 정서와 관련된 어휘가 적힌 칸에 도착하면 그 정서와 관련된 상황 카드를 찾아서 어떤 상황인지 설명하고 그 상황에 적절한 언어로 표현한다. 유아들은 사회적 상황에 맞는 언어로 표현하면서 자신과 타인의 정서를 이해하고 적절하게 의사소통 할 수 있게 된다. 상황 카드는 유아들이 직접 만들어서 사용할 수 있으며, 게임 규칙도 유아들과 의논하여 바꿀 수도 있다.

자료 친숙한 정서가 적혀진 게임판, 주사위, 말, 상황 카드(가족과 함께 여행을 갔을 때, 친구를 도와줬을 때, 방 정리를 했을 때, 엄마가 아프실 때, 내 장난감을 친구가 빼앗아 갔을 때, 선물을 받았을 때 등)

〈그림 6-6〉 어떤 말을 할까요

2. 더불어 생활하기

1) 가족을 소중히 여기기

(1) 다양한 반응이 나올 수 있는 이야기

문제 해결 상황에서 주인공이 어떠한 행동을 할 것인가를 결정해야 하는 이야기를 선택하여 들려주고, 주인공이 어떻게 해야 하는지를 유아들과 함께 이야기해 본다. 교사는 유아들의 대답에 대해 옳고 그름을 제시하지 않는다. 이야기에 따른 토론은 왜 주인공이 특정한 행동을 해야 하는가에 대한 유아들의 생각이 중심이 된다.

활동의 예

상황 : 현수는 철민이의 생일 초대를 받아서 철민이의 집에 가려고 했다. 철민이는 현수에게 자기의 생일 모임에 꼭 와서 축하해 달라고 초대했다. 그런데, 어머니가 바삐 나가시며 현수에게 동생을 돌보면서 집에 있어야 한다고 하셨다. 철민이의 생일에 가려니 동생을 돌보라는 어머니의 말씀이 생각나고, 그대로 집에 있으려니 꼭 와달라는 철민이의 초대가 생각났다. 철민이는 현수가 가장 좋아하는 친구이며, 현수는 철민이의 생일 모임에 꼭 가고 싶은데 어떻게 해야 할지 몰랐다.

교사는 유아들이 이 상황을 이해하고 문제가 무엇인지 파악하여 무엇을 할 수 있는지를 토론할 수 있도록 적절한 질문을 제시한다.

- 문제 구별 : 현수에게 어떤 일이 일어났니?
- 이 상황에서 할 수 있는 일 : 현수는 지금 무엇을 할 수 있을까? 어떤 행동을 할 수 있을까?
- 할 수 있는 결과로서 일어나는 일 : "만일 현수가 동생을 두고 철민이의 생일 모임에 갔다면 어떤 일이 일어났을까?", "만일 현수가 생일 초대를 받아서 동생을 돌볼 수 없다고 엄마에게 말씀드렸다면 어떤 일이 일어났을까?", "만일 현수가 철민이에게 전화해서 자기의 사정을 이야기했다면 어떤 일이 생겼을까?", "만일 현수가 동생을 돌보기 위해서 철민이의 생일 모임에 가지 않았다면 어떤 일이 일어났을까?" 등

자료 선택과 결정이 포함되는 이야기 내용

(2) 다양한 가족

얼굴색이 검은 인형을 사용하여 이야기를 지어 들려주면서 다문화 가족의 친구를 소개한다. 이야기를 들려준 인형을 교실에 제시하여 인형과 함께 생활하도록 한다. 교사는 인형의 역할을 맡아 유아들과 생활하면서 유아들이 다문화 가정에 대해 가지고 있는 고정관념(나와 다르게 생긴 것은 나쁘다)에 대해 생각하는 기회를 준다.

활동의 예

> 이야기 내용 : 존은 일곱 살 남자 친구이다. 존의 아빠는 한국 사람이고, 존의 엄마는 아프리카 사람이다. 친구들은 존의 얼굴색이 자신들과 다르다는 이유로 존을 멀리하고 놀리기까지 한다. 존은 매우 속상해하고, 친구들이 놀릴까 봐 친구들에게 먼저 다가가지도 못한다. 존은 한국뿐만 아니라 아프리카 언어, 날씨, 음식, 놀이 등에 대해서도 잘 알고 있다.

인형을 계기로 하여 유아들은 다른 나라의 기후와 음식, 놀이 등에 대해 쉽게 이해할 수 있을 뿐만 아니라, 우리 주변에는 여러 가지 특성을 가진 사람들이 있다는 것을 알 수 있다. 이 때 교사는 다른 나라의 특징이나 의상, 춤, 노래 등을 단편적으로 소개하는 관광식 교육이 아니라 다른 나라를 이해하고 수용하는 태도 중심으로 이루어지도록 한다.

2) 친구와 서로 도우며 사이좋게 지내기

(1) 서로 돕고 살아요

두 사람이 짝을 지어 한 사람은 눈을 가리고 다른 한 사람은 눈을 가린 사람을 목적지까지 도착하도록 안내하는 게임을 한다. 게임 후에, 어떤 점들이 불편했는지, 어려웠는지, 다른 사람을 도울 때의 기분은 어떠했는지 등을 이야기해 본다. 교사는 유아들에게 신체적으로 장애가 있거나 도움이 필요한 사람들을 이해하고 도울 수 있는 방법에 대해서 생각하고 토의할 수 있는 기회를 제공한다.

자료 눈가리개

3) 서로 다른 감정, 생각, 행동을 존중하기

(1) 서로를 이해해요

다양한 상황이 담긴 신문 사진이나 상황 카드를 보여주면서 무슨 일이 일어난 사진 같은지, 그 사진 속의 사람들은 어떤 표정을 하고 있으며 왜 그런 표정을 짓고 있는지, 사진 속 사람의 기분이 어떨지 이야기해 본다. 예를 들어, 실수로 다른 사람의 옷에 물감을 묻혔을 때, 실수로 친구의 깨끗한 옷에 물감을 묻힌 아이는 어떤 기분(미안하다, 놀라다, 당황하다 등)이 드는지, 옷에 물감이 묻은 친구는 기분(화가 난다, 기분이 나쁘다, 당황하다 등)이 어떨지에 대해 이야기하고 서로의 생각을 들어본다. 사진 속에서 일어난 일들이 나에게 일어났을 때에 어떻게 해결할 것인지에 대해서도 이야기 나눈다. 교사는 이러한 활동 속에서 유아들이 자신의 생각과 감정을 자유롭게 표현하고 다른 사람의 생각과 느낌을 공유할 수 있도록 돕는다.

〈그림 6-7〉 여러 가지 상황카드

자료 다양한 상황카드/사진(생일을 축하하는 모습, 다른 친구가 놀잇감을 빼앗을 때의 상황, 실수로 다른 사람의 옷에 물감을 묻히는 상황 등)

3. 사회에 관심 가지기

1) 내가 살고 있는 곳에 대해 궁금한 것 알아보기

(1) 우리에게 도움을 주는 기관과 사람들이 있어요.

동네를 돌아보면서 동네에 있는 가게와 기관에 대해 알아본다. 이때, 사진기를 사용하여 기록하면서 돌아본다. 유아들이 찍어 온 사진을 블록에 붙여서 쌓기 영역에서 사용할 수 있는 소품을 만든 후, 이 소품을 사용하여 동네를 구성하여 극화 놀이를 한다. 이를 통해 유아들은 우리 주변에 우리에게 도움을 주는 여러 사람들과 지역 사회의 여러 가지 기관에 관심을 갖는다.

자료 디지털 카메라, 프린터, 블록(벽돌 블록, 유니트 블록 등)

〈그림 6-8〉 우리에게 도움을 주는 기관과 사람들

(2) 보물찾기 놀이

실외 놀이터 전경을 그림으로 그리거나 사진으로 찍어서 실외 놀이터 지도를 만든다. 그림으로 그릴 때에는 여러 가지 놀이 기구를 어떻게 표시할 것인지에 대해 이야기를 나눈 후, 놀이기구의 특징을 살려 기호로 만들어서 표시한다. 만든 지도를 보면서 보물을 어디에 숨길 것인지 의논 한 후 지도에 표시하고, 표시한 곳에 보물을 숨긴다. 보물을 숨긴 후, 지도를 만들어서 표시할 수도 있다. 보물은 유아들이 의논하여 준비하는데 직접 만든 구성물이나 편지 등을 준비한다. 유아들이 만든 보물 지도를 들고 다니면서 보물을 찾는다. 교사는 유아들이 위, 아래, 옆 등의 용어를 사용하도록 격려하면서 방향에 대해 인식하고, 각 기호가 어떤 놀이기구를 나타내지는지 이해하고, 실외놀이터라는 공간을 조망할 수 있도록 돕는다.

- 보물을 어디에 숨길까? 나무의 어디에 숨길까?
- 다른 사람들이 미끄럼틀이라는 것을 알 수 있도록 간단하게 표시해 볼까?
- 이 표시는 바깥놀이터에 있는 것 중에서 무엇을 표시한 것 같니?

유아들은 위치와 장소를 나타내기 위해서 지도를 사용하면서 방향과 위치를 나타내는 용어를 익히는 등 방향과 위치에 대해 이해하게 된다.

자료 쓰기도구, 종이, 디지털 카메라, 프린터, 유아들이 준비한 보물(직접 만든 구성물 또는 편지)

〈그림 6-9〉 보물찾기

(3) 필요한 물건으로 바꿔요.

유아들은 자원은 무한한 것이 아니므로 아껴 쓰기, 재활용을 통하여 절약해야 함을 알고 직접 실천할 수 있다. 필요한 것만 구입하기, 물려주기, 바꿔서 사용하기 등 물건을 아껴 쓸 수 있는 여러 가지 방법에 대해 이야기를 나눈다. 가정에서 자신은 사용하지 않아서 필요 없는 물건이지만 다른 사람에게는 필요할 것 같은 물건을 선정하여 가져오도록 하고, 그 물건의 용도와 장점 등에 대해 생각해 본 후 광고문을 만든다. 각 유아들이 가정에서 가져온 물건들을 모아서 유아들과 의논하여 분류 기준을 정한 후, 기준대로 나누어서 전시한다. 유아들은 전시된 물건들을 보면서 자신에게 필요한 것, 갖고 싶은 것, 물건의 가치 등을 고려하여 어떤 물건과 바꿀지에 대해 계획한 후, 바꾸게 된다.

자료 여러 가지 물건(자신에게는 필요 없지만 다른 사람에게는 필요할 것 같은 물건), 쓰기도구, 종이

〈그림 6-10〉 필요한 물건으로 바꿔요.

2) 다양한 문화에 관심가지기

(1) 세계 여러 나라 사람들

이야기 나누기 시간에 대집단이나, 자유 선택 놀이 시간에 소집단으로 다른 나라 사람들의 축제일이나 생활에 관한 사진이나 동영상을 본다. 사진이나 동영상을 보고 난 후, 유아들과 소집단으로 이야기를 나눈다.

- 다른 나라 사람들이 하는 것과 우리가 하는 것들 중에서 같은 점과 다른 점
- 다른 나라 사람들의 집에 있는 것과 우리들의 집에 있는 것들 중에서 같은 것과 다른 것
- 특별한 날과 특별한 날의 축하 방법

만 5세 유아들은 지도에서 관심 있어 하는 나라를 찾아보도록 할 수 있다. 다른 나라의 음식, 노래나 춤, 간단한 인사 등을 연결하여 활동하면 더욱 효과적이다. 예를 들어 우리나라의 빈대떡, 이탈리아의 피자, 일본의 오꼬노미야끼처럼 비슷하나 문화에 따라 조금씩 다른 음식에 대해 이야기 나누고 직접 요리를 해서 먹을 수도 있다. 이를 통해 유아들은 모든 사람에게 의식주가 필요하고, 사람들의 풍습과 생활 방식에 차이가 있음에 대해 알게 되는 등 문화적 차이를 이해하게 된다.

자료 다른 나라 사람들의 생활에 관한 사진이나 동영상

〈그림 6-11〉 여러 나라의 비슷한 음식

참고문헌

교육부·보건복지부(2019). 2019 개정 누리과정: 해설서. 교육부 고시 제 2019-189호, 보건복자부 고시 제 2019-152호.

박승이 (1985). 물리적 환경변화가 유아의 놀이행동에 미치는 영향. 덕성여자대학교 석사학위 논문.

박찬옥·이경미·장명림 (2007). 유치원 교육과정 사회생활 영역의 개정방향 탐구. 유아교육연구, 27(1), 97-122.

유효순·이영자 (1986). 유아사회교육. 서울: 교문사.

유혜령 (2004). 유아의 역할놀이에 나타난 모방과 창조의 미학. 유아교육연구, 24(3), 277-304.

이경우 (1981). 요술의 원. 유아교육연구, 1, 29-36.

이영자·유효순·이정욱 (2001). 주제중심의 통합적 접근방법에 의한 유아사회교육. 서울: 교문사.

이은화·김영옥 (1993). 유아사회교육. 서울: 양서원.

지성애·정현주·이영선·박유영 (2007). 유치원과 초등학교에서의 역할놀이 현장 활용 비교. 유아교육연구, 27(1), 405-430.

Bender, J. (1971). Have you ever thought of a prop box? *Young children* (January) , 164-169.

Bredekamp, S. (Ed.). (1987). *Developmentally appropriate childhood programs serving children from birth through age 8*. Washington, D.C.: National Association for the Education of Young Children.

Field, T. M. (1980). Preschool play: Effects of teacher child ratio and organigation of classroom space. *Child Study Journal, 10*, 191-205.

Garvey, C. (1977). Play with language and speech. In Susan Ervin-Tripp and Claudia Mitchell-kernon. (Eds.), *Child discourse*. New York: Academic Press.

Hinitz, B. F. (1987). Social studies in early childhood education. In C. Seefelt (Ed.), *The early childhood curriculum: A review of current research*. New York: Teachers College Press.

Johnson, J. E., Christie, J. F., & Yawkey, T. D. (2001). *Play and early childhood development*. Glenview: Scott, Foresman & Company.

Kimsman, C. A., & Berk, L. E. (1982). Joining block and housekeeping areas: Changes in play and social behavior. In J. F. Brown (Ed.), *Curriculum planning for young children*. Washington, D.C.: NAEYC.

Krogh, S. L. (1995). *The integrated early childhood curriculum*. New York: McGraw-Hill, Inc.

Lindsey, E. W., & Mize, J. (2000). Parent-child physical and pretend play: Links to children's social competence. *Merrill-Palmer Quarterly, 46*(4), 565–591.

Michaelis, J. U. (1980). *Social studies for children: A guide to basic instruction*. New Jersey, Englewood Cliffs : Prentice Hall Inc.

NCSS (1989). *Social studies curriculum planning resources*. National Council for Social Studies.

Rubin, K, H., & Everett, B. (1982). Social perspective taking in young children, In S. G. Moore & C. R. Cooper (Eds.). *The Young Child : Reviews of research*, Vol. 3. Washington, D. C.: NAEYC.

Rubin, K. W., & Seibel, G. G. (1979). *The effects of ecological setting on the cognitive and social play behaviors of preschoolers*. Paper presented at the annual meeting of American Educational Research Association. San Francisco.

Schickedanz, T. A., Pergants, M. L., Kanosky, A., Blaney, A., & Ottinger, J. (1997). *Curriculum in early childhood*. Boston, MA : Allyn & Bacon.

Seefeldt, C. (1993). *Social studies for the preschool-primary child. Columbus*, OH : Macmillan Publishing Co.

_________ (1995). Transforming curriculum in social studies. In S. Bredekamp, & T. Rosegrant (Eds.), *Reaching potentials: Transforming early childhood curriculum and assessment* Vol. 2. Washington, DC: NAEYC.

_________ (1997). Social studies in the developmentally appropriate integrated curriculum. In C. H. Hart, D. C. Burts, & R. Charlesworth (Eds), *Integrated curriculum and developmentally appropriate practice*. Albany: State University of New York Press.

Spodek, B. (1976). *A block studies curriculum for early childhood education*. Urbana, Ill: ERIC Clearinghouse in early childhood education.

Sunal, C. S. (1993). Social studies in early childhood education. In B. Spodek(Ed.), *Handbook of research on the education of young children*. NY, New York : Macmillan Publishing Co.

Swiniarski, L. A., Breitorde, M. L., & Murphy, J. A. (1999). *Educating the global village including the young child in the world*. Merrill: Prentice Hall.

Taba, H., Durkin, M., & Fraenkel, J. (1971). *A teacher's handbook to elementary social studies. Reading*. MA : Addison–Wesley Publishing Company.

Tizard, P. P. (1976). Play in preschool centers Ⅱ : Effects on play of the child's social class and educational orientation of the center. *Journal of Child Psychology and Psychiatry, 17*, 265–274.

Vygotsky, L. (1986). *Thought and language*. Cambridge, MA : MIT.

Walsh, H. (1980). *Introducing the young child to the social world*. New York : Macmillan.

Wolfgang, C. (1977). *Helping aggressive and passive preschoolers through play*. Columbus, Ohio: Charles E. Merrill.

유아 교수·학습 방법

CHAPTER

07

수학 교육

본 장에서는 유아를 대상으로 수학 교육을 하는 목적은 무엇이며, 유아의 발달에 적합하게 수학 교육을 하려면 어떠한 방향으로 가야하는 지를 설명하였다. 또한 유아 수학 교육의 내용을 수와 연산, 공간과 도형, 측정, 규칙성과 관계, 자료의 이해와 같이 5개 영역으로 구분하여 제시하였으며, 유아가 수학을 의미 있는 것으로 받아들이고 흥미를 가지고 능동적으로 수학적 지식을 구성할 수 있도록 이끄는 지도 방법에 대하여 설명하였다.

제1절 유아 수학 교육의 기본 방향 및 목적

유아는 태어나면서부터 시작하여 계속적으로 수학적 경험을 하게 된다. 주변에서 볼 수 있는 여러 가지 물체들의 모양을 구별하고, 물체가 어느 곳에 있는지 그 위치를 탐색하거나 또는 커다란 공과 작은 공을 가지고 놀면서 크기에 관한 경험을 하게 된다. 뿐만 아니라 가지고 있는 장난감의 개수를 헤아리고, 누구의 과자가 더 많고/적은지를 비교하면서 양에 대한 초보적 개념을 형성하게 된다. 이와 같이 유아는 일상생활 속에서 수학적 경험을 할 수 있는 기회가 수없이 많으며, 이러한 과정을 통하여 직관적이며 자발적으로 수학에 대한 많은 비형식적 지식 즉, 비형식적 수학을 구성하게 된다.

비형식적 수학은 모든 유아가 자발적으로 말하기를 배우는 것과 같이 형식적 교육이 없이도 유아 스스로가 환경 속에서 능동적으로 구성하는 것이다(Ginsburg & Baron, 1993). 이는 Vygotsky(1986)가 '자발적 개념(spontaneous concept)'이라고 부르는 것에 해당된다. 자발적 개념은 유아의 일상생활 경험으로부터 나오며 직관적이고, 감정적이며 암묵적(implicit)이지만 과학적인 개념의 발달에 결정적인 역할을 한다. 과학적 개념(scientific concept)은 일관성이 있으며 명료하게 표현되고 논리적이며 잘 조직화된 형태로서 형식적 수학이 이에 해당된다. 정확하고 완전한 형태의 과학적 개념은 미숙하며 초보적인 형태의 자발적인 개념으로부터 발달된다. 유아가 지닌 비형식적 수학은 성인의 사고와 다르고 불완전할지라도 비교적 강력하며, 일상생활의 문제 해결에 유용하게 사용되고 이후의 학교 교육을 통해서 학습하게 되는 형식적 수학의 토대가 된다.

비형식적인 수학의 구성과 함께 유아는 수학이 무엇인지, 그리고 수학을 알고 수학을 한다는 것이 무슨 의미인지에 대한 신념을 형성해 간다. 또한 수학 학습자로서의 자신에 대한 신념을 형성해 간다. 이러한 신념은 이후 수학 학습과 관련된 유아의 사고, 수행 정도, 태도와 결정에 영향을 주게 된다(NCTM, 1999).

이와 같이 유아기 동안의 경험에 기초하여 수학적인 토대가 형성되므로 유아 수학 교육의 주된 목적은 첫째, 유아에게 일상적인 생활 속에서 나타나는 여러 상황으로부터 기초적인 수학적 지식을 구성해 가는 경험을 제공하고, 유아가 탐색과 발견, 문제 해결을 하는 데 수학을 사용할 수 있도록 하는 것이다. 이는 곧 유아가 지니고 있는 수학에 대한 자발적인 흥미를 자극하고, 자신의 비형식적 수학을 보완하고 심화시키도록 도와주는 것이다. 교사는 직관적이며 비형식적인 이해가 확장될 수 있고, 수학적으로 보다 명료하게 표현되도록 하는 환경을 제공하여야 한다.

둘째, 유아가 자신의 수학 학습에 대한 자신감을 지닐 수 있도록 하는 것이다. 유아가 수학을 배울 수 있고, 수학을 사용할 수 있다는 자신감을 지닐 때 수학에 대한 긍정적인 인식과 태도를 지니게 되고, 수학 학습에 대해서 동기 유발이 된다.

셋째, 유아들이 수학이 가치 있는 것임을 배우도록 하는 것이다. 유아는 수학이 자신에게 의미가 있고 배울 가치가 있다고 느낄 때 흥미를 보이며 즐겁게 수학에 접할 수 있다. 실생활에서 자신에게 중요한 문제해결과 관련하여 수학 학습이 이루어질 때 유아는 수학의 가치를 인식하게 된다.

유아가 어떻게 수학을 학습하는가에 대한 최근의 많은 연구는 유아 수학 교육의 기본 방향을 제시해 준다. 이들 연구는 사실과 기술의 반복적인 연습이 강조되는 교사 지시적인 교수에서 벗어나서 유아의 발달에 적합한 수학 교수가 이루어질 것을 제안하고 있다. NCTM(1991)에 의하면, 3~8세 유아를 위한 수학교육은 유아의 발달에 적합해야 하고, 발달에 적합한 수학 교육이란 자료 및 사람과의 상호작용과 탐색을 통한 유아들의 능동적인 수학 학습을 지지하고, 수학 학습 환경이 유아의 신체적, 사회·정서, 인지적 요구를 함께 고려하는 것이라고 하였다. Schoenfeld와 Stipek(2011)는 유아가 풍부한 활동에 노출되고 참여하는 것 자체가 수학 학습을 보장하는 것은 아니고, 활동을 통해 자신에게 의미 있는 수학에 몰입하고 수학적 기능과 이해를 발달시킬 때 학습이 이루어짐을 지적한 바 있다. 더불어, 유아의 수학 학습이 놀이만을 통해서 일어나는 것은 아니고, 놀이와 교사가 의도적으로 구성한 활동이나 교육과정 모두를 통해 이루어짐을 강조하였다(이정욱, 임수진, 마혜진, 박진이, 양지애, 이소정, 2021, 재인용). 최근까지 실시해 온 많은 연구들(Clements, 2004; Ginsburg, Greenes, Balfanz, 2003; NAEYC & NCTM, 2002)에 기초하여 이정욱과 유연화(2006)는 유아수학교육의 기본 방향을 다음과 같이 요약하고 있다.

첫째, 유아가 자신의 주변 세계를 이해하는 과정에서 자연스럽게 수학을 사용하고, 수학에 관한 흥미와 태도를 증진시킨다. 어린 유아에게 수학 학습을 위한 일정한 시간을 정해놓고 숫자카드나 학습지를 사용하여 반복·훈련을 통해 수학을 직접 가르치는 것은 유아들의 발달 수준에 적합하지 않을 뿐만 아니라 유아가 수학을 배우기도 전에 싫어하도록 만든다. 유아는 주변을 관찰 및 탐색하고 실험하는 과정에서, 놀이와 활동, 생활 속의 구체적인 문제를 해결하는 과정에서 수학을 학습하고 사용하는 것이 보다 적합하며, 수학에 관한 흥미와 태도를 증진시킬 수 있다.

〈그림 7-1〉 테셀레이션 퍼즐을 통한 도형 탐색

둘째, 유아의 경험과 현재 지니고 있는 지식을 인정하고 이에 기초하여 수학 교수가 이루어져야 한다. 유아는 일상생활 속에서 마주치는 수학적 사건들에 대한 자연적인 호기심을 지니며, '더 많다/더 적다'와 같은 양적인 개념, 또는 더하고 빼는 것에 대한 직관적인 이해와 같이 자발적으로 수학적 지식을 구성해 간다. 유아기 수학교육은 유아가 지니고 있는 비형식적인 지식을 파악하고, 이에 기초하여 교수-학습 활동을 제공함으로써 유아의 비형식적 수학을 보완하고 심화시키며 형식적 수학으로 연결해야 한다.

셋째, 문제해결, 추론, 연계, 표상 및 의사소통의 수학적 과정을 중심으로 수학 학습이 이루어져야 한다. 수와 연산, 공간과 도형, 측정, 규칙성, 자료 이해와 같은 수학 교육내용은 무엇을 가르칠 것인가에 대한 문제이며, 이들 내용을 어떻게 가르치고 학습해야 하는가는 수학적 과정에서 찾을 수 있다. 수학적 과정은 생활 속에서 부딪치는 문제를 수학적 사고와 추론에 의해 해결하는 것을 포함한다. 또한 수학은 규칙과 논리, 개념을 이해하는 것이므로 조사하고 탐구하고 발견해 나가는 과정에서 자신들의 수학적 추론과 아이디어를 말, 글, 그림, 그래프, 차트, 구체물을 사용해서 나타내고, 다른 사람들과 의사소통하는 것이 포함되어야 한다. 뿐만 아니라 수학적 아이디어 간의 관계를 인식하고 연계하면서, 그리고 수학적 개념을 다른 교과 영역들과 연계하는 과정에서 수학 학습이 이뤄져야 한다.

넷째, 수학적 개념 간의 관계 및 계통성을 고려하여 교육과정을 일관성 있게 구성해야 한다. 수학적 개념의 성장은 어떤 기초적인 내용을 기반으로 하여 그 위에 다른 내용을 더 첨가함으로써, 기초적인 내용과 새로운 내용을 일관성 있게 이어나가면서 이루어진다. 수학적 개념의 계통성은 교육과정을 구성할 때 논리적 연결성을 가지고 단계적으로 학습할 수 있게 한다. 예를 들어, 6이 얼마만큼의 양인지를 아는 수량 개념이 있어야 6을 1과 5, 2와 4, 또는 3와 3으로 가르는 수의 부분-부분-전체의 관계를 인식할수 있게 된다.

다섯째, 핵심적인 수학적 개념들을 깊이 있게 지속적으로 접할 수 있고, 도전적인 수학적 경험을 할 수 있는 기회를 제공해야 한다. 핵심적인 개념들은 여러 다른 활동과 상황에서 반복적으로 접할 수 있게 하여 유아가 단지 이들 개념에 노출되는 수준에 그치는 것이 아니라 탐색 및 탐구를 통해 학습한 개념을 활용할 수 있게 한다. 또한 유아에게 제공되는 수학적 경험이 유아가 이미 알고 있는 내용의 확인이나 반복에 그치지 않고 유아의 잠재적 발달 수준으로 이끌 수 있는 도전적인 경험이 되어야 한다.

여섯째, 유아에게 적합한 다양한 경험과 교수 전략을 통하여 수학적 개념, 방법, 언어를 적극적으로 소개한다. 유아는 놀이를 통해 자발적으로 많은 수학적 지식을 형성한다. 그러나 교사의 적절한 지원과 지도 없이 유아 스스로 하는 놀이만으로는 충분한 수학적 경험을 하기가 어렵고, 유아가 지니고 있는 잠재적 발달 수준에 도달하기 어렵다. 따라서 유아의 놀이와 정신세계를 존중하여 자유롭게 놀이할 충분한 기회를 제공하는 한편 교사가 수학적 개념, 방법, 언어를 적극적으로 소개하기 위해 계획하고 의도한 학습의 기회도 함께 제공해야 한다.

일곱째, 유아의 수학적 지식, 기능 및 전략을 주의 깊게 지속적으로 평가하여 유아의 학습을 지원한다. 교사는 유아의 진전과정에 근거해서 교수와 관련된 의사 결정을 해야 한다. 개별 유아에 대한 형식적 및 비형식적 평가를 통해 얻어진 정보에 의해서 유아의 진전과정이 결정된다. 관찰, 면담, 또는 포트폴리오 같은 평가 전략들을 사용하여 교사는 유아의 사고과정과 개념, 기능에 대한 이해 정도를 파악해야 한다.

이와 같이 유아들의 세계와 적절하게 연결된 발달에 적합한 수학적 경험들은 단순히 초등학교 수학에 대한 준비를 시키는 것이 아니라 유아가 자신의 아이디어를 보다 복잡하고도 풍부하게 탐색해 나가도록 이끈다.

제2절 유아 수학 교육 내용

그동안 유아 수학 교육은 수 개념의 발달이 주된 목표가 되어왔지만(Kamii, 1982), 최근 수학 교육의 개선 노력들은 현재는 물론 미래에 필요한 수학적 요구를 반영할 수 있도록 수학 교육이 광범위한 내용을 포함해야 한다고 강조하고 있다. 수학교육에서 보편적으로 중요하게 다루는 교육내용은 크게 수와 연산, 기하, 측정, 대수, 확률과 통계의 5개 영역으로 구분된다. 이에 기초했을 때 유아수학교육에서 포함하는 내용은 수와 연산, 공간과 도형, 측정, 규칙성과 관계, 자료의 이해로 제시할 수 있다(교육과학기술부, 2013; 김민경·홍혜경·이지현·이정욱, 2006; 이정욱·유연화, 2006; 이정욱 외, 2021). 이러한 유아수학교육의 내용체계는 우리나라 초등학교 수학과 교육과정의 내용 체계인 '수와 연산', '도형', '측정', '규칙성', '자료와 가능성'과 연계된다.

1. 수와 연산

교육내용	설명
일상생활에서 사용되는 수에 관심 갖기	물건의 개수를 말할 때, 키를 잴 때, 전화번호를 나타낼 때, 순서를 정할 때와 같이 일상생활에서 수가 사용되는 상황들을 경험하고, 수의 여러 가지 의미에 관심을 갖는다.
10까지 구체물 세기	하나, 둘, 셋과 같은 우리말 명수법과 일, 이, 삼과 같은 한자어 명수법을 사용하여 관습적으로 올바른 순서에 의해 10까지의 구체물 세기를 한다.
열 번째까지의 순서수 알기	일상생활 속에서 순서나 위치를 나타내기 위해서 사용되는 열 번째 정도까지의 순서수를 안다.
두 집합을 비교하여 많고/적음의 관계 비교하기	초기에는 눈으로 봐서 차이가 큰 두 집합의 크기를 비교하여 '더 많고/더 적은'의 관계를 탐색하고, 점차적으로 차이가 적은 두 집합의 크기를 수세기나 일대일 대응을 통해 비교해 본다. 또한 '더 많은/더 적은' 관계뿐만 아니라 '하나 더 많은/하나 더 적은' 관계도 살펴본다.
5와 10을 기준으로 수량 알기	특정한 수를 5와 10을 기준으로 이해한다는 것은 '7을 5보다 2 더 많은 수 또는 10보다 3 더 적은 수'로 생각할 수 있는 것이다(4절. 수학교육 활동의 예 참고)
10까지의 숫자 읽기 및 쓰기	숫자를 인식하고 읽으며, 숫자와 해당되는 수량을 연결할 수 있을 때 숫자를 쓰도록 한다.

교육내용	설명
10까지 수의 부분-부분-전체 관계 알기	수의 부분-부분-전체 관계는 특정한 수를 일정한 하위 수들의 조합으로 생각할 수 있는 것이다. 즉, 수를 가르고 모을 수 있는 것이다. 유아가 10까지의 적은 수를 다양한 구체물을 사용하여 부분-부분-전체 관계로 탐색할 수 있는 기회를 제공해야 한다. 그러나 수식(예 5=2+1+2)을 쓰거나 외워야 할 필요는 없다 (4절. 수학교육 활동의 예 참고)
10까지 수의 더하기와 빼기	일상생활의 구체적인 상황이나 조작할 수 있는 물체를 사용하여 10까지 수의 더하기나 빼기 경험을 한다.
동일한 크기의 부분으로 나누기	전체를 부분으로 나누어 보고, 부분들을 다시 전체로 만들어 보는 경험부터 시작하여 점차 동일한 크기의 부분들로 나누어 본다. 이러한 과정에서 분수 개념과 관련된 어휘들(부분, 전체, 나누어 보기, 조각, 같은 크기의 부분, 거의 하나의 전체 등)을 사용할 수 있는 기회를 제공한다. 일대일 대응을 통해 같은 수량으로 물체를 나눈다.
큰 수 세기	일상생활 속에서 익숙한 큰 수를 세는 경험을 한다. 10보다 큰 수에 대한 이해는 물체를 한 개씩 헤아려서 해당 수만큼 집합을 구성하는 것에서 시작한다.

2. 공간과 도형

교육내용	설명
방향과 위치	유아 자신을 중심으로 방향과 위치에 대한 탐색을 시작하여 점차 다른 사람이나 사물의 위치와 움직임을 설명한다.
경로 따라가기	경로를 따라서 움직이는 것이다. 예를 들면, 게임판에 그려진 경로에 따라서 말을 움직이는 것이다.
입체 도형	주위 환경에서 여러 가지 물체를 탐색하면서 입체 도형에 대한 인식이 시작된다. 입체 도형에 대한 이해는 정육면체, 원뿔과 같은 형식적인 명칭을 학습하는 것이 아니라, 둥글고 굴러갈 수 있는 것과 같이 물체의 특성을 인식하고 언어적으로 설명하는 것이다.
평면 도형	입체 도형의 한 면과 연결해서 평면 도형을 알아본다. 삼각형, 사각형, 원과 같은 형식적인 명칭보다는 세모, 네모, 동그라미와 같은 일상적인 용어를 사용하여 모양의 특성을 이해하고 구성해 본다. 크기나 방향을 다르게 제시해도 기본 평면 도형을 인식하고, 도형을 나누거나 합해 본다.
선대칭	물체, 사진 그림 또는 디자인이 대칭선을 중심으로 양편이 두 개의 똑같은 조각으로 나누어지는 것을 탐색한다.
공간 시각화	도형을 보거나 기억해서 그린다. 형태에 대한 설명대로 그리거나 만들어 본다.

3. 측정

교육내용	설명
측정 가능한 속성 인식	측정을 위해 가장 우선적으로 요구되는 것은 무엇을 측정하는가를 아는 것이다. 유아는 물체의 여러 속성 중에서 길이, 크기, 무게, 들이, 시간 등과 같이 측정 가능한 속성을 파악하는 것이 필요하다.
비교하고 순서 짓기	측정은 측정 가능한 속성을 준거로 물체들을 직접적으로 비교하고 순서 짓는 것에서 시작한다. 직접적인 비교 경험과 함께 유아가 적절한 비교용어 (~보다 길다/짧다, 더 크다/더 적다 등)를 사용하도록 지도한다.
비표준화 단위 (임의 단위)를 사용한 측정	유아의 측정활동은 비표준화된 단위를 사용한다. 손 뼘, 발걸음과 같이 신체를 측정 단위로 사용하는 것에서 시작하여 점차적으로 연필, 블록과 같은 임의단위를 사용한 측정으로 진행한다.

4. 규칙성과 관계

교육내용	설명
규칙 찾고 설명하기	주변에서 동작, 색, 소리, 무늬 등에 나타나는 반복되는 규칙을 관찰하고 말로 설명한다.
규칙 복사하기	주어진 규칙을 보고 그대로 복사한다. 예를 들어, 패턴 카드에 그려진 '네모 - 세모 - 네모 - 세모 - 네모 - 세모' 모양을 보고, 모양 구슬을 사용해서 그대로 따라서 꿰어본다.
규칙 이어가기	반복되는 규칙을 알고, 주어진 규칙에 따라 계속해서 이어간다.
규칙 전이하기	한 가지 유형으로 표현된 규칙을 다른 유형으로 바꾸어 표현한다. 예를 들어 '손뼉 치고 발 구르고'의 동작으로 표현된 패턴을 '△○'그림으로 그려보는 것이다.
규칙 만들기	유아 스스로 규칙을 창안해서 만든다.
동등 관계	같은 길이의 구슬 목걸이 만들기, 동일한 양으로 간식 나누기, 양팔 저울의 균형 잡기 등을 통해 같은/다른, 더 많은/더 적은, 균형 잡힌/불균형한 관계를 탐색한다.

5. 자료의 이해

교육내용	설명
분류하기	사물들의 속성을 탐색하여 같은 점과 차이점을 구별하고, 한 가지 준거를 사용하여 분류한다. 분류 경험이 증가하면 점차로 두 가지 준거를 동시에 사용하여 분류한다.
자료수집과 결과 제시하기	일상생활과 관계가 있는 주제를 선택하여 필요한 자료를 수집하고, 목록 만들기나 표, 그래프를 사용하여 정리, 조직할 수 있다. 유아의 그래프 활동은 구체물을 사용한 그래프에서 시작하여 그림이나 기호를 사용한 상징 그래프로 진행해 나간다.
가능성 탐색하기	생활 속의 경험에 기초하여 절대 일어나지 않을 사건과 반드시 일어나는 사건을 구분해 본다. 또한 일상적인 경험과 관련하여 '일어날 것 같다, 거의 일어날 것 같지 않다, 가능성이 크다, 가능성이 적다'와 같은 용어를 이해하고, 사건의 발생 가능성을 추론하는 경험을 갖는다.

제 3 절 유아 수학 교육 지도 방법

유아는 물리적, 사회적 환경과의 상호작용을 통하여 스스로 수학적 지식을 구성한다. 이러한 수학적 지식을 구성해 가는 초기 경험에 기초해서 유아들은 수학에 대한 성향을 발달시킨다. 그러므로 유아에게 긍정적이며 지원적인 수학 학습의 기회를 제공하여서 유아가 수학을 의미 있는 것으로 받아들이고 자신의 수학적 능력에 대해 자신감을 가질 수 있도록 이끌어야 한다. 이를 위해서 교사는 수학교육 내용과 교수 학습 방법에 대한 전문적 지식을 지니고 있어야 한다. 본 절에서는 유아의 발달에 적합한 수학 지도 방법을 교수 원리, 수학 영역의 구성, 놀이에 포함된 수학 읽기, 통합적 접근 방법, 그리고 수학 게임을 중심으로 알아보고자 한다.

1. 발달에 적합한 수학 교육을 위한 교수 원리

유아 중심의 발달에 적합한 수학 교육을 위한 기본 교수 원리를 살펴보면 다음과 같다.

① 유아를 위한 수학 교수는 유아가 지니고 있는 비형식적 지식에 기초하여야 한다(Ginsburg & Baron, 1993). 유아는 일상 생활 속에서 마주치는 수학적

사건들에 대한 자연적인 호기심을 지니며, '더 많다/더 적다'와 같은 양적인 개념, 또는 더하고 빼는 것에 대한 직관적인 이해와 같이 자발적으로 수학적 지식을 구성해 간다. 유아는 특히 자신이 흥미를 느끼는 주제에 대해서는 성인이 기대하는 것보다 훨씬 더 풍부한 지식을 지니기도 한다. 유아기 수학 교육의 효과적인 접근법은 유아가 지니고 있는 비형식적인 지식을 파악하고, 이에 기초하여 교수-학습 활동을 제공하여 유아의 비형식적 수학을 보완하고 심화시키면서 형식적 수학으로 연결해야 한다. 교사는 유아가 비형식적 경험을 통해서 자발적으로 형성한 한 가지 수학적 생각이 다른 상황에서는 어떻게 나타나는가를 계속적으로 경험할 수 있도록 다양한 활동을 제공하도록 한다. 이와 같이 동일한 개념을 여러 가지 다른 예를 통하여 탐색할 수 있는 기회를 제공함으로써 유아가 수학적 개념을 보다 깊이 있게 이해하고 확장시킬 수 있도록 돕는다.

② 유아가 직접적이며 구체적인 활동을 통하여 수학적 개념을 형성하도록 돕는다. 추상적 사고가 가능한 성인과는 달리 유아는 정신적 조작과 병행되는 구체물을 조작하면서 능동적으로 자신의 수학적 지식을 구성하게 된다. 유아에게 학습지를 중심으로 수학을 가르치는 것은 적절하지 않다. 학습지는 단어나 그림을 통해서 수학적 개념을 제시하는데 유아는 이러한 추상적 표상물을 사용하기 전에 구체적 사물을 통해서 정신적 조작을 경험하여야 한다. 그림도 구어나 문어보다는 덜 추상적이지만 여전히 추상적인 표상물이다. 수학적 경험을 제시하는데 그림이나 단어에만 의존하는 것은 유아에게 부담만 가중시키게 되며, 수학이 어려운 것이라고 생각하도록 만든다. 또한 학습지는 예제와 연습 문제 형식으로 수학을 가르치므로 수학적 개념에 대한 이해가 없이도 연습하여 암기에 의해서 문제를 해결하도록 한다(Spodek & Saracho, 1997).

③ 유아의 수학 학습은 문제 해결을 중심으로 이루어져야 한다. 수학 학습의 궁극적인 목적은 생활 속에서 부딪치는 문제를 수학적 사고와 추론 능력, 수학적 지식을 사용하여 보다 효과적으로 해결하고자 하는 것이다. 따라서 수학 학습은 실생활과 관련 없는 수학적 사실이나 절차를 단순히 암기하는 것이 아니라 실생활에서의 문제 해결을 통하여 수학적 관계를 이해하고 수학적 사고와 추리 능력을 발달시켜야 한다.

유아와의 문제 해결은 다음과 같이 자연적이며 비형식적인 문제들로 시작될 수 있다(Charlesworth, 1997).

- 오늘 우리 반에는 모두 몇 명의 친구들이 있니? 남자 친구는 몇 명인가? 여자 친구는 몇 명인가?
- 우리 분단의 친구들이 과자를 각자 4개씩 가질 수 있도록 해보자.
- 네가 쌓고 있는 탑의 높이가 블록 6개 이상을 넘지 않도록 하자.
- 우리 반 친구들이 초콜릿 아이스크림을 더 좋아하니, 아니면 딸기 아이스크림을 더 좋아하니?
- 우리 분단에 6명의 친구들이 있는데 컵은 3개가 있다. 모두가 컵을 한 개씩 가지려면 컵이 몇 개 더 있어야 하니? 어떻게 알았니?

이와 같이 실생활 속에서의 문제 해결을 통한 수학 학습이 이루어질 때 유아들은 수학이 생활과 동떨어진 것이 아니며, 유용하고 가치 있는 것임을 인식하게 되고, 수학 학습에 대해 동기 유발이 된다. 교사는 일상생활에서 일어나는 다양한 문제들을 수학 학습과 연결하고, 유아가 자신의 방법을 탐색할 수 있도록 충분한 시간을 주어야 한다.

④ 유아가 자신의 수학적 아이디어와 문제 해결 전략을 언어적으로 표현하도록 격려하고 돕는다. 유아는 자기의 생각과 하고 있는 것에 대하여 다른 사람과 의사소통할 수 있어야 한다. 유아가 구체물을 사용하여 수학적 상황이나 개념을 탐색하고, 이를 말하기, 쓰기, 그림, 다른 상징적 수단과 연결하여 표현하는 것은 수학적 이해를 위해서 중요하다. 교사는 유아에게 적절한 질문을 함으로써 자기의 생각을 명료화하고 확장시킬 수 있도록 한다. 또한 수학 활동을 하면서 유아들 간에 의사소통을 할 수 있는 기회를 마련해 주어야 한다.

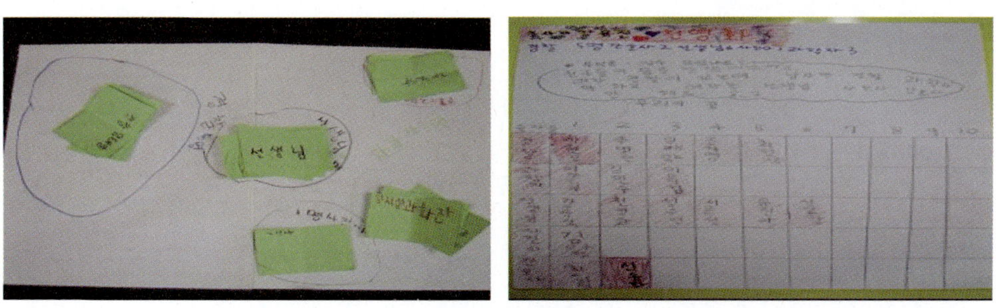

〈그림 7-2〉 '내가 되고 싶은 사람'에 대해 조사한 결과 나타내기

⑤ 교사는 다양한 교수 유형－자발적인 학습의 지원, 비형식적인 교수, 구조화된 교수－을 사용하여 유아의 수학 학습을 도와야 한다. Charlesworth와 Lind (1995)는 유아가 수학적 개념을 형성하는 세 가지 방법으로 자연적인 경험, 비형식적 경험, 그리고 구조화된 경험을 제시하였다. 자연적인 경험은 유아가 환경과 상호작용하여 물체나 사람을 탐색하면서 자발적으로 수학적 지식을 구성하는 것이다. 비형식적인 경험은 유아가 블록 쌓기나 정리 정돈과 같은 교실에서 일어나는 자연스러운 활동을 하고 있는 동안에 교사가 학습이 일어날 수 있는 순간을 포착하여 제안을 하거나 질문을 하거나 지적해 줌으로써 수학적 개념을 형성하도록 이끄는 것이다. 구조화된 경험은 교사가 유아의 수학적 이해를 돕기 위해서, 수학 학습 그 자체를 목적으로 특별히 구성한 경험들로서 수학 교구, 수학 게임 등이 포함된다.

유아기에 이루어지는 질 높은 학습은 흔히 자발적이며 비형식적인 활동을 통해서 이루어진다. 그러나 자발적, 비형식적 학습이 비계획적이거나 비체계적임을 의미하지는 않는다. 자발적, 비형식적 수학 학습이 이루어지기 위해서는 다양한 활동에 수학적 개념이 통합될 수 있도록 체계적으로 계획되어야 한다. 이영자와 이정욱(1997)의 연구는 유아 교사들이 자발적이며 비형식적인 학습을 강조하지만 실제 이들의 수업을 관찰한 결과, 교실에서 일어나는 자연스런 상황 및 활동을 수학 학습 기회로 잘 연결하지 못한다고 보고하였다. 따라서 교사는 유아의 수학적 이해를 돕기 위한 구조화된 경험뿐만 아니라 자발적, 비형식적 경험이 가능할 수 있도록 체계적인 계획을 하여야 한다.

2. 수학 영역의 구성

수학은 일상생활, 놀이 등 유아의 다양한 경험 안에서 일어나므로 유아교육기관 환경 전체가 수학 경험의 장(場)이 된다. 그러나 교실 안에 수학을 깊이 있게 탐색할 수 있는 별도의 수학 영역을 구성하면 유아의 수학적 경험을 보다 풍부하게 지원할 수 있다(이정욱 외, 2021).

수학 영역은 유아가 수학적 아이디어를 탐색하고, 검증해 보며, 토의하고, 적용하면서 발달시킬 수 있어야 한다. 탐구 중심의 환경을 제공하여 유아가 자료, 다른 유아 및 교사와 함께 활발한 상호작용이 가능하도록 한다. 수학 영역이 효과적으로 활용되기 위해서는 다양한 자료와 활동을 제공하여 능력, 학습 유형, 흥미, 요구 및 사전 경험에 있어서 차이가 있는 개별 유아들이 자신에게 적절한 자료를 사용하고 활동을 할 수 있어야 한다. 또한 수학적으로 흥미 있는 자료 및 활동을 제공해야 한다.

유아의 수학적 이해는 구체적인 자료를 가지고 직접 활동을 하면서 이루어지므로 수학 학습에 있어서 구체적인 활동 자료는 중요한 역할을 담당한다. 그러나 모든 구체적 자료가 유아의 수학적 이해를 돕는 것은 아니다. 수학 학습을 돕는 구체적 활동 자료는 다루고자 하는 수학적 개념을 잘 나타내는 것이어야 한다. 예를 들어, 유아가 큰 수 세기를 처음 할 때 사용되는 자료는 10개씩 미리 묶여져 있는 묶음 자료보다는 유아 스스로 수세기를 하면서 묶어볼 수 있는 비묶음 자료가 보다 적절하다. 좋은 활동 자료는 또한 다양한 범위의 수학적 아이디어를 탐색하는 데 적용이 가능한 자료이다. 예를 들어, 유니픽스 큐브(끼워 쌓을 수 있는 블록)는 수세기, 수 조작, 큰 수 세기, 측정 등에 모두 사용될 수 있다.

수학 영역에 제공되는 활동 자료들은 상품화된 자료, 교사 제작 자료, 그리고 유아들이 수집해온 자료(예 병뚜껑, 단추, 조개껍데기 등)들로 구성될 수 있다. 유아가 다양한 수학적 아이디어를 탐색할 수 있도록 수세기, 분류, 비교, 짝짓기, 모양 탐색, 측정, 패턴 만들기, 결합과 분리 등이 가능한 자료들이 포함되어야 한다. 이러한 자료들은 유아가 손쉽게 찾아서 사용할 수 있도록 선반이나 교구장에 잘 정리되어 있어야 한다. 작은 조각들로 구성된 활동 자료는 쟁반이나 투명한 플라스틱 통에 담아서 비치한다.

〈그림 7-3〉 수학 영역 구성의 예

3. 놀이에 포함된 수학 읽기

유아의 놀이에는 많은 수학 지식이 포함되고, 유아는 놀이를 통해 수학 지식과 기능을 형성할 수 있다. 예를 들어, 딱지놀이를 위해 딱지를 접으면서 네모난(정사각형) 종이를 반으로 접으면 긴 네모(직사각형)가 되지만 대각선으로 접으면 세모(삼각형)가 되는 것을 알게 된다. 이렇듯 놀이가 유아에게 수학 학습의 토대와 기회를 제공하는 것은 틀림이 없다. 그러나 모든 수학 학습이 놀이참여를 통해 자동적으로 일어나지는 않는다(이정욱 외, 2021). 교사의 적절한 지원과 지도가 없이 유아의 자유 놀이만으로 충분한 수학적 경험을 하기는 어렵기 때문이다.

놀이 맥락에서 유아가 수학을 배우도록 지원하려면 교사는 놀이 속에 어떤 수학 지식과 기능이 포함되는지를 파악하고 이를 읽어낼 수 있어야 한다. 이는 유아가 어떻게 수학을 학습하는지 그 과정을 이해하고, 수학 학습 내용에 관한 충분한 이해가 있어야 가능하다. 놀이에 포함된 수학 읽기에 기초하여 교사는 유아의 현재 수준에 적합하고, 심화된 이해를 발달시킬 수 있는 질 높은 수학 학습 경험을 제공할 수 있다. 교사는 유아의 놀이 상황에서 수와 연산, 공간과 도형, 측정, 규칙성, 자료 이해와 관련된 수학 개념과 기능을 읽어내고, 유아가 문제해결, 추론과 증명, 의사소통, 연계하기, 표상하기와 같은 수학적 과정에 의해 수학을 배우도록 지원하고 격려해야 한다.

유아의 놀이 안에 포함된 수학 읽기는 교사의 주의 깊은 관찰과 유아의 이야기에 귀 기울이는 것에서 시작한다. 예를 들어, 교사는 블록으로 탑을 높게 쌓아 올리는 놀이를 관찰하면서 "내 것이 네 것보다 크다"라는 유아들의 대화에 귀 기울이며 쌓기놀이에서 나타나는 유아의 비교하기 개념을 읽어낼 수 있다. 유아가 '크다'라는 용어를 사용하여 높이를 비교하는 것을 파악하고, 교사는 "그렇구나, 이 탑이 저 탑보다 더 **높구나**"와 같이 높이를 표현하는 정확한 비교용어를 사용하여 다시 말해줄 수 있다. 이후, 주변에서 높이에 주목하여 '(건물이)높다/낮다, 더 높다/더 낮다, 가장 높다/가장 낮다'와 같은 비교용어를 사용하는 기회를 제공한다. 또는 높이 비교와 관련된 동화를 들려주고 이야기 나누기 활동을 계획할 수 있다. 교사는 유아의 놀이와 정신세계를 존중하여 자유롭게 놀이할 기회를 충분히 제공하고, 그 안에서 발견되는 수학에 주목하고 이와 관련하여 계획한 학습의 기회를 유아에게 제공해야 한다. 더불어 교사는 유아가 수학적 상황에서 생각하는 방식이 성인과 다르며, 유아마다 독특할 수 있음에 유념해야 한다(이정욱 외, 2021).

4. 통합적 접근 방법

통합적 접근에 의한 수학 교육은 수학의 내용 영역 간의 통합 및 다른 교과 영역과의 통합을 모두 포함한다. 규칙성, 수, 연산, 공간과 기하, 측정, 자료의 조직 등은 모두가 서로 관련이 있는 수학의 내용 영역들이다. 예를 들어, 넓이의 측정은 수와 기하에 대한 이해가 함께 포함된다. 따라서 이들 내용 영역들은 가능하면 서로 간에 연결되어서 다루어질 수 있다. 유아의 수학 학습은 또한 일상생활 및 다른 교과 영역과 연결되어서 이루어져야 한다. 왜냐하면 유아는 블록과 점토, 게임과 퍼즐, 동화와 극놀이, 음악과 미술, 수학과 과학 등을 서로 연결하여 구성하면서 학습하기 때문이다.

통합적인 수학 교육은 유아 교육 기관에서 실시되고 있는 주제 학습에 의해서 이루어질 수 있다. 주제 학습은 탐색하고자 하는 특정한 주제를 선정하고 주제에 내포된 중요한 소개념들을 선정한 후, 이 개념들을 탐색하기 위해서 여러 교과를 통합하여 활동을 구성·실행함으로써 학습하는 것이다. 따라서 주제에 대한 탐색은 수학을 과학, 사회, 언어, 미술, 음악 및 동작과 통합시킬 수 있다.

주제 학습을 위해서 선정된 주제와 관련한 수학 교육의 내용 조직은 본 장의 앞부분에서 제시한 수학 교육 내용 체계(2절. 유아 수학 교육 내용 참고)를 기본 틀로 사용할 수 있다. 교사는 주제 학습을 위한 주제망을 작성한 후에 수학 교육 내용 체계와 연결을 지어서 유아의 흥미를 반영하고 수학 내용 학습에 적합한 활동을 구성한다.

선정된 주제 탐구 활동과 그 안에서 다루어지는 수학 내용영역과의 연결은 통합교육과정 안에서 어떤 수학 내용이 어느 정도 다루어지고 있는지를 교사 스스로 파악할 수 있게 하므로 잘 계획된 균형 있는 수학적 경험을 제공할 수 있다. 교사는 개별 주제가 탐구되는 동안에 수학 내용 영역이 모두 다루어지도록 활동을 구성할 수도 있고, 또는 유아들의 특성과 수학적 이해 정도에 따라 특정한 수학 내용 영역을 중점적으로 다루도록 활동을 구성할 수도 있다.

5. 수학 게임

게임을 통한 수학 학습은 유아의 수학적 이해를 돕고 학습에 대한 동기 유발을 강화시킨다. 게임은 유아가 서로 간에 의사 교환을 하도록 이끌며, 비판적·논리적 사고 패턴을 구성하도록 돕는다.

교사는 단순한 수학적 기능만을 연습시키는 낮은 수준의 게임만이 아니라 유아들의 수학적 사고를 발달시키기에 적절한 게임을 구성하여야 한다. 수학 게임은 수학적으로 흥미 있고 도전적인 내용으로서 유아가 수학적 개념, 관계 또는 기능을 학습할 수 있으며, 스스로 게임의 결과에 따른 성공 여부를 판단할 수 있도록 구성되어야 한다. 또한 유아가 적극적으로 참여하고 의사 교환할 수 있도록 재미있게 구성되어야 한다.

제 4 절 유아 수학 교육 활동의 예

1. 수와 연산

(1) 알아맞혀 보세요

수 영역에 게임을 원하는 몇 명의 유아를 모아서 이들 중에서 한 명을 술래로 뽑는다. 술래는 1~10까지 씌어진 숫자카드 10장에서 1장을 뽑고 다른 유아들은 술래가 뽑은 것이 어떤 숫자인지 질문을 통하여 맞힌다. 다른 유아들이 질문을 하면 술래는 '그것보다 크다', '그것보다는 적다' 등의 용어를 사용하여 각각의 추측에 반응한다. 숫자를 맞히면 다음의 술래를 정하여 계속한다. 유아들이 흥미 있어 하고 1~10까지의 숫자를 쓸 수 있으면, 다음 단계로 칠판에 추측된 숫자들을 기록하면서 숫자를 맞히거나, 1~10까지의 숫자를 칠판에 쓰고 하나씩 지워가면서 숫자를 알아맞힐 수 있다.

자료 1~10까지 씌어진 숫자 카드

(2) 5와 10의 관계는?

5개의 동일한 크기로 나누어진 두꺼운 종이판을 준비하고 작은 물체를 왼쪽에서 오른쪽으로 한 칸에 하나씩 올려놓도록 한다. 술래가 1에서 9까지의 수들 중에서 하나를 부르면(예를 들어 7) 5칸에 물체를 하나씩 놓고 나머지는 종이판 밑에 놓는다. 이러한 활동에 익숙해지면 1에서 10까지의 수들 중에서 하나를 부르고, 예를 들어 6이라고 부르면, 10개의 동일한 크기로 나누어진 수판 위에 한 칸에 한 개씩 물체를 놓고 10이 되기 위해서는 몇 개가 부족한지를 나머지 칸을 세어서 '10보다 4 적은 수'라고 대답하도록 한다.

자료 5개의 동일한 크기로 나누어진 종이판, 10개의 동일한 크기로 나누어진 종이판, 단추, 작은 블록, 조개껍질 등의 작은 물체

(3) 5 만들기

5만큼의 수를 모으고 가르는 경험을 통해 수의 부분-부분-전체의 관계를 알아보는 활동이다. 그림카드에 그려진 그림을 살펴보고 그림의 개수를 알아본다. 여러 장의 카드를 잘 섞어서 그림이 안 보이는 면으로 뒤집어 쌓아둔다. 유아들이 게임을 할 순서를 정하고, 순서대로 카드를 1장씩 뒤집어 열어본다. 뒤집어서 바닥에 펼쳐진 카드들이 같은 그림으로 합이 5가 되면 종을 친다(예 농구공 1개, 농구공 1개, 농구공 3개). 종을 친 유아가 합이 5가 되는 카드들을 가져간다. 합이 5가 되지 않는 카드들은 바닥에 펼쳐놓고, 쌓아 놓은 카드가 모두 뒤집어질 때까지 순서대로 카드를 열어본다. 합이 5가 되는 카드를 제일 많이 가져간 유아가 이긴다. 게임이 끝난 후, 5를 만드는 방법에는 어떤 것들이 있은 지를 이야기 한다.

자료 1~5까지의 그림이 그려진 카드 여러 장, 신호 종

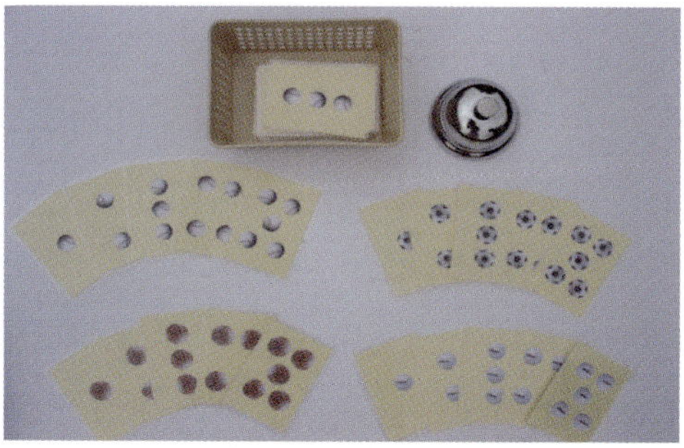

〈그림 7-4〉 5 만들기 그림카드

2. 공간과 도형

1) 가까이, 멀리 게임

유아들이 움직일 때 부딪히지 않을 정도로 넓게 선 다음, 북을 치면서 하는 교사의 지시(예 선생님의 앞으로 걸어오세요, 친구가 부딪히지 않게 뒤로 걸어가세요, 옆으로 걸어가세요)에 따라 '앞', '뒤', '옆'으로 움직여 본다. 다음에는 머리와 발을 가까이, 무릎과 팔꿈치를 가까이, 두 손을 가장 멀리 등 신체를 이용하여 '가까이' 그리고 '멀리' 움직일 수 있도록 한다. 활동이 진행되어 가면서 유아들이 직접 지시를 해볼 수 있도록 한다.

자료 북 또는 탬버린

(2) 모양 수수께끼

4~5명의 유아가 각자 모양카드를 1세트씩 가진다. 수수께끼 낼 사람을 정하면 해당 유아는 자신의 모양카드 세트에서 카드 1장을 고른 후, 카드 속에 그려진 모양을 단서로 문제를 낸다(예 동그라미가 있습니다. 세모가 2개 있습니다. 사다리 모양이 1개 있습니다 등). 나머지 유아들은 문제가 주어질 때마다 해당되지 않는 카드는 계속 내려놓는다. 카드가 한 장이 남게 되면 수수께끼를 낸 유아가 가지고 있는 카드와 동일한지 확인한다.

자료 모양 카드 4~5세트

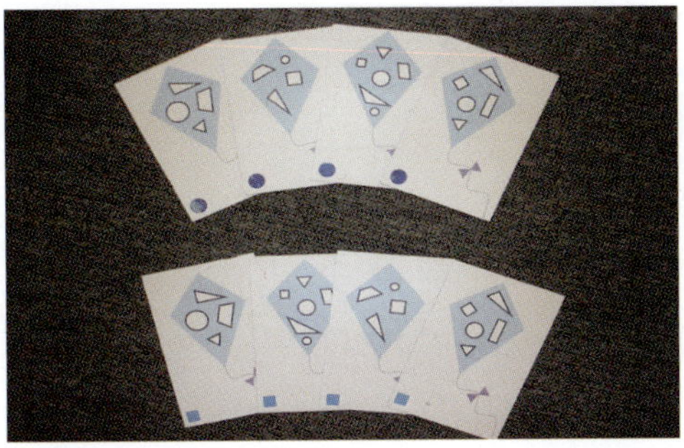

〈그림 7-5〉 모양 수수께끼 카드

(3) 모양이 나오게 돌려 보세요

도형의 돌리기에 따른 결과를 알아보는 활동이다. 쌓아 놓은 도형 카드를 1장씩 뒤집어 카드에 그려진 삼각형의 위치를 확인한다. 게임판의 삼각형을 돌려서 카드 그림과 같게 만든다. 얼마만큼 돌려야 카드 그림과 같게 되는지를 살펴본다. 유아들이 익숙해지면 주사위를 던져서 주사위의 수만큼 게임판의 삼각형을 이동하면 어떤 모양이 될지를 예측하게 한 다. 유아가 예측한 형태에 해당되는 도형 카드를 찾고, 게임판의 삼각형을 돌려서 맞는지를 확인한다.

자료 주사위, 도형 카드, 게임판

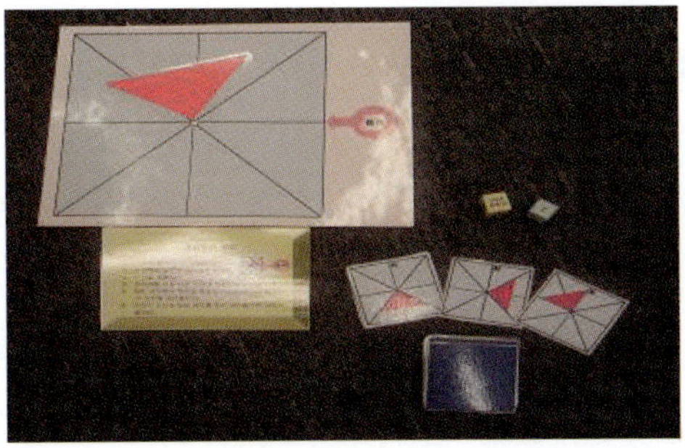

〈그림 7-6〉 도형 카드와 게임판

3. 측정

(1) 누구의 차가 더 멀리 갈까요?

유아들이 블록 영역에서 경사로를 만들어 장난감 자동차를 굴리면서 놀 때, 누구의 차가 가장 멀리 나갔는지를 비교해 볼 수 있다. 색 테이프나 끈, 줄 등을 사용하여 자동차가 굴러간 거리를 표시하고, 길이 비교를 한다. '~보다 더 길다/멀다', '~보다 더 짧다/더 가깝다', '가장 길다/멀다'등과 같은 비교어휘를 사용하도록 격려한다.

자료 주사위, 도형 카드, 게임판 블록, 장난감 자동차, 색 테이프

〈그림 7-7〉 길이 비교하기

(2) 몸으로 재어 보세요

유아들과 함께 종이(2절지)의 크기를 측정하는 방법에 대하여 다양한 의견을 나눈다. 우리의 신체를 사용하여 종이의 크기를 재어 볼 수도 있음을 이야기하고 종이의 크기를 미리 예측해 보도록 한다. 예를 들어, "우리가 이 종이 위에 올라가서 종이의 크기를 잰다면 종이 위에 몇 명이 올라갈 수 있을 것 같니?" 등의 질문을 할 수 있다. 유아들을 한 명씩 종이 위로 올라가게 하여 종이가 신발로 다 덮일 때까지 발의 크기를 연필로 그려서 측정한다. 활동 후에, 예측한 것이 맞았는지, 신체 단위로 측정할 때의 좋은 점과 불편한 점은 무엇인지 이야기해 본다. 다른 측정방법을 생각해 보고, 블록이나 삼각형, 사각형 등의 비표준화 단위를 사용하여 측정해 본다.

자료 2절지, 연필, 블록, 삼각형, 사각형

(3) 얼마나 걸릴까요?

언어 영역에 유아들이 활동하는 모습을 찍은 사진을 준비해 두고, 유아들과 함께 하루 동안에 유치원에서 어떤 일들을 하는지 순서대로 배열해 본다. 사진을 보면서 시간이 가장 길게 걸리는 활동, 짧게 걸리는 활동, 서로 비슷한 시간이 걸린다고 생각하는 활동 등에 대해 이야기해 본다. 모래시계를 사용하여 각 활동에 걸리는 시간을 측정하고 비교해 볼 수 있다. 이러한 활동은 유아들이 하루의 일과를 기억하여 시간적인 순서에 따라 배열하며 사건과 시간 사이의 관계에 대한 이해를 형성하도록 돕는다.

자료 유치원 일과 사진(활동 계획, 자유 선택 놀이 활동, 모임, 휴식, 바깥놀이, 정리 정돈, 귀가 등), 융판, 모래시계

4. 규칙성

(1) 축구장을 찾아라

그림카드에 축구공과 축구 골대가 어떤 규칙으로 배열되어 있는지를 살펴본다. 그림카드의 규칙에 따라 게임판 위에 말을 움직여 축구장까지 찾아간다. 유아가 주어진 규칙 찾기(예 AB 패턴:축구공−축구 골대)에 익숙해지면 게임판 위에서 축구장까지 갈 수 있는 또 다른 규칙(예 ABB 패턴:축구공−축구 골대−축구 골대)을 찾아서 움직이도록 한다.

자료 패턴 그림카드, 패턴 게임판, 운동선수 말

그림카드

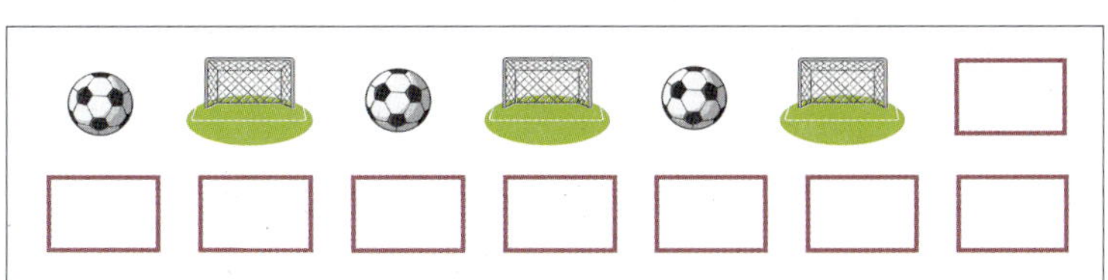

게임판

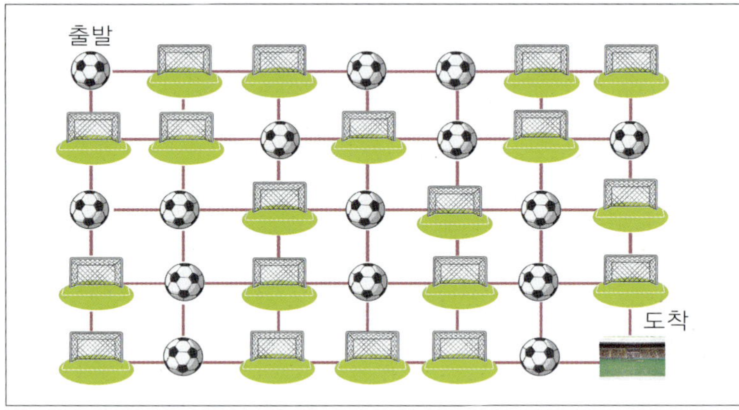

〈그림 7-8〉 패턴 카드와 게임판

(2) 몸을 움직여 만들어 보세요

유아들이 소그룹으로 모였을 때에 악기 소리나 신체를 이용하여 규칙 만들기를 하면, 규칙을 인식하고 설명하는 것뿐 아니라 규칙에 맞게 끼어 넣는 활동으로 발전시킬 수 있다. 예를 들어, (손뼉－발 구르기－손뼉－발 구르기－?－발 구르기), (앉기－일어서기－앉기－일어서기－?－일어서기－?)와 같이 일정한 규칙에 따라 신체를 움직이거나 (탬버린－짝짝이－트라이앵글－탬버린－짝짝이－트라이앵글－?－짝짝이－트라이앵글)의 과정 중에 적절한 순서에 맞추어 악기 소리를 내어 본다.

5. 자료의 이해

(1) 물체 모으기

여러 가지 물체, 예를 들어 단추 등을 모을 때, 단추의 크기, 색깔, 질감, 또는 단추 구멍의 수 등 자신들이 세운 기준에 따라 분류해 본다. 어떠한 기준을 사용하여 분류했는지를 이야기해 보고, 분류한 것을 종이에 그려본다.

자료 여러 가지 색과 크기, 모양의 단추, 다양한 종류의 뚜껑(화장품, 플러스펜, 사인펜, 세제병, 풀, 치약 등), 분류할 수 있는 접시, 16절 색도화지, 쓰기 도구

(2) 어떤 운동을 할 거니?

가을 운동회 때 우리 반 친구들이 하고 싶은 운동을 유아들이 조사하고, 조사한 결과를 그래프로 만들어 본다. 어떻게 알아볼 수 있는지를 의논하여 자료 수집 방법을 결정하고, 자료를 모은다. 만일 각 유아에게 직접 물어보기로 한다면, 여러 명이 동일 유아에게 반복적으로 질문하는 등의 시행착오를 겪으면서 유아들이 스스로 문제해결을 하도록 충분한 시간을 제공한다. 어떻게 하면 조사한 결과를 알아보기 쉽게 나타낼 수 있을까를 의논한다. 조사한 운동들을 같은 종류끼리 모아서 분류하고, 한눈에 잘 알아볼 수 있도록 나타내는 한 가지 방법으로 그래프를 만들어 본다.

자료 2절지, 스티커, 자, 쓰기 도구

〈그림 7-9〉 '우리 반 친구들이 하고 싶은 운동' 조사하기

참고문헌

교육과학기술부 (2013). 유치원 교육과정. 교육과학기술부 고시 제 2012-16호.

김민경·홍혜경·이지현·이정욱 (2006). 유아수학교육의 탐구. 서울:교우사.

이영자·이정욱 (1997). 유치원 교실에서 관찰된 만 3, 4, 5세 유아를 위한 언어 및 수학활동의 분석. 교육학연구, 35(4), 195-227.

이정욱·유연화 (2006). 유아수학교육. 서울:정민사.

이정욱·임수진·마혜진·박진이·양지애·이소정 (2021). 유아수학교육. 경기도 : 정민사.

Charlesworth, R. (1997). Mathematics in the developmentally appropriate integrated curriculum. In C. H. Hart, D. C. Burts, & R. Charlesworth (Eds.), *Integrated curriculum and developmentally appropriate practice*. Albany:State University of New York Press.

Charlesworth, R., & Lind, K. K. (1995). *Math and science for young children*. Albany, New York:Delmar.

Clements, D. H. (2004). Major themes and recommendations. In D. H. Clements & J. Sarama (Eds.), *Engaging young children in mathematics: Standards for early childhood mathematics education*. Mhawah, NJ:Lawrence Erlbaum Associates, Pub.

Ginsburg, H. P., & Baron, J. (1993). Cognition: Young children's construction of mathematics. In R. J. Jensen(Ed.). *Research ideas for the classroom: Early childhood mathematics*. New York:Macmillan Publishing Company.

Ginsburg, H. P., Greenes, C., & Balfanz, R. (2003). *Big math for little kids*. Parsippany, NJ:Pearson Education, Inc.

Kamii, C. K. (1982). *Number in preschool and kindergarten: Educational implications of Piaget's theory*. Washington, D.C.:National Association for the Education of Young Children.

McTighe, J., & Lyman, F. T. Jr. (1988). Cueing thinking in the classroom: The promise of theory-embedded tools. *Educational Leadership, 45*(7), 18-24.

Mulryan, C. M. (1992). Student passivity during small groups in mathematics. *Journal of Educational Research, 85*, 261-273.

NAEYC & NCTM (2002). *Early Childhood Mathematics: Promoting Good Beginning*. Position Statement. http://www.naeyc.rg/resources/position.statements/psmath.htm

National Council of Teachers of Mathematics (1991). *1991~1992 Handbook: NCTM goals*, leaders, and positions. Reston, Virginia : NCTM.

National Council of Teachers of Mathematics (1991). *Principles and standards for school mathematics: Grades Pre-K-2*. Reston, Virginia : NCTM.

Schoenfeld, A. H., & Stipek, D. (2011). Math matters: Children's mathematical journeys start early. *Report of the Pathways for Supporting Early Mathematics Learning Conference held November 7 & 8*. Berkeley, CA.

Spodek, B., & Saracho, O. N. (1997). *Right from the start teaching children ages three to eight*. 이윤경 · 최석란 · 신은수 (역), 서울 : 창지사(원본 발간일, 1990).

Vygotsky, L. S. (1986). *Thought and language*. Cambridge, MA : MIT Press.

CHAPTER

08

과학 교육

본 장에서는 교사가 사회적 세계에 대한 유아의 학습을 좀 더 효과적으로 지원할 수 있도록 유아사회교육의 정의 및 목적에 대해 살펴보고, 유아가 민주 사회의 구성원으로 적절하게 기능하기 위하여 필요한 사회 교육 내용을 제시하였다. 이와 함께 유아 사회 교육을 위한 교수 지침과 구체적인 지도 방법에 대해서 설명하였다.

제1절 유아 과학 교육의 기본 방향 및 목적

과학은 우리가 살고 있는 물리적 세계 속에서 나타나는 제반 현상을 이해하기 위하여 연구하고 해석하며 배우는 방법이다. 즉, 특정 사실들의 암기가 아니라 세계를 이해하기 위해서 사고하고 발견하는 과정이며, 발견한 것을 조직하고 보고하기 위한 체계인 것이다(Lind, 1997). 과학에는 특정 현상들에 관한 지식과 정보를 수집하고 평가하는 데 사용되는 일반적인 전략 또는 과정이 모두 포함된다. 우리가 계속적으로 연구를 통하여 획득하여 온 지식뿐만 아니라 물리적 세계를 연구하는 방법 또는 과정이 곧 과학인 것이다. 최근에는 환경에 대한 인간의 적응 문제에 과학을 적용하는 기술공학도 과학의 세 번째 측면으로 포함된다(Kilmer & Hofman, 1995). 과학에 대한 이러한 인식은 유아를 대상으로 하는 과학 교육이 어떠한 목적과 방향으로 실시되어야 하는지에 대한 시사점을 제시해 준다.

과학은 사고의 방법이며, 세상을 살아가는 방법이므로 유아는 과학을 배워야 하며, 과학적 소양을 갖추는 것은 유아의 권리이기도 하다(NAEYC, 2002). 유아기에 이루어지는 과학 교육은 유아가 과학적 경험에 적극적으로 참여하고 자신감을 지니게 하여 과학과 기술 공학에 대한 흥미 및 이해를 지속적으로 발달시킬 수 있는 확고한 토대를 형성하는 데 그 의의가 있다.

Kilmer와 Hofman(1995)은 전미과학교육개선센터(NCISE, 1990)에서 제시한 과학 교육의 목적을 인용하여 3세부터 8세까지의 유아를 위한 과학 교육의 목적을 다음과 같이 진술하고 있다.

첫째, 유아는 선천적으로 주변 세계에 대한 궁금증과 호기심을 지니고 있으며, 과학 교육은 유아의 이러한 호기심을 발달시키는 것이다. 이는 곧 과학에 대한 긍정적인 태도와 가치, 그리고 성향을 발달시키는 것으로서 개인적, 사회적 의사 결정에 과학적 기술 및 지식을 기꺼이 적용하고자 하는 학습자를 양성하게 된다.

둘째, 세계를 탐구하고, 문제를 해결하며 의사 결정을 하기 위한 과학적 방법 및 사고 기술을 확장시키는 것이다. 유아기에는 특수한 과학적 지식이나 사실보다 과학적 방법의 과정이 중요하다. 과학적인 과정은 관찰, 의사소통, 비교, 조직, 관계 짓기,

추론, 적용을 포함한다. 유아가 자신에게 흥미 있는 것을 탐구할 때 자연적으로 이러한 과정 중의 한 가지 또는 그 이상을 사용하게 된다.

셋째, 유아의 자연 세계(natural world)에 대한 지식을 증가시키는 것이다. 이러한 지식은 여러 사실들의 암기가 아니라 구체적인 자료와 물체, 실제 사례들을 가지고 이루어지는 과학적 경험을 통하여 형성된다.

이러한 목적을 지닌 유아 과학 교육은 어떠한 방향으로 실시되어야 하는가? 연구자들은 과학 학습의 최고의 방법은 실제로 과학을 하는 것이라고 제안한다. 즉, 질문을 제기하고 조사를 실시하여 자료를 수집하고 답을 찾는 것이다. 전미과학재단(National Science Foundation, 1992)은 과학 교육의 기본 방향을 능동적인 학습의 장려, 탐구와 문제 해결, 그리고 협력 학습을 장려하는 것이라고 하였다. 1995년 12월 미국 National Research Council에서 발표한 전미과학교육기준(National Science Education Standards)에서도 실제 과학을 하는 것이 강조되어야 하며, 과학적 탐구를 이해하고 사용할 수 있도록 가르쳐야 한다고 제안하였다. 또한 과학적 탐구는 관찰, 추론, 실험과 같은 과정 학습 이상의 단계라고 간주하였는데, 이는 과학적 추론과 비판적 사고를 사용하기 위해서는 과정적 기술을 과학적 지식과 연결할 수 있어야 하기 때문이다(Lind, 1997).

전미과학교육기준은 능동적 학습이라는 구성주의 관점에 기초하고 있는 탐구 중심 과학 교수가 다음과 같은 기능을 한다고 하였다(NRC, 1996).

- 과학적 개념의 이해 발달을 돕는다.
- 과학에서 어떻게 우리가 알게 되는가를 이해하게 한다.
- 과학의 성격에 대해 이해하게 한다.
- 자연 세계를 탐구하는 독립적인 탐구자가 되기 위해서 필요한 기술을 발달시킨다.
- 과학적 기술, 능력, 습관을 사용하는 성향을 발달시킨다.

어린 유아들과 하는 탐구 중심 과학 교수는 주변의 자연현상에 대한 계속적인 탐구를 통하여 이루어질 수 있다. 유아는 지적인 탐구자로서 스스로 발견하고 지식을 구성한다. 따라서 유아기의 과학 교육은 능동적이며 직접적인 조작(hands-on) 경험 중심의 탐구가 핵심이 되어야 한다(Lind, 1997; NRC, 1996; Rakow & Bell, 1998).

유아에게 과학 현상을 단순히 말로만 설명해 주는 것은 부적절하며, 과학적 사실의 암기 대신에 탐구 과정을 사용하도록 격려해야 한다. 이는 탐구과정을 통하여 과학적 지식 구성의 과정이 일어나기 때문이다(곽향림, 2005).

탐구 중심의 과학 교육은 유아가 일상생활에서 나오는 자신의 질문에 대해 스스로 답을 찾도록 지도한다. 창가에서 자라는 여러 가지 식물을 보면서, 빨대로 우유를 마실 때 우연히 공기를 불어 이루어지는 방울을 보면서, 전자레인지에서 몇 분 내에 음식이 익는 것을 보면서 유아는 여러 가지 의문을 가지게 된다. 이러한 의문으로부터 시작되는 탐구는 유아에게 의미가 있으며 발달에 적합한 과학적 경험이 된다. 유아는 간단한 조사를 계획·실행하고 검토하며, 간단한 도구나 자료를 사용하여 자료를 수집하고 이를 토대로 자신의 질문에 대한 답을 찾을 수 있다. 이러한 탐구 과정을 통하여 유아는 주변 환경에 대해 인식하게 되며, 자연현상에 대한 지식을 증가시키게 된다. 또한 체계적이며 사려 깊은 방법으로 탐색하는 기술을 발달시킬 수 있게 된다.

제 2 절 유아 과학 교육의 내용

유아는 타고난 호기심을 가지고 주변 세계를 활발히 탐구해 가면서 과학적 개념을 형성하게 된다. 과학 교육은 유아의 이러한 탐구에 필요한 과학적 기술 및 자발적으로 형성해 온 개념들과 연결하여 자연 세계에 대한 이해를 도울 수 있는 기초적인 경험들을 제공하여야 한다. 따라서 유아를 위한 과학 교육의 내용은 과학적 기술과 기초적인 과학적 개념으로 구성될 수 있다.

1. 유아에게 적합한 과학적 기술

과학이란 계속 묻고 답하는 과정이며, 답을 구하는 과정에는 여러 가지 방법이 있음을 경험해 보기 위해서는 탐구 과정에 필요한 기본적인 과학적 기술을 지녀야 한다. 유아의 탐구 활동에 포함되는 과학적 기술들은 다음과 같이 요약될 수 있다(Lind,

1997; Schickedanz, et al., 1983; Carin & Sund, 1980)

① 관찰
② 비교
③ 분류
④ 가설 설정
⑤ 실험
⑥ 의사소통

(1) 관찰

과학적 탐구를 위한 가장 기본적인 기술이 관찰이다. 관찰은 보고, 듣고, 맛보고, 만져보는 등의 감각을 사용하여 환경의 특성에 관하여 배우는 것이며 자료를 수집하는 것이다. 뿐만 아니라 관찰한 것을 정확하게 묘사하는 것까지 포함한다.

좋은 관찰은 분명하게 드러나는 것뿐만 아니라 포착하기 힘든 것도 지각하는 것을 의미한다. 유아가 해석을 위해 좋은 지각을 하려면 관찰할 때 의미 있는 세부 사항에 집중을 많이 해야 한다. 그러나 유아는 때로는 시선을 향해도 구체적인 것을 보지 못할 때가 있다. 교사는 유아가 중요한 세부 사실에 주의를 집중시키도록 방향을 제시할 필요가 있다. 교사는 유아기에 필요한 정보 수집을 위해 모든 감각을 사용할 줄 아는 기본 관찰 능력이 길러지도록 유의해야 한다.

(2) 비교

비교는 사물에서 나타나는 유사점과 차이점을 찾는 것으로 유아가 사물이 지닌 속성, 예를 들면, 크다/작다, 길다/짧다/, 가볍다/무겁다와 같은 점에 주목할 때 시작된다. 유아는 점차적으로 비교할 수 있는 사물의 속성에 대한 인식이 증가되며, 이러한 비교 기술의 사용은 과학적 탐구를 가능하게 한다.

(3) 분류

분류는 유아가 관찰한 것을 정리·조직하도록 돕는다. 유아는 단순한 물리적 속성에 기초하여 수집된 자료나 정보를 분류하는 것을 즐긴다. 초기에는 한 가지 특징,

즉 크기, 모양, 색 같은 한 가지 물리적 속성만을 고려하지만 점차적으로 여러 가지 속성을 고려하여 물체를 분류할 수 있게 되고, 좀 더 후에는 물리적 속성 외에도 기능에 의해서 물체를 분류하게 된다.

분류는 큰 범주 내에 하위 범주가 포함된다. 예를 들어, 동물의 범주에 포유류와 파충류의 하위 유목이 있다면 이들 각각에는 더 하위의 유목이 포함된다. 또는 크기라는 유목에서 큰 모양과 작은 모양의 하위 유목으로 나눌 수 있고, 이것을 다시 삼각형, 사각형, 원으로 나눌 수도 있다. 하위 유목을 만들고 전체-부분 관계를 인식하는 데 포함되는 논리적 기술은 과학적 정보 조직을 돕는 강력한 도구가 된다.

(4) 가설 형성

관찰을 한 후에 유아는 관찰한 결과를 일반화하거나 가설을 형성할 수 있어야 한다. 가설 형성과 관련하여 교사의 역할이 중요하다. 교사는 유아에게 질문하거나 유아 스스로 질문하도록 돕고, 유아가 자신의 아이디어를 분석하고 시험해보며 새로운 가설을 구성하도록 도와야 한다.

예를 들어, 자석에 붙는 여러 가지 물체들을 관찰하고 있는 유아들에게 "이것은 자석에 붙을까? 자석에 붙는 것이 어떤 것일지 추측해 보고 모두 적어보자. 그리고 정말 자석에 붙는지 시험해 보자."와 같은 질문을 제시한다. 유아들의 토론은 "쇠붙이로 만든 것은 모두 자석에 붙는다."라는 가설을 이끌어내게 되고, 유아들은 이 가설을 검증하기 위해서 새로운 탐색을 하게 되며 새로운 가설을 다시 구성하게 된다.

가설이 형성된 후에야 실제 이 아이디어를 검증하여 일반화할 수 있기 때문에 가설 형성 기술은 유아기부터 길러져야 할 중요한 과학적 기술이 된다.

(5) 실험

유아가 자신의 질문에 대한 답을 탐색하기 위해서, 그리고 가설을 검증하기 위해서는 실험이 요구되며, 이는 유아가 가장 즐기는 탐구 과정이다. 유아는 항상 자기 생각을 검증하는 데 열심이다. 어린 유아는 체계적인 관찰에 기초한 조사 활동에서 시작하여 점차적으로 간단한 실험을 실시할 수 있게 된다. 예를 들어, 경사판 위에 장난감 자동차를 올려놓고 굴릴 때, 어떻게 하면 빨리 또는 느리게 가도록 할 수 있는지를 알고 싶은 유아는 경사판의 높이를 변화시켜가면서 탐색하여 자신이 형성한 가설을 검증하게 된다.

(6) 의사소통

과학적 기술로서의 의사소통은 유아가 다른 유아들과 기꺼이 정보를 공유하는 것과 다른 사람의 관점을 고려하는 것을 포함한다. 유아는 자신의 생각, 탐구 과정 또는 탐구 결과를 다른 사람들에게 전달할 수 있고, 또한 다른 사람들의 생각을 들을 줄 알아야 한다. 의사소통은 다양한 방법으로 이루어질 수 있다. 예를 들면, 말로서 설명하는 것 외에도 모래로 만든 댐과 같이 삼차원적 모델, 그림, 그래프를 사용해서 의사소통을 할 수 있다.

위에서 살펴본 과학적 기술들은 유아가 호기심을 가지고 탐구하는 과정에서 부분적으로 또는 모두 사용될 수 있다.

2. 기초적인 과학적 개념

유아는 흥미 있는 문제나 주제에 대한 탐구 과정을 통하여 과학적 개념들을 형성하게 된다. 그러나 유아의 발달적 특성상 정교하고 확고한 과학적 지식의 구성은 어려우므로 너무 많은 개념을 다루는 것은 바람직하지 않다. 그보다는 적은 수라도 핵심적이며 개별 유아가 관심을 가지는 개념을 지속적으로 반복하고 심화시켜서 정확한 개념을 구성하는 것이 바람직하다(조부경·곽향림·이정욱, 2007).

교사는 유아가 형성하기를 기대하는 과학적 개념들에 대하여 명확한 생각을 가지고 있어야 하며, 이 경우에 유아는 이 개념들을 보다 잘 학습할 수 있다. 교사가 기본적인 과학적 개념에 대한 이해가 없으면 유아에게 필요한 과학 학습 환경을 준비하여 제공할 수 없고 적절한 지도를 할 수도 없다.

여러 연구자들은 과학 교육 내용으로 유아에게 적합한 핵심적인 과학 개념들이 무엇인가를 제시하여 왔다. Craig(1958)는 과학에서 다루어야 할 기본 개념으로 다음의 개념을 들고 있다.

① 공간 개념:우주는 매우 넓다.
② 시간 개념:지구는 매우 오래되었다.
③ 변화의 개념:우주는 계속 변화하고 있다.
④ 상호 의존, 상호 연관성의 개념:생명체는 서로 상호 의존한다.
⑤ 다양성의 개념:우주에는 많은 다양한 것들이 존재한다.
⑥ 적응의 개념:생명체는 환경에 적응한다.
⑦ 평형과 균형의 개념:힘의 상호작용이 있다.

Blough와 Schwartz(1979)는 과학 개념을 생물, 지구와 우주, 물질과 에너지의 세 가지 영역으로 분류하였고, 이러한 분류를 기초로 Schickedanz와 동료들(1983)은 유아기에 다루어질 과학적 개념을 구체적으로 제시하였다.

미국의 과학교육기준은 전통적인 과학 학문 영역과 K−12학년 간을 연결하는 구체적인 과학 개념과 과정들을 ① 체계들, 순서와 조직, ② 증거, 모델과 설명, ③ 일관성, 변화와 측정, ④ 진화와 평형, ⑤ 형태와 기능으로 제시하였다. 이러한 기본적인 개념들은 물리 과학, 생명 과학, 지구 및 우주 과학 영역의 내용을 다루면서 탐구되어야 한다. 전미과학교육기준이 물리 과학, 생명 과학, 지구 및 우주 과학 영역에서 유아의 발달에 적합한 중요한 내용으로 제시하고 있는 것은 다음과 같다(Rakow & Bell, 1998).

물리과학	• 물체와 물질의 속성 • 빛, 열, 전기, 자석	• 물체의 위치와 움직임
생명과학	• 생명체의 특성 • 생명체와 환경	• 생명체의 일생
지구 및 우주과학	• 지구 구성 물질의 속성 • 지구와 하늘에서의 변화	• 하늘에 있는 것들

유아기에 적합한 과학적 개념에 대한 여러 연구자들의 견해(곽향림, 2004; 신은수·안경숙·유윤영·김은정, 1994; Craig, 1958; Lind, 1997; NRC, 1996; Rakow & Bell, 1998; Schichedanz, Pergantis, Kanosky, Blaney, & Ottinger, 1997)에 기초하여 본 절에서는 다음과 같이 과학 교육 내용으로 포함될 기초적인 과학적 개념들을 설명하고자 한다.

(1) 나와 생물의 생활

주제	개념
나	• 나는 자라고 변한다. • 내 몸은 여러 부분으로 되어 있다. • 내 몸의 각 부분의 기능과 역할은 다르다.
동물	• 동물들은 털, 가죽, 껍질 등으로 몸을 싸고 있으며, 이는 다른 동물들과 극심한 기후로부터 보호하는 기능을 한다. • 동물들은 먹이에 기초해서 분류될 수 있다. • 동물들은 사는 장소가 다르다. • 동물은 성장하면서 변화한다.
식물	• 식물은 기후와 동물로부터 자신을 보호한다. • 식물의 성장에는 빛, 공기, 물이 필요하다 • 식물은 여러 가지 방법으로 씨를 흩어지게 한다. • 식물은 자신의 환경에 적합하게 되어 있다.
상호 의존성	• 인간, 동물, 식물은 서로에게 의존적이다.

(2) 물리적 세계

주제	개념
물체와 물질의 속성	• 감각을 사용하여 물체의 속성(크기, 모양, 딱딱함과 부드러움 등)을 알 수 있다. • 물에 뜨는 물체와 가라앉는 물체가 있다. • 물질은 고체, 액체, 기체의 상태로 되어 있다.
위치와 움직임	• 물체는 밀거나 당김으로써 움직일 수 있다. • 물체는 어떠한 방향으로 움직인다.
공기	• 공기는 눈에 보이지 않지만 사람이 생활하는 곳 어디에나 있다. • 공기의 움직임을 바람이라고 한다.
소리	• 소리는 진동에 의해서 생긴다. • 소리에는 크기, 높낮이, 빠르기가 있다.
빛	• 빛이 없으면 볼 수 없다. • 빛을 가리면 그림자가 생긴다.
열 · 전기	• 열은 물질의 상태를 액체에서 기체로 또는 액체에서 고체로와 같이 한 형태에서 다른 형태로 변화시킨다. • 열은 장애물이나 절연체의 사용에 따라서 전달되거나 전달되지 않기도 한다. • 전기는 우리 주위에서 만들어질 수 있다. • 전기가 통하는 물체와 통하지 않는 물체가 있다.

주제	개념
자석	• 여러 가지 종류의 자석이 있다. • 자석에는 붙는 물체와 붙지 않는 물체가 있다. • 자석에는 양극이 있다. • 자석은 같은 극끼리는 밀치고 다른 극끼리는 서로 당기는 힘이 있다.

(3) 지구와 우주

주제	개념
지구 구성 물질	• 지구의 표면은 땅으로 덮인 부분과 물로 덮인 부분으로 되어 있다. • 돌에는 여러 가지 종류가 있다.
하늘에 있는 것	• 하늘에는 해, 달, 별이 있다.
지구와 하늘에서의 변화	• 낮과 밤이 있다. • 날씨와 계절은 변한다(여름은 덥고, 겨울은 춥다). • 시간이 흐름에 따라 자연이 변화한다. • 달의 모양에 변화가 있다.

제3절 유아를 위한 과학 교육 지도 방법

유아 과학 교육의 효과적인 지도를 위하여 먼저 교수 원리와 교사의 역할을 살펴보고, 다음으로 과학적 기술과 과학적 개념의 구체적인 지도 방법에 대해서 제시하고자 한다.

1. 과학 교육을 위한 교수 원리

유아를 대상으로 과학 교육을 할 때 적용되는 교수 원리는 다음과 같다.

① 유아의 과학 학습은 탐구를 통하여 이루어져야 한다. 과학 학습의 가장 최선의 방법은 실제로 과학을 하는 것－질문하고 탐구하며 자료를 수집하고 질문에

대한 답을 찾고자 하는 것이다. 유아가 실제로 과학을 하는 가장 손쉬운 방법은 주변의 자연현상에 대하여 계속적인 조사와 탐구를 하는 것이다. 탐구를 통한 과학 교육은 유아가 능동적으로 주변 현상에 대한 자신의 생각과 설명을 구성하게 하며, 과학적 기술을 발달시킬 수 있는 기회를 제공한다.

유아의 탐구 활동은 다음과 같은 교수 전략을 사용하여 장려할 수 있다(NRC, 1996).

- 주변 환경 속에서 볼 수 있는 물체, 사건, 생명체에 대하여 질문을 하도록 격려하고, 관찰 및 탐구를 통하여 이에 대한 답을 찾도록 돕는다.
- 간단한 조사를 계획하고 실시한다. 유아기 단계에서의 조사는 체계적인 관찰에 기초하여야 한다. 유아에게 적합한 조사 활동의 유형은 물체, 사건, 생명체를 묘사하고, 분류하며, 자신이 알게 된 것들은 다른 사람에게 이야기하는 것이다.
- 자료를 수집하고 감각을 확장시킬 수 있는 간단한 도구를 사용한다. 탐구 과정에서 필요한 자료를 수집하기 위하여 유아는 자, 온도계, 확대경, 현미경과 같은 간단한 도구를 사용할 수 있다.
- 타당한 설명을 구성하기 위하여 자료를 사용한다. 수집한 자료를 사용하여 설명할 때 유아의 능동적인 사고가 강조된다. 유아도 무엇이 증빙 자료로 제시될 수 있는지를 배우고, 자료와 설명의 장점을 판단하게 된다.
- 조사와 설명에 대해 다른 사람들과 의견 교환을 하도록 한다. 유아기부터 자신 및 다른 유아들이 한 작업에 대해 이야기하고 비판하며 분석할 수 있는 능력을 발달시키기 시작하여야 한다.

〈그림 8-1〉 기르고 싶은 동물에 대해 탐구하기

② 과학 교육 내용과 경험이 유아의 발달에 적합하여야 한다. 유아에게 제공되는 과학 교육 내용과 경험이 유아의 사고 수준에 맞지 않을 때, 교사는 유아를 개념적 이해로 이끌지 못하고 단순히 정보를 전달하는 수준에서 그치게 되고, 유아는 이해할 수 없는 내용과 경험에 대해서 흔히 단순히 수용하고 암기하는 형태가 된다. 이는 유아의 과학에 대한 흥미와 긍정적인 태도를 저하시키게 된다. 유아에게 적합한 과학적 경험은 실생활과 관련되며, 직접적인 조작 활동을 중심으로 이루어지는 것이다. 유아는 감각을 사용하여 물체와 사건을 직접 조작하면서 이에 대해서 정신적으로 이해할 수 있게 된다. 가라앉고 뜨는 것에 대한 교사의 시범보다는 유아에게 물과 물체를 주고 직접 실험해 보고 개념을 적극적으로 탐구해 볼 충분한 기회를 주는 것이 보다 적절하다. 교사가 제공해야 하는 것은 조작, 실험, 문제 해결을 자극하는 학습 경험이다.

③ 유아 과학 교육은 자발적인 학습과 교사 계획적인 학습을 모두 포함하여야 한다. 과학적 경험들은 유아의 일상생활 속에서 자발적으로 일어날 수 있다. 냉장고의 냉동실에 넣은 물이 얼음으로 되는 것을 보면서 유아는 가르쳐주지 않아도 자발적으로 물이 얼음으로 변한다는 사실을 알게 된다.

그러나 교사의 체계적인 계획은 이러한 경험을 증가시키며 향상시킬 수 있다. 교사 계획적인 학습은 비구조적인 활동과 구조적인 활동으로 구성될 수 있다. 교사 계획적인 비구조적인 활동은 교사가 사전에 유아가 나타내는 흥미나 요구를 관찰하고 교실에서 자연스럽게 이루어질 수 있는 과학 학습을 예상하여 이를 위한 적절한 학습 환경을 구성해 주고, 과학 학습의 기회가 일어날 때 이를 학습 활동으로 활용하는 것이다.

예를 들어, 유아들이 모형 자동차 경주에 집중적인 흥미를 나타내면 교사는 쌓기 놀이 영역에 여러 높이의 경사판과 모형 자동차를 함께 준비하여서 유아들이 경사판 위에서 자동차 경주를 하면서 경사의 정도와 속도에 대하여 스스로 탐색할 수 있도록 이끈다.

교사 계획적인 구조적 활동은 유아에게 필요하다고 간주되는 과학적 개념을 다루기 위하여 계획된 교사 주도적인 구조화된 활동이다. 예를 들어, 빛이 식물의 성장에 필요하다는 것을 알아보기 위하여 두 개의 화분을 준비하고 한쪽에는 검은 종이봉투를 씌운다. 교사는 이틀이 지난 후에 각각의 화분에서 어떠한 일이 생기겠는가를 유아들이 예측해 보게 하고 실제 나타난 결과를 관찰하도록 한다.

2. 교사의 역할

탐구 중심의 과학 교육을 실시하기 위해서 교사는 과학 활동을 계획하고 제공하는 것뿐만 아니라 과학을 하는 것의 모델 및 촉진자가 되어야 한다(Kilmer & Hofman, 1995).

(1) 모델로서의 교사

유아가 과학 교육을 통하여 학습하기를 바라는 행동들을 교사 자신이 모델로서 제시하여야 한다. 유아가 주변의 궁금한 것들에 대해서 호기심을 가지고 탐구하기를 원한다면 교사 자신이 모르는 것에 대해서 개방적이고, "만일 ~라면 무슨 일이 생길까?"라고 기꺼이 궁금해하고 탐구하는 모습을 보여야 한다.

교사가 과학이라고 알려진 모든 것을 알아야 한다고 기대할 수는 없다. 보다 중요한 것은 교사가 실제 과학을 하는 것의 모델을 보여주는 것이다. 교사는 관찰을 열심히 하는 모델을 보여주거나 잘 듣는 기술과 정확하게 의사소통하는 모델을 보여줌으로써 유아가 적극적으로 탐구에 참여하도록 도울 수 있다.

(2) 촉진자로서의 교사

유아가 탐구를 통해 스스로 지식을 형성해 나가는 것을 돕기 위하여 교사는 촉진자로서의 역할을 하여야 한다. 촉진자로서의 교사는 유아가 하는 질문에 대한 장황하고 복잡한 답변이나 과학에 대해 이야기하는 데 오랜 시간을 소비하지 말고 대신 유아 스스로 발견할 기회를 제공하고 직접 해 보도록 도와준다.

Kilmer와 Hofman(1995)에 의하면 자연 세계에 대한 유아의 인식 및 사고를 촉진시키기 위한 효과적인 교수 전략은 교사가 유아의 활동에 함께 참여하여 처음에는 유아가 하는 것을 그대로 따라 하기 시작하다가 점차적으로 보다 확장하여 나가는 것이다. 예를 들어, 비눗방울 놀이를 하면서 유아가 여러 가지 방법으로 비눗방울을 불어보지만 교사가 준비해 놓은 여러 다른 빨대나 불기 도구를 사용하지 않는 경우,

교사는 유아의 옆에 앉아서 처음에는 유아가 사용하는 불기 도구를 사용하면서 비눗방울을 만들고, 점차적으로 다른 빨대나 불기 도구들도 사용하기 시작한다. 이러한 교사의 행동을 유아가 주목하게 되면 교사의 행동을 모방하게 되고 따라서 교사가 준비해 놓은 다른 불기 도구를 사용하게 된다.

교사는 유아의 과학적 사고를 촉진하고 확장시키기 위하여 필요한 정서적 환경을 제공하여야 한다. 정서적 환경이란 개별 유아가 지니고 있는 관점은 서로 다르지만 모두가 다 동등하게 중요하다는 것을 암시하는 분위기를 조성하는 것이다. Stone과 Glascott(1997, 1998)에 의하면 정서적 환경은 탐구와 실험이 지지되며, 과학을 하는 데에 있어서 실수는 필수적이라고 인정해 주는 분위기를 조성하는 것, 유쾌하고 즐거운 환경, 시간에 구속받는 스트레스를 제거시키는 환경, 그리고 선택을 제공하는 환경이다.

교사는 유아가 탐구하는 과정을 주의 깊게 관찰하고 적절한 시점에 질문을 제시함으로써 과학적 사고와 기술을 촉진할 수 있다. 질문은 개방적이며, 유아가 자신이 보고 있는 것, 하고 있는 것, 그리고 생각하는 것을 말로 표현하도록 격려하는 것이어야 한다. Kilmer와 Hofman(1995)은 의식·탐색·탐구·활용으로 진행되는 유아의 학습 주기와 과학적 탐구 과정에서 유아의 사고를 확장시킬 수 있는 질문의 유형들을 다음과 같이 제안하고 있다.

학습 주기	과학적 과정	적절한 질문 유형
의식	관찰하기	~것을 본 적이 있니? ~것을 해 볼 기회가 있었니?
탐색	관찰하기	유아의 활동을 묘사하기 이것은 어떻게 보이니? 어떤 느낌/냄새/소리/맛이 나니? (안전한 경우에)
	비교하기	이것들이 어떻게 다르니/같으니? 같은 것은 어느 것이니?
	수량화하기	얼마나 많으니? 길이가 얼마나 되니?
	조직하기	어떻게 묶어볼 수 있겠니?
탐구/실험	분류하기	어떤 것들을 같이 모을 수 있니?
	관계짓기	어떻게 해야 이렇게 되니? 만일 이렇게 한다면 어떤 일이 일어날까? 언제 이런 일이 일어났니?
	추론하기	이것과 같이 되는 것에는 또 무엇이 있을까? 왜 이런 일이 일어났을까? 다른 친구가 관찰한 것과 비교하면 어떻게 될까?

학습 주기	과학적 과정	적절한 질문 유형
활용	적용하기 의사소통하기	네가 배운 것을 어떻게 사용할 수 있니? 이것이 어떻게 사람들에게 도움이 될까? 네가 배운 것을 어떻게 다른 사람들에게 보여줄 수 있니?/알려줄 수 있니? 또 다른 질문이나 생각은 무엇이니?

모델 및 촉진자로서의 역할을 하며 효과적인 과학 교사가 되기 위해서는 다음과 같은 자질이 요구된다(Perry & Rivkin, 1992).

① 여러 가지 사물들을 탐색하고, 질문하고, 답을 찾기 위해서 서두르지 않고 충분한 시간을 가진다.

② 교사가 모든 과학적 지식을 알 수는 없지만 유아의 과학적 탐구를 이끌기 위해서 필요한 지식은 지녀야 한다.

③ 자신이 모르는 것에 대해서 개방적인 태도를 가지고 유아와 함께 탐색해 간다.

④ 자신의 흥미와 해석을 가치 있게 여긴다.

⑤ 경험과 지식을 상징화하는 것을 가치 있게 여긴다. 교사는 유아가 자신이 관찰한 것, 알게 된 것을 말로서 또는 그림이나 그래프, 모형을 사용해서 표현하도록 도울 수 있다.

⑥ 과학을 하기 위해서 많은 자료가 필요함을 인식하고, 이를 기꺼이 수집하고 유아들에게 제공한다.

3. 과학적 기술의 지도 방법

(1) 관찰

교사가 유아의 관찰 능력을 좀 더 발달시키도록 지도하는 데 가장 좋은 방법은 자료와 도구의 기본 속성에 대한 유아의 민감성을 길러 줄 수 있도록 교실을 구성하는 것이다. 예를 들면, 교실의 테라리움 옆에 확대경을 준비하여 좀 더 정확한 정보를 얻도록 도울 수 있다. 또한 교실에 비치는 햇빛을 서로 다른 시간에 관찰하도록 장려하여 그림자로 어떻게 시간을 말할 수 있을지 질문을 할 수도 있다. 이와 같은 교실에서 유아는 정확히 관찰하기 위해 다양한 감각을 연합시키는 법을 발달시킬 수 있다.

듣기, 보기, 냄새 맡기, 맛보기, 만져 보기를 통하여 유아는 기본 감각 변별력을 예민하게 할 수 있다. 다양한 감각 기관의 사용으로 유아는 관계, 유사성, 차이점을 관찰하고 변별하게 된다.

〈그림 8-2〉 감각기관을 활용한 관찰하기

(2) 비교 및 분류

유아는 감각을 활용하여 사물의 속성을 관찰하면서 이에 기초하여 같은 점과 차이점에 대하여 인식하게 된다. 따라서 교사는 유아가 사물의 여러 가지 속성을 탐색하고 묘사하도록 지도하고, 이들 속성을 중심으로 사물들을 비교하도록 돕는다.

유아는 관찰을 계속하면서 분류화 과정의 통찰력을 얻기 시작한다. 유아가 한 가지 단순 요인에 의해서 분류하고 그칠 때 교사는 "희정아, 이 블록을 색 이외의 다른 방법으로 나누어 볼 수 있을까?" 하고 질문하여 여러 가지 다른 속성을 고려해 볼 수 있는 기회를 갖도록 한다.

유아는 일반적으로 8, 9세가 되기까지 상위 유목과 하위 유목 간의 관계의 논리성을 이해하지 못한다. 그러나 교사는 특정한 생물이 동물이고 포유류이며 동물 이름이 '소'라고 지적해 줄 수 있다. 이때 교사는 한 유목과 다른 유목의 관계를 유아가 알게 되기를 기대하지는 않아야 한다.

(3) 가설 설정

유아기의 추상적 사고 능력의 제한으로 인해 가설 설정 시 유아는 눈에 보이는 한 가지 특성만 집중하여 가설을 설정하는 경우가 많다. 예를 들면, 왜 어떤 물체는 물에 뜨고 어떤 물체는 가라앉는가에 대한 설명으로 유아는 물체의 색이 빨강이거나 초록이기 때문이라는 설명을 할 것이다. 때로는 물체가 크기 때문에 또는 작기 때문이라고 설명을 한다. 교사는 이때 추후 사고와 가설화를 유도할 수 있다. 즉, "만약 이것이 빨강이라서 물에 가라앉는다면 왜 저 빨간 나무 조각은 가라앉지 않을까?" 또는 "이것이 커서 가라앉는다면 왜 이 큰 스티로폼은 뜰까?" 어떤 유아는 교사의 질문에 모른다는 대답을 하고 설명을 해달라고 할 것이다. 그러나 다른 유아는 자신의 가설 속에서의 갈등을 알아내고 문제를 해결할 수 있도록 답을 찾기 위해 다시 탐구를 시작할 것이다.

이와 같이 교사의 질문에 의한 지도가 없으면 유아는 자신의 제한적 사고에 만족하고 자신이 세운 가설의 타당성에 대한 검증을 하지 않을 것이다.

Hawkins(1965)는 교사에 의해 정보가 제공되기 전에 유아 스스로 자유롭게 자료를 탐구하도록 허용할 것을 제안하였다. 새로운 개념을 탐색하기에 적절한 자료를 제공하여 유아가 탐구를 시작하게 되면 보통 관찰과 가설 설정이 이루어지게 된다. 교사가 할 수 있는 기술적 지도는 잘 선택된 질문으로 학습을 최대화하거나 유아가 보지 못하는 관찰 사항에 대해 설명을 하는 것이다. 교사는 유아가 충실한 탐구를 할 수 있도록 질문을 할 수 있다. 예를 들어, "무슨 일이 일어났지?", "그것이 왜 일어났지?", "어떻게 알게 됐니?", "다른 것들이 일어나는 것을 보았니?", "어떻게 말하면 정확한 설명이 되겠니?" 등과 같은 질문은 있는 그대로의 정확한 탐구를 하도록 돕는다.

교사는 유아기부터 그들이 관찰한 것을 언어화하도록 돕고, 가능한 이유를 묻고, 주어진 이유에 기초한 예측을 하도록 격려하고, 이유가 사실인가 알아내는 검증을 하도록 유도해 주어야 한다.

(4) 실험

유아와 실험을 할 때 교사는 통제 변인이 중요하다는 것을 기억해야 한다. 실험을 통해서 어떠한 결과를 얻기 위해서는 특정한 요인이나 조건은 통제해야 한다. 예를 들어, 유아가 빛과 식물의 성장과의 관계에 대해 질문을 하면 교사는 빛의 중요성을 강조하여야 한다. 동일한 식물을 사용해서 물의 양과 기타 조건은 같게 하고 빛의 양만 조절하여 하나는 햇빛 아래, 하나는 어두운 곳에 두어 그 영향을 살펴볼 수 있다. 교사의 지도에 의해 유아는 자신의 생각을 증명할 수 있도록 여러 변인을 통제하여 실험을 설계할 필요가 있다. 교사는 탐구의 재미를 제거하지 않으면서 유아가 과학 탐구의 통합 부분으로 정확성의 필요를 이해하도록 도와야 한다. 학년이 올라가면서 유아는 스스로 해야 할 것을 생각하고 다음에 할 것을 계획하는 데 더 흥미를 갖게 된다.

전조작기 유아의 주된 흥미는 스스로 자신의 방법으로 실험을 하는 것에 있다. 그러므로 때로는 특정 조건이나 요인에 대한 적절한 통제 없이 유아가 먼저 자신의 방법으로 실험을 해 보도록 시간을 주고, 그 다음에 유아의 결론을 가능한 다른 결론과 비교하는 질문을 하는 것이 도움이 된다.

유아와의 효과적인 실험을 위해서는 다음과 같은 점이 고려되어야 한다(Schickedanz, et al., 1983).

① 유아가 세운 가설을 검증할 수 있는 탐색 활동을 고안한다. 즉, 유아에게 흥미가 거의 없는 실험을 일방적으로 주어 실시하는 것이 아니라, 유아가 의문을 품고 있는 문제를 해결해 줄 수 있는 실험을 선택한다.

② 유아와 함께 실험을 계획한다. 유아와 함께 실험을 계획할 때 유아가 실험에 보다 적극적으로 참여하게 한다.

③ 실험을 통하여 유아의 사고 능력이 발달할 수 있어야 한다. 틀린 일반화나 추론이 이루어졌을 때는 유아의 성숙도와 다른 요인을 고려하여 유아에게 증명을 위한 질문을 함으로써 잘못을 교정하도록 돕고, 명료화를 위해서는 추후 실험이 필요하다는 것을 유아가 알 수 있도록 안내한다. 중요한 것은 틀린 것을 교정하는 데 교사가 어떻게 하는가이다. 언어로 교정하는 것은 소용이 없다. 왜냐하면 유아가 말로서는 이해하지 못하기 때문이다.

④ 실험 시 가능하다면 유아들 스스로 조사하도록 허용해야 한다. 때로는 소집단 작업이 개별 작업보다 효과적일 때도 있다.

⑤ 가능한 한 실험은 간단하게 한다. 유아가 복잡한 실험 과정은 이해를 하지 못하므로 복잡한 실험은 몇 가지 간단한 실험으로 나누어 하도록 한다.

⑥ 실험 과정에서 교사는 필요한 피드백을 제공하도록 한다. 유아에게는 실험 과정을 성공적으로 진행하기 위해 교사의 견해가 필요하다.

⑦ 실험마다 그 실험에 대한 적절한 기록이 이루어지도록 지도한다. 어떤 실험은 전 과정의 완전한 기록이 요구되기도 한다. 가능한 한 기록은 간단히 한다.

실험 지도 시 무엇보다도 교사가 유의할 점은 유아에게 있어서 실험이란 아주 조그마한 사건에서 일어나며, 아이디어를 검증해 보기 위해 계획되고, 유아에게 보다 정확한 결론에 이르도록 도움을 주는 과학 교수에서의 기본적이며 중요한 방법이라는 점이다. 공포나 의심을 일으키게 하거나 마술 같이 보여서는 안 되며 실험 과정과 결과를 유아가 이해할 수 있어야 한다. 유아 교육 현장에서 30~40명의 유아를 모아 놓고 구체적인 실험은 교사가 혼자서 하고 유아는 추상적인 사고를 하게 되는 상황이 일어난다면, 실험은 유아에게 탐구심을 일으키고 검증해 볼 수 있는 경험이 되지 못하고 마술과 같은 경험을 주는 것으로 그치게 되고 만다.

(5) 의사소통

어린 유아는 기록을 쉽게 할 수 없기 때문에 '물체를 직접적으로 사용한 기록'을 하는 것이 효과적이다. 예를 들면, 두 그릇에 '뜨는 것', '가라앉는 것'의 표시를 글씨와 그림을 사용하여 붙여 놓고 유아에게 적절한 물체를 그릇에 분류해 넣게 하는 것을 들 수 있다. 물론 이런 기록은 보존하기가 불편하고 단지 결과만 보여 주고 얻어진 결과까지의 과정이나 조건을 보여 주지는 못하지만, 초기에는 이렇게 물체를 직접적으로 사용한 기록 방법을 사용하는 것이 필요하다. 유아가 물체를 사용하여 기록하는 활동을 할 때나 활동의 결과를 평가할 때 교사는 질문을 통하여 관찰한 것을 회상하고, 가설을 검증하고, 취해진 행동이나 얻은 결과 등을 회상하도록 돕는다.

또한 유아의 반응을 교사가 기록해 줄 수도 있다. 실험에서 얻은 결과를 기록하여 전시해 주면 미래의 경험을 위한 토론 자료로도 사용될 수 있다.

나이 든 유아는 기록하는 것에 보다 흥미를 나타낼 수 있으며 교사는 이러한 활동이 가능하도록 도와준다. 유아는 실험 과정, 사용 물체, 얻어진 결과 등을 설명하기 위해 그림을 그려 기록하기도 한다. 이런 설명의 복잡성 정도는 유아의 사고 수준에 의해 결정된다. 어린 유아는 자신에게 가장 일상적인 것만 기록하나 좀 더 나이 든 유아는 전체 순서를 다 그림으로 그릴 수 있을 것이다. 교사는 유아가 그림으로 그린 후 설명할 때 그림 밑에 유아가 한 말을 적어 줄 수 있다. 이러한 모든 활동에서의 기대는 유아의 발달 단계에 맞게 되어야 한다.

쓰는 기술이 어느 정도 발달한 유아는 과학 경험을 기록하는 책을 만들 수도 있다.

책을 만들 때에 교사는 유아에게 사용된 자료, 진행 과정, 얻은 결과, 만들어진 해석과 일반화를 설명한 것이 포함되도록 지도할 수 있다. 책에 사용할 새 단어를 종이나 단어집에 써서 놓을 수도 있다.

〈그림 8-3〉 관찰 내용 기록하기

4. 과학적 개념의 지도 방법

과학적 개념들은 주변 현상을 경험하고 탐구할 때, 유아가 과학적 기술을 적용해 보는 과정에서 형성될 수 있다. 과학적 기술의 지도와 과학적 개념의 지도는 분리되어 이루어지는 것이 아니고 병행되어 이루어지는 것이다. 과학적 개념의 지도를 위해서는 과학적 기술이 사용된다.

(1) 나와 생물의 생활

생물의 다양성과 같은 주제에 대한 연구를 위해서는 관찰·견학하는 활동이 유아에게 생생한 경험을 제공한다.

교사와 유아는 많은 동식물을 교실에 가져올 수 있다. 봄에 유아와 함께 직접 식물의 씨를 뿌려 자라는 과정을 관찰하면서 꽃의 줄기와 잎, 꽃봉오리와 꽃의 특성을 변별하는 경험을 할 수도 있다. 유아는 기니피그나 토끼, 닭과 같은 동물에게 직접 먹이를 주고 기르면서 관찰하는 동안 동물의 생태에 대해 이해할 수 있게 된다. 곤충집을 만들어 나비나 메뚜기, 여치 같은 곤충이 자라는 과정을 관찰할 수도 있고 투명 플라스틱 통에 개미를 키우면서 개미가 집을 짓는 과정이나 일하는 모습을 관찰할 수도 있다.

교사는 집에서 유아가 갖게 되는 동식물에 대한 경험을 개념화하도록 돕고, 동식물 관찰을 위한 산책도 할 수 있다. 관찰과 실험은 생물의 개념을 가르치는 최선의 방법이며 정보 자원이 된다.

(2) 물리적 세계

교사는 유아가 작업하거나 놀이를 할 때 물, 모래, 블록 등과 같이 친숙한 물체를 조작하면서 물체의 속성을 발견하고 변별하도록 돕는다. 예를 들어, 유아들과 함께 밀가루 점토를 만들어 보면서 밀가루에 물을 첨가하여 반죽이 되어 가는 변화 과정을 탐색할 수 있다. 첨가되는 물의 양이 많아지면 반죽이 묽어져서 손에 달라붙는 것을 경험할 수 있고 이러한 경우에 어떻게 해야 할지를 유아들과 함께 의논하여 실험해 볼 수 있다. 또한 식용 색소를 첨가하여 하얀색 밀가루가 빨간색이나 초록색 등으로 변화되는 과정을 관찰할 수 있다.

교사는 일상생활 속에서 유아들이 하게 되는 비형식적인 과학 경험들을 잘 관찰하여 이를 보다 체계적인 과학 활동으로 연결해 주어야 한다. 예를 들어, 쌓기 놀이 영역에서 유아들이 블록으로 경사지게 만드는 것을 본 후에 교사는 이 유아들이 경사에 대한 실험을 하도록 이끌 수 있다. 블록을 사용한 경사판의 높이(각도)를 조절하면서 경사판 위에서 자동차를 굴릴 때 어느 경우에 가장 빨리 또는 늦게 달리는가를 예측해 보고 실제 실험을 해 보도록 지도한다. 또한 실험의 결과를 그림이나 이야기로 기록하도록 격려하고, 다른 유아들도 동일한 실험을 해보도록 격려할 수 있다.

교사는 또한 물질과 에너지에 관계된 개념을 형성하는 데 도움이 되는 활동과 경험들을 고안하여 제시해 주도록 한다(과학 활동의 예 참고).

(3) 지구와 우주

날씨, 주변 환경의 변화, 땅과 물의 특징 등의 지구 과학 교육은 관찰을 통해 이루어지는 것이 가장 바람직하다. 또한 태양계나 별과 관련지어 밤하늘·일조·일몰의 관찰이나 관측소 방문, 태양계의 모형 사용을 통해 기본 개념을 이해하도록 도울 수 있다.

제4절 유아 과학 교육 활동의 예

1. 나와 생물의 생활

(1) 나의 몸의 생김새와 기능

학기 초 유아들과 함께 나를 소개하며 나의 몸에 대한 탐색을 시작할 수 있다. 거울을 보며 얼굴 각 부분의 생김새를 살펴보고 자신의 신체 각 부분은 어떤 부분으로 이루어져 있는지, 어떻게 생겼는지, 친구의 생김새와 같은 점과 다른 점은 무엇인지에 대해 관찰하고 알아낸 사실을 말과 글 혹은 그림 등으로 다양하게 표현하고 기록하게 해본다. 교사는 유아가 발견한 사실을 중심으로 '왜 혀에는 오톨도톨한 것들이 있을까?', '왜 손바닥에는 주름이 있을까?', '만약 팔꿈치를 굽힐 수 없다면 어떤 일이 생길까?' 등의 질문 목록을 만들고 유아들이 그 이유를 나름대로 추측해 보게 한다. 이후 유아들이 제안한 실험방법을 중심으로 '과일 맛보고 알아맞히기', '손바닥 찍고 관찰하기', '뼈대를 넣은 점토인형 만들어 뼈가 하는 일 알아보기' 등의 활동을 통해 유아가 추측한 가설에 대해 자유롭게 탐색할 수 있도록 한다.

자료 거울, 여러 가지 맛의 과일과 야채(작게 썬 사과, 레몬, 도라지 등), 물감과 스펀지, 두꺼운 종이, 할핀, 공예용 철사, 지점토 등

〈그림 8-4〉 나의 몸 탐색하기

(2) 감각 상자

유아들이 주변에서 쉽게 접할 수 있는 과일과 야채를 담아 둔 감각 상자를 준비한다. 감각 상자 위쪽에는 유아들이 손을 쉽게 넣을 수 있을 정도의 크기로 구멍을 뚫는데, 이때 유아들이 눈으로 볼 수 없도록 구멍을 천으로 막는다. 감자, 토마토, 가지, 오이, 양배추 등의 야채와 레몬, 사과, 바나나 등의 과일을 준비하여 유아들이 손을 넣어 과일이나 야채의 모양, 질감을 느껴보도록 한다. 유아들이 느낀 것을 그대로 이야기하면, 과일이나 야채의 이름을 맞혀 본다. 촉감으로 느껴보는 활동을 한 후에, 과일이나 야채를 잘라서 유아들이 직접 맛을 느껴보도록 한다. 이때 "입속에 있는 과일이 어떤 맛이 나니?", "씹을 때의 느낌은 어떠니?", "씹을 때 어떤 소리가 나니?" 등의 질문을 통해 맛과 먹을 때의 느낌을 표현할 수 있도록 한다. 이러한 활동은 유아들의 언어를 발달시키고 건강에 좋은 음식들에 대해서 탐색하도록 하는 좋은 기회를 제공한다.

자료 적당한 크기의 상자, 과일 및 야채

(3) 작은 동물 기르기

유아들이 '동물'에 대해 관심을 가지고 교실에서 작은 동물을 직접 기르며 돌봐주고 싶어할 때 2주 이상의 기간을 두고 진행할 수 있다. 유아들과 함께 교실에서 길러 보고 싶은 동물의 종류, 크기, 먹이, 사는 곳 등에 대해 과학책, 인터넷 검색 자료, 비디오 자료 등을 통해 조사하면서 교실에서 기르기에 적절한 동물인지, 적절하지 않다면 그 이유는 무엇인지에 대해 토의한다. 유아들이 조사하고 토의한 내용을 기록하여 게시한 후 유아들이 기르고 싶은 동물에 표시하고 가장 많은 수의 표시가 되어 있는 동물을 고르게 하여 통계에 대한 기초 개념을 이해하도록 할 수 있다. 유아들이 정한 동물을 기르는 농장을 미리 알아보고 기르면서 필요한 것들에 대해 궁금한 점들을 미리 생각하여 교사 혹은 유아들이 방문하면 좋은 현장학습이 될 수 있다.

교사는 유아들이 작은 동물을 돌보며 새롭게 알게 된 점을 기록하도록 격려하고 소개하면서 동물이 자라면서 일어날 수 있는 문제점들을 해결하는 과정에서 유아들이 해결점에 대한 자신의 아이디어에 대해 의사소통하도록 시간과 공간을 마련한다. 예를 들어 몸집이 커진 새끼 오리를 위해 사는 곳을 다시 마련해야 하는 문제점이 제기되었을 때, 실내에서 바깥놀이터의 넓은 공간으로 옮길 때 달라지는 점은 무엇인지, 바깥 날씨가 더 추워 보온을 해주어야 한다면 어떤 재질의 물건으로 덮어주는 것이 동물에게 적절한지, 먹이는 어떻게 주어야 하는지 등에 대해 비교하고 토의하면서 먹이, 사는 곳, 습성 등을 탐색하고 적용해 보도록 한다.

〈그림 8-5〉 오리 기르기

(4) 콩나물 기르기

유아들과 함께 콩나물 콩을 관찰하고 길게 자란 콩나물과 비교해 본다. 이때 "콩과 콩나물의 모양과 색깔은 어떻게 다르니?", "콩의 어디에서 뿌리가 나올까?", "어떻게 하면 콩이 콩나물로 자랄까?" 등의 질문을 통해서 관찰을 도울 수 있다. 시루의 이름과 용도에 대해 이야기 나눈 후에 시루를 관찰하고, 시루에 망사를 깔아 콩나물 콩을 2~3국자 넣는다. 플라스틱 그릇 안에 나무 막대(또는 삼발이)를 넣어 시루를 얹고, 콩이 계속 물에 잠겨 있으면 어떻게 될지에 대해서 생각해 보도록 한다. 분무기를 이용하여 물을 주도록 하고, 관찰하거나 물을 줄 때 이외에는 검은 헝겊으로 덮어준다. 콩의 변화를 예측하여 이야기를 나누고, 콩나물이 자라나는 모습을 그리거나 적어 보도록 관찰일지를 소개한다. 콩나물이 길게 자라면 유리병에 일부를 옮겨 계속 키우면서 뿌리의 모양, 길이 등 콩나물의 변화 과정을 관찰하도록 한다. 유아들의 연령이 많거나 식물을 키워 본 경험이 있는 경우에는 검은 보자기를 덮은 것과 그렇지 않은 것, 물을 준 것과 주지 않은 것 등의 여러 방법을 비교하면서 길러 볼 수 있다.

자료 콩나물 콩 1~2컵, 작은 시루, 망사, 플라스틱 그릇(지름 30㎝ 정도), 삼발이 또는 40㎝ 정도의 나무 막대 2, 작은 국자, 콩나물 약간, 물, 검은 헝겊, 관찰일지

2. 물리적 세계

(1) 어떤 것이 붙을까요?

자석을 가지고 우리 교실에 있는 여러 물체들 중에 붙는 것과 붙지 않는 것을 탐색하고, 자석에 붙는 물체와 붙지 않는 물체를 분류해 본다. 이때 "자석에 붙는 것들을 한쪽으로 모아보자. 어떤 성질을 가진 물건들이 자석에 붙는 것 같니?"와 같은 질문을 통하여 자석에 붙는 것들이 가진 공통적인 성질을 이해하도록 도울 수 있다. 유아들이 찾은 자석에 붙는 물건들을 가지고 '자석에 붙는 것들' 책을 만들어 본다. 자석의 성질을 충분히 탐색한 유아들은 자석에 붙는 물체 찾기 등의 게임 활동을 할 수 있다.

자료 여러 가지 자석, 교실 내의 다양한 물체, 종이

(2) 잘 굴러가는 것 찾기

유아들이 교실의 놀잇감을 탐색하는 시기에 '굴러가는 것 찾기'를 게임 형태로 도입한다. 교실에 있는 놀잇감 중 세모, 네모, 원기둥 모양 등 서로 다른 모양의 블록, 역할놀이용 플라스틱컵, 연필, 자동차 모형 등 유아들이 찾아온 놀잇감을 편평한 바닥에 대고 굴려본다. 교사는 "잘 구르는 것끼리 모아보자. 어떤 점 때문에 잘 구르는 걸까? 모양이 어떠니? 원기둥 모양의 나무블록과 자동차 바퀴 중에 어느 것이 더 잘 굴러가니? 그 이유는 무얼까? 같은 원통 모양이라도 나무 블록과 자동차 바퀴가 서로 다른 점은 무엇인 것 같니?"와 같은 상호작용을 통하여 잘 구르는 것의 특성을 유아들이 스스로 알아내도록 한다. 유아들이 알아낸 물체의 속성에 따라 더 잘 구를 수 있는 조건을 예측하게 하고 각각의 조건에 따라 실험해 보도록 한다. 예를 들어 블록으로 다양한 형태의 굴림대 만들어 공의 움직임 관찰하기, 경사로 바닥을 미끄럽게 하기 위해 비닐, 긴 수수깡 등의 다양한 재질 붙여 굴려보기, 바퀴 축이 있는 자동차를 만들어 바퀴 축이 없을 때와 비교하기, 레고 자동차 1대를 굴렸을 때와 2대를 이어 붙여 굴렸을 때의 차이 비교하기 등 유아들이 더 잘 구르게 하는 조건으로 세운 각각의 가설에 따라 실험 환경을 직접 구성하고 실험 과정 및 결과를 비교하고 차이점과 공통점을 찾아가도록 한다. 이와 같이 구성놀이를 활용하여 유아들이 자연스럽게 물체의 속성, 움직임, 마찰력, 무게에 따른 속도의 차이 등을 이해하도록 돕고 알아낸 개념과 지식을 다른 유아들과 공유하도록 한다.

자료 여러 가지 놀잇감, 블록, 비닐, 수수깡

〈그림 8-6〉 굴러가는 것 찾기

(3) 사과 소스 만들기

열을 가하여 사과의 색(하얀색→누런색)과 성질(딱딱한→부드러운)의 화학적 변화를 알아볼 수 있는 활동이다. 씨를 빼어 조각을 낸 사과를 팬에 넣고 물을 부은 후, 뚜껑을 닫아 20분 정도 열을 가하여 사과가 부드러워질 때까지 기다린다. 가끔씩 저어주고 사과가 부드러워지며 계핏가루를 넣는다. 요리를 하면서 "사과의 모양, 색, 느낌, 맛이 어떻게 달라질까?", "사과의 맛과 형태가 왜 달라졌다고 생각하니?" 등의 질문을 통해 사과의 성질이 변화하는 과정을 관찰하고, 변화하는 이유를 생각해 보고 이야기할 수 있도록 한다.

자료 사과(보통 크기 5개), 물 1/2컵, 설탕 1/2컵, 계핏가루 1/3 작은 스푼, 가열할 수 있는 전열 도구, 팬 또는 냄비

(4) 그림자 인형극 만들기

유아들이 실외에서 자신의 그림자에 관심을 가질 때, 교사는 빛을 투사하는 기기인 OHP 기기를 활용할 수 있다. 예를 들어 유아들이 '모양'이라는 주제에 관심을 가지는 경우, 입체 도형을 OHP 기기에 올려놓고 각 단면이 어떤 모양으로 이루어지는지 살펴보게 하거나 빛을 투영하지 않는 두꺼운 종이 등으로 동화를 제작하여 들려주며 그림자가 생기는 원리에 대해 이야기 나눈다. 유아들이 직접 그림자 인형극을

할 수 있는 자료를 여러 가지 재료로 제작하여 OHP 기기 위에 올려놓고 탐색하는 과정에서 빛이 통과하는 물체와 통과하지 않는 물체, 빛과의 거리와 그림자의 크기와의 관계 등을 스스로 알아갈 수 있도록 상호작용한다.

자료 OHP 기기, 여러 가지 재질의 인형극 재료

〈그림 8-7〉 그림자 탐색하기

(5) 물이 말랐어요

따뜻한 날 바깥놀이 시간에 유아들과 함께 물과 붓을 사용하여 바깥놀이터 바닥, 건물의 벽, 울타리, 오르기 기구 등 가능한 곳에 물을 사용하여 그림을 그려본다. 유아들이 물로 그림을 그리는 활동을 격려하고, 점차로 바닥이 마르면 어떤 변화가 있는지에 대해서 이야기를 나눈다. 이때 "너의 그림에 무슨 일이 일어났니?", "너는 물이 어디로 갔다고 생각하니?" 등의 질문을 하고, 유아들의 다양한 반응을 격려한다. 이러한 현상은 '증발'이라고 하는데, 물이 공기 중으로 사라지는 것을 의미한다고 소개하고, 관심이 있는 유아들과 함께 책이나 실험 등을 통해서 보다 구체적으로 알아본다.

자료 굵은 붓, 물

(6) 펌프

주사기를 물속에 넣고 누르면서 무엇이 보이는지 이야기해 보게 한다. 유아들이 물방울에 대해서 이야기하면, 왜 이런 물방울이 생겼는지에 대해서 생각해 보게 하고, 주사기를 물에서 꺼내어 팔에다 대고 누르면서 무엇이 느껴지는지를 경험해 본다. 주사기 이외에 펌프 형태의 로션, 공기 펌프 등 여러 종류의 펌프를 경험하도록 하고, 풍선이나 공, 튜브 등에 공기를 넣어볼 수 있도록 한다.

자료 주사기(주사침 제거), 펌프 형태의 로션 병, 분무기, 스포이트, 공기 펌프, 풍선, 튜브, 공, 물

3. 지구와 우주

(1) 왜 뜨거워질까요?

유아들이 짧은 옷을 입고 유치원에 등원하는 날, 혹은 땀을 흘리며 덥다고 이야기하는 상황에서 날씨의 변화에 관한 활동을 시작할 수 있다. 4개의 통을 준비하여 두 개의 통에는 물을, 다른 두 개의 통에는 모래를 넣고 모래와 물이 담긴 통 2개는 햇빛이 비치는 곳(양지)에, 나머지 2개는 그늘이 지는 곳(음지)에 한 시간 정도 놓아둔다. 이때 "우리가 한참 후에 와서 모래와 물을 만졌을 때 그늘에 있는 것과 햇빛에 있는 것이 어떻게 다를까?" 등의 결과를 예측해 보도록 하는 질문을 한다. 1시간이 지난 후에 다시 모여서 두 곳에 있는 물과 모래를 만져보고 온도계로 측정해 본 후에, 자신들이 예측한 것과 같은지, 왜 온도가 다른지에 대해서 생각하고 이야기해 보도록 한다.

자료 똑같은 크기의 통 4개, 온도계

(2) 흙과 모래와 돌

여러 곳에서 모아온 돌을 관찰하고 돌을 주워온 장소에 대해 이야기를 나눈 후에 여러 가지 돌을 분류해 본다(냇가 근처에 많은 매끈한 차돌, 산에 많은 거친 바윗돌, 모래 속에 많이 섞여 있는 돌, 흙 속에 있는 깨지기 쉬운 돌 등). 부드러운 모래 속의 돌이나 흙 속에 섞여 있는 부서지기 쉬운 돌을 부순 후에, 마당의 흙과 모래, 부수어진 돌을 비교해 보고, 자신들이 본 것을 기록하고 그려본다. 모래와 흙, 부서진 돌을 투명한 컵에 담고 물을 부어 젓은 다음, 그 특성을 비교 관찰해 볼 수 있다.

자료 여러 종류와 크기의 돌, 흙, 모래, 망치, 신문지, 빈 깡통, 여과기. 종이컵, 돋보기

참고문헌

곽향림 (2004). 탐구생활영역 교육활동에서 다루어야 할 개념의 변화: 과학적 탐구를 중심으로. 사단법인 대한어린이 교육협회 제7차 정기총회 및 연구발표회, pp 69-100. 12월 11일 서울: 명지전문대학.

곽향림 (2005). 구성주의 교실에서 진자 활동을 위한 과학적 내용지식과 지식구성에 관한 연구. 유아교육연구, 25(5), 227-250.

신은수·안경숙·유윤영·김은정 (1994). 생활과 환경 중심의 유아 과학 교육. 서울:양서원.

조부경·곽향림·이정욱 (2007). 교육부 고시 제7차 유치원 교육과정 탐구생활영역 시안 개발 연구. 유아교육연구, 27(1), 167-198.

Blough, G. O., & Schwartz, J. (1979). *Elementary school science and how to teach it*. (6th Ed.). New York:Holt, Rinehart and Winston.

Carin, A. A., & Sund, R. B. (1980). *Teaching modern science*. Columbus, Ohio:Charles E. Merrill.

Craig, G. S. (1958). *Science for the elementary school teacher*. Boston:Ginn and Company.

Hawkins, D. (1965). Messing about with science. *Science and Children, 2*(5), 5-9.

Kilmer, S. J., & Hofman, H. (1995). Transforming science curriculum. In S. Bredekamp & T. Rosegrant(Eds.), *Reaching potentials: Transforming early childhood curriculum and assessment*. Washington, DC:NAEYC.

Lind, K. K. (1997). Science in the developmentally appropriate integrated curriculum. In C. H. Hart, DC Burts, & R. Charesworth(Eds.), *Integrated curriculum and developmentally appropriate practice*. Albany, New York:State University of New York Press.

NAEYC (2002). *Teaching and learning about science*. Washington, DC:NAEYC

National Center for Improving Science Education. (1990). *Getting started in science, a blueprint for elementary school science education*. A report from the National Center for Improving Science Education. Colorado Springs, CO:Author.

National Research Council. (1996). *National science education standards*. Washington, DC:National Academic Press.

Perry, G., & Rivkin, M. (1992). Teachers and science. *Young Children, 47*(4), 9-16.

Rakow, S. J., & Bell, M. J. (1998). Science and young children: The message from the national science education standards. *Childhood Education, 74*(3), 164-167.

Schickedanz, J. A., York, M. E., Stwart, I. S., & White, D. A. (1983). *Strategies for teaching young children*. Englewood Cliffs, NJ : Prentice-Hall.

Schickedanz, T. A., Pergants, M. L., Kanosky, A., Blaney, A., & Ottinger, J. (1997). *Curriculum in early childhood*. Boston, MA : Allyn & Bacon.

Stone, S. J., & Glascott, K. (1997/98). The effective side of science instruction. *Childhood Education, 74*(2), 102-104.

CHAPTER

09

음악 교육

본 장에서는 유아의 음악성 발달과 음악의 기본 개념을 통하여 유아기 음악 교육의 내용과 지도 방법을 살펴보았다. 듣기와 몸 움직이기, 노래 부르기, 악기 다루기, 음악 만들기의 내용과 교수 방법을 제시하고 이를 위한 환경 구성을 설명하였다. 유아 음악 교육이 단순한 음악적 훈련과 숙달이 아니라는 것을 강조하면서 유아 음악 교육 활동의 예를 제시하였다.

제1절 음악 교육의 중요성 및 목적

유아는 이미 태내기부터 생물적 개체로서 음악의 요소와는 분리될 수 없는 존재이다. 임신 초기에 생기는 심장의 움직임은 곧 리듬의 기초가 되며 계속해서 각 기관들은 소리와 움직임 등에 반응할 수 있게 되기 때문이다. 이와 같은 소리·리듬·움직임 등에 대한 반응을 가능하게 하는 근본적인 힘은 유아의 내부에 간직되어 있고, 성장함에 따라 외부의 음악적 자극에 의해서 이 힘은 크게 변화된다. 즉, 외부의 자극은 유아의 성장 과정인 생활 그 자체에 음악적인 활동이 밀착되어 있음을 뜻하는 것이다.

따라서 유아와 음악과의 관계는 유아 자신이 주체이고 음악은 환경임을 명심해야 한다. 유아의 음악 교육을 마치 아무것도 없는 빈 주머니나 백지 위에 무엇을 채워 넣는 것 같이 음악 훈련을 하는 것은 음악에 대한 유아의 가능성을 파괴하는 것이다. 유아의 음악 교육은 음악가를 만들기 위한 음악적 훈련, 숙달이 목적이 되어서는 안 될 것이다.

음악 교육의 주요 목적은 음악 그 자체가 유아에게 만족감을 주고 즐거움을 주는 것이며, 노래나 리듬을 통해 자신을 자유롭게 표현함으로써 유아 마음속에 내재되어 있던 긴장과 갈등을 해소시키고 정신 건강을 돕는 일이 되어야 한다.

1960년대 후반부터 심미적인 교육으로서 유아를 위한 음악과 율동에 많은 관심이 나타났다. Smith는 모든 유아는 음악적 능력을 가지고 있으며, 누구나 그 잠재력을 발달시킬 기회를 가져야만 한다고 말했다(Smith, 1970: 17). 그러므로 3~6세의 나이는 음악적 발달에 특히 중요하며 유아기 동안의 음악적 활동은 음악능력의 발달을 촉진시키도록 계획되어야 한다.

음악 교육의 목적으로서 미국의 전국 음악교육교사 협의회(Music Educator National Conference : MENC, 1986: 14)에서 제시한 입장을 보면 "학교에서 음악을 가르치는 근본적인 목적은 음악을 이해하고, 창작하고, 연주할 수 있는 각 아동의 능력을 가능한 한 충분히 발달시켜주기 위한 것이다."라고 하였다. 그동안 음악 교육에 대한 전통적인 입장은 피아노 등의 악기를 연주할 수 있는 능력이 음악을 가르치는 첫 번째 이유였으며, 음악에 대한 이해는 부차적인 것이며, 창작이라는 것은 아주 거리가면 것으로 생각해서 음악에 천부적인 소질이 있는 유아에게나 가능한 것으로 생각했었다.

그러나 현대의 음악 교육은 단순한 기술이나 기능을 습득시키는 것을 넘어서서 음악 전체를 유아가 그대로 받아들일 수 있게 하는 것이며, 분리되어 가르쳐지는 것이 아니라 생활 가운데에서 자연스럽게 이루어지는 것으로 본다. 예를 들면 유아들은 그네나 시소를 타면서 흥얼거리며, 아름다운 음악을 듣고 즐거워하고 자연스럽게 몸을 움직인다. 그러므로 유아기의 음악은 유아에게 만족과 즐거움을 가져다주는 것이 일차적 목적이며, 음악가를 만들기 위한 완전한 음악적 숙달이 목적이 될 수 없다. 즉 "유아들은 음악의 인쇄된 상징이나 규칙, 또는 기술을 학습하기 훨씬 전에 음악을 들어야 한다."고 보는 입장이다(Keene, 1982: 257).

음악은 일부 특별한 사람이 아닌 모든 사람을 위한 것이며, 특히 유아기에 체계적인 음악교육을 실시하는 것이 중요하다는 입장은 Dalcroze(1985~1950), Kodaly(1882~ 1967), Orff(1895~1982) 등의 음악교육가들에 의해 주장되어 왔다.

Dalcroze 접근법은 스위스에서 시작되었으며, 움직임과 음악의 통합 효과를 가장 잘 보여주는 것이 특징이다. Dalcroze 리듬 교육법(eurhythmics:'좋은 리듬'이라는 뜻의 희랍어)은 유아교육 기관에서 듣기를 하거나 노래 게임을 하면서 또는 이야기에 대해 반주를 하면서 시작된다. 유아의 연령이 높아지면서 그들은 몸 움직임, 듣기 훈련, 피아노, 즉흥 연주를 하게 된다. 기본적인 접근 방법은 몸의 움직임을 통해 리듬을 경험하도록 하는 것이다.

음악은 모국어를 배우듯이 자연스럽게 배워야 하며, 모든 유아를 대상으로 유아들의 매일의 일과로써 경험하는 것이 중요하다고 주장했던 Kodaly는 헝가리 민족 음악에 유별한 관심을 두고 교육에 힘썼다. Kodaly 역시 음악교육에서 가장 기본이 되는 음악의 요소를 리듬으로 보고 리듬 지도에 특별히 관심을 기울였으며, 손계명창법을 통해 음정을 쉽게 익힐 수 있는 교수 방법을 실시하였다.

이런 입장은 금세기 중엽에 독일의 Orff에 의해 다시 한 번 주장되었다. 그는 너무 많은 유아들이 음악을 경험해 보지 못한 채 악기 연주하는 법을 배운다고 느꼈다. Orff는 리듬이 음악의 출발점이라고 보았으며 유아에게 있어서 말하기와 노래하기, 음악과 몸 움직임은 분리될 수 없다고 보았다. 즉 유아의 시, 움직임, 놀이와 무용, 이것은 모두 유아의 본능적 활동으로서 음악 교육의 중요한 부분이며 음악으로 통합되어야 한다고 보는 것이다. 그는 유아들에게 음악이 의미가 있으려면 음악은 움직임, 춤, 언어와 연결되어야 한다고 주장한다. 즉, 음악이란 적극적인 참여 속에서만 의미가 있다. 또한 Orff가 고안해서 만든 악기들은 학교에서 연령과 능력에 관계없이 사용되도록 잘 만들어졌으며, 유아들이 음악을 읽고 쓰고, 또 음조나 목소리, 화성, 합주의 관계를 이해하는 데 사용될 수 있다.

유아음악교육의 중요성은 과거로부터 최근까지 지속적으로 언급되고 있다. Gordon(1997)에 의하면 인간은 누구나 음악적 소질을 가지고 태어나며 음악적 경험에 따라 발달하고 변화되다가 9세를 기점으로 교육이나 환경에 의한 영향을 더 이상 받지 않게 된다고 한다.

Gardner(1999)는 모든 인간은 음악적 지능을 포함한 잠재된 9가지 지능영역을 가지고 태어나며, 자신이 살고 있는 사회 문화적 맥락 속에서 교육을 통하여 각 지능들을 적절한 수준까지 발달시킬 수 있다고 하였다. 대부분의 사람들은 누구나 음악성을 발달시킬 수 있는 가능성을 지니며, 보통의 사람들은 평균적인 음악성을 지닌다(Gembris, 2002). 이처럼 사람들은 누구나 음악적 소질과 지능을 가지고 태어나지만 어떠한 음악적 경험과 교육이 실시되었는가에 따라 그 정도가 다르게 발달한다는 것을 알 수 있다.

유아들에게 있어 음악은 감정을 전하며, 느낌을 포착하고 이해하는 수단이 되고(Nolen, 2003), 유아들의 인지, 사회 정서, 신체, 언어 등의 모든 영역에서의 발달을 촉진하므로(Campbell & Scott-Kassner, 2006; Rauscher, 2003), 유아기는 음악을 학습하는 데 있어 중요한 시기이다(Chen, 2000; Levinowitz, 1998). 따라서 발달에 적합한 음악적 경험이 유아기에 체계적으로 실시되어야 하며, 유아 음악 교육의 목표는 심미적인 잠재력이 개발되어야 할 것이다.

제 2 절 유아의 음악성 발달

소리나 음악에 대한 인간의 반응은 태어나기 전부터 발달하게 되는데, 태내에서 처음으로 인식할 수 있는 것은 심장박동(자동적인 음악 반응)으로서 임신 3주부터 시작된다. 임신 3개월이 되면 대부분의 태아들은 그들의 호흡 속도를 변화시키면서 외부 소리의 자극에 대해 반응하게 된다. 출생 직전이 되면 태아는 청각에 의해 진동에 반응할 수 있으며, 몸을 만지거나 외부의 압력적인 자극에 반응할 수 있다. 차기 등과 같은 운동들은 보통 외부의 큰 소리에 놀라 태아가 자극된 것이라 한다.

따라서 엄마들이 음악을 들으면 태아의 활동이 증가하게 되며 시끄럽게 큰 소리보다는 다양한 음의 높이에 더 반응하며 특히 리드미컬하고 진동적인 소리가 효과적이다.

① 영아와 걸음마 시기

첫 6개월 동안 유아는 주로 듣는 역할을 하게 된다. 출생 후 4~6개월 사이의 아기들은 소리에 강한 관심을 나타내기 시작하여 의도적으로 주변의 소리를 들으려 한다. 음악은 아기를 달래주고 안정을 시켜준다. 9개월째가 되면 아기들은 그들이 싫어하는 음악에 불쾌감을 나타내게 된다. 2세에 가까워 오면서 자기가 듣는 음악에 맞추어 아직 서투르지만 리드미컬하게 몸동작을 하면서, 그것도 앉아 있는 자세가 아니라 선 자세에서 신체의 각 부분을 따로따로 움직이면서 몸 전체를 움직인다.

② 2~3세

걸음마 시기 후반부터 유아는 음악에 대해 좀 더 신체적으로 반응을 보이게 된다. 노래 부를 때 소리를 조절하기 시작하며, 멜로디에 가까워지기 시작한다.

유아는 놀이를 하면서 노래를 부르며, 박자에 따라 악기를 다루려 하고 음악에 맞추어 동작을 창의적으로 자유롭게 표현하게 된다. 근육의 협응이 가능하게 되므로 실로폰 같은 악기를 다룰 수 있고, 소리에 따라 몸을 돌릴 수 있게 된다. 따라서 신체적인 움직임을 유발하는 노래들이 특히 좋다. 비록 유아는 노래를 완전히 부르지는 못하지만 노래 듣기를 즐기고 또 노래를 따라 부르려고 한다.

좀 더 악기를 잘 연주하게 되고 서서히 음악의 리듬에 그의 연주와 몸동작을 조화시키기 시작한다. 이러한 조화력으로 리듬과 같은 음악적 요소들에 초점을 맞추어 반응할 수 있게 됨으로써 몸 움직임으로 음악을 표현하게 된다.

③ 3~4세

3세가 되면 단순한 절로 된 노래를 부를 수 있고 음악 박자에 맞추어 움직이는 능력이 생긴다. 또한 리듬 패턴에 맞추어 손뼉을 어떻게 쳐야 하는지를 알게 된다. 이때 유아는 간단한 노래 게임의 움직임을 따라 할 수 있다.

목소리나 박자를 사용하여 자기의 창작을 음악적으로 표현하게 되며, 몸의 움직임을 통해 큰소리–부드러운 소리, 빠르다–느리다와 같은 음악적 요소를 개념화하기 시작한다. 높이 뛰어오르기가 가능하며, 앙감질이 가능하고, 2~3세 때보다 한 발로 더 오래 설 수 있다.

④ 4~5세

유아의 언어 발달 능력이 확장됨에 따라 음악에 대한 관심도 높아진다. 4세 때의 확장된 음역(vocal range)이나 리듬 감각과 어휘는 유아로 하여금 다양한 목소리로 노래 부르는 것을 가능하게 하며, 유아는 음악적 화음에 따라 몸을 더욱 잘 움직이게 된다.

이때는 과거의 음악적 경험을 통해 더욱 다양하게 노래를 창작할 수 있게 되며, 자기 신체를 음악적으로 해석한 대로 마음껏 표현하게 된다. 따라서 보다 창의적인 활동을 하게 된다. 자신이 만든 곡조나 노래의 반주로서 여러 가지 리듬 악기를 사용하여 연주할 수 있게 된다. 음악에 맞추어 몸 전체를 움직이기보다는 몸의 특별한 일부분만의 동작이 더 많아진다.

이상과 같이 영아기부터 5세에 이르기까지 유아는 음악 발달에 있어 몇 가지 특성을 나타낸다.

제3절 음악의 기본 개념

유아가 주변에서 듣게 되는 여러 가지 경험과 자신의 목소리나 도구를 가지고 내 보는 연주 경험과 음악에 대한 창의력을 개발하면서 유아들은 그들 나름대로 음악에 대한 개념을 발달시켜 나가게 된다. 아무리 어린아이일지라도 음악에 대한 개념을 형성하게 되며, 음악적인 행동을 통하여 그가 이해한 것을 표현하게 된다. 예를 들면 빠른 속도의 음악에 맞추어 몸을 흔들다가, 음이 점점 느려지면서 유아들의 움직임도 점점 느려지는 것을 볼 수 있다.

또한 느린 음악보다는 빠른 음악에 맞추어 춤을 추고 싶어 한다. 이와 같이 매우 어린 나이에도 음악적인 경험에 관한 개념이 형성되기 시작한다. 즉, 음·음의 세기·음색·멜로디·리듬 등의 경험이 점점 확장되면서 개념들이 형성되기 시작한다.

MENC(1994)에서는 유아의 음악 학습에 대한 기본 가정을 다음과 같이 제시하고 있다.

① 모든 유아는 음악적 잠재력을 가지고 있다.
② 유아는 학습하는 데 있어 유아 나름대로의 독특한 흥미와 능력을 가진다.
③ 아주 어린 유아도 음악적 아이디어를 통해서 비판적 사고력을 발달시킬 수 있는 능력이 있다.
④ 유아는 다양한 배경으로부터 유아기 음악 경험을 접하게 된다.
⑤ 유아는 음악적 소리, 활동과 교구들의 다양한 종류를 경험해야 한다.
⑥ 유아는 성취 목표를 달성하기 위하여 강요되어서는 안 된다.
⑦ 유아의 놀이는 곧 유아의 학습이다.
⑧ 유아는 즐거운 물리적, 사회적 환경 속에서 가장 잘 학습한다.
⑨ 다양한 학습 환경이 개별 유아의 발달적 요구에 적합하게 제공되어야 한다.
⑩ 유아는 효율적인 성인 모델이 필요하다.

5세에 이르기까지 얻게 되는 음악에 대한 개념과 음악적 경험은 다음과 같다.

① 음에 대한 개념

인간의 가장 초기의 음악적 개념은 음(tone)에 관한 것이다. 즉, 음의 강도, 음의 길이, 음의 높이, 음의 질과 음색을 말한다.

② 리듬과 속도에 관한 개념

유아가 여러 가지 새롭고 다양한 음악 경험을 얻게 됨에 따라, 음악의 속도(tempo)나 빠르기에 대한 개념을 형성하게 되며 음악의 박자나 일정한 흐름, 리듬의 형태, 음에 대한 길고 짧은 개념을 형성하게 된다.

③ 박자에 관한 개념

리듬의 중요한 면은 박자라고 할 수 있다. 즉, 음악에서 일관된 맥박을 깨닫는 것은 음악의 리듬을 이해하는 기초가 된다. 그러므로 유아가 음악 속에서 규칙적이고 일관성 있게 계속 반복해서 일어나는 강하고 약한 박, 빠르거나 느린 박 등을 이해하도록 도와주어야 한다.

④ 리듬 패턴에 관한 개념

리듬 패턴이란 길고 짧은 음이 집단으로 묶인 것을 말한다. 예를 들면 '생일 축하' 노래의 리듬 패턴은 '— — — — —'이다. 따라서 유아는 음악 속에서 길고 짧은 음들로 구성된 일정한 음의 패턴이 있다는 것을 인식하는 것이다. 리듬 패턴을 기초로 하여 점차적으로 폭넓은 리듬 개념에 대한 이해를 발달시킬 수 있다.

⑤ 음의 강 · 약(dynamics)에 관한 개념

유아의 음악 발달에서 가장 먼저 발달하는 것이 강·약의 개념이다. 즉, 소리가 커지거나(세지거나), 약해질(여려질) 수 있다는 것을 발달시켜 나간다.

⑥ 멜로디에 관한 개념

유아기에는 리듬적으로 조직된 서로 다른 음높이의 흐름이라고 할 수 있는 멜로디에 관한 개념이 형성되기 시작한다. 유아 자신이 노래를 부르거나 흥얼거리는 것은 멜로디나 곡조이다.

⑦ 음색(tone color)에 관한 개념

주변 환경의 소리, 사람의 목소리, 악기 소리 등의 여러 가지 음악적인 경험의 결과로 유아들은 음색에 관한 개념을 발달시킬 수 있게 된다.

⑧ 화성(harmony)에 관한 개념

유아가 경험하는 또 다른 음악의 기본적인 요소는 화성이다. 둘 또는 그 이상의 음이 동시에 소리 나는 것을 화성이라고 한다. 기타가 연주될 때, 성인 합창단이 노래할 때 대개 화성을 듣는 경험을 줄 수 있다.

이와 같이 유아기부터 유아들은 여러 가지 음악적 개념의 기초를 이루게 되는 것이다. 음의 강도, 길이, 높낮이, 리듬, 멜로디, 화성 등의 개념을 형성하게 되면서 유아는 음악의 심미적인 의미를 탐구하게 되는 것이다.

제 4 절 유아 음악 교육의 내용과 지도 방법

음악적 구조의 기본 개념을 갖게 하고, 음악 활동에 필요한 기술을 익히기 위해서 유아는 음악을 듣고, 음악에 맞추어 몸을 움직여 보며, 악기를 다루면서 음악을 창조할 수 있어야 한다. 즉, 음악을 듣고 움직이는 것이 합해져서 노래 부르기와 악기 다루기로 연결되며, 이상의 4가지가 합해져서 음악적 창의력이 생겨난다. 이 다섯 가지는 독자적으로 행해질 수 없으며 모두 연결되어 상호 관계가 있다.

MENC(1994, MENC는 2011년부터 NAfME로 명칭을 변경) 제안하는 유아를 위한 음악 교육 과정의 지침은 다음과 같다.

① 유아를 위한 음악 교육 과정은 음악적 개념의 언어화와 시각화를 위한 초보적 경험뿐 아니라 노래 부르기, 움직이기, 듣기, 악기 연주하기를 통하여 소리를 탐색해 보는 많은 기회를 제공해야 한다.

② 교육 과정에 포함되는 음악 소재는 전통적인 동요, 민요, 고전 음악, 다양한 문화 형식과 시대에 걸친 음악과 같은 것으로서 질이 우수하고 지속적인 가치를 지닌 것이어야 한다.

③ 놀이는 유아의 성장에 기초적인 매개체이며 발달에 적절한 유아 음악 경험은 유아 주도적이며 유아 자발적이고 교사 지지적인 놀이 환경 속에서 이루어져야 한다.

④ 교사의 역할은 음악적으로 자극을 주는 환경을 창조해 주는 것이며 유아의 사고와 탐색을 자극해 주는 질문과 제안을 해 줌으로써 유아가 음악적 교구와 활동에 몰입하도록 촉진해 주는 것이다.

⑤ 유아가 음악을 함께 나누어 보고 만들어 보는 중요한 사회적, 음악적 측면을 경험하기 위하여 집단 음악 시간이 필요하다.

⑥ 효율적인 음악 교수법은 다음과 같아야 한다.

- 유아의 전인적 발달을 지지한다−신체적, 정서적, 사회적, 인지적.
- 유아원 시기 유아의 다양한 발달 영역을 인식하고 다양한 교수법의 필요성을 인식한다.
- 성인과 또래 유아는 물론 음악적 교구와의 적극적 상호작용을 통해서 학습을 촉진한다.
- 유아의 생활에 적절하고, 구체적이며 실물 중심의 학습 활동과 교구를 마련한다.
- 다양한 난이도에 따른 다양한 음악적 활동, 교구, 시설 속에서 유아가 선택할 수 있는 기회를 마련해 준다.
- 유아에게 적극적 참여를 통하여 음악을 탐색해 볼 수 있는 시간을 제공한다.

이와 같은 기본 지침에 기초하여 MENC(1994)에서는 유아 음악 교육 과정의 내용 기준을 다음과 같이 정하고 이에 따른 구체적 성취 수준을 함께 제시하였다.

내용 기준(만 2세~4세)	내용 기준(K~4학년)
1. 노래 부르기와 악기 연주하기 2. 음악 만들기 3. 음악에 반응하기 4. 음악 이해하기	1. 다양한 곡을 혼자 혹은 다른 학생과 노래 부르기 2. 다양한 곡을 혼자 혹은 다른 학생과 악기 연주하기 3. 멜로디, 변주, 반주를 즉흥적으로 연주하기 4. 지시에 따라 음악을 작곡하고 편곡하기 5. 음을 읽고 기보하기 6. 음악을 듣고, 분석하고, 표현하기 7. 음악과 음악 활동 평가하기 8. 음악과 다른 예술, 음악과 예술 외의 다른 과목과의 관계 이해하기 9. 역사와 문화의 관계에서 음악 이해하기

유치원과 어린이집의 3-5세 누리과정이 2019년에 개정되었다(교육부, 2019). 음악과 동작교육에 대한 내용은 예술경험에 포함되며 아름다움과 예술에 관심을 가지고 창의적으로 표현을 즐기는 것을 목표로 하였다. 세부목표를 살펴보면 다음과 같다.

1) 자연과 생활 및 예술에서 아름다움을 느낀다.

2) 예술을 통해 창의적으로 표현하는 과정을 즐긴다.

3) 다양한 예술표현을 존중한다.

음악과 동작활동의 내용을 살펴보면, 노래를 즐겨부른다. 신체, 사물, 악기로 간단한 소리와 리듬을 만들어본다. 신체나 도구를 활용하여 움직임과 춤으로 자유롭게 표현한다 등이 포함되어 있다.

이상의 내용을 기초로 하여 유아기 음악 교육 내용에서 강조되는 듣기와 몸 움직이기, 노래 부르기, 악기 다루기를 차례로 고찰해 보고자 한다.

1. 듣기와 몸 움직이기

음악은 청각 예술이며 지각적 듣기는 음악적 지능의 기본이다(McDonald & Simons, 1989).

유아의 음악 발달에 있어서 듣고 감상하는 경험은 가장 중요한 기초가 된다. 듣기 발달 단계를 살펴보면 처음 유아는 불확실한 소리에 자극되고 점차 소리를 구별하게 되며, 그 후에는 음의 형태를 이해하게 되어 들은 소리를 자신의 소리로 표현하게 된다.

이러한 음악에 대한 이해는 점차적으로 자신의 신체와 음악에 율동적 흐름을 일치시키는 법을 배워서 정립해 나가게 된다. 유아가 음악에 맞추어 움직일 때, 부모나 교사는 유아가 자기 신체의 각 부분을 여러 방법과 다양한 배합으로 움직이도록 유도하며, 또한 음악을 듣고 이해하는 것을 주위의 공간을 이용하여 표현하도록 도와주어야 한다. 확실히 유아는 자신의 신체를 조절하기까지는 음악에 맞추어 움직이는 것을 잘할 수 없으며, 조절 능력 향상과 함께 신체와 근육의 조화를 이루기 위해서는 발달단계에 많은 노력이 있어야 한다.

따라서 유아가 음악에 맞추어 신체를 움직이는 다양한 방법을 자연히 알게 되는 경우는 거의 없다. 교사는 음악을 듣고, 그것을 표현하는 데 어떻게 신체를 사용하는가를 배우는 경험을 유아가 갖도록 도와주어야 한다.

첫째, 교사는 음악에 맞추어 유아가 움직이도록 이끌어서, 음악적 경험을 제공해야 한다.

둘째, 음악에 맞추어 다양한 방법으로 움직이도록 도와준다.

셋째, 유아가 음악에 대해 느끼고 이해한 것을 움직임을 통해 보여 주도록 도와주어야 한다.

(1) 듣기와 몸 움직이기 활동의 계획

첫째, 듣기 활동의 기본적인 경험은 소리의 탐색이다. 유아를 둘러싸고 있는 환경(인간, 기계, 자연)의 소리를 탐구하고, 구별하고, 귀를 기울이도록 격려되어야 한다. 유아가 자주 사용할 수 있는 소리의 재료들은 다음과 같다.

- 나무 자료: 탁자, 의자, 블록, 막대기 등
- 고무 자료: 공, 타이어, 고무줄 등
- 종이 자료: 상자, 화장지, 모래 종이, 신문지 등
- 유리 자료: 병, 유리잔, 항아리 등
- 플라스틱 자료: 단추, 빗, 상자, 빨대, 컵 등

- 실외의 자료: 조약돌, 모래, 나뭇잎, 작은 가지, 물 등
- 자신의 신체 부분: 헛소리, 발로 박자 맞추기, 손가락 소리, 손뼉 소리 등

위의 자료들로 유아가 두드리고, 떨어뜨리고, 흔들어 보고, 쳐봄으로써 소리를 만들어 보는 기회를 줄 수 있다.

둘째, 녹음된 음악과 함께 생동감 있는 실제 연주를 보고 들을 수 있도록 계획한다. 음악을 들을 때는 조용히 하고 주의 깊게 듣는 마음을 갖게 하며, 곡은 2~3분 이상 지속되지 않는 짧은 곡을 선택하고, 여러 가지 악기 소리를 들을 수 있는 기회를 마련해 준다. 일주일에 두 번 정도는 계획하는 것이 좋다.

셋째, 유아들이 활동 속에서 자연스럽게 흘러나오는 배경 음악을 자주 경험하게 한다. 유아들이 조용한 활동을 할 때 일정한 기간 동안 반복해서 들려주도록 한다. 또한 유아 자신이 원할 때 언제든지 음악을 들을 수 있도록 음악 활동 영역을 마련해 주어야 한다.

넷째, 유아의 이동(기본) 동작과 비이동(신체) 동작, 이동과 비이동의 복합적인 움직임을 장려한다. 이동 혹은 기본 동작은 위치를 옮기면서 신체 전체를 움직이는 것이다(예 걷기, 달리기, 앙감질, 기어가기, 높이뛰기, 미끄럼 타기, 스케이트 타기, 종종걷기, 빙빙 돌기, 질질 끌기, 흔들기).

비이동 움직임은 신체의 다른 부분이 움직이는 동안 발은 그 위치에 그대로 있다(예 구부리기, 꼬기, 뛰어오르기, 흔들기, 뻗기, 손뼉 치기). 이동과 비이동 움직임의 복합은 다양한 동작이 동시에 일어나는 것으로, 걸으면서 손뼉 치기, 앙감질하면서 위로 올라갔다 떨어지기 등이 있다.

위의 세 가지 종류의 기본 동작 중에서 비이동 움직임이 생애에서 가장 최초로 일어나며, 이동 움직임이 그 뒤를 따르고, 다음이 복합 동작이다. 확실히, 이 연관성의 적절한 시기는 유아의 신체적 발달과 증가되는 기동성과 근육 조절의 통제에 의존한다.

다섯째, 유아가 음악에 반응해서 움직일 때는 다음의 세 가지 종류의 움직임을 고려해야 한다.

① 형식적, 구조적 음률 활동

이 움직임은 교사가 유아를 위해서 움직임의 형태를 보여주거나 움직임을 위해 특별한 제시를 하거나 노랫말이나 노래 제목에서 특별하게 움직임을 정해 주는 것이다.

유아의 반응은 교사나 부모의 특별한 동작의 모방을 통해서나 또는 말로 하는 지시에 따라 만들어진다. 유아는 모방을 통해서 많은 것을 배우고 이런 경험은 유아의 음악적 반응과 동작 반응을 이끌어 내는 데 중요하며, 이런 움직임은 창의적으로 움직일 수 있는 바탕을 마련하는 것이므로 중요하다.

- 얼음 위에서 스케이트를 타는 것처럼 해보자.
- 한 발로 깡충깡충 뛰고, 걷고, 무릎을 굽히고, 밀고, 잡아당기고, 앞·뒤로 흔들고…

2 비구조적 음률 활동

이 움직임은 음악이나 노랫말에 의해 제한된 지시를 내포하고 있어 유아를 창의적으로 이끄는 단계이다. 교사는 사용될 기초 동작에 대한 제시는 주지만 전체 활동 안에서 유아는 자유롭게 움직일 수 있다. 구조적 음률 활동보다는 더 창의적이다.

비구조적 음률 활동에는 ① 손유희: 엄지 어디 있니? ② 동작 노래: 복남이를 보았니? 우리 다 춤추세 ③ 의인화나 극화 노래: 참새 형제, 작은 흰 쥐 ④ 노래 게임(singing game): 런던 다리, 새앙쥐와 고양이 ⑤ 모방놀이나 모방 동작: 물체나 사물을 모방하여 음악에 맞는 리듬 속에서 움직이는 것 ⑥ 이동 동작을 사용하는 자유 음률 활동: 걷기, 달리기, 앙감질, 말뛰기 등 기본 동작을 위해 지시된 동작 형태 안에서 창의적으로 동작하는 것 ⑦ 리듬 악기 연주: 음악의 전체 테두리 안에서 악기로 리듬 형태를 만들어 내는 것 등이 있다.

이 중에서도 활동의 가장 중요한 형태는 노래 게임과 모방동작, 모방놀이라고 할 수 있다. 모방 동작 활동은 먼저 사물이나 물건에 대해 모방을 하고 나서, 북, 탬버린, 피아노 등의 음악 반주가 따르거나 혹은 음악이 연주되면서 음악에 맞추어 동작을 모방하는 경우가 있다.

2세가량의 영아들은 간단한 노래 게임을 배울 수 있다. 이러한 노래 게임은 영아에게 친숙한 동작만 요구하는 데 사용해야 한다. 예를 들어 영아가 앙감질이나 스키핑을 어떻게 하는지 알 수 있을 때까지 그 동작이 들어 있는 게임은 하지 않도록 한다.

또한 음악과 동작을 동시에 배우도록 계획하는 것이 동작을 먼저 배우고 후에 음악을 첨가시킨 것보다 쉽다. 노래 게임이라고 하더라도 항상 정해진 대로 가르치지 말고, 유아들로부터 아이디어를 이끌어 내어 자신의 동작을 꾸며 보게 하는 것도 좋다.

③ 창의적 음률 활동

신체를 사용해서 음악에 대한 느낌이나 사고를 유아 자신의 방법으로 해석하는 데 사용되는 동작이다. 아무도 유아에게 언제 어떻게 움직이라고 지시하지 않으며, 유아는 듣고 느낀 것과 안 것을 표현하며 움직인다. 어떠한 제시도 주어지지 않지만 동기유발적인 말을 사용한다.

〈그림 9-1〉 창의적 음률 활동

즉, 유아가 음악에 맞추어 창의적으로 움직일 수 있도록 유아의 상상력을 자극하는 이야기나 사건을 사용한다. 또는 창의적으로 움직이도록 적절한 질문을 해서 느끼고 사고한 것에 대한 표현을 어떻게 할지 깨닫도록 도와준다.

이와 같이 음률 활동이란 구조적, 비형식적, 창의적 동작의 경험을 균형 있게 제공하도록 계획되어야 한다. 조심스러운 계획과 지도 과정이 넓고 다양한 음악을 듣고 움직이는 유아의 능력을 기르기 위해 중요하다.

창의적 동작을 위한 특별한 아이디어

① 유아가 움직이기 전에 조용히 듣는 기회를 제공하고 절대로 한 번만 듣고 즉시 동작하지 않도록 한다.
② 앉아서 들을 때 손뼉을 치거나 팔, 다리, 손가락 등을 리드미컬하게 움직여 봄으로써 창의적인 움직임을 준비할 수 있다.
③ 유아가 몸을 어떻게 움직이는지, 어떤 표현을 하는지에 대해" 너는 음악이 말하는 그대로 움직이고 있구나." 등의 말로 계속적으로 칭찬한다.
④ 음악이 길면 잘라서 한 악절만 사용해서 움직이게 한다.

⑤ 창의적 반응을 격려해 주기 위해서 어디서 음악이 빨라지고 느려지나, 어디서 크고 작아지나, 어디서 높아지고 낮아지나, 어디서 반복되고 멈추는지를 물어본다.
⑥ 종이테이프, 스카프, 공, 굴렁쇠 등을 사용해서 창의적 반응에 자극을 주며 수줍어하는 유아에게는 종이봉투 가면을 씌우기도 한다.
⑦ 상상력을 자극하기 위해 언어나 그림을 사용한다.
⑧ 두 그룹으로 나누어서 다른 그룹이 어떻게 창의적으로 움직이는지를 관찰하게 한다.
⑨ 창의적 동작의 경험에서도 또한 음악에 맞추어 걷기, 달리기, 앙감질 등 신체 부분을 사용하는 움직임의 기교를 개발하고 높낮이, 방향, 통점, 질감, 범위 사용의 다양한 움직임의 기교도 개발한다.

(2) 교수 방법

유아들이 음악을 듣고, 들은 것을 몸으로 표현해 보는 것을 지도하는 방법에 대한 학자들의 연구를 요약해 보면 다음과 같다(Greenberg & Nye, 1979; Andress, 1995; Kenney, 1997).

① 여러 가지 다른 소리를 들을 수 있는 기회를 제공해 주고 음악의 여러 성질에 대해 이야기하도록 도와주어야 한다. 예를 들면 유아에게 '무슨 소리일까?', '같은 소리 찾기'와 같은 활동을 통해 소리의 4가지 기본 특질, 즉 음높이, 지속, 세기, 음색에 대해 인식할 수 있도록 도와준다.

② 여러 가지 음악을 들으면서 유아들은 좋아하는 음악과 좋아하지 않는 음악에 대해 이야기하게 되는데, 이때 교사는 적절한 반응을 해줌으로써 유아가 왜 그 음악을 좋아하는지 생각하게 해주고 그 이유를 분명하게 해준다.

③ 녹음기를 사용해서 자신이 말하는 음성, 노래하는 음성을 듣게 한다.

④ 악기를 연주할 수 있는 어른이나 전문가를 교실로 초대한다. 이런 비공식적인 음악회의 경험은 음악적인 질을 높이고 공식적인 음악회에서의 청중의 태도를 배우게 한다.

⑤ 움직임과 함께 소품들(고무줄, 깃발, 스카프, 종이테이프, 다양한 크기의 공 등)을 첨가해서 변화를 주도록 격려한다.

⑥ 다양한 음반을 여러 번 반복해서 들려주도록 한다. 이것은 유아를 음악에 노출시키면 시킬수록 좀 더 깊이 알게 될 것이다.

⑦ 적어도 일주일에 새로운 곡을 하나씩은 소개하도록 한다. 유치원이라면 일주일에 2~3번의 그룹 음악 시간을 계획해서 고전 음악부터 현대 음악까지 다양한 음악을 들려주도록 한다.

⑧ 음악 요소에 초점을 맞춘 특별한 질문을 한다. 예를 들어 "이 음악을 듣고 무엇을 느꼈니?", "음악이 빨랐니? 높았니?" 등, 즉 음의 높낮이, 크고 부드러움, 장단을 이해할 수 있도록 다양한 교재와 악기 재료를 사용하도록 한다.

⑨ 다음과 같이 박자나 리듬, 그 밖의 멜로디 특성을 표시해서 유아가 눈으로 볼 수 있게 한다.

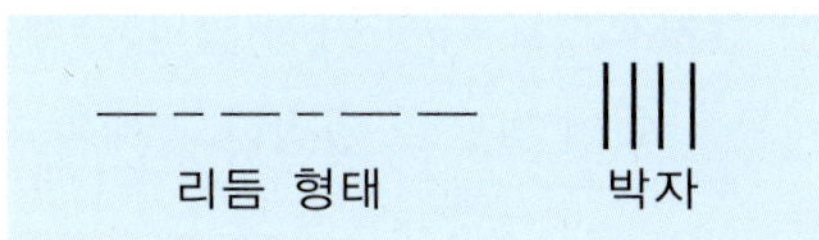

⑩ 리듬 막대로 쉬운 리듬 형태를 연주하고 거기에 맞추어 행진해 보게 한다. 만일 유아가 잘 못하면, 걷기나 앙감질을 해보게 하며 그 동작에 맞추어 리듬 악기로 반주를 해준다.

2. 노래 부르기

언어를 배우는 것과 마찬가지로 유아가 노래 부르기를 배우는 것은 태어나면서부터 시작되는 긴 과정이라고 할 수 있다. 유아는 나이가 어릴수록 그 자신의 노래에서부터 시작한다. 우는 것이나 옹알거리는 것을 포함한 다양한 고저와 강도의 리드미컬한 음조를 내기 때문이다.

2세가 되면, 멜로디가 있는 노래를 하기 시작하고 찬트(chant)를 만들어 낸다. 찬트는 어린 시기에 사용되는 가장 중요한 형태의 노래 중의 하나이다. 흔히, '말하는 것과 같은 노래(speech song)'라고도 표현할 수 있으며, 무의미한 중얼거림(nonsense syllable)과 같은 언어 형태와 1~3개 정도의 음으로 반복되는 리듬으로 구성된다.

전 세계의 유아는 주로 단3도의 노래를 부르는 경향이 있으며, 따라서 이것은 유아기의 자연적인 노래(spontaneous song)라고 부른다(Kenny, 1997: 110, 재인용).

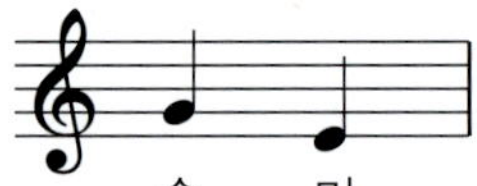

찬팅(chanting)은 유아의 발달에 있어 언어와 리듬을 연결시켜 주는 가장 확실한 증거이며 가장 자연스러운 반응이다(Wheeler & Raebeak, 1972).

유아기의 노래는 분명한 리듬을 가지고 있고 반복적인 특징을 갖는다. 즐거움을 강조하며, 보통 약 5음 정도의 제한된 음역이 요구된다(Matter, 1982). 나이 어린 유아를 위한 대부분의 노래는 전통적인 자장가, 손유희, 노래 게임이나 동요 등이다.

유아는 목소리를 내면서 점차적으로 다섯 가지 발달 단계를 거치면서 노래를 부를 줄 알게 된다. 이러한 단계들은 언어 발달과 밀접한 관계를 가지고 있다.

① 제1단계 초기 발성기(출생~3개월)

언어의 구사뿐만 아니라 모든 가창의 기초는 영아기 때 내는 초기 목소리에서 이루어지는 것이다. 즉, 울음·쿠잉 등은 다양한 높낮이, 음색, 리듬 형식, 크기의 정도 면에서 음악적인 것이다. 생후 불과 몇 주일 되지 않아서 영아는 이러한 소리를 조절할 수 있게 된다.

② 제2단계 목소리 실험과 소리 모방하기(3개월~1년 6개월)

음악적인 옹알이, 즉 다양한 높이로 말소리를 내는 것은 대개가 6개월에서 9개월 사이에 나타나는데, 이 음악적 옹알이는 분명한 높낮이가 있으며 3~4개월째 시작했던 언어적인 옹알이 다음에 나타난다.

음높이의 범위도 매우 다양해서 몇 단계 음에서부터 8단계 음들, 즉 C에서 C, D에서 D처럼 아주 넓은 범위를 가지는 것도 있다.

12개월에서 15개월째가 되면서 아기는 재잘거리는 말투로 노래를 부르게 된다. 1년 6개월이 되면 노래할 준비를 갖추게 된다.

③ 제3단계 대략적으로 노래 부르기(1년 6개월~3세)

이 단계는 유아의 가창 능력 발달에 매우 중요한 시기이다.

자발적으로 더듬더듬 하는 노래들은 제법 정확한 리듬을 갖게 되고 대개가 처음

부분은 음이 짧고 뒷부분은 음이 길어진다. 즉, ♪♪♪♪♩ 혹은 ♪♪♩♩ 등이다.

약 2세에서 유아들은 자신의 경험과 어른들의 도움을 받아 주위에서 그가 들을 수 있는 노래들을 배우기 시작한다. 이 '대략적으로 노래 부르기' 단계는 3세 이후까지도 지속될 수 있는데, 유아의 음악적인 재능과 그의 경험에 따라 좌우될 수 있다. 이때 적절한 경험이 부족하게 되면 성인기에 이르기까지도 도저히 발성 개발에 있어서 이 단계를 뛰어넘지 못하고 마는 경우도 생기므로, 유아의 가창 능력 발달에 특히 중요한 시기라고 하겠다.

④ 제4단계 한정된 범위 내에서 정확하게 부르기(3~4세)

이때는 비교적 제한된 음역과 몇 개의 다른 음높이를 가지고 노래나 멜로디 패턴의 노래를 부를 수 있다. Greenberg는 유아가 약 3세가 되면 대부분 훈련을 통해 중앙 C음 위의 D음에서 G음까지의 제한된 범위 내의 곡조를 부른다고 했다.

어떤 유아들은 그보다 조금 더 높은 음역의 노래를 부를 수 있으나 대부분의 유아는 중앙 C 이하의 음과 중앙 C음 위의 높은 C 이상의 음은 신체 발달상 소리 낼 수 없다. 대부분의 유아들이 처음에 부를 수 있는 음높이는 일반적으로 중앙 C 위의 첫째 줄 E음 주위에 모이게 된다.

'정확하게 노래 부르기' 단계는 대개 3년 6개월에서 4년 6개월 된 유아에게서 흔히 일어나는데, 대부분의 유아는 이제 자발적으로 나름대로의 노래(찬트)를 지어 부르기 시작한다. 대개 이러한 노래의 내용은 유아의 머릿속에서 즉각적으로 튀어나오는 무의미한 음절들로 이루어져 있으며 내용은 주로 반복적이다. 곡조는 독창적일 수도 있고, 익숙한 곡조를 모방한 경우도 있다.

⑤ 제5단계 좀 더 넓은 범위 내에서 정확하게 노래 부르기(4세 이상)

유아가 노래의 음악적인 측면을 표현하기 시작한다든지 노래의 강약과 속도에 주의해가면서 노래를 부르기 시작하는 단계이다. 만 5세가 되면서 유아는 자신을 음악적으로 표현하는 일차적인 수단으로써 목소리를 사용하는 데 아주 능숙해져야 한다.

(1) 노래 부르기 활동의 계획

노래 부르기 활동을 계획하는 데 있어서 가장 유의해야 할 점은 음의 범위, 즉 음역

(vocal range)과 노래의 소재를 어떻게 잡을 것인가를 고려해야 한다는 것이다. 음역의 선택은 유아가 가장 편안한 음역에서 노래해야 한다는 것을 뜻한다. 불행히도 많은 어른들은 노래를 가르칠 때 너무 낮게 불러서 유아가 소리 내기 힘들게 한다.

유아 교육 기관에서 집단으로 노래 부르기를 시작할 때 고를 수 있는 노래의 음역은 주로 중앙 C 아래 B에서 위의 A까지의 노래라고 할 수 있다(Mcdonald, 1978: 26).

노래 내용의 선택은 유아가 무엇을 좋아하고 무엇에 흥미를 갖고 있는지를 알아야 하며 유아가 이해할 수 있으며 경험과 관련된 것을 선택해야 한다. 복잡한 내용보다는 단순한 것을 고려해야 하며 유아의 기분이나 감정에 관계되는 것, 유아의 생활에서 일어난 사건들과 관계있는 것을 다루도록 한다. Kenny(1989)는 유아는 단순하며 구체적이고 반복적이며 자기와 친숙한 노래를 즐겨 부른다고 하였다. 유아의 노래 선택 기준을 정리해 보면 다음과 같다.

- 자연과 계절에 관한 노래
- 친구, 가족, 지역 사회의 여러 사람에 관한 노래
- 노래 속에 이야기가 있는 노래(쥐와 고양이, 작은 흰쥐 등)
- 주고받는 에코 노래(echo song)
- 멜로디, 노랫말, 리듬 형식이 자주 반복되는 것(잠꾸러기, 머리 어깨 무릎 발, 엄지가 춤춰 등)
- 음역이 한정적이고 기억하기 쉬운 것: 대부분의 유아 노래는 한 옥타브를 넘지 않는다.
- 빠르고 생기 넘치는 것, 느리고 분위기 있는 것, 경쾌한 것, 행진곡풍 등 다양한 분위기의 노래
- 이해하고 기억하기 쉬운 단어를 사용하고 짧고 간단한 것이 좋다.

Honig(1995)는 특히 유아의 노래는 노랫말, 멜로디, 리듬의 반복이 많은 것이 적합하다고 하였다.

(2) 지도 방법

유아와 함께 노래를 한다는 것은 단순히 노랫말을 익히고 멜로디를 아는 것 이상

의 가치가 있다. 즉, 교사 자신이 즐겨야 하며 정열을 가지고 있어야 한다. McDonald는 노래 부르기는 매일매일의 유아 교육 활동에 포함되어야 하며 각 유아의 발달은 발달 단계에 비추어 평가해 보아야 한다고 보았다.

새 노래를 가르치는 과정은 다음 순서대로 진행한다.
① 곡을 단음으로 전주 없이 들어본다.
② 랄라, 룰루 등 한 가지 소리로 불러 곡을 익힌다.
③ 교사가 노랫말을 넣어 노래를 들려준다.
④ 교사와 유아가 나누어서 부른다.
- 유아들이 물어보는 부분을 노래로 부르면 교사가 노래로 대답한다.
- 바꾸어서 부른다.
⑤ 곡 전체를 부른다.

일반적으로 유아들은 3~6번 정도의 노래를 들은 후에는 노래를 부를 수 있게 된다. 그러므로 계속해서 며칠 동안 한 번 가르친 노래는 유아와 친숙해지도록 자유선택 활동, 주의 집중 시간 등에 자주 불러 자연스럽게 곡을 익히도록 한다. 노래의 한 구절만을 알고 따라 부르거나, 발음이 정확하지 않더라도 계속 며칠을 반복해 나가면서 유아들은 자연히 새 노래를 익히게 되기 때문이다.

새노래 지도 방법

새노래를 가르치는 방법 중 한 가지 좋은 것은 가르칠 노래를 녹음하여 휴식 시간이나 간식 시간 혹은 놀이 시간에 미리 들려주는 것이다. 이렇게 함으로써 귀에 익숙해짐에 따라 유아는 실제 노래를 가르칠 때 더 빠르게 배우게 된다.

- 동기 유발 – 유아와 함께 노래와 관계된 이야기나 개념에 대해서 토의하면서 노래에 관계된 여러 가지 자료, 동화나 동시를 보여 주거나 들려준다. 혹은 유아의 경험과 연결시켜서 내용을 이야기식으로 들려준다. 그런 다음에" 무슨 일이 었었지?"," 누구였니?"," 왜 그럴까?" 등의 질문으로 노래 속의 내용을 상기시켜 준다.
- 과정 – 교사가 먼저 노래 전체를 불러 주고 노래 속에 무슨 이야기가 들어 있는가를 유아들에게 이야기를 해 보게 한다. 이때는 지나치게 피아노 반주를 함으로써 멜로디나 노래의 내용을 파악하기 힘들게 하기보다는 단순한 리듬 악기를 사용하거나 피아노로 멜로디만 쳐주는 것이 좋다.

  Hermanson(1972)도 노래를 가르치는 데 있어 피아노보다는 교사의 육성이 효과적이라는 것을 제안하고 있다. 왜냐하면, 음의 높낮이의 정확성은 유아가 사람, 특히 여성의 목소리를 모방할 때 가장 정확하기 때문이다.

- 지도 단계 – 교사가 노래를 부를 때 유아는 작은 소리나 콧노래 등으로 따라 해 보게 하고, 노래를 알고 있는 유아는 나와서 불러보게 한다. 노래가 질의 응답식이거나 노래의 부분이 구분되는 노래, 의성어 등은 각 역할을 나누어서 부를 수 있다.
한 소절씩 떼어서 가르치는 경우는 전체 의미를 잃게 되므로 될 수 있는 대로 전체적으로 가르치고 한 번에 완전히 가르치려고 5번 이상 반복하지 않도록 해야 한다. 대부분의 노래는 한 소절, 한 소절씩 나누어서 가르치는 것이 아니라 전체를 한꺼번에 가르치는 방법을 택하는 것이 좋다. 부분적으로 가르치는 것은 노래 중에 조금 어려운 부분만 따로 한 번 해 보게 할 때 용이하게 해주는 방법이다.

교사는 노래를 가르치기 전에 가능하면 자신의 노래를 녹음해서 들어 보는 것이 좋다(Jalongo & Collins, 1985: 20). 자신의 목소리를 객관적으로 평가해 봄으로써 유아와의 노래에 자신감을 가질 수 있게 된다. 교사들은 흔히 피아노나 기타가 유아와 노래 부르는 데 필수적으로 요구되는 악기라고 생각하기 쉽다. 그러나 가장 중요한 것은 교사의 목소리이며 자연스러운 목소리가 가장 적합하다고 하겠다.

Seefeldt, Nye, Greenberg, Kenny 등이 제안한 노래 부르기의 지도 방법을 요약해 보면 다음과 같다.

① 교실이나 실외에서 발생한 우연한 일에 대해 유아가 즉흥적으로 노래 불러 보도록 장려한다. 특히, 말놀이 등을 통해 의미 없는 음절들(nonsense syllables)을 만들어 보게 한다. 이때 교사가 빨리 녹음을 해 두거나 메모를 해 두었다가 노래 부르기 시간에 상기시켜 본다.

② 시끄러운 소리와 부드러운 소리의 차이를 비교해 본다. 노래를 부를 때는 크게 불렀다가 다음에는 부드럽게 불러 보면서 노래는 너무 크게 부르거나 소리 지르는 것이 아니라는 것을 알려 준다. 무거운 물체를 바닥에 떨어뜨려 보고, 다음에 솜사탕이나 베개같이 가벼운 것을 떨어뜨려 보기도 한다. 또, 음악의 요소 중에서 '빠르기'에 대해 이야기해 본다. 노래를 부를 때 빠르게 했다가 느리게 해본다.

③ 교사는 유아가 노래 부를 때, 손을 사용해서 높게, 낮게 또는 크게, 작게를 나타내어 강약이나 고저를 알려 주도록 한다. 혹은 익숙한 노래의 음조를 높고 낮게 그림으로 그린다.

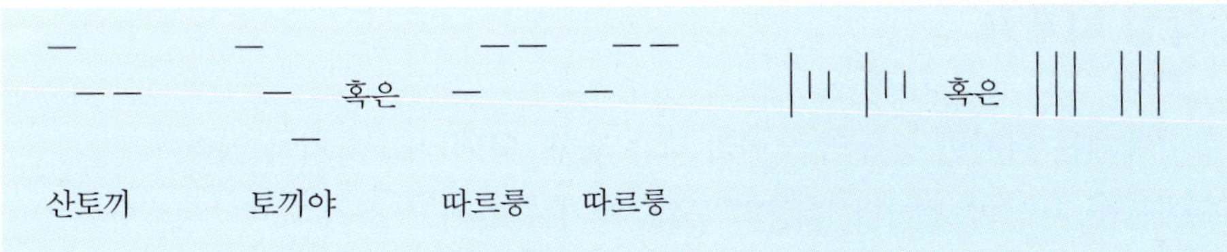

④ 중앙 도(C)에서 라(A) 사이의 음역을 가진 노래를 주로 선택하며 유아의 노래 부르는 능력이 발달하면 점점 음역이 넓은 노래를 이용한다.

⑤ 3~4세가 되기까지는 정규적인 음악 시간에서의 그룹 활동은 피하며, 만일 그룹 노래 활동을 할 경우 모든 유아가 다같이 노래 부르기를 기대해서는 안 된다. 우선 노래 부르기에 충분히 자신감이 생기고 자유스러움을 느끼기 전까지는 오랜 시간 동안 듣기 활동을 할 필요가 있다.

⑥ 반복된 노랫말이나 소절 혹은 리드미컬한 패턴을 가진 노래를 선택해야 한다. 노래보다 반주가 커서는 안 된다. 왜냐하면, 반주는 노래 부르는 것을 생기 있고 향상되게 도와주는 것이지 그것이 주가 되는 것은 아니기 때문이다. 특히 교사가 피아노를 치고 있다 할지라도 유아와 얼굴을 마주 보도록 노력해야 한다.

⑦ 자신의 목소리를 들을 기회를 주기 위해서 유아가 부르는 노래나 찬트 등을 녹음해서 들려준다. 또는 노래 부를 때 컵을 한쪽 귀에 대도록 해서 자신의 노래를 잘 들을 수 있도록 직접적인 도움을 준다.

⑧ 한 번 앉은 자세에서 너무 오래 노래 부르는 것을 피한다. 특히 변화가 적은 노래들은 유아들을 지루하게 만들기 때문이다. 노래 부르기, 듣기, 움직이기, 악기 다루기 등 여러 가지 경험을 복합적으로 혹은 돌려가며 실시한다.

⑨ 대부분의 유아기 유아들은 적어도 일주일에 새 노래를 한 곡 정도 배울 수 있다. 1년에 30~40가지의 새 노래의 레퍼토리를 갖도록 목표를 정한다.

⑩ 노래의 율동적인 흐름에 맞추어 율동적으로 움직이거나, 어떤 음악 요소에서 흥미 있는 부분을 다양한 리듬 악기로 연주하거나, 노래 속에 들어 있는 이야기를 극화하거나, 원래의 노랫말에 새 노랫말을 만들거나, 원래의 노랫말에 새로운 멜로디를 붙여 보는 등의 활동을 함으로써 가창 경험을 풍부히 한다.

3. 악기 다루기

유아에게는 어떠한 종류의 소리가 나는 물체, 악기라도 가치가 있다.

유아들이 자신의 몸이나 주위의 물체, 악기를 가지고 소리 내어 보는 활동은 음악 교육의 중요한 부분이다. 먼저 악기를 가지고 탐색하기 전에 몸의 여러 부분으로 다양한 소리를 만드는 것도 즐거워한다. 이러한 경험 후에 악기를 탐색해 보게 한다.

유아에게는 소근육 발달이 제한되어 있기 때문에 간단한 리듬 악기를 많이 경험하는 것이 좋다. 따라서 간단한 리듬 악기를 경험할 수 있게 교실 환경을 제공해 주고, 여기에서 악기 사용법, 치우는 법을 배우면서 시끄러운 소리를 내는 곳이 아니라 서로 다른 소리를 실험하는 장소라는 것을 알려 주어야 한다.

(1) 악기의 종류

일반적으로 유아가 경험해야 할 악기의 종류를 들면 다음과 같다.

〈표 9-1〉 악기의 종류

구분	내용
소리를 만들 수 있는 것들	냄비, 씨앗을 넣은 그릇, 깡통 속에 다양한 물체를 넣은 것, 돌멩이들, 숟가락, 열쇠, 부엌 기구 등
리듬 악기	코코넛 껍질, 심벌즈, 북, 손가락 심벌즈, 징, 징글 벨과 손목 벨, 민속 리듬 악기들, 리듬막대, 샌드 블록, 마라카스, 탬버린, 트라이앵글, 톤 블록, 우드 블록
멜로디 악기	실로폰, 피아노, 계단 벨, 멜로디언, 유리잔, 공명 벨, 손 종, 마림바
하모니 악기	아코디언, 오토 하프, 벤조, 기타, 만돌린, 우크렐레
오케스트라와 밴드 악기	오케스트라를 구성하는 다양한 악기

이러한 악기 가운데 유아 교육 기관에서 자주 사용되는 악기들을 중심으로 그 활용성을 살펴보면 다음과 같다.

① 리듬 막대:박자나 리듬을 치거나 빠른 분위기의 강조나 행진을 강조하기 위해 사용된다. 막대끼리 문질러서 소리를 내거나 한쪽 막대는 가만히 쥐고 다른 막대로 그것을 쳐서 소리를 내거나 마룻바닥을 리듬 막대로 두드려 가만히 소리를 낸다.

〈표 9-2〉 여러 종류의 악기들

② 탬버린:모든 리듬 악기 중에서 가장 용도가 많은 것 중의 하나이다. 뚜렷한 리듬, 빠르고 밝은 음악, 강하고 악센트가 있는 박자의 중요한 부분을 연주할 수 있다.

③ 북:다양한 크기와 모양이 있다. 교실에는 몇 가지 종류를 구비해야 하며 각각은 음높이가 현저하게 다른 것이 좋다. 손북은 리듬에 따른 율동의 반주로 좋으며, 작은북은 유아가 행진을 하거나 극화놀이를 할 때 두드릴 수 있다. 북은 어떤 것으로 치느냐에 따라 여러 가지 소리를 낼 수 있는데, 손·북채·손가락·손톱 등을 이용할 수 있다. 또는 크게, 부드럽게 칠 수 있으며 다양한 소리를 만들기 위해 북의 가운데나 가장자리, 몸통 등 여러 곳을 쳐 본다.

④ 트라이앵글:유아 교육에서 가장 유용한 악기 중의 하나이다. 트라이앵글은 밝고 종소리 같은 음을 가지고 있으므로 시계 소리, 종 치는 소리와 같은 진동과 묘사를 위해 특히 효과적이다.

⑤ 샌드 블록:나무 조각에 모래 종이를 입혀서 손잡이를 부착시킴으로써 쉽게 만들 수 있다. 휙휙 스치는 소리가 나는 음악의 중요한 부분이나 빠른 리듬의 반주에 유용하다.

⑥ 오토 하프:유아를 위한 하모니 악기로서 유용한 악기이다. 유아들은 오토 하프를 연주할 수 있기 전에 친숙하게 볼 수 있고 그 소리에 익숙해져야 한다. 그러므로 교사는 유아들이 노래 부를 때 반주로서 자주 사용하는 것이 좋다. 나중에는 유아 스스로 연주를 해 보거나 코드를 누르는 법, 소리를 내는 법을 익히도록 한다.

⑦ 공명 벨:공명할 수 있는 나무 상자 위에 각각 금속으로 만든 건반을 하나씩 부착한 것이다. 이것은 실로폰처럼 연속적으로 배열할 수 있고 따로 떼어 분리할 수도 있다.

⑧ 스텝 벨:실로폰 형태의 악기이지만 계단 비슷한 틀에 금속 건반이 배열된 것이다. 유아들에게 멜로디가 올라가고 내려가는 것을 볼 수 있게 해 주기 때문에 유아 교육 프로그램에는 필수적이다.

그 외에도 다양한 악기를 유아들에게 제공할 수 있어야 하며 집이나 유치원에서 일반적으로 구하기 쉬운 재료로 악기를 만들어 보는 경험도 주어야 한다. 악기를 만들어 보는 활동은 유아들도 좋아하는 활동이며 미술, 과학, 수학, 음악을 병행해서 배울 수 있기 때문에 교육적으로도 대단히 가치가 높다.

(2) 교수 방법

① 우리 몸으로 만들어 낼 수 있는 소리를 찾아본다. 발, 넓적다리, 손, 입, 공기를 가득 담은 뺨, 가슴과 손가락 등을 사용해서 여러 가지 효과를 내어 본다.

② 유아가 악기 연주를 처음 할 때에는 익숙지 않고 정확하지 않을 것을 예상해야 한다. 좋은 연주보다는 어떻게 연주하는가를 배우는 과정이 중요하기 때문이다.

③ 매일의 음악 활동에서 가능하면 항상 몇 가지의 악기를 사용하도록 한다. 리듬 악기나 실로폰, 스텝 벨은 리듬이나 멜로디를 강화시키는 경험에 도움을 준다.

④ 악기를 파는 가게에 데리고 가거나 지역 사회의 음악 연주, 부모나 나이 많은 유아들의 악기 연주를 관람시킨다.

⑤ 유아가 다양한 악기를 가지고 많은 경험을 하고 나면 다음 단계로서 악기 소리의 비교, 만들어진 재료, 연주되는 방법에 대한 지도를 해야 한다. 예를 들면,

- 나무로 만든 '딱딱' 소리의 악기 : 리듬 막대, 톤 블록, 우드 블록
- 금속으로 만든 '딩동' 혹은 '딸랑' 소리의 악기 : 징글 벨, 손목 벨, 트라이앵글, 징, 탬버린, 종
- '짤랑' 혹은 '슥슥' 소리의 악기 : 샌드 블록, 마라카스
- '둥둥' 혹은 '쿵쿵' 소리의 악기 : 다양한 종류의 북
- 긁거나 문질러서 소리 나는 악기 : 홈 파인 리듬 막대, 톤 블록

⑥ 유아가 보고 만지고 연주해 보도록 실제 악기를 마련하고 악기 영역을 만들어 준다. 또한 유아들과 함께 악기를 직접 만들어 보도록 한다.

⑦ 노래의 처음부터 마지막까지 한 가지 악기의 형을 취하는 것은 좋지 않고, 악기의 교체에 의해서 음색에 변화를 주도록 한다.

⑧ 유아들이 수집한 소리 나는 도구 중에서 서로 다른 소리가 어떻게 연결되어 잘 어울리는지 결정하고 선택하여 듣고 평가해 보게 한다.

⑨ 상업적인 악기든지 스스로 만든 악기든지 유아에게 각각 차례로 조사하고, 만져 보고, 탐색하면서 사용할 수 있는 기회를 주어야 한다.

⑩ 유아기 유아에게 악대를 만들어 합주시킨다는 것은 무리이며, 각각 리듬 악기

를 가지고 간단한 노래에 리듬을 맞추어 보도록 장려한다.

⑪ 음악 탁자 위에 하얗고 두꺼운 종이를 한 겹 씌운 후 탁자 위에 놓을 악기의 형태를 그린다. 악기를 사용하지 않을 때에는 탁자 위에 그려진 그림에 맞게 악기를 정리해 놓아야 한다.

⑫ 유아가 음악적 성장과 음악에 대한 음정, 리듬, 멜로디, 하모니, 음색, 강약, 빠르기, 반복과 대비의 이해를 잘할 수 있도록 다양한 방법으로 악기를 사용해 보게 지도해야 한다.

⑬ 유아 자신의 연주를 녹음해서 들음으로써 자신의 연주를 평가하도록 격려한다.

⑭ 악기는 음악의 기초 경험을 위한 것 중의 하나이며, 노래 부르고 듣고 움직이고 음악을 창조하는 것과 균형을 유지하도록 해야 한다.

악기의 사용에 있어서는 성인을 위한 크기의 악기를 유아들과 사용할 때는 조심스럽게 다루어야 한다.

Beaty(1984)는 유아 교육 환경에서 피아노의 사용에 대해 신중하게 고려해 볼 것을 제안하고 있다. 피아노는 결국 교사를 위한 것이지 유아를 위한 것은 아니다. 지나치게 피아노에 의존하여 유아 교실에 반드시 피아노가 자리를 차지하고 있을 필요는 없다. 최근에는 여러 가지 종류의 소형 전자 피아노를 마련할 수 있다. 따라서 유아기에는 될 수 있는 대로 유아에게 친숙한 악기를 사용하는 것이 좋다. 예를 들면, 기타가 피아노보다 좋으며, 우크렐레는 더욱 좋다. 아마 가장 좋은 악기는 오토 하프일 것이다. 왜냐하면 유아의 악기와의 초기 경험은 각 악기에 대해서 가능한 한 여러 다른 소리를 찾아내는 실험에서부터 시작되어야 하기 때문이다.

또한 유아는 악기를 어떻게 취급해야 하는지, 어떻게 소리를 만들어 내는지에 대해 배워야 한다. 악기를 가지고 노는 장난감 정도로 인식하여 함부로 다루거나 소음을 만들어 내는 도구로 이용되어서는 안 된다. 소리의 근원으로서 소중하게 다루어져야 한다.

4. 음악 만들기

유아들은 본능적으로 창작하는 잠재력을 지니고 있다. 음악적 옹알이부터 시작해서 찬트를 만들고, 그들만의 독창적이고 새로운 방법으로 노래를 만들어 흥얼거리는 모습을 흔히 보게 되는데, 이러한 과정에서 유아들은 잠재되어 있는 자신의 능력을 발견하게 됨으로써 성취감과 자신감을 갖게 된다. 유아들의 음악 만들기 활동은 성인들이 인지하는 오선 악보에 음표를 그리는 작곡의 의미와는 구별되어야 하며, 자연스러운 분위기 가운데 노래 부르기, 악기 연주하기 등의 다양한 활동을 하면서 음악적 개념에 기초하여 음악 만들기 활동이 이루어질 수 있도록 교사는 지속적으로 관찰하고 지도해 나가야 한다.

(1) 음악 만들기 활동의 계획

음악 만들기 활동을 지도하기 위해서는 무엇보다도 자연스러운 분위기 형성이 중요하다. 교사는 항상 획일적인 수업을 계획하기보다는 음악교육에 있어 다양한 활동 유형을 경험할 수 있도록 계획해야 하며, 창의적인 활동 경험이 되도록 지도해야 한다. 유아들은 어느 때나 자신의 생각을 표현할 수 있으며 그 표현의 형식에 상관없이 교사가 긍정적으로 반응해 준다고 여길 때 창의적인 시도를 할 수 있게 되므로, 음악 만들기 활동 지도에서 교사의 다양한 활동 계획 및 수용적인 태도는 중요한 요소이다.

유아 음악 교육에서 과연 음악 창작이 필요한가에 대한 논의는 있으나, 유아를 위한 음악 만들기 활동은 소리 모방하기로부터 시작해서 노랫말 바꾸기, 멜로디 바꾸기, 리듬 바꾸기 등의 활동을 경험하다 보면 자연스럽게 노랫말을 만들고, 멜로디와 리듬을 만들어 궁극적으로는 새로운 노래와 음악을 만드는 경험으로 이어질 수 있게 된다.

(2) 교수 방법

① 음악 만들기는 소리 모방하기 활동부터 시작할 수 있다. 사물, 악기, 목소리를 들려주고 그 소리를 따라 하면서 가장 유사한 소리를 만들어 낼 수 있다.

② 소리 모방하기 활동이 익숙해지면, 모방하기에 변화를 주면서 따라 하게 하여 심화된 활동으로 전개할 수 있다.

③ 리듬 만들기 활동 지도는 언어 리듬이나 악기로 리듬 따라 연주하기 활동을 통해 다양한 리듬 패턴을 경험한 후, 유아들 스스로 리듬 패턴을 만드는 활동으로

확장시킬 수 있다.

④ 리듬 패턴 카드를 활용하여 리듬 패턴 연주하기 경험에 익숙해지면 유아들이 직접 리듬 패턴을 만들고, 리듬 밴드를 만들어 간단한 공연으로 함께 즐길 수 있다.

⑤ 멜로디 만들기 활동은 다양하게 지도할 수 있다. 기본적으로는 배운 노래의 일부분을 정해서 그 부분만 멜로디를 바꾸어 부르는 활동이 있으며, 익숙해지면 유아들이 실로폰이나 키보드를 사용하여 멜로디를 직접 만들어 볼 수도 있다.

⑥ 멜로디 만들기 활동이 자연스럽게 이루어지기 위해서는 교사가 평소에 유아들과의 대화를 노래처럼 만들어서 자주 하는 것이 좋다. 예를 들면, "지영이는 무슨 색을 좋아하니?", "지영이는 분홍색을 좋아하지요." 이러한 대화를 노래로 만들어서 묻고 대답하는 활동으로 진행한다.

⑦ 유아들의 자연스럽고 적극적인 음악 만들기 활동이 이루어지기 위해서 교사는 유아의 창의적인 노력을 인정하고 격려해 주며, 다양한 교재 교구를 준비해 주면서 무엇보다 교사 스스로 음악 만들기 활동을 즐기고 모델의 역할을 잘 수행해 나가야 한다.

제5절 음악 교육을 위한 환경

유아는 일상생활의 경험을 통해 음악과 리듬적 움직임의 경험이 이루어지도록 해야 하므로 주변 환경이 음악적인 자극을 마련해 줄 수 있어야 한다. 청각·시각·촉각적인 경험을 주도록 하는데, 특히 청각 환경을 제공해 줄 수 있는 좋은 방법은 교실에서 녹음된 음악을 사용하는 것이다. 다양한 소재의 음반과 녹음 자료를 들려주는 것이 좋으나, 지나치게 소리가 큰 록(rock) 리듬이나 행진곡 등은 피해야 한다.

또한 항상 배경 음악을 들려주는 것도 유아에게 음악에 대해 무딘 반응을 보이게 만들 수도 있으므로 결코 좋지 않다. 자유놀이 시간, 간식 시간, 음악 감상을 위한 시간 등을 이용하여 유아가 음악을 듣고 인식할 수 있도록 해야 한다.

Shelley(1977)는 음악적 성장을 가져 올 수 있는 환경을 창조할 수 있는 원리는 우선 음악은 비형식적인 가운데서 유아의 창조적인 생각과 느낌을 충분히 받아들일 수 있어야 한다고 보았다. 또한 대집단, 소집단, 개별 활동이 다양해야 하며 반복해서 이루어져야 하고, 악기와 재료를 자유롭게 탐색하고 조작해 볼 수 있는 시간과 장소가 허용되어야 한다고 보았다.

1. 음악 영역

유아 교육 기관에서 음악 환경으로 가장 중요한 것은 음악을 위한 흥미 영역을 설치하는 것이다. 음악을 위한 흥미 영역을 설치하기 위해서는 교실 안에 일정하게 트인 공간이 요구된다. 음악 영역은 활동적이며 소음이 많은 영역이기 때문에 쌓기 영역이나 극화놀이 영역 가까이에 위치해 두는 것이 좋다.

음악 영역은 또한 분명하게 구분되어 있어야 한다. 얕은 탁자에 악기를 놓을 수 있게 하고 선반 등을 이용해서 영역의 경계를 만든다. 벽면에는 악기의 사진이나 가수, 무용가의 그림을 붙여 놓는다.

〈그림 9-3〉 음악 영역 구성의 예

음악 영역에는 유아가 직접 조작할 수 있으며, 녹음을 할 수 있는 카세트테이프와 녹음기, 헤드폰, 음악에 대한 그림과 책, 다양한 각종 상업적인 악기나 만든 악기 등이 비치되어야 한다. 음악 영역에서 사용하는 악기는 일 년 내내 같은 악기를 제시해

주기보다는 2~3주일마다 악기를 바꾸어 주는 것이 좋다.

음악 영역을 잘 계획해 놓으면 하루 일과 내내 유아들이 즐겁게 음악 활동에 참여할 수 있다.

① 확실한 음악 영역의 경계를 짓는다.

음악 영역은 독립된 영역으로서 일정한 흥미 영역의 한 부분을 차지해야 한다. 단순히 테이블이나 상자 속에 악기 몇 가지를 나열해 놓고 '음악 영역'이라고 이름 지을 수는 없는 일이다. 선반, 가리개 등을 사용하여 분명한 영역을 마련해 주도록 한다. 경계를 만드는 가리개에는 스티로폼 등을 붙여 주어서 소음을 막도록 하며 각각의 악기를 정리하여 놓을 수 있는 상자, 나무, 못, 고리 등을 마련해 준다.

② 다양한 악기를 경험시킨다.

실로폰, 봉고, 피아노, 탬버린, 기타, 오토 하프 등의 다양한 악기를 주고 실험해 볼 수 있도록 한다. 음악 영역에 비치된 악기는 반드시 그 윤곽을 그려 놓는다든지, 이름과 사진 등을 붙여서 무슨 악기인지를 알도록 한다.

③ 음악을 표현할 수 있는 재료를 마련한다.

유아는 자신의 노래를 그려 보고, 악기를 그려 보고, 음의 높낮이나 장단을 그래프화해 보고 싶어 한다. 따라서 그래프 종이, 흰 종이, 오선지, 분필, 크레용, 연필, 매직펜, 큰 신문지, 악기 사진 등을 모방해 볼 수 있는 트레싱 종이 등을 비치한다.

④ 음악 영역을 설치하기 위한 계획을 세운다.

우선 유아와 함께 음악 영역에 대해 토의해 본다. 악기를 파는 가게에 간다든지, 악기의 사진 등을 보면서 무엇을 악기 영역에 설치할지 유아의 의견을 들어본다. 다음에 그것들을 어디에 설치할 것인가를 의논한다(예 도서 영역의 근처는 피한다). 소리의 확산을 막기 위해 바닥에 카펫을 깔고 가리개를 사용하여 소리를 단절시킨다.

2. 음악 시간의 선택

음악 시간은 하루 일과 중에서 다양한 활동을 통해서 유도할 수 있다. 음악 경험이 15~20분의 음악 시간을 통해서 한정되기보다는 일상 활동 속에서 여러 번 끌어내는 것이 좋다. 작업 시간에 찰흙을 주무를 때, 그네를 타거나 공놀이를 하고 있을 때는 자연스럽고 리드미컬하게 그 움직임에 맞추어 음악을 들려준다. 소꿉놀이 영역에서 인형을 가지고 놀 때나 낮잠을 잘 때, 간식을 먹을 때 등을 이용하여 음악을 들려 줄 수도 있다.

그룹으로 음악 활동을 계속할 수 있는 것은 3세 이상이며, 대부분의 음악 시간은 신체적인 활동이 포함되기 때문에 실외 활동 이후나 일반적으로 흥분하기 쉬운 상태이거나 피곤한 이른 아침이나 점심 시간 직전, 낮잠을 자고 난 직후는 피하는 것이 좋다. 그룹 음악 시간은 절대로 길게 하지 않도록 하며, 처음에는 5~10분 정도 하다가 학기 중간에는 10~15분을 목표로 한다.

유아는 3세가 되면서 자발적인 노래들이 더 길어지며 더 정교해진다. 유아들은 상상놀이를 하면서 음악과 노래 부르기를 함께 하면서 사회적 관계를 형성해 나간다. 다른 유아와 춤을 추면서 노래 부르기, 원으로 하는 노래 게임을 즐기게 된다(Moog, 1976).

효과적인 그룹 음악 시간의 계획을 정리해 보면 다음과 같다.

① 종, 기타나 오토 하프 등을 이용하여 모두 그룹 음악 시간에 모이도록 일정한 사인(sign)을 사용한다.

② 유아의 이름 부르기나 인사노래, 익숙한 노래부터 부르기 시작한다.

③ 신체 표현이나 조용하게 들은 음악에 대해 흥미 있는 토론을 교대로 한다. 중요한 것은 유아는 너무 많은 신체 표현이나 오래 앉아서 듣는 것에 빨리 싫증을 낸다는 것이다. 따라서 그림이나 인형을 통한 다양한 시청각 교재를 활용하도록 하고 수업을 질질 끌어서는 안 된다.

④ 주의를 끄는 다양한 목소리와 분위기를 만든다. 속삭이거나 크게 말하는 등의 목소리 변화는 도움을 주며 지시하는 말을 노래로 하여 흥미를 일으킨다.

⑤ 유치원 유아들은 반복을 좋아하기 때문에 활동을 자주 반복해서 한다. 시간마다 익숙한 노래를 부르거나 손유희를 하도록 한다.

제6절 유아 음악 교육 활동의 예

1. 악기와 소리 탐색

(1) 종이 악기 연주하기

다양한 유형의 종이(알루미늄, 셀로판지, 헌 잡지, 얇은 종이, 두꺼운 종이 등)를 준다.

종이를 불어 보게 하거나 구겨 보기, 찢어 보기, 흔들어 보기 등으로 소리를 내 보며 음색을 탐색한다. 기본적인 탐색 활동이 끝나면 몇 명씩 그룹을 만들어 소리 연주회로 확장시키면 좋다.

〈교사의 질문〉

"가장 큰 소리가 나는 것은 어떤 것이었니?"

"바람 소리가 나는 것은 어떤 것이니?"

"소리를 점점 크게 내려면 어떻게 해야 할까?"

(2) 신체 악기로 리듬 연주하기

다양한 리듬으로 박수를 쳐 본다. 먼저 교사가 박수를 치고 유아들이 따라 하게 한다. 몇 번 반복한 후에는 교사가 2~3개의 리듬 패턴을 쳐 주고 같은 리듬인지 다른 리듬인지 알아맞혀 보게 한다.

교 사	♩ ♪ ♪ ♩ ♩
유 아	♩ ♪ ♪ ♩ ♩

이것을 변형하여 발 구르기, 무릎치기, 손가락 튕기기 등의 신체 악기를 다양하게 사용하여 리듬 패턴을 연주하고 리듬 밴드를 만들어 함께 연주해 볼 수 있다.

씨 앗

김성균 작사 · 작곡

3
씨 씨 씨 를 뿌 리 고 꼭 꼭 물 을 주 었 죠
싹 싹 싹 이 났 어 요 또 또 물 을 주 었 죠
하 룻 밤 이 틀 밤 쉿 쉿 쉬 뽀 드 득 뽀 드 득
하 룻 밤 이 틀 밤 어 어 어 뽀 로 롱 뽀 로 롱
뽀 드 득 싹 이 났 어 요
뽀 로 롱 꽃 이 폈 어 요

(3) 상황에 맞는 음악 고르기

유아가 음악을 들으면서 그에 어울리는 장면을 음악과 연결해 보고 자주 접하는 미디어에서의 음악활용에 대해 관심을 가지게 할 수 있는 활동이다.

- 준비물: 차분한 음악(세레나데), 갑작스러운 변화(베토벤의 운명), 신나는 록음악, 슬픈 느낌의 음악, 유머러스한 재미있는 음악, 갈등이 고조되는 듯한 음악 등
- 준비물: 사람이 조용히 차를 마시고 있는 장면, 천둥이 쳐서 깜짝 놀라는 장면, 두 사람이 같이 놀면서 즐거워하고 있는 장면, 울고 있는 장면, 위급한 상황의 장면 등
- 유아들이 좋아하는 프로그램의 음악을 들려주고 어떤 장면들이 떠오르는지 이야기를 해본다.
- 그림을 보면서 어떤 상황인지. 사람들의 기분은 어떨지 이야기해 본다.
  무엇을 하는 그림이지?
  이 사람의 기분은 지금 어떨까?
- 음악들을 들어보고 어떤 그림의 장면과 어울리는지 이야기해 본다
  이 음악을 들어보니 여기에 있는 그림 중에 어떤 장면하고 제일 어울릴까?
- 미디어에서 음악을 사용하는 이유에 대해서 생각해 본다.
  드라마, 광고, 게임 등에서 음악이 나오는 이유는 무엇일까?
  등장인물이나 사건의 상황, 게임 등을 더 재미있고 효과 있게 전달하기 위해서 우리는 음악을 사용한다는 것을 말해 준다.
- 유아들이 인형극을 할 때 장면에 알맞은 음악을 함께 선택해 보는 경험을 갖는다.

2. 노래 부르기

(1) 새노래(씨앗) 지도하기

- 유아들에게 노랫말을 이야기처럼 짧게 들려 준다(따스한 봄날, 영인이는 길에서 씨앗을 하나 주웠대. 그런데 이 씨앗에서는 어떤 꽃이 필까? 궁금했던 영인이는 씨를 뿌리고 꼭꼭 물도 주었대. "하룻밤 이틀 밤 쉿쉿쉿"어떻게 되었을까? "뽀드득 뽀드득 뽀드득" 무엇이 났을까? 그래. 예쁜 싹이 났대). 이때 교사

는 “　” 부분은 실제 음정의 노래로 들려주는 것이 좋다.

- 반주 없이 멜로디만 듣는다.
- 랄랄라로 불러본다.
- 교사가 노래를 불러 들려준다.
- 유아와 나누어서 노랫말로 부른다.
- 교사와 유아가 바꾸어서 부른다.
- 모두 함께 부른다.
- 다양한 방법으로 부른다(예 내청 경험하기－셋잇단음표 부분(하룻밤, 이틀 밤, 뽀드득) 부분만 마음속으로 불러본다).

(2) 노래 부르면서 악기 연주하기

- 연주할 악기를 탐색한다.
- 노래를 부르면서 자유롭게 악기로 연주한다.
- 악기 연주를 다양한 방법으로 지도한다(예 ‘씨앗’ 노래에서 셋잇단음표 부분만 부분 연주하기).

(3) 리듬 노래하기

목소리로 언어 리듬을 만들어 노래해 보고, 리듬 악기로 그 리듬을 연주해 본다. 유아들이 활동에 익숙해지면 두 집단으로 나누어, 두 종류의 리듬 패턴을 함께 노래하는 활동으로 지도할 수 있다. 이 과정에서 유아들은 동시에 연주되는 리듬 패턴의 조화를 경험하고, 다양한 리듬 패턴을 경험하게 된다.

목소리　♩ ♪♪ ♩ ♩
(혀 차는 소리) 음 음

악기소리　북으로 같은 음을 친다.

참고문헌

교육부 (2019). 유치원 교육과정 교육부 고시 제2019-189호 세종: 교육부.

이기숙 (2000). *유아 교육 과정*. 서울: 교문사.

이기숙·김영주 역편 (1985). *유아 음악 교육*. 서울: 교문사.

Andress, B. (1995). Transforming curriculum in music. In S. Bredekamp & T. Rosegrant (Eds.), *Reaching potentials: Transforming early childhood curriculum and assessment* (Vol. 2, pp.99-108). Washington, DC: National Association for the Education of Young Children.

Beaty, J. J. (1984). *Skills for preschool teachers* (2nd ed.). Columbus: Bell and Aowell Company.

Campbell, P. S., & Scott-Kassner, C. (2006). *Music in childhood: From preschool through the elementary grades* (3rd Ed). NYSchirmer Books.

Chen, Y. Y. (2000). The self-perceptions of inservice and preservice kindergarten teachers in Kaohsiung and Pingtung regions concerning the usefulness of the music content of their teacher training programs. Unpublished doctoral dissertation, Pennsylvania State University.

Gardner, H. (1999). *Intelligence reframed: Multiple intelligences for the twenty-first century*. NY: Basic Books.

Gordon, E. E. (1997). *A music learning theory for newborn and young children*. Chicago: GIA Publication.

Gembris, H. (2002). The development of musical abilities. In R. Colwell, & C. Richardson (Eds.). *The new handbook of research on music teaching and learning* (pp. 487-508). NY: Oxford University Press.

Hermanson, L. W. (Jan. 1972). An investigation of the effects of timbre on simultaneous vocal pitch acuity of young children. *Dissertation abstracts international, 32*(7). 3558-A.

Honig, A. S. (1995). Singing with infants and toddlers. *Young Children, 50*(5), 72-78.

Jalongo, Mary Renck & Collins, Mitzie. (Jan. 1985). Singing with young children! *Young children*. 17-21.

Keen, J. (1982). *A history of music education in the United States*. Hanover, NH: University press of New England.

Kenny, S. (1995). The voice within. *Teaching Music, 2*(5), 36-37.

Levinowitz, L. M. (1998). The importance of music in early childhood. *General Music Today, 12*(1), 4-7.

McDonald, D., & Simons, G. (1989). *Musical growth and development: Birth through six*. NY: Schirmer

Books.

McDonald, D. T. (1978). *Music in our lives: The early year*. Washington, DC:NAEYC.

Moog, H. (1976). *The musical experience of the pre-school child*. (Trans. C. Clarke). London, England: Schott Music. (Original work published 1968)

MENC (1986). *The school music program: Description and standards*. Reston, VA:MENC.

_____ (1994). *The school music program: A new vision*. Reston, VA:Author.

NAfME(2017). National association for music education formerly known as MENC.

Nolen, J. (2003). Multiple intelligences in the classroom. *Education, 124*, 115–120.

Rauscher, F. H. (2003). Can music instruction affect children's cognitive development? ERIC Digest. (ERIC Document Reproduction Service No. ED 480540)

Shelly, S. J. (1976). Music. In C. Seefeldt. (ed.), *Curriculum for the preschool primary child*. Columbus: Charles E. Merrill Publishing Co.

Smith, R. B. (1970). *Music in the child's education*. New York:Ronald Press.

_________ (Fall, 1963). The effect of group vocal training on the singing ability of nursery school children. *Journal of research in music education. 11*(2). 137–141.

유아 교수 · 학습 방법

CHAPTER

10

동작 교육

본 장에서는 유아 동작 교육의 기본 방향으로서 유희 중심의 교육이 아닌 인간의 움직임 요소에 주의를 기울이면서 창작적인 움직임과 탐색을 강조하였다. 이를 위하여 운동 발달의 단계에 따른 동작 교육을 살펴보고 동작 교육의 기본 요소와 동작 활동의 내용을 기본 동작의 유형에 따라 제시하였다. 이와 함께 유아 동작 교육을 위한 교수 지침과 구체적인 활동의 예를 설명하였다.

제1절 유아기 동작 교육의 중요성

전통적으로 유치원에서는 유아들에게 모두 똑같은 동작을 요구하는 유희를 가르치고, 순서가 있는 춤을 가르쳐 왔다. 최근에 와서 인간의 신체 역학에 대한 연구와 체육학의 발달은 유아의 동작을 새로운 관점에서 보게 되었다. 즉, 역사적인 경향(신체와 정신의 조화, 미적 감각, 전인 아동, 개인차 등)뿐만이 아니라 인간의 신체 기관이 그의 환경 속에서 상호작용하는 복합성(신체, 정신, 감정)을 인식한다. 따라서 인간의 움직임의 요소에 좀 더 주의를 기울이면서 창작적인 움직임과 탐색을 강조하게 되었다.

유아기에는 운동 기능이 급속도로 발달한다. 그러므로 이 시기는 달리기, 뛰기, 던지기 등의 기능을 훈련하기에 결정적인 시기라고 할 수 있다. 이러한 기초적인 운동 기능의 훈련이 후의 더욱 복합적인 능력을 성취하도록 돕는다는 연구 결과는 많이 있다(Riggs, 1980; Kruger, 1982; Gallahue, 1982; Hoffman et al., 1981). 특히 유아를 위한 동작 교육 프로그램에서 현재 가장 논쟁이 되고 있는 것은 운동 발달은 우연에만 맡겨서는 안 된다는 것이다. 운동 기능의 사용과 발달 사이에는 밀접한 관계가 있기 때문에 조심스럽게 계획된 프로그램이 이 시기의 유아에게 주어져야 한다는 것이다. 유아의 자기 신체에 대한 인식과 신체 움직임의 효율적인 가능성과 공간 안에서 표현 도구로서의 활용을 적극 도와주어야 한다.

예를 들어, 신체 지각(body awareness)은 신체 부분과 그들의 관계에 대한 내면적 이해뿐 아니라 신체로 무엇을 할 수 있고 할 수 없는지를 이해하는 것을 포함한다. 공간 지각(spatial awareness)은 사물들 사이의 관계에 대한 지각뿐 아니라 공간 속에서의 사물과 신체의 관계에 대한 이해를 말한다. 유아는 신체의 양면에 대한 지각으로서 위/아래, 앞/뒤 같은 방향을 지각할 필요가 있는데 이것을 방향 지각이라고 한다. 조작적 기술은 공 던지기, 튀기기, 차기, 굴리기, 잡기, 치기 같은 것을 포함한다. 이동 기술과 비이동 기술의 차이는 움직임의 정도에 있다. 비이동 활동은 구부리기, 비틀기와 같이 한 장소에 머물면서 하는 것이다. 장소를 옮기는 움직임은 이동 기술에 포함된다.

유아가 자신의 신체 능력을 이해하고, 신체를 공간에서 움직이고, 건강한 신체훈련과 훌륭한 대인 관계 기술을 이해하도록 돕는 것이 단지 스포츠에서의 성공을 위해 준비시키는 것은 아니라는 것을 교사가 인식하는 것이 중요하다.

생활을 통해서 인간에게 이런 기술이 필요하며 유아가 자신의 신체와 신체가 할 수 있는 것에 대해 좋은 느낌을 가질 수 있도록 광범위하고 장기적인 교육 과정을 개발할 필요가 있다.

제2절 유아의 발달과 동작 교육

유아기에서 아동기를 거치면서 운동 기능은 주로 이동성(locomotor), 조작적(manipulative), 비이동성 혹은 안정(stability) 능력을 다루게 된다. 유아는 자신의 신체를 다양하게 움직이는 방법을 배우게 됨으로써 대·소근육이 발달하고 신체의 균형 유지, 신체 부분 간의 협응력, 공간 지각 등의 기초적인 신체 조정 능력이 길러지게 된다. 따라서 유아의 발달 특징에 맞추어 유아를 이해하고 주위 환경과 관계하는 기능의 차이점을 알아 적절한 활동을 경험하도록 지도해야 한다.

인간의 발달 과정에서 동작을 자세히 분석해 보면, 위에 제시한 세 가지 유형의 동작이 영아기에서 성인기에 이르기까지 인간의 동작에 포함되어 있음을 알 수 있다. 즉 이동성, 조작적, 비이동 동작 활동은 발달 단계에 따라 분류될 수 있다.

먼저 비이동(안정성)이란 안정성 있는 대근육 운동을 통해 운동의 기초 기능을 익히며, 공간 속에서 신체를 균형 있게 움직이게 되는 것을 말한다. 이것은 주로 혼자 하는 운동으로서, 활동의 예는 굽히기·돌기·잡기·비틀기·흔들기 등의 비이동 동작과 바닥에서 떨어져 있는 물체 위에서 균형 유지하기 등이 포함된다. 이와 같은 안정성 능력의 발달은 기초적인 이동 능력을 증진시키며 신체를 효율적으로 움직일 수 있고 바른 자세를 형성하도록 돕는다.

기본 운동 능력의 두 번째 영역은 이동(locomotion) 운동이다. 이것은 공간에서의 높이를 변화시키면서 몸을 자유롭게 조절할 수 있는 능력이다. 이런 운동에는 걷기, 달리기, 한 발 교대로 앙감질(hopping), 뛰어오르기, 미끄러지기(sliding), 스키핑, 오르기, 말뛰기(galloping), 뛰어넘기(leaping) 등의 활동이 있다. 이와 같은 이동 운동은 자연스럽게 습득되는 것으로, 이동성 운동을 통해 유아는 그들의 세계에서 효과적으로 움직일 수 있고 즐거움을 경험하게 된다.

세 번째의 기본 운동 능력으로는 대근육 조작(gross motor manipulation) 운동이다. 활동의 예는 차기(kicking), 던지기, 잡기 등이 기초가 된다(Gallahue, 1982: 5). 이런 운동을 통해 유아는 그들 세계에 있는 물체들과 접하고 조절하면서 더욱 활동적인 신체 운동을 할 수 있게 된다. 그러므로 유아기에는 안정감, 이동성, 대근육 조작력이 상호작용하여 기본 운동 능력을 증진시킬 수 있는 적절한 활동이 제공되어야 할 것이다.

이러한 발달적 단계를 Gallahue는 연령에 따라 대략 다음과 같이 구분 짓고 있다(1995).

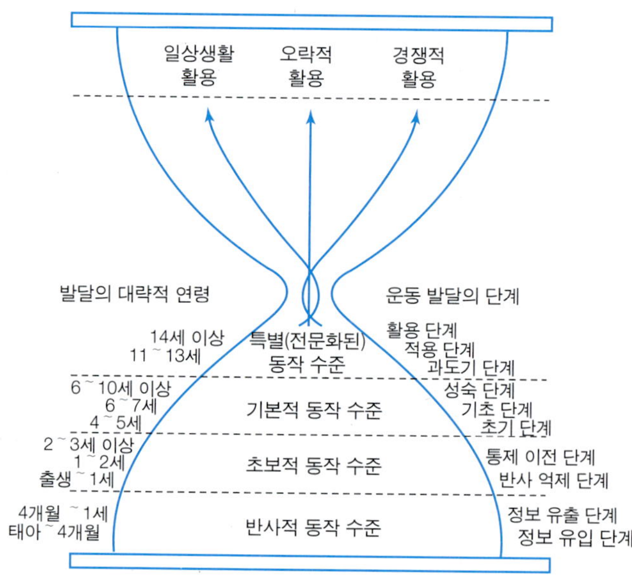

〈그림 10-1〉 운동 발달의 단계와 수준

첫 번째 단계는 반사적 동작기(reflexive movement)로서 태아와 신생아에게서 나타나는 최초의 운동 발달의 특징이라고 할 수 있다. 이러한 반사적 행동은 점차적으로 통제되면서, 이와 함께 두 번째로 발육이 불완전한 초보적인 운동 능력(rudimentary movement)의 발달로 발전해 간다. 이와 같은 기초적인 동작은 출생 직후의 영아에서부터 시작되어서 약 2세까지 발달되게 된다. 이러한 동작은 밀면서 기기(creeping), 기기(crawling), 걷기와 같은 이동적 활동을 포함한다. 또한 조작적 기능, 예를 들면 잡기·손을 뻗치기·물체를 잡았다 놓기와 같은 경험을 포함하며, 목·머리·몸의 통제를 하면서 앉고서는 안정적 동작을 보이게 된다.

세 번째 운동 발달의 특징은 기본적인 동작(fundamental movement)이라고 할 수 있다. 유아기가 여기에 속할 것인데, 이러한 기초적 동작 능력은 초보 단계에서 기본 단계로 옮겨 가며 여러 가지 다양한 기본 동작을 성숙하게 수행할 수 있는 성숙 단계로 이르게 된다. 이 단계는 생후 2년에서 시작되어서 유아 교육 기관에 다니게 되는 약 7세까지 지속된다.

유치원 시기에 이르게 되면 기본적인 동작은 뛰어넘기와 스키핑을 제외하고는 대부분 할 수 있다. 스키핑은 대부분이 배울 수 있는데, 어떤 유아는 초등학교에 올라가서도 어려움을 느끼는 경우가 많다. 공 던지는 모양도 상당히 다양하다. 어떤 유아는 밑으로 던지고, 또 다른 유아는 옆으로 던지고, 머리 위로 던지는 경우도 있다. 그러나 발의 형태는 아직도 그대로 남아 있다. 즉, 왼발을 앞으로 하고 오른손을 뒤로 해서 던지는 모양은 초등학교 1학년에 가서야 가능하게 된다. 공을 받는 기능도 유아들이 받을 때 얼굴에 맞지 않을까 하는 공포감 때문에 아직 부족하다.

요약하면, 유아기의 운동 능력은 대부분 탐색적이어야 할 것이다. 특히 학기 초에는 더욱 그렇다고 할 수 있다. 학기가 진행되면서 점차로 좀 더 구조적인 학습이 이루어지도록 장려해 주며, 마루에서 하는 활동에서부터 그 밖의 환경으로 옮겨 가도록 한다.

제 3 절 유아 동작 교육의 기본 요소

동작 교육에 대한 접근법은 다학문적인 접근(multi-disciplinary)을 취하고 있다(Kephart, 1960; Cratty, 1970; Conner, 1965; Godfrey, 1964; Smith, 1970). 일찍이 1960년 이전의 동작 교육에 대한 개념은 신체와 정신을 분리된 것으로 간주하거나, 발달의 통합적인 접근보다는 독립된 영역으로 생각되어졌다. 1940년대에 이르러서 전인 교육의 개념 안에서 신체와 정신은 분리된 것이 아닌 전체로서 이해되면서 조화를 이루어야 한다고 보았다. 1960년대에 이르러서는 심리학적, 사회학적, 물리학적 변인들에 대한 관심이 높아지면서 신체 활동에 대한 시사점에 초점을 맞추게 되었다. 특히, 이러한 분야에서 관심을 끌게 된 것은 지각, 지각-운동 발달, 시각-운동 협응력과 지적-운동 발달과의 연관성이었다.

이러한 다학문적인 접근은 심리학자인 Kephart에 의해서 지지되었는데, 그의 연구로 특수아들을 중심으로 하여 신체 동작 훈련 프로그램을 개발하게 되었다. Kephart는 그 후 Godfrey와의 공동 연구를 통해서 동작 교육에서 신체적 적응, 근육 단련 또는 스포츠나 게임의 능력을 기르기보다는 정신 운동과 지각-운동 발달과 행동에 주로 초점을 맞추었다. 그리하여 "동작 교육이란 체육 교육과 일반 교육의 기초가 되는 내용이다."(Godfrey & Kephart, 1969: 19)라고 밝히고 있다.

또한 1930년대의 연구들은 유아의 나이에 따른 여러 가지 운동 과제의 수행 능력에 초점을 맞추었다. 현대에 와서는 운동 발달의 '과정'에 중점을 두게 되었다. 이것은 단순히 유아의 움직임이나 그 결과를 보기보다는 유아의 동작을 수행하는 방법과 그 과정에 초점을 맞추는 것이다 예를 들면, 유아가 공을 2m 던진다고 하는 것은 결과 중심이며, 그 자체가 유아의 운동 발달 단계를 말해 주는 것은 아무것도 없다. 그와 반대로 과정 중심에서는 유아가 공을 던지는 방법의 묘사가 더 중요시된다.

유아 교육자들은 신체 동작의 역할을 인간 발달의 측면에서 새롭게 인식하면서 여러 다른 학문 분야와 연결을 맺기 시작하였다. 1970년 National Association for the Education of Young Children(NAEYC) 등에서 유아와 체육 교육에 관한 연구 모임을 개최하게 되었다(NAEYC, 1971).

또한 이러한 다학문적인 접근법과 함께 체육 교육자들은 인간 동작의 기본 요소에 주의를 돌리게 되었다. 특히 Laban은 나이 어린 유아도 이해할 수 있는 동작을 분석하기 위한 토대를 마련하였다. 그는 동작의 4가지 기본 요소를 강조하였는데, 이것이 모든 동작의 근본이 된다고 보았다. 즉, 공간(space), 시간(time), 힘(force), 흐름(flow)이 그것이다. 공간이란 두 가지 측면을 말한다. 신체 자체가 가지고 있는 개인적인 공간과 신체 밖의 일반적 공간으로서 어떤 사물의 주위·밑·안의 영역을 말한다. 공간 속에서 유아는 자신의 신체를 어떻게 움직여야 하는지를 배워야 한다. 다음으로 시간이란 속도의 요인을 말하는 것이다. 즉, 빠르고 느리고의 리듬이다. 힘이란 동작의 강도와 에포트(effort)를 말한다. 즉, 무거운지 가벼운지, 약한지 강한지의 여부이다. 끝으로 흐름이란 동작이 연속적인지 비연속적인지를 말한다.

Laban의 원리는 현대 동작 교육의 기초가 되었다. 특히 유아 교육의 동작 교수법에 대한 그의 영향은 크다고 할 수 있다.

Pica(1995)와 Laban의 동작 개념 발달 단계를 기초로 하여 연구된 동작의 기본 요소에 대한 주제와 내용은 〈표 10-1〉과 같다(Day, 1975; Barrett, 1977).

〈표 10-1〉 동작의 기본 요소

요 소	주 제	개 념
신체 (body)	신체 부분 신체 모양 신체 동작	신체 안(근육, 뼈, 심장…)과 신체 밖(신체 각 부분) 신체 형태(크고 비틀어진 모양, 낮고 구부러진, 곧게 뻗은) 이동 동작과 비이동 동작
공간 (space)	장 소 높낮이 방 향 범 위 진 로	자기 공간과 일반 공간 높게, 낮게, 중간으로 앞으로, 뒤로, 옆으로, 위로, 아래로, 비스듬히 크고 작은 영역 (바닥 모양 : 곡선, 직선, 비틀어진, 지그재그)
시간 (time)	속 도 강 세 지 속	빠르게, 느리게 강하게, 약하게 길게, 짧게
힘 (force)	무 게 흐 름	무거운, 가벼운 날카로운, 부드러운, 자유로운, 제한된

요 소	주 제	개 념
관계 (relation-ship)	사람(짝, 집단)과의 관계 물체와의 관계	신체 부분에 대한 반응, 관찰에 따른 적응 (예 거울 춤, 집단 춤) 신체 부분과 물체(공, 평균대, 후프…)와의 조절

신체와 공간을 관련시켜 보면, 신체 인식(또는 신체 형상)은 공간적 관점으로부터의 신체의 평가이다. 모든 감각은 그것의 공간적 환경 안에서 신체 인식을 형성하기 위해 상호작용하는데, 궁극적으로 유아는 외부의 공간 속에서 신체를 알게 된다. 유아는 공간을 인식함에 따라 신체가 움직이는 범위를 알게 되고 특정한 동작을 적절히 수행하는 공간의 양과 위치를 알게 된다. 이와 같이 신체 인식은 학습된 개념이므로, 유아는 공간을 더 잘 인식하기 위해 동작 가능성을 탐색하는 많은 기회를 가져야 한다.

동작의 요소에서 시각 인식이란 움직임에 주어지는 소리의 길고 짧음, 빠르고 느림 등의 차이에 반응하여 얼마나 변화 있게 움직이는가를 의미한다. 움직임 속에는 필수적으로 시간(리듬) 요소가 결부되는데, 이것은 눈을 깜박이는 것처럼 작은 동작이라도 움직이는 리듬이 필요하고 그 방법도 일정하지 않다. 따라서 동작에서도 자연스런 움직임에 대한 박자, 소리의 느낌과 음색에 따른 움직임, 박자와 관련된 움직임과 같이 시간 인식의 풍부한 적용은 유아의 동작을 즉흥적이고 효과적으로 이끌어주며 유아에게 더욱 즐거움을 갖게 할 것이다.

다음으로 유아는 동작을 하면서 신체의 어느 부분을 힘 있게 또는 가볍게 할 수 있는지, 재빨리 또는 부드럽게 표현할 수 있는지, 흐르는 듯 연결되는 움직임과 끊어지는 움직임은 어떻게 해야 하는가를 경험하게 된다. 즉, 움직이기 위해서는 힘이 필요하나 힘을 넣는 방법이 언제나 일정하다고는 할 수 없다. 예를 들어, 세차게 부는 겨울의 찬바람을 표현하기 위해서는 힘이 강한 움직임이 필요하지만, 부드럽게 얼굴을 스쳐가는 봄바람을 표현할 때는 가볍고 경쾌한 움직임을 사용하는 것이 효과적이다. 이와 같이 움직임을 통해 유아는 힘을 효율적으로 사용할 줄 알게 된다. 운동 기구를 사용하는 데 있어서의 힘의 적용, 공을 힘차게·약하게·부드럽게 치고 굴리며 던지는 등의 동작 속에서 유아는 힘의 개념을 배운다.

동작을 구성하는 기본 요소로서 관계란 다른 사람과 함께 이루는 동작과 함께, 자신의 신체의 서로 다른 부분 사이의 상호작용을 의미한다. 즉, 유아와 교사와의 관계, 유아와 유아와의 관계, 한 집단의 유아와 다른 집단의 유아와의 관계, 유아와 물체와의 관계를 뜻한다. 물체와 신체 부분의 관계란 공간 환경 안에서 물체와의 조정을 말하는데, 이것은 유아의 동작 잠재력(가능성)의 발견에 도움을 준다. 활동의 예는 던지기, 잡기, 치기, 굴리기(rolling), 차기의 동작에 수반되는 공 다루기와 평균대 활동 등이 있다. 이와 같은 물체와의 상호작용을 통해 물체를 효과적으로 다룰 수 있는 기능과 신체 부분과의 조절 능력, 바닥에서부터 떨어진 공간에서 움직이는 데 대한 자신감을 길러 준다. 특히 물체와의 관계에 있어 가까이－멀리, 앞－뒤, 위－아래, 나란히, 비스듬히, 꼭대기, 사이에－한가운데, 안에－밖에, 밑으로와 같은 공간 언어(공간 개념)에 대해 신체 움직임을 통한 학습 과정을 경험하게 된다.

제4절 유아 동작 활동의 내용

유아를 위한 동작 교육의 중요한 교육 내용은 기본 동작과 창의적 동작 활동으로 구분할 수 있다. 유아를 위한 동작 활동에서 무엇을 기본적인 교육으로 다룰 것인가를 분류해 보면 3가지로 구분할 수 있다.

① 이동 동작 (locomotor movement)

② 비이동(혹은 안정) 동작 (nonlocomotor movement)

③ 조작적 동작 (manipulative movement)

이러한 분류에 속하는 여러 학자들의 동작의 유형을 정리해 보면 〈표 10-2〉와 같다(Gallahue, 1995; Pica, 1995).

〈표 10-2〉 기본 동작의 유형

이동 동작	비이동 동작	조작적 동작
걷기(walking) 달리기(running) 뛰어넘기(leaping) 뛰기(jumping) 앙감질(hopping) 말뛰기(galloping) 미끄러지기(sliding) 스키핑(skipping) 오르기(climbing)	구부리기(bending) 뻗기(stretching) 꼬기(twisting) 회전하기(turning) 흔들기(swinging) 구르기(rolling) 균형 잡기(balancing) 피하기(dodging)	던지기(throwing) 받기(catching) 차기(kicking) 공 되받아치기(volleying) 공 튀기기(bouncing)

Gallahue는 다음과 같이 유아의 동작 교육 내용 선정 목록을 만들었다(Gallahue, 1982: 375).

① 지시적 또는 비지시적 대근육 운동놀이
② 풍부한 움직임 탐색과 문제 해결 활동
③ 자아 개념(self-image)을 향상시키기 위한 긍정적 강화
④ 이동 활동, 조작적 활동, 비이동 활동에 있어서 단순한 것으로부터 복잡한 것으로의 진보
⑤ 남녀를 분리하지 않는 것
⑥ 지각 운동 발달을 위해 특별히 계획된 풍부한 활동들
⑦ 유아의 상상력을 증진시키기 위해 계획된 극놀이와 상상이 포함된 활동
⑧ 물체 조작과 눈-손 협응이 필요한 활동
⑨ 스키핑하기, 말뛰기, 앙감질하기와 같은 활동 소개
⑩ 유아 자신의 속도에 따라 진보하게 하는 것

2019년 개정된 누리과정에서는 동작활동과 관련하여 예술경험 영역에서 다루고 있다(교육부, 2019). 예술경험 영역의 특히 창의적으로 표현하기의 내용범주에서 다루고 있다. 주요내용으로는 신체, 사물, 악기로 간단한 소리와 리듬을 만들어 본다. 신체나 도구를 활용하여 움직임과 춤으로 자유롭게 표현한다로 구분되어 있다.

이와 같은 동작 교육 과정 내용에 근거하여 유아 교육 기관에서 실제로 할 수 있는 활동 내용을 정리해 보면 다음과 같다.

1. 이동 동작

이동이란 공간 속에서 신체의 위치를 바꾸면서 일어나는 동작을 말한다. 걷기, 달리기, 앙감질, 뛰기, 미끄러지기, 뛰어넘기 등이 여기에 속한다. 이동 동작은 안정 동작과 함께 일어나는 경우가 많다. 안정의 기본적인 형태는 이동 동작을 효율적으로 할 수 있기 이전에 숙달되어야 한다(Gallahue, 1975: 11). 이동 동작의 스텝은 리듬의 요소를 학습하는 가장 좋은 접근이 된다. 이러한 기본적 동작의 다양한 형태를 경험할수록 유아는 리듬적 운동 능력과 표현 능력이 증진되며 균형성이 풍부해져서 더욱 창의적인 동작으로 이끄는 준비가 된다.

(1) 걷기, 달리기, 뛰어넘기(leaping)

걷기, 달리기, 뛰어넘기는 이동 동작이며 연속적으로 발달한다. 걷기와 달리기는 이미 유아들이 잘한다고 생각하기 때문에 이러한 기본적인 운동 형태에는 관심을 기울이지 않는 것이 보통이다. 그러나 이것은 모든 동작의 기본이 되므로 올바른 형태로 발전되도록 장려해 주어야 한다. 교육할 때는 기본적인 패턴을 개선하기보다는, 속도와 거리의 면에서 달리기를 실제로 함으로써 개선하도록 해야 한다. 뛰어넘기는 유아의 이동 동작에서 걷기와 달리기만큼 자주 관찰되지는 않지만 보통 특별한 상황이나 자극에 반응할 때 나타나는 동작이다.

① 걷기

한 다리에서 다른 다리로의 무게 이동을 말한다. 앞으로 나가는 발은 뒤따라 나오는 발이 발가락으로 밀어젖히는 동안 뒤꿈치의 무게를 받는다. 걷기는 앞, 뒤, 옆, 어느 방향으로나 할 수 있다. 앞으로 걷는 것은 몸이 앞으로 살짝 기울고, 머리는 꼿꼿이 세우고 팔은 다리와 반대되게 움직인다. 발은 보통 앞으로 곧장 가게 된다.

초기의 걷기 패턴은 상당히 불안정한 것이 특징이다. 걸음마기 유아는 균형을 잡기 위해 팔과 손을 높이 들고 움직이며, 팔은 다리와 반대로 움직이지 않는다.

유아기에는 더 성숙한 걷기 패턴을 갖는데, 발은 이제 뒤꿈치를 바닥에 닿게 하면서 걷고, 걸을 때 앞발은 무릎을 굽히고, 팔은 더 자연스럽게 편안한 상태로 옆에 있게 된다. 더욱 발전된 걷기의 발달은 팔이 다리에 반대되게 움직이고 팔꿈치를 더 구부릴 수 있는 것으로 나타난다.

② 달리기

달리기는 앞, 뒤, 옆으로 할 수 있다. 달리기와 걷기의 기본적인 차이는 달리기에 있어서는 두 발이 시시각각 바닥에 닿는 데 있어 공중에 떠 있는(nonsupport) 단계가 있다는 것이다. 대부분의 경우 무게는 발의 앞꿈치에 받게 된다.

천천히 뛰기(조깅)에서 무게는 걷기에서처럼 뒤꿈치에서 받게 된다. 유아는 나이와 달리기하는 기회가 증가됨에 따라 달리기의 패턴이 성숙된다.

달리기에 있어서 교사가 장려해 주어야 할 점

① 달리는 동안 유아의 머리를 꼿꼿하게 유지한다.
② 유아의 발은 곧바로 앞으로 한다.
③ 앞꿈치를 빨리 달릴 수 있도록 알맞은 곳에 닿도록 한다.
④ 팔은 다리와 반대되게 움직이고, 앞 방향으로 더 움직인다.
⑤ 속도가 증가함에 따라 무릎을 올리는 것도 증가한다.

유아기에는 달리기를 위한 많은 기회가 필요하다. 앞 방향으로 곧장 달리는 것은 뒤로, 옆으로, 지그재그 패턴으로 달리는 것보다 먼저 이루어진다.

〈그림 10-3〉 걷기

③ 뛰어넘기

뛰어넘기는 달리기 스텝의 연장이다. 달리기 스텝이 높이와 거리에 있어 증가함에 따라, 공중에 떠 있는 상태의 시기가 길어진다. 유아는 어떤 장애를 뛰어넘을 때 또는 지정된 지점에 도달하고자 할 때 자연적으로 뛰어넘기를 하게 된다.

〈그림 10-4〉 뛰어넘기

(2) 뛰기(jumping), 앙감질(hoping)

뛰기와 앙감질은 운동 패턴과 관계가 깊다. 달리기와 뛰어넘기처럼, 이러한 운동 패턴의 하나하나는 몸무게가 공중에 떠 있는 시기가 있다. 뛰기는 보통 앙감질보다 앞서 일어난다.

① 뛰기

뛰기는 이동적인 움직임이고, 발가락을 밀어올리며 양발로 바닥에서 뛰어오르고 다시 내려선다. 유아의 성숙 수준에 맞도록 더 높이, 더 멀리 뛰도록 자극하는 경험을 줌으로써 성숙된 뛰기 모양의 발달을 가져온다.

뛰기에는 세 가지 형태가 있는데 ① 어떤 높은 물체에 닿으려고 할 때 높이 뛰는 것 ② 장애물을 넘고자 할 때의 넓이 뛰기(far) ③ 높은 곳으로부터 뛰어내리기가 있다.

〈그림 10-5〉 뛰어넘기

〈그림 10-6〉 높이 뛰기

〈그림 10-7〉 뛰어내리기

보다 성숙된 뛰기 패턴은 유아가 뛰기 이전의 몸의 자세로 웅크림의 준비를 증가하는 것인데, 처음에는 멀리 뛰는 방향으로 몸을 확장시키고 팔을 많이 뻗는 것이다. 뛰어서 땅에 내려앉을 때는 '유연'해야 한다. 내려올 때 힘이 들어가면, 착륙을 부드럽게 하기 위해 발목·무릎·엉덩이를 굽히게 된다. 뛰기 패턴이 부족한 유아에게 보통 두 발로 옮겨 뛰어 보도록 요구해도 한 발로 옮기게 된다.

② 앙감질

앙감질은 몸의 한 발이 공중에 떠 있게 되며, 뒤따라 같은 발로 착륙하는 움직임의 패턴이다. 앙감질은 좋아하는 발로 먼저 행한다. 앙감질은 어떤 방향으로도 할 수 있고, 이때 거리 또는 높이를 강조할 수 있다. 앙감질이란 결국 한 발로 뛰어오르고 같은 발로 다시 바닥에 닿는 리듬적인 동작이다.

〈그림 10-8〉 앙감질(1수준)

〈그림 10-9〉 앙감질(2수준)

〈그림 10-10〉 앙감질(3수준)

(3) 스키핑, 미끄러지기(sliding), 말뛰기(galloping)

스키핑, 미끄러지기, 말뛰기는 앞서 논의되었던 것보다 더 후에 발달되고, 더 복잡한 이동 동작 형태이다. 주로 걷기, 달리기, 뛰어넘기, 뛰기와 앙감질은 리듬적으로 '똑같은' 동작이다. 그러나 스키핑, 미끄러지기, 말뛰기는 리듬적으로 '똑같지 않은' 동작이다. 이것들은 다른 두 가지 기본 동작의 결합이고, 리듬적으로 규칙적이지 않은 이유는 시간의 길이가 다른 유형의 두 부분의 동작이 각기 사용되기 때문이다.

① 스키핑

스키핑은 같은 발로 앙감질하면서 잇따라 걷기 스텝이 뒤따라오는 것이다. 따라서 성숙된 스키핑 형태는 스텝보다는 앙감질에 더 많은 리드미컬한 패턴을 맞추는 것이다. 어떤 유아는 스텝-홉을 할 수 있기는 하지만 스키핑이라고 할 만큼 리드미컬하지 않은 경우가 많다. 또는 스키핑을 할 수 있는데 자신이 있는 발로만 하는 경우도 있다. 성숙된 스키핑 패턴은 다른 발로 스키핑하면서 또 한 발로 계속 잇따라 스키핑하는 것이다. 즉, 각 발로 가볍게, 빠르게 뛰어오른 후에 반대 발로 다시 가볍게 오른다. 박자는 대개 6/8박자(♩♪♩♪)이다. 유치원 시기의 유아는 스키핑 능력에 있어서 상당히 다양한 형태를 보이기 때문에 숙달되기 위해서는 많은 경험이 필요하다.

〈그림 10-11〉 스키핑

② 미끄러지기

미끄러지기는 두 부분으로 되어 있는데, 걷기 스텝과 달리기 스텝을 옆 또는 사이 방향(샛길)으로 섞어서 하는 비규칙적인 리드미컬한 동작이다. 첫 번째 부분인 걷기 스텝보다 동작의 두 번째 부분인 달리기에 더 많은 시간을 소비한다. 미끄러지기는 항상 같은 발로 움직이게 된다. 미끄러질 때 달리기 부분에서 몸이 공중에 떠 있는 시기는 곧이어 걷기 스텝이 뒤를 따르므로, 미끄러지기에 특징 있는 리듬을 주게 된다. 결국 미끄러지는 방법은 무게가 시작되는 발에서 뒷발로 옮겨지게 됨으로써 옆으로 행해지는 갤롭과 같다.

〈그림 10-12〉 미끄러지기

③ 말뛰기

말뛰기는 앞으로나 뒤쪽 방향으로 미끄러지기를 실제로 하는 것이다. 한 발은 앞으로 걷고, 다음 발은 달리기로 밟는다. 말뛰기는 유치원에서는 달리기를 잘할 수 있게 된 후에도 오랫동안 쉽게 발달되지 않는 것으로 관찰된다. 보통 유아는 좋아하지 않는 발로 하기 전에 좋아하는 발을 먼저 앞으로 내놓으면서 하게 될 것이다.

앙감질이 발달되지 않은 유아는 스키핑에서 어려움을 갖게 될 것이고, 그렇게 시도해 보는 것이 간혹 말뛰기가 되기도 한다.

(4) 오르기

오르기는 기기와 비슷한 기본적 동작이다. 오르기는 다리만으로 할 수도 있고 팔로만 할 수도 있으며 팔과 다리를 함께 사용할 수도 있다. 오르기는 사물(로프, 사다리 등)을 사용하거나 유아 자신이 할 수 있다. 사다리와 같은 사물을 사용하는 경우에 동작은 한 손으로부터 시작해서 다른 쪽에 있는 무릎을 끌어 잡아 올리면서 시작해야 한다. 이러한 과정에서 몸의 무게는 먼저 지탱하고 있는 다리로부터 팔로 옮겨가야 한다. 또한 동작에 있어서 손과 다리의 움직임은 리드믹한 형식으로 반복적이어야 한다.

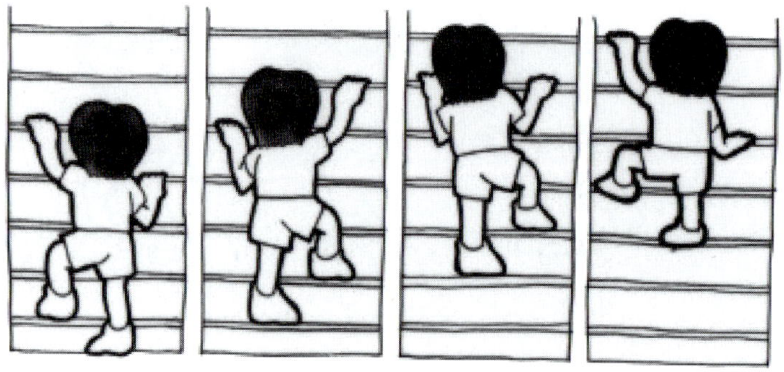

〈그림 10-13〉 오르기

2. 안정 또는 비이동 동작

안정이란 움직임을 학습하는 데 있어서 가장 기본적인 것이다. 안정은 인간이 중력 힘의 관계를 유지하는 능력이라고 할 수 있다. 유아의 안정 능력을 장려하는 동작 경험은 유아에게 신체 적응에 있어서 유연함과 융통성을 주게 한다.

(1) 구부리기

구부리기는 신체를 접는 동작을 통하여 근접한 두 신체 부위를 접근시키는 움직임을 말한다. 신체의 한 부위를 다른 부위로 접근할 때의 동작은 유연하며 직접적이어야 한다. 구부리기는 유아기에는 남녀 모두 보통 유연하나, 나이가 들어감에 따라 연습이 부족한 경우는 유연하지 못하게 된다.

〈그림 10-14〉 구부리기

(2) 뻗기(stretching)

신체의 여러 부위를 수직이나 수평으로 펴는 움직임을 말한다. 뻗기 동작의 요소는 구부리기 패턴과 반대되는 동작이다. 구부리기 동작과 마찬가지로 뻗기의 가능한 범위는 유아의 유연성과 신체 발달에 의해서 정해져야 한다. 흔히 남자 아이가 여자 아이보다 덜 유연한 경우가 많기 때문에 여아만큼 신체 뻗기를 기대해서는 안 된다. 뻗기는 매일 활동의 기본이 되며 창작적 댄스의 기초가 된다.

〈그림 10-15〉 뻗기

(3) 비틀기(twisting)

축을 중심으로 신체의 한 부분을 다른 부분으로 회전시키는 움직임을 말한다. 신체의 다른 부분은 고정시킨 상태에서 신체 부분을 반대 방향으로 돌리거나 부분적으로 돌린다. 비틀기는 신생아 시기에서부터 관찰될 수 있는데, 뒤집으려 할 때나 몸을 앞으로 밀어내려고 할 때 나타나는 첫 번째 자발적 동작이다. 걸음마 시기는 서려고 할 때나 걸으려고 할 때 비틀기를 많이 사용하게 된다. 비틀기는 거의 이동이나 조작적 동작과 함께 나타나는 동작 형태이다. 비틀기에서 기억해야 할 기본적인 것은 돌기(turning)와 달리 신체의 한 부분은 움직이지 않고 다른 부분을 돌리는 것이다. 비틀기는 대부분의 조작적 동작의 기본이 된다.

〈그림 10-16〉 비틀기

(4) 돌기(turning)

돌기는 몸 전체를 수직이나 수평축으로 돌리는 것을 말한다. 이때 팔과 머리는 최대의 효율성을 얻기 위해서 돌리는 방향으로 움직여야 한다. 돌기는 대부분의 게임과 스포츠, 댄스에서 사용되어 방향을 바꾸는 데 이용된다. 또한 스케이팅의 스포츠에서도 사용된다.

〈그림 10-17〉 돌기

(5) 흔들기(swinging)

흔들기는 신체의 한 부분 끝을 고정하고 다른 부분은 포물선을 그리면서 앞과 뒤로 자유롭게 움직이는 추의 움직임을 말한다. 흔들기는 대부분의 이동 조작적 동작에서 보통 발견되는 행동 형태이다. 성숙된 흔들기를 위해서는 ① 동작은 편안하고 리드미컬해야 하며 ② 몸의 부분(일반적으로 다리 혹은 팔)은 고정된 부분에서부터 자유롭게 작은 포물선을 그리면서 흔들거리며 ③ 사지는 주요 동작을 할 때 꼿꼿해야 한다.

〈그림 10-18〉 흔들기

(6) 구르기

구르기는 신체가 순간적으로 앞으로, 뒤, 옆의 공간으로 뒤바뀌는 것을 말한다. 먼저 손은 어깨 넓이로 땅을 짚고 무릎을 구부린 자세로부터 시작된다. 몸을 뒤집을 때 무게는 유아의 손과 어깨에 놓이게 되고 등은 둥글게 된다.

구르기는 몸 움직임 활동의 가장 기초가 되는 활동 중의 하나로서 몸의 균형 기능과 몸의 인식 및 공간 인식을 발달시키는 데 아주 좋은 활동이다(Skinner, 1979). 그 외 팔을 머리 위로 올려 몸을 길게 쭉 편 채로 양방향으로 통나무처럼 굴러보기 등을 해 볼 수 있다.

〈그림 10-19〉 구르기

(7) 균형 잡기

균형 잡기란 신체 중력의 중심이 몸을 잘 지지해 주는 상태인데 균형 잡기는 정지된 상태에서도 할 수 있고 또는 움직이면서도 할 수 있다. 처음에는 높이가 낮고 면적이 넓은 평균대를 이용하여 걷다가 익숙해지면 면적이 좁고 높이가 더 높은 평균대를 사용할 수 있다. 또는 정지된 상태에서 균형 잡기 등을 이용하여 몸의 균형을 잡아 볼 수 있다.

〈그림 10-20〉 균형 잡기

(8) 피하기(dodging)

피하기는 일반적으로 사물이나 사람을 피하기 위하여 재빨리 역동적으로 몸 전체를 사용하는 것을 말한다. 달리기와 함께 동작을 하게 되면 이동 동작 기술이 될 수 있다. 그러나 흔히 서 있는 상태에서 피하는 동작이 이루어지는 경우가 많으며 이때 구부리기, 뻗기나 꼬기와 같은 비이동 동작이 포함될 수 있다. 예를 들면 큰 벌을 피하는 척해보기, 눈싸움에서 눈덩이 피하기 등을 해 볼 수 있다.

3. 조작적 동작

대근육 조작은 물체와의 관계에서 이루어지며 사물에 힘을 주고 사물로부터 힘을 받게 되는 것을 말한다. 조작 동작은 두 가지의 기초 동작에 근거를 두고 있다. 즉, 이동과 안정이다. 조작 동작에서 중요한 점은 이러한 이동이나 안정의 동작 부류에서 두 가지 이상의 움직임을 결합시키게 된다는 점이다. 물체의 조작을 통해서 유아는 공간 속에서 움직이는 물체의 관계를 탐색할 수 있게 된다. 조작 동작은 보통 이동과 안정 동작을 함께 결합하는 형태를 취하기 때문에, 조작 동작을 잘할 수 있게 되는 것은 이동과 안정 능력이 발달되는 때와 똑같이 기대할 수는 없다. 안정과 이동 동작이 잘 이루어진 후에야 조작 동작의 효율성을 기대할 수 있는 것이다.

(1) 던지기

던지기는 팔과 손의 동작을 사용해서 공간 속으로 물체를 밀어내는 것을 말한다. 던지기의 형태는 다양한데 밑에서 던지기, 위로 던지기, 옆으로 던지기 등이 있다. 그러나 가장 보편적으로 스포츠나 게임에서 사용하는 중요한 운동 형태는 한쪽 팔로 어깨 너머 던지기이다.

① 1단계

2~3세 유아에게서 관찰되는 형태이다. 이러한 자세로는 유아가 많은 힘을 전달할 수 없다고 본다. 발은 고정되어 있고 팔은 제한된 범위 안에서 움직인다. 빠르게 던지는 것보다는 정확하게 던지게 하며, 어른의 던지는 모양을 관찰하게 한다.

② 2단계

이 단계는 힘을 더 많이 전달하게 한다. 던지는 팔이 등 뒤로 멀리 돌아가고 몸의 회전은 약간씩 앞으로 뒤로 움직이게 한다. 유치원 유아에게서 관찰되는 형태이다.

〈그림 10-21〉 던지기(1단계)

〈그림 10-22〉 던지기(2단계)

③ 3단계

던지려는 팔이 앞으로 나가는 만큼 발이 앞으로 한 걸음 나가는 것을 포함한다. 공이 목적물에 닿게 던져지도록 많은 힘을 내게 한다.

④ 4단계

성숙한 형태로서, 몸통은 던지기를 하는 팔이 뒤로 가는 만큼 크게 회전한다. 던지기를 하는 팔의 반대 발이 앞으로 나간다. 이러한 성숙된 형태는 초등학교 저학년 아동에게서 많이 관찰되며, 연습을 많이 한 유아에게서도 조금 나타난다. 4단계의 몸 형태의 모습은 다음 그림과 같다.

〈그림 10-23〉 던지기(3단계)

던지기 형태의 발달을 자극하기 위한 요점

① 큰 공을 던질 때는 유아에게 두 손을 사용하게 한다.
② 한 손에 넣을 수 있는 크기의 작은 공을 던질 때는 어깨 위로 손을 들어 던지게 한다.
③ 던지기에 적합한 공의 크기는 공 받기에 사용되는 공의 크기와는 구별된다.

던지기는 많은 연습이 필요하다. 속도와 거리의 관점에서 많은 연습을 하게 되면 좀 더 성숙된 형태를 자극할 수 있으나, 지나치게 결과에 집착하게 될 때는 오히려 퇴행을 가져올 수 있다는 것을 명심해야 한다.

(2) 받기

받기의 기본 운동 패턴은 손을 사용해서 움직이는 물체를 조절하는 기능을 말한다. 잡기는 시·지각의 추적 능력이 요구되기 때문에 대부분의 유아는 받기 능력보다는 던지기 능력이 더 일찍 발달된다.

① 구르는 공을 잡는 것이 유아에게는 처음으로 숙달된다. 던져진 공을 잡는다는 것은 유아의 손과 마루와의 관계에서 공의 위치를 파악해야 하므로, 구르는 공을 쫓아서 잡기가 훨씬 쉽다. 대부분의 유아는 유치원과 초등학교 시기에 받기 능력의 향상을 보이게 된다.

〈그림 10-24〉는 유치원 유아가 큰 공을 잡는 것을 보여 준다. 손이 공에 밀착되어 있으며 몸으로 공을 받는다. 이 받기 단계에는 큰 공이 적당하다.

〈그림 10-24〉 받기(1단계)

② 받기 경험이 미숙한 유아나 공에 얻어맞을까 봐 무서워할 때 나타나는 행동은 공을 잡을 때 공으로부터 머리를 돌리는 것이다. 특히 작은 공이나 딱딱한 공을 사용할 때나 너무 빨리 던져질 때 더욱 그러한 경향을 보이게 된다.

〈그림 10-25〉 받기(2단계)

③ 성숙된 받기 형태는 〈그림 10-26〉과 같다. 손은 공을 받기 위하여 앞으로 나오게 된다. 손가락에 공이 와 닿을 때 팔은 공의 던져지는 힘을 빨아들이기 위해 뻗는다.

〈그림 10-26〉 받기(3단계)

대부분의 교사들은 빨리 움직이는 공은 받기 어렵고, 너무 느린 공도 또한 받기 어렵다고 알고 있다. 공은 상당히 곧은 궤도에서 움직이게 하기 위해 적당한 속도로 던져져야 한다.

받기 지도를 할 때 기억해야 할 요점들

① 초기 발달 단계에서는 앞으로 혹은 뒤로 움직이는 것보다 옆으로 움직이는 것이 더 쉽다.
② 손바닥으로 공을 잡는 것보다 손가락으로 공을 잡는 것이 받기의 효과적인 방법이다.
③ 유아들이 큰 공을 너무 오래 사용하게 되는 것은 받기 발달에 방해가 되는 것이다.

유아는 받기와 던지기의 발달 형태가 다르므로 동시에 두 동작을 발달시키려 하는 활동은 오히려 유아들을 좌절시키거나 비생산적 경험을 하게 하는 것이다. 그러므로 두 동작을 필요로 하는 어떠한 활동이 있다면 한 가지만을 계속 강조하여 익숙하게 한 뒤 다른 것을 또 강조하도록 해야 한다.

작은 공은 유아들이 팔을 들어 던지는 경우에 적합하며, 큰 공은 잡기 경험을 맨 처음 경험할 때 사용되어야 한다. 공이 유아들에게 던져지기 전에 유아들이 공을 만지거나 느낌을 가질 수 있는 충분한 탐색의 기회를 주어야 한다. 특히 부드러운 공은 위로 던져질 때 유아들이 잡으려는 용기를 북돋워 줄 수 있다.

위로 던져진 공과 밑으로 던져진 공을 받을 때의 손과 팔·다리의 동작을 그림으로 표시해 보면 다음과 같다.

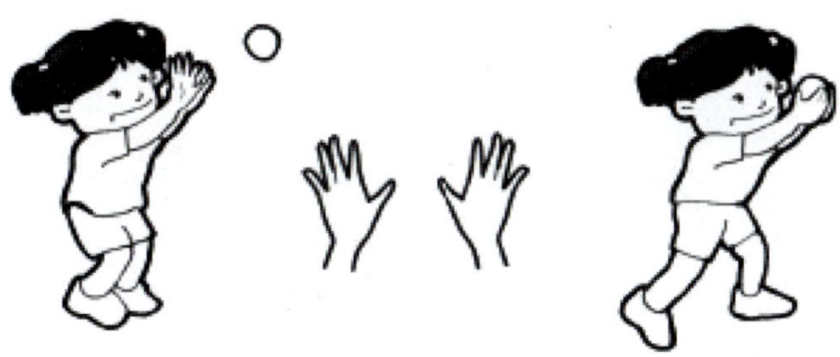

위로 던져진 공을 받는 손모양

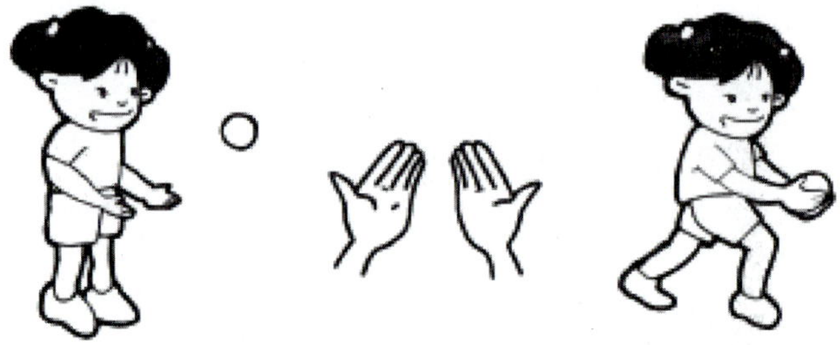

아래로 던져진 공을 받는 손모양

〈그림 10-27〉 받기의 손 모양

(3) 차기(kicking)

차기는 다리를 사용해서 힘을 물체에 전달하는 때리기의 형태를 말한다. 유아의 차기 능력에 대한 연구는 아직까지 상당히 드물다. 차기에는 두 가지 형태가 있는데, 손에서 떨어진 공이 땅에 닿기 전에 차는 것과 운동장에서 정지된 상태에 있는 공이나 움직이는 공을 차는 것이 있다. 유아는 한 발로 균형 있게 설 수 있을 때 차기를 할 준비가 되었다고 할 수 있다. 성숙된 차기의 형태는 몇몇 유치원 어린이에게서도 관찰될 수 있다.

차기는 힘이 전혀 전달되지 않는 비효과적인 차기에서부터 상당한 힘의 양이 전달되는 완숙된 차기 형태로 발전하게 된다.

① 비효과적인 차기

차기를 하는 발이 비교적 굳어 있고, 다리와 반대되는 팔이 사용되지 않고 몸의 다른 부분이 전혀 사용되지 않는 경우이다.

〈그림 10-28〉 차기(1단계)

② 완숙된 차기 형태

차기를 위해 준비 단계에 무릎이 굽어지고 다리가 뒤로 움직여져야 한다. 힘을 내기 위해 몸이 약간 뒤로 기울어지며 팔은 균형을 유지하기 위해 사용한다.

〈그림 10-29〉 차기(2단계)

〈그림 10-30〉 차기(3단계)

유아들은 엄지발가락을 다치지 않기 위해 발등으로 차는 법을 배워야 한다. 부드러운 공이 초기의 차기 경험에 적당하며, 차기 게임을 많이 하는 동안 유아들은 차는 힘을 많이 내기 위해 걷거나 뛰면서 공을 차게 된다.

공이 떨어질 때 차는 것을 시도하면서 나타나는 실수는 공을 앞으로 차기보다는 차서 올리려는 데 있다. 위에서 떨어지는 공을 효과적으로 차는 것은 다음 그림과 같다. 즉, 가장 큰 힘을 내서 차기 위해 무릎을 굽히고 약간 몸을 뒤로 젖히고 팔은 반대 방향을 사용한다.

(4) 때리기 혹은 치기(striking)

유아는 유치원이나 초등학교에서 치기를 할 기회를 많이 가짐으로써 치기의 개발된 형태를 볼 수 있다. 좋은 폼으로 치더라도 성공적인 결과를 가져 오지 않을 수도 있다. 왜냐하면 유아들은 아직까지는 지각적인 판단을 해야 하기 때문이며, 특히 움직이는 물체일 경우 더욱 그러하다.

치기 형태는 야구·테니스·배드민턴·골프 같은 활동에서 특별한 기술로 발달된다. 각각의 운동 기술은 독특한 기교를 가지고 있으며, 각기 다른 장비를 필요로 한다. 그러나 기본적인 친다는 형태는 일정한 방법으로 발달한다.

① 초기의 치기 형태

한 팔로 위로 던지기 형태와 유사하다. 칠 때 뒷발에서 앞발로 몸의 무게를 옮긴다.

〈그림 10-31〉 치기(1단계)

② 두 손으로 치기

힘을 내기 위해 두 손을 사용하여 도구를 이용한다.

〈그림 10-30〉 치기(3단계)

③ 옆으로 치기

방망이나 라켓을 옆으로 들고 치기이다. 힘을 내기 위해 몸을 돌리면서 물체를 칠 때 뒷발에서 앞발로 몸의 무게를 바꾼다.

〈그림 10-23〉 던지기(3단계)

(5) 공 되받아 치기(volleying)

공 되받아치기는 손이나 다른 신체(발을 제외한) 부위를 이용하여 사물을 위로 쳐 내는 것이다. 전형적으로 사용되는 신체 부위는 머리, 팔, 무릎 등이다. 이 기술에서 필요로 하는 것은 정확한 물체 추적의 기술이라고 할 수 있다.

유아들에게는 비치볼이나 풍선과 같은 가벼운 공을 사용하여 두 손으로 위를 향해 계속 쳐 보도록 할 수 있다. 신체의 여러 부분을 사용하여 쳐 보도록 하면서 몇 번이나 떨어뜨리지 않고 쳐 볼 수 있는지 세어본다.

(6) 공 튀기기

공 튀기기란 두 손 또는 한 손으로 공과 같은 사물을 아래쪽으로 계속 치는 동작으로 드리볼(계속 짧게 치는)로 발전된다. 일상생활에서 많이 적용되는 것은 아니지만 눈과 손의 협응을 발달시킬 수 있는 좋은 동작이 될 수 있다.

4. 리듬 동작

리듬 동작은 노래나 음악에 맞추어 움직이는 동작 활동 형태를 의미한다. 흔히 율동으로 표현되는 리듬 동작은 이미 정해진 동작을 따라 해 보는 구조적 혹은 반구조적 리듬 동작과 특별히 동작을 정하지 않고 음악적 요소에 따라 표현해 보는 비구조적 리듬 동작의 형태로 구분해 볼 수 있다.

구조적 동작은 '둘이 살짝 손잡고'나'호키 포키'와 같이 이미 노랫말에 동작의 형태가 제시되어 있어 그대로 표현할 수 있는 동작 유형과, '다람쥐'처럼 노래나 음악의 부분 부분을 어떻게 움직이는지 정해져 있어서 교사의 지시대로 따라 하는 모방 율동을 의미한다. 이때, 모든 동작을 교사가 이미 정해 놓은 그대로 모방하지 않고 일부분 혹은 전체를 유아들과 함께 정해 보는 경우가 반구조적 동작 형태이다.

구조적 동작은 이미 정해진 동작을 따라 하는 모방 형태이므로 유아들의 창의성을 저해할 수 있다는 측면에서 논의되고 있는 동작 유형이지만, 유아기에는 다함께 느낄 수 있는 즐거움이나 소속감, 일치감 등을 경험할 수 있는 새로운 기회가 될 수 있으므로 교사가 획일적인 방법으로 접근하지 않도록 주의를 기울인다면 유아에게는 좋은 활동이 될 수 있다.

음악을 들으면서 여러 가지 음악적 요소를 몸으로 표현하는 비구조적 리듬 동작을 계획할 때에는 빠르고 느림 혹은 크고 작음 등의 음악적 요소를 쉽게 변별하고 그러한 음악적 개념을 잘 표현할 수 있는 곡을 선택하는 것이 무엇보다 중요하다. 또한, 유아들이 몸으로 잘 표현할 수 있도록 교사의 시범보다는 적절한 언어적 지원을 해주는 것이 필요하다.

5. 창의적 동작

창의적 신체 표현의 방법은 유아가 탐색 과정과 즉흥 과정을 통해 생각하고 느끼는 것을 창작할 수 있는 기회를 마련해 줌으로써 자신감을 갖고 즉흥적으로 동작 문제를 독특하게 해결하도록 돕는 방법이다. 이 동작 표현을 위해, 과제를 제시해 주고, 느낌이나 정서를 표현할 수 있게 하는 다양한 동작 형태와 분위기를 의도적으로 제공해 준다. 예를 들면 자연현상이나 동물, 꽃, 교통수단의 형태나 특징적인 움직임, 기쁘고 슬픈 감정, 강하고 약함의 성질과 같은 소재 등이 포함된다.

유아기의 어린이는 가상 활동(pretending)을 여러 가지로 시도해 보게 된다. 일찍이 2세부터 유아는 어머니, 아버지, 형제, 동물의 흉내 내기를 즐긴다.

그러나 창의적 동작의 경험은 단순한 '가상 활동'만이 아니며, 유아는 바람에 흔들리는 나무를 보며 자신의 몸이나 신체의 여러 다른 부분을 사용하여 구부리거나 흔들기를 실험한다. 이것은 단순히 유아가 제자리에 서서 나무 '같이' 되어 보는 것과는 다른 것이다. 그와는 반대로 나무를 보고 유아는 그 움직임의 요인을 파악해 내는 것이다(힘의 정도와 가벼움, 이리저리 움직이는 구부러짐, 나뭇잎의 떨림과 뒤집힘 등). 따라서 유아는 예민한 관찰자이며 좀 더 다양하고 창의적인 행동의 가능성을 인식하는 것이다.

상투적인 움직임은 교사가 다음과 같은 말을 할 때 일어난다. 예를 들면 "모두 코끼리가 되어 보자."고 한다면 모든 유아는 서로서로의 움직임을 모방하면서 모두 손가락으로 코를 잡고 그 손 사이로 다른 팔을 넣어서 휘젓는 모양을 할 것이다. 결과적으로 유아는 이 거대한 동물의 움직임과 그 몸의 유연성, 힘을 파악하는 기회를 잃게 되는 것이다.

오히려 교사는 다음과 같은 말을 할 수 있을 것이다. "코끼리의 몸이 어떻게 움직이는지 잘 보자. 코가 어떻게 말아지고 어떤 방향으로 뻗는지 보자. 자! 이제 우리의 몸 전부를 사용해서 그 움직임처럼 움직여 보자." 이러한 자극은 유아에게 몸을 동그랗게 말기(curling), 뻗기, 꼬기의 경험을 시켜 주며 그러한 움직임을 발견할 수 있는 기회를 주게 되는 것이다.

성공적인 창작적 동작 경험은 유아가 무엇을 할 수 있는지, 어떻게 움직이는지, 어떻게 느끼는지에 초점을 맞춘다. "오늘은 기쁘다.", "오늘 나는 피곤해, 무서워…." 등 유아의 매일의 생활과 관련된 움직임을 수행해 보면서 점차적으로 더욱 발전된 형태의 창작적 동작 경험을 유도할 수 있게 된다.

또 다른 창의적 동작은 무언극을 통해서나, 아침에 어떻게 일어났는지, 옥순이가 세 마리 곰의 집을 어떻게 조사하는지에 대한 아이디어나 이야기를 표현해 보도록 요구하면 음악과 리듬은 유아의 동작과 일치해서 창의적 반응에 기운을 불어 넣게 된다.

유아가 음악에 맞추어 창의적으로 움직일 수 있도록 유아의 상상력을 자극하는 이야기나 사건을 사용할 수 있다. 유아에게 말이 뛰어가는 모습, 토끼가 어떻게 숲속을 달리는지, 아빠 염소가 다리를 건너가는 동작을 나타내어 보게 한다.

이러한 극적 접근 방법은 극화하는 방법으로서, 가상적인 상황이나 상상을 통해 움직임을 유도하고 개념을 경험하게 하는 방법이다. 상상은 움직임을 자극하고 유발한다. 유아는 사물을 관찰하고 이것을 사고 과정을 거쳐 동작 반응으로 나타내는데, 이때에 상상력은 자극제가 될 것이며, 단순한 것 이상의 표현적인 움직임으로 변형시킬 것이다.

창의적 반응을 격려해 주기 위해서, 어디서 음악이 빨라지거나 느려지는 것을 들을 수 있는지, 어디서 크고 작아지는지, 어디서 높아지고 낮아지는지, 어디서 반복되고 멈추는지를 인식하도록 한다. 또한 종이테이프, 스카프, 공 등을 사용해서 창의적 반응에 자극을 주며 수줍어하는 유아에게는 종이봉투 가면을 쓰게 하여 자기 표현을 마음껏 해 보게 한다.

위와 같은 여러 가지 동작 활동의 접근 방법은 각각 분리되는 것이 아니라 발달 단계에 따른 일련의 지도 과정으로 통합되어 사용되는 것이다. 즉, 유아의 발달적 과정에 맞는 구체적 지도 방법을 알고 각 상황에 적절한 계획으로 접근한다면 유아는 더욱 효과적인 동작 활동을 경험하게 될 것이다.

제5절 교수 계획 및 방법

1. 교수 계획

유아기 어린이의 요구와 특성은 초등학교 시기의 어린이와 다르기 때문에, 유아의 동작 교육 프로그램은 일반 초등학교 체육 교육 프로그램에서 발췌하여 적용할 수는 없다. 인간의 동작이란 의미 있는 것이며 유아가 성장 발달하면서 그 의미를 장려해 주고 발전시켜 주어야 한다.

Gallahue(1995)는 유아의 동작 교육의 과정에서 중요시해야 하는 점을 다음과 같이 요약하였다.

① 3, 4, 5세의 유아는 그들의 흥미, 욕구는 물론 운동 조절력과 동작 능력에서 초등학교 아동과 다르다.
② 유아는 그들의 환경과의 통합을 통해서 배운다.
③ 유아 교사는 안내자 혹은 촉진자의 역할을 한다.
④ 유아는 통합적 형태에서 학습하고 발달한다.
⑤ 계획된 동작 경험들은 놀이 경험들을 촉진한다.

Seefeldt(1992)는 동작 교육을 계획하는 데 있어서 고려해야 할 점을 다음과 같이 밝혔다.

① 유아기의 동작 교육은 각 유아의 성장과 발달의 정도를 가장 잘 알 수 있는 위치에 있는 담임교사에 의해서 가르쳐져야 한다. 동작 교육에 전문적인 배경을 가진 체육 교사는 이 담임교사를 위해서 워크숍 전문 서적, 상담과 조언을 주기 위한 자문 역할을 담당하도록 해야 한다.
② 모든 유아는 적어도 일주일에 3번 정도, 최소 20분 정도의 계획된 동작 경험을 할 수 있도록 해야 한다. 교사는 창작적 움직임, 기본 움직임, 극적인 움직임을 포함하는 잘 구성된 프로그램을 마련해 줄 뿐 아니라 그들이 특히 관심 있는 동작 분야의 기능을 발달시킬 수 있도록 해야 한다.
③ 유아는 동작을 통해서 독자적으로 사고해 보고, 다른 사람과의 관계를 형성하고, 미적인 인식을 표현하며, 자신의 신체를 점차적으로 복합적인 방법으로 발달시킬 수 있도록 장려되어야 한다.
④ 기능적 동작을 위한 기구와 자료는 유아가 독자적으로 사용하고 치울 수 있도록 고안되어야 하며 다양한 패턴으로 정리될 수 있어야 한다. 이러한 재료는 실내와 실외에서 사용될 수 있게 고안되어야 한다.
⑤ 바닥이 매끈하다면 유아가 맨발로 동작을 탐색할 수 있도록 하는 것이 좋으며 옷은 단추, 지퍼나 그 밖의 장식이 될수록 없는 것을 택한다. 고무줄이 들어 있는 내복 형태나 타이츠 형태가 적당하다.
⑥ 일반 공간에서 움직일 때 서로 충돌하지 않게 한다.

위와 같은 점들을 고려하면서 동작 교수 계획을 준비하는 데 있어서는 Laban의 제안을 기초로 하여 다음의 요소들이 포함되어야 한다.

〈표 10-3〉 기본 움직임의 형태와 질의 분류

신체 패턴	안 정	구르기, 구부리기, 비틀기, 앉기, 흔들기, 꼬기
	이 동	걷기, 달리기, 앙감질, 스키핑하기, 말뛰기, 뛰기
사물 다루기 패턴	조 작	받기, 던지기, 차기, 때리기, 밀기, 당기기, 굴리기
동작의 질	공 간	(단계) 높게, 중간, 낮게
	힘	무겁게-가볍게, 강하게-약하게, 딱딱하게-부드럽게, 좁게-느슨하게
	시 간	느리게, 중간, 빠르게
	흐 름	자유롭게, 제한, 연속적
	범 위	크게-좁게, 멀리-가까이, 길게-짧게
	방 향	앞으로-뒤로, 위로-아래로, 옆으로, 똑바로, 원으로, 대각선으로
	움직임의 강조	갑자기, 폭발적, 지속적, 순간적, 편안하게

교육 과정 구성을 할 때 기억해야 할 몇 가지 일반적 원리들이 있다. 성인이 스포츠를 처음 배울 때의 자신에 대해 생각해 보면 처음에는 격려와 긍정적 강화를 통해서 배우게 될 것이다. 처음 단계에서는 누구나 많이 긴장하게 되며 잘하게 될 때까지는, 짧은 시간 동안 자주 해보는 것이 한 번에 오랫동안 집중적으로 하는 것보다 좋다. 기술은 단순한 것에서 복잡한 것으로, 대근육에서 소근육으로 발달한다. 연습은 필수적이지만 반드시 그것이 전부는 아니다. 또한 모든 유아의 능력과 반응이 항상 같은 것은 아니기 때문에 성인이나 친구들의 격려가 도움이 된다.

마지막은 안전에 대한 것이다. 유치원 아동은 아직 자신의 몸을 잘 통제할 수 없기 때문에 신체적 활동이 위험을 수반할 수 있다. 활동을 계획하기 전에 시설을 점검하여 안전성을 확인해야 한다. 또한 어떤 활동이든 시작하기 전에 유아에게 안전을 판단하는 것은 그들의 책임이라는 것을 이해시켜야 한다. 그리고 나서 모든 활동이 진행되는 동안 적절한 감독이 이루어지도록 하고 어떤 상황에 대해서도 적절히 대처할 수 있는 법을 알고 있어야 한다.

2. 교수 방법

동작 교육의 내용과 개념은 여러 가지 방법으로 가르칠 수 있다. 그러나 교사는 각각의 동작 활동을 교수하는 데 있어 개인차가 있으며 단계가 있음을 명심해야 한다. 이러한 단계는 두 가지 발달적 개념에 기초하고 있다. 첫째, 동작 능력의 습득은 단순한 것에서부터 복잡한 것으로 발달되어 간다. 둘째, 유아는 능력의 발달에 있어 일반적인 것에서부터 세부적인 것으로 점차 발달해 간다.

이러한 두 가지 개념에 기초하여 Gentile(1972)과 Lawther(1977)는 다음과 같은 교수 단계를 제시하고 있다.

① 탐색
② 발견
③ 연합
④ 선택
⑤ 정교한 수행

유아는 기본 동작을 발달시켜 나가는 데 있어서 일반적으로 다음의 학습 경험을 하게 된다.

탐색은 동작을 하나하나 분리시켜서 그 기능의 전체적인 뼈대를 익혀 나가는 것을 말한다. 발견은 이러한 각각의 동작을 수행하는 방법을, 다른 사람이 하는 것을 관찰한다든지 사진, 필름 등을 통해 알아내는 것이다. 또한 연합은 각각의 동작을 연결하고 다양한 방법으로 실험하게 된다. 선택은 경기나 시범을 통하거나 게임 등을 통해서 이러한 동작을 연결하는 최상의 효율적인 방법을 선택하는 것이다. 끝으로 정교한 수행은 성인기에 이르러 전문가로서의 수행을 말한다.

따라서 유아기의 기본적 동작 형태의 발달 시기에는 대부분의 동작 교육 시간은 탐색, 발견과 새로운 동작의 연합을 주로 하게 된다. 그러므로 이동, 비이동, 조작적 동작과 동작의 질(힘, 무게, 공간, 관계 등)에 대해 끊임없는 탐색과 실험을 다양하게 이루도록 교수해야 한다. 이러한 기본적 움직임이 스포츠 기능의 기본이 되는 것이다.

이것을 도표화해 보면 다음과 같다(Gallahue, 1982: 59).

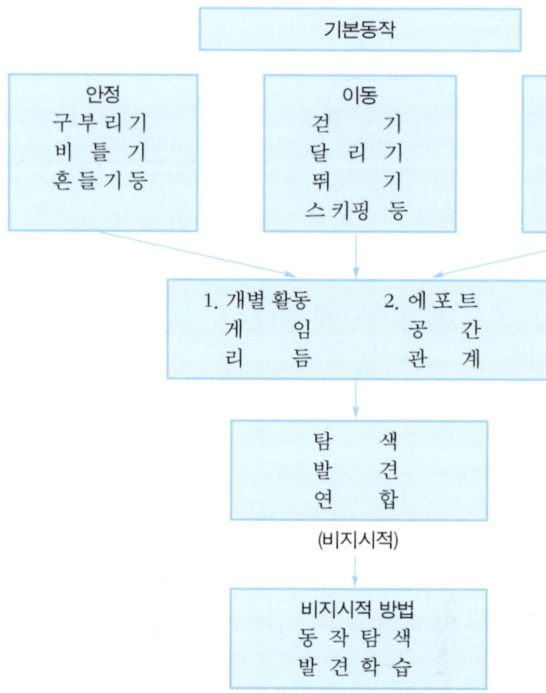

〈그림 10-34〉 유치원 및 초등학생 저학년의 기본 동작

다음은 유아 교육에서 뛰기 기능을 발달시킬 수 있도록 발견의 교수법(guided discovery method)을 사용한 예를 들어 보겠다(Riggs, 1980).

① 탐색:유아가 뛰어넘을 수 있는 물체를 고른다. 예를 들면 우유 상자, 지팡이, 로프, 낮은 평균대 등이며 자동차 타이어의 튜브도 좋은 소재가 될 수 있다. 유아는 자유자재로 이러한 다양한 소재를 가지고 다양한 방법으로 몸을 움직이면서 뛰기를 탐색하게 된다.

② 발견:이러한 첫 번째 과정을 통하여 유아는 ❶ 뛰어넘거나, 뛰어들어갔다 나올 수 있는 물체의 종류 ❷ 여러 가지 다양한 뛰기 방법, 뛰기의 다양한 범위 등을 알게 된다. 이때 교사는 "앞으로 뛰어 보았는데, 이번에는 옆이나 뒤로 뛸 수 있을까?", "아주 높이 뛰었는데, 다음에는 멀리, 넓게 뛰어 볼 수 있을까?" 등의 질문으로 발견 학습을 돕는다.

③ 선택:두 가지 과정이 필요하다. 즉, 유아에게 움직임을 선택하도록 요구할 수

있으며(가장 높게 할 수 있는 뛰는 방법을 선택) 교사가 뛰기의 여러 가지 측면을 요구할 수 있다. 또 유아가 점차 뛰기 활동에 익숙하게 되면 뛰는 높이와 어려움을 증가시키도록 한다.

유아 동작 교육에서 탐색과 발견의 교수법을 사용하는 것의 가장 큰 장점은 유아 스스로가 자신의 발달 단계에 맞는 능력을 사용하고 자극할 수 있다는 것이다. 즉, 그들 스스로 그들이 할 수 있는 것을 선택하여 성공감을 맛볼 수 있다.

제 6 절 교사의 역할

교사는 가능한 한 유아가 자신의 생각이나 느낌을 나타내기에 편안하고 개방적인 분위기를 형성하는 것이 중요하다. 폐쇄적이며 긴장되어 있는 상태에서는 상상적 표현이 어렵기 때문에 유아가 자유롭게 느끼고 잠재적인 능력을 발휘할 기회를 갖도록 격려해야 한다.

(1) 창의성의 허용

동작 활동의 분위기는 유아가 자신의 표현을 비웃을까 봐 겁내지 않고 정서적으로 안정되어야 한다. 한 유아가 다른 유아를 비웃을 때는 신속하고 효율적으로 처리해야 한다. 교사는 창의성이 유아로부터 유도될 수 있도록 항상 세심한 배려가 필요하다. 예를 들면 몸을 가장 낮게 해서 이 지점에서부터 저쪽 지점으로 움직여 보도록 할 때 교사는 가장 적합한 방법이 '구르기'라는 것을 알지만 유아 스스로 발견하도록 해야 한다는 것이다.

(2) 격려해 주기

동작 활동에서 유아가 얻는 안정감은 창의적인 노력을 교사가 지지해 줄 때 가장 잘 고양된다. 유아가 창의적인 노력을 보일 때, 협동할 때, 감정을 표현할 때 교사는 적극 격려해 주어야 한다. 유아들은 동작 표현에 있어서 다른 사람과 다르게 한다는 것에서 주저하는 경향이 있다. 따라서 누구나 똑같은 동작을 하게 되는데, 유아가 조금이라도 다른 사람과 다른 창의적 동작을 보였을 때 적극 장려해 줌으로써 모든 유아가 각기 다양한 표현을 할 수 있도록 장려해 주어야 한다.

(3) 모델링

교사들은 보통 원하는 것을 시범으로 보여 주어야 하는데, 이것은 특별히 나이 어린 유아에게는 중요한 것이다. 교사가 활동 시범을 보일 때 유아들이 따라 하게 되는데, 이때 유아들이 어떻게 움직이는지 관찰하고 모방 이상의 창의적인 방법으로 자유롭게 움직일 수 있는 유아를 격려하여 준다. 유아가 모델이 될 수도 있다.

(4) 문제의 해결

비참여의 문제, 즉 동작 활동의 첫 시간은 반드시 참여하지 않는 유아가 생기게 마련이다. 이때 교시의 세심한 배려가 필요하다. 교사는 "그래, 좋아. 다음 시간에 해보자."고 하면서 그 유아를 관찰해 본다. 동작 교육에서 참여는 중요하기 때문에 적극 강조되어야 한다. 그러나 만일 유아가 참여하기를 거부한다면 조용히 곁에 앉아서 관찰하도록 요구해야 한다. 유아가 다른 사람을 방해하거나 교실의 다른 활동으로 옮겨 가도록 해서는 안 된다. 왜냐하면 관찰을 통해서 유아는 자신감을 얻고 참여하려는 마음이 생기기 때문이다.

제 7 절 유아 동작 교육을 위한 환경

동작 교육 시간을 위한 이상적인 장소는 따로 있는 것이다. Sullivan(1982: 5)은 동작 활동 영역의 요소를 다음과 같이 제안하고 있다.

- 부상을 방지할 수 있는 탄력 있는 마룻바닥
- 적절한 통풍과 난방(너무 덥지 않은 곳)

- 주의가 산만하지 않은 곳
- 가구나 다른 물체와의 충돌을 방지할 수 있는 개방된 공간

① 장소

만일 이상적인 장소가 불가능하다면 교실이 친밀감이 있고 쉽게 활용할 수 있는 장소가 된다. 가구들은 한쪽으로 밀어 놓거나 그룹을 나누어서 소그룹으로 운영할 수 있다.

② 크기

유아는 자유롭게 마음껏 움직일 수 있는 공간이 필요하다. 그러나 초·중등학교의 체육실 같은 넓은 공간은 유아에게는 위축감을 줄 수도 있다. 그렇지만 유아는 교사의 교수 방법에 따라 쉽게 그러한 환경에서도 적응할 수 있기 때문에 마룻바닥에 경계선을 테이프로 붙여 놓든지 활동에 따라 여러 가지 표시를 해서 도울 수 있다. 오히려 좁은 공간은 유아에게 충돌과 공격성을 유발하게 된다.

③ 마루 표면

동작 활동을 위해서는 탄력성 있는 나무로 된 바닥이 좋다. 이러한 바닥은 유아가 뛰어내리거나 미끄러지고 눕기에도 좋다. 카펫을 까는 것은 구르기나 눕기에는 좋지만 유아가 미끄러질 때 화상(rug burn)을 입을 수 있다.

④ 난방 및 통풍

동작 활동 영역의 온도는 보통 온도나 서늘한 곳이 좋다. 유아들은 쉽게 더워지기 때문에 지나치게 더운 실내는 불편하게 된다. 창문이 있어서 교사가 온도와 환기를 위해 손쉽게 열고 닫을 수 있어야 한다.

⑤ 주의 산만 요인

주변에 지나치게 많은 물건들이 있다면 반드시 덮어서 보이지 않도록 하며, 지나가는 사람들이 기웃거리게 되면 또한 통제하기 힘들게 된다.

⑥ 유아를 위한 일반적인 규칙

실내에서 유아의 신발과 양말은 될 수 있는 대로 벗기는 것이 필수적이다. 이것은 유아가 동작에 특별한 주의를 기울이게 하며 신체적 감각을 더 잘 느끼게 할 수 있다.

- 유아들은 위험성이 있는 것을 입거나 갖지 않는다.

- 상호 간에 물리적으로 상해를 가하지 않는다.
- 서로 놀려대거나 비웃지 않는다.
- 미리 정해진 신호음이 들리거나 교사가 부를 때는 교사에게 와야 한다.

⑦ 간단한 도구

- 드럼: 박자를 맞추기 위해, 학급을 모으고 정렬시키기 위해 사용된다. 유아의 음악적 경험의 한 부분으로도 사용된다.
- 목소리: 교사의 목소리는 최상의 악기이다. 목소리는 동작을 수반시키는 동작 활동의 통합체이다. 크기를 다양하게 함으로써 다양한 분위기를 창조한다.
- 음악: 동작 활동 교실에서는 음악이 풍부함을 증가시키는데, 노래를 더해 줌으로써 경험을 풍부하게 해 줄 수 있게 된다. 레코드가 선택되었다면 거기에 맞는 자료들도 즉각 준비되어야 한다.

제 8 절 유아 동작 교육 활동의 예

1. 신체 인식

(1) 그림 보고 모방하기

동작을 나타내는 그림 카드를 만든다. 그림을 보여 주고 유아들이 그 동작을 그대로 만들어 보도록 한다.

(2) 그림자놀이(이화여대부속유치원, 1995)

① 활동실의 적절한 장소에 유아의 키보다 높이 비닐끈을 맨다.

② 비닐끈에 흰색 천을 매단다.

③ 헝겊의 한쪽 편에는 환등기를 놓고 다른 한 편에는 유아들이 앉는다.

④ 유아들이 눈을 감고 있는 동안 5~6명의 유아들을 골라내어 커튼 뒤로 가게 한다.

⑤ 뒤로 간 유아들끼리 의논해서 차례를 정한 뒤 1명씩 커튼 뒤에서 움직이게 한다.

⑥ 커튼 뒤의 유아들은 자기가 좋아하는 움직임을 보여 준다.

⑦ 구경하는 유아들은 커튼에 나타나는 그림자를 보고 누구인지를 알아맞힌다.

⑧ 누구인지를 바로 알아맞혔을 때 어떻게 알 수 있었는지에 대해 이야기하게 한다.

⑨ 커튼 안에 있는 유아의 동작을 따라 해 본다.

⑩ 환등기와 유아와의 거리에 따라 달라지는 그림자를 관찰한다.

(3) 우리 몸 그리기

유아들과 함께 우리 몸 그리기를 해 본다. 자유선택 활동 시간에 한 유아를 전지 위에 눕도록 한 후, 신체의 윤곽을 서로서로 그려보게 한다. 교사는 신체의 여러 명칭을 알도록 도움을 주고 신체 부분의 명칭과 특징을 익히도록 도움을 준다.

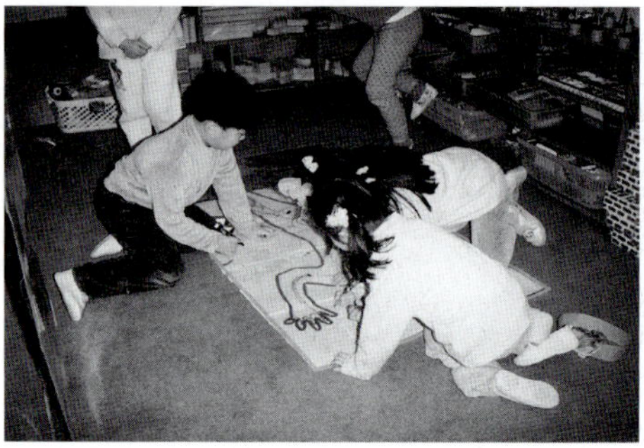

〈그림 10-35〉 우리 몸 그리기

2. 신체의 움직임

(1) 낙하산(파라슈트)놀이

① 직경 150㎝ 정도 크기의 낙하산, 호각, 경쾌한 행진곡 테이프를 준비한다.

② 교사의 지시와 호각 소리에 따라 유아들이 활동한다.

③ 경쾌한 곡을 배경 음악으로 틀어 준다.

- 유아들이 낙하산의 가장자리를 둥글게 잡고 선 후 교사의 지시에 따라 걷거나 달린다.
- 유아들이 반시계방향 또는 시계방향으로 교사의 지시에 따라 돈다.
- 유아들이 낙하산을 잡고 제자리에 서서 낙하산을 펄럭여 본다.

호각 신호가 나면 낙하산을 일제히 높이 던진 후에 안으로 들어간다. 낙하산이 바닥에 떨어진 후 유아들이 기어서 나온다.

- 낙하산 가운데 공(예 탱탱공)을 놓고 낙하산을 흔들며 공을 튀겨 본다. 공이 밖으로 튀겨 나가지 않도록 주의하면서 튀긴 수를 세어 본다.
- 낙하산의 가장자리를 잡고 낙하산 안으로 걸어 들어가 팔을 올린다. (마치 보자기에 싸이는 느낌이 난다.)

④ 배경 음악 소리는 유아들이 교사의 지시를 들을 수 있어야 하므로 너무 크지 않게 한다.

(2) 풍선 쳐올리기

① 때리기와 쳐올리기의 기능과 기본적 조작 능력, 눈–손의 협응력 및 시각적 인식을 향상시킬 수 있다.

② 유아들은 각자 흩어져서 풍선을 하나씩 갖는다. 풍선에 끈을 매어서 손목에 잡아맨다. 유아들이 풍선을 충분히 쳐올릴 수 있도록 끈을 넉넉하게 매어 준다. 가장 오랫동안 쳐올릴 수 있는 사람이 이기게 된다.

(3) 팥주머니를 이용한 조작적 움직임

① 팥주머니를 옮기는 데 신체의 어느 부분을 사용할 수 있을까?

② 팥주머니를 손이 아닌 다른 신체 부위를 사용하여 던졌다가 잡아 보아라.

③ 팥주머니를 네 앞에, 뒤에, 옆에 떨어지도록 던질 수 있겠니?

④ 팥주머니를 던졌다가 그것을 잡기 전에 먼저 한 번(두 번, 세 번) 가볍게 칠 수 있겠니? (한 번 가볍게 친 후 그것을 잡을 수 있겠니?)

⑤ 몸의 여러 부분에 팥주머니를 놓고 균형을 잡아 보도록 해보자. 서로 옮겨 볼 수 있을까?

(4) 평균대를 이용한 조작적 움직임

① 어떻게 하면 평균대 이쪽 끝에서 저쪽 끝까지 균형을 잡고 움직일 수 있을까?
② 평균대 위를 반쯤 가로질러 가다가 멈추어서 방향을 바꾸어 걸어올 수 있겠니?
④ 평균대를 가로질러 움직이는 동안 팥주머니를 던져 올렸다가 잡아본다.

(5) 균형판(balance board)

유아는 판 위에 서서 균형을 유지하려고 시도한다. 적절한 기술을 얻게 되었을 때, 유아들은 팥주머니들이나 공을 앞뒤로 던져 올리면서 쌍으로 활동할 수 있다. 처음에는 판 위에서 균형을 잡으려고 시도할 때 유아의 손을 잡아 주는 것이 도움된다.

3. 리듬 활동

(1) 발바닥 밟기(이화여대 부속유치원, 1995)

① 유아들이 만든 발바닥 그림(유아의 수×2 만큼), 신호 악기, 셀로판테이프를 준비한다.
② 유아들(12명 정도)과 함께 실내 자유선택 활동 시간에 만든 발바닥 그림을 바닥에 고정시킨다. (발바닥 뒷면에 셀로판테이프를 붙여서 고정시킬 수 있다.)
③ 바닥에 붙여진 발바닥 주변에 원으로 둘러앉거나 반원으로 모여 앉아 유아들과 게임 방법을 의논한다.
- 노래를 부르며 다니다가 교사가 신호 악기를 치면 발바닥 그림 위에 올라선다.
- 모든 유아가 다 올라서면 다시 노래하며 다닌다.

④ 다 함께 노래하면서 게임을 한다.
- 교사는 두 발 다 올라서기, 한 발은 들고 한 발로만 올라서기 등의 다양한 방법으로 진행한다.

⑤ 바닥의 발바닥 한 쌍을 떼어 내고 게임을 하면 발바닥 위에 올라서지 못한 유아가 술래가 되는 방법으로 게임을 진행할 수 있다. '발바닥 밟기' 게임을 할 때 아래의 노래를 부르며 게임을 진행할 수 있다.

발바닥 밟기

김진영 작사 · 작곡

탬버린 소리가 울리면' 에서 유아의 이름을 넣을 수도 있고 다양한 악기를 사용한 신호의 변화도 가능하다.

(2) 깡총파(이화여대 부속유치원, 1995)

① 노래를 위한 그림 자료, 율동을 위한 비닐판(140×160㎝), 리듬 악기를 준비한다.

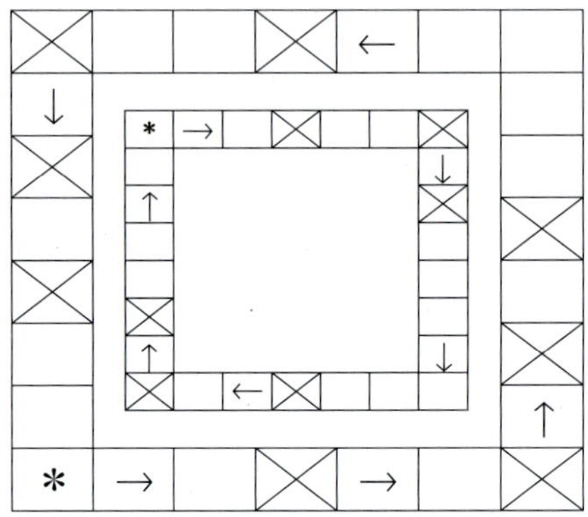

* 시작하는 곳
⊠ 두 발을 모으는 곳

〈율동을 위한 비닐판〉

깡 총 파

외국 곡 / 유애열 편역

② 1절 노래를 배운다.
- 교사가 노래를 부른다.
- 노래 음을 피아노로 들어 본다.
- 한 가지 소리(라라, 루루 등)로 곡을 익힌다.
- 노래 자료를 융판에 붙이며 유아들과 노랫말을 익힌다.
- 교사가 앞부분을 부르고, 유아들이 '깽깽파~~' 부분을 부른다.
- 바꾸어서 부른다.
- 다 함께 부른다.

③ 율동하는 방법에 대하여 이야기한다.
- 이 노래에 맞추어 율동을 할 수 있음을 알리고 준비된 비닐판을 제시한다. (어떻게 율동을 할 수 있는지 유아들의 의견을 듣는다.)
  - '시냇물을 건너가자. ~~뛰어서 넘자'까지는 * 표시 위에 서서 몸을 자연스럽게 흔들며 노래한다.
  - '깽깽'에서는 한 발로 한 칸씩 앙감질하며 화살표 방향으로 움직인다.
  - '파'에서는 두 발을 모아 선다.
- 앉은 자리에서 노래를 부르며 손바닥을 이용하여 해 본다.
  - '깽깽'에서는 오른손으로 오른쪽 허벅지를 2번 치고 '파'에서는 양손으로 양쪽 허벅지를 1번 친다.

④ 율동을 한다.
- 4명씩 나와서 출발 지점(* 표시된 곳에)에 서고 음악이 나오면 노래하며 율동한다.
  - 앉아서 기다리는 유아들은 손동작을 하며 노래를 부른다.

⑤ 하루에 노래와 율동을 함께 하지 않고 노래를 익힌 다음 율동을 하는 것이 좋다.
- 율동을 하면서 노래를 부르게 되므로 첫날 1~4절까지 모두 배우기보다는 1절을 정확하고 익숙하게 부를 수 있게 되면 2·3·4절은 다음날 쉽게 익힐 수있다.
- 사전 활동으로 기본 율동인'앙감질'을 경험하는 것이 바람직하다.

⑥ 활동이 끝난 후 자유선택 활동 시간을 이용하여 계속 이 활동을 즐길 수 있도록 복도 한적한 장소에 테이프로 징검다리를 만들어 주고, 녹음기와 테이프를 준비해 준다.

참고문헌

교육부 (2019). 교육부 고시 제 2019-189호, 유치원 교육과정. 세종:교육부

김은심 (2007) 유아-교사를 위한 창의적 동작교육. 서울:파란마음.

류진희·황한옥·최명희·정희정·김유림 (1999). 유아의 발달에 적합한 신체활동. 서울:양서원.

이기숙·김정원·이현숙·전선옥(2021). 유아교육과정. 경기:양서원.

Barrett, Kate R. (Jan. 1977). We see so much but perceive so little-why? A paper presented at the National Association of Physical Education for College Women National College Physical Education Association for Men Conference. Orland. Florida.

Barrett, Kate R. (1977). *Physical education for children*. Philadelphia:Lea & Febiger.

Conner, O. M. (1965). The effect of neuro-muscular activity on achievement and intelligence of kindergarten children. Ph. D. dissertation. Michigan State University.

Cratty, Bryant J. (1970). *Perceptual and motor development in infants and children*. NY: The Macmillan Company.

_____________ (1970). *Some educational Implications of movement*. Seattle, Wash.:Special Child Publications.

Day, Barbara. (1975). *Open learning in early childhood*. NY: Macmillan Publishing Co. Inc.

Gallahue, David L. (1982). *Developmental movement experiences for children*. John Wiley & Sons.

_______________ (1995). Transforming physical education curriculum. In S. Bredekamp & T. Rosegrant (Eds.), *Reaching potentials: Transforming early childhood curriculum and assessment*. Washington, DC:National Association for the Education of Young Children.

Gallahue, David L., & Ozmun, J. C. (1995). Understanding motor development: enfants, children, adolescents, adults. Dubuque, IA:Brown and Benchmark.

Gentile, A. (1972). A working model of skill acquisition with application to teaching. *Quest. 17*. 3-23.

Godfrey, B. (July. 1964). Development of a motor therapy laboratory. Speech delivered at the summer conference of the University of Michigan Graduate Department of Physical Education. *Ann Arbor, Michigan. 13*.

Godfrey, B., & Kephart, N. C. (1969). *Movement patterns and motor education*. NY: Appleton- Century-Crofts.

Hoffman, Hubert, Young, Jane, & Klesius, Stephen E. (1981). Meaningful movement for children: *A developmental theme approach to physical education*. Allyn and Bacon. Inc.

Kephart, N. (1960). Success through play. NY: Harper & Row Publishers.

_________ (1960). *The slow learner in the classroom*. Columbus, Oh:Charles E. Merril Publishing Co.

Kruger, Hates, & Kruger Jane Myers. (1982). *Movement education in physical education: A guide to teaching and planning*. Wm. C. Brown Company Publishers.

Lawther, J. D. (1977). *The learning and performance of physical skill*. Englewood Cliffs, N.J: Prentice-Hall.

Magill, R. A. (1993). Motor learning: Concepts and applications. Dubuque, IA:Wm. C. Brown. National Association for the Education of Young Children (1971). *The significance of the young child's motor development*. Washington, DC:National Association for the Education of Young Children.

Pica, R. (1995). Experiences in movement, Delmar Publisher.

Riggs, Maida. (1980). Movement education for preschool children, American Alliance for Health. *Physical education*. Recreation and Dance.

Seefeldt, C., ed. (1992). The early childhood curriculum: A review of current research (2d ed). NY: Teachers College Press.

Smith, P. (1970). Perceptual-motor skills and reading readiness of kindergarten children. *Journal of health physical education and recreation*, 41. 47.

Sullivan, Molly. (1982). *Movement: Exploration for young children*. National Association for the Education of Young Children.

유아 교수·학습 방법

CHAPTER

11

미술 교육

본 장에서는 유아의 전인적인 성장 발달을 도모하는 유아 미술 교육의 중요성에 대하여 설명하였으며, 유아의 발달에 적합하고 질이 높은 미술교육을 위해 탐색 · 표현 · 감상으로 구성된 균형 잡힌 교육 내용이 필요함을 제안하며 이들 내용 영역에 대하여 구체적으로 설명하였다. 바람직한 유아 미술 교육을 위한 지도 방법으로는 미술 활동 영역의 구성, 유아 미술 지도를 위한 접근법, 그리고 유아의 미적 발달을 도와주기 위한 교수 전략에 대하여 알아보았다.

제1절 유아 미술 교육의 목적 및 중요성

유아 미술 교육은 유아들의 생활 감정의 표현이나 생활 경험의 재구성이란 성격을 지니며, 창의적인 자기표현을 통해서 미적 안목을 지닌 온전한 인격체로서 성장하는 데 도움을 주려는 것이다. Herberholz와 Hanson(1995)은 유아 미술의 주된 목적이 유아에게 시각적인 환경과 문화를 접할 기회를 제공하여 유아가 이에 대해 보다 나은 이해를 할 수 있도록 돕는 것이라고 보았다. 또한, 질 높은 미술 교육을 통하여 아름다운 것을 만들기, 즐거움·민감성·감상력을 가지고 미술 작품 보기, 창의적으로 문제 해결하기, 모든 교과에 미술을 통합 적용하기, 감정의 표출 및 정서의 순화, 그리고 지각적 민감성의 증진이 이루어져야 한다고 제안하였다. 이정욱과 임수진(2003)도 여러 유아미술교육자들의 견해를 종합하여 유아미술교육은 다양하고 풍부한 감각적 경험을 통해 유아의 지각 능력을 신장시키고, 시각적 이미지를 사용하여 생각과 느낌을 창의적으로 표현할 수 있게 하는 데 그 목적이 있다고 제시하였다. 이와 함께 주변 환경 속에서 유아가 시각적 요소와 그 관계를 이해하고, 이에 따라 시각적 즐거움을 주는 아름다움을 지각할 수 있는 눈을 가지고 생활 속에서 미술을 즐길 수 있게 하는 데 그 목적이 있다고 하였다.

자신의 생활 속에서 경험한 감정이나 생각 등을 언어적으로 표현하는 데 어려움을 느끼는 유아에게 있어서 미술 활동은 다양한 비언어적 상징체계를 사용하여 자신을 표현할 수 있게 하는 중요한 역할을 한다. 미술은 유아가 생각하고 느끼고 상상하고 관계짓고 표현하는 하나의 방법이므로(Pelo, 2017) 유아의 자기표현 욕구를 만족시키는 것뿐만 아니라 인지 발달, 신체 발달, 사회성 발달, 정서 발달, 창의성 발달 등 유아의 전인적 발달을 가능하게 한다. 따라서 전통적으로 유아교육에서는 유아 미술 교육의 중요성이 인정되어왔고, 유아교육과정에서도 중요한 영역으로 다루어져 왔다.

미술이 어떻게 유아들의 전인적인 성장 발달을 도모할 수 있는지는 유아 미술 교육과 제 발달 영역과의 관계를 살펴봄으로써 이해할 수 있다(Koster, 2001; Schirrmacher, 2002).

(1) 미술과 신체 발달

미술 재료를 가지고 탐색하고 창의적인 표현 활동을 하는 것은 유아들이 주변 환경에 대해 보다 민감해지도록 도와준다. 유아들이 색, 선, 형, 질감을 시각적으로 또는 운동·감각적으로 인식함에 따라서 지각 능력이 향상된다. 이들 미적 요소들을 구별할 수 있는 능력은 재료와의 지속적인 탐색을 통해서 발달된다.

미술 활동은 대·소근육을 발달시키는 기회와 경험을 제공한다. 이젤에서 팔 전체를 사용하여 그림 그리기, 점토를 반죽하고 주무르기, 상자를 밀어 넣고 붙여서 집 만들기 등의 활동을 하는 과정에서 대근육의 사용이 요구된다. 또한 미술 활동 속에 포함되는 모든 신체 조작적인 움직임은 필기도구를 적절하게 잡고 사용하는데 필요한 소근육 발달을 촉진시킨다. 일반적으로 유아들은 근육 협응의 균형을 이루는 것에 어려움을 느낀다. 색칠하기, 물감 사용하기, 풀칠하기, 가위질하기, 종이 찢어 붙이기, 직조 등의 활동은 대·소근육의 발달뿐만 아니라 눈과 손의 협응력을 발달시킨다.

(2) 미술과 사회성 발달

유아들은 미술 활동을 통하여 사회적으로 성장할 수 있는 기회를 갖게 된다. 미술 활동은 유아들이 다른 사람과의 관계에 대해서 인식하고, 타인과의 긍정적인 상호작용을 하도록 돕는다. 유아들이 스스로 선택한 활동에 참여할 때, 공통된 흥미를 가진 유아들과 쉽게 집단을 형성하게 되고 활동에 필요한 재료나 도구뿐만 아니라 각자의 생각들을 서로 나누게 되며, 필요한 경우는 기다리거나 순서를 정해서 교대로 하기 등의 사회적 기술을 경험하게 된다. 또한 다른 사람의 생각과 아이디어를 듣고 존중해 주며, 다른 유아들의 표현을 인정하고 서로의 작품을 이해하는 마음을 갖게 된다.

유아는 미술 활동을 통해서 자아에 대한 인식을 발달시킬 수 있다. 자신이 아는 것과 생각하는 것을 시각적인 형태로 표현하면서 자신의 능력과 생각을 발견하게 되고, 잠재력을 발달시킬 수 있는 기회를 갖게 된다. 자신의 능력에 대한 인식과 인정은 유아의 자아 개념 형성의 기초가 된다. 미술 활동을 하는 과정에서 유아들은 스스로 필요한 의사 결정을 하게 되며, 내 힘으로 무엇인가를 제작했다는 만족감과 자신감이 생기게 되고, 동시에 내가 만든 것에 대해서 '내 것'이라는 소유 개념을 갖게 된다.

(3) 미술과 정서 발달

미술 활동은 유아들의 심미감을 발달시키고 정서를 순화시킨다. 유아들은 자연을 탐색하고 예술품이나 또래 유아들의 작품을 감상하면서 아름다움에 대해 인식하고 이해할 수 있게 된다. 또한 경험을 통합하여 구성하는 창의적인 표현 과정에서 미적 감각과 안목을 기르게 된다.

유아들은 기쁨, 즐거움, 행복감, 분노, 슬픔, 외로움, 좌절 등의 자신이 느끼는 긍정적이거나 부정적인 감정을 작품 속에 표현한다. 자신이 느끼는 감정의 자유로운 표출은 유아들의 정신 건강에 도움을 준다. 특히 슬픔, 분노, 좌절 등의 부정적인 감정과 충동들이 파괴적이고 공격적인 방법 대신에 미술 활동을 통해서 건설적으로 표출될 수 있다. 또한 언어로 자세하게 설명하는 것에 어려움이 많은 유아들이 미술 활동을 통하여 복잡한 생각이나 다루기 힘든 주제들을 더 만족스럽고 쉽게 표현할 수 있게 된다.

(4) 미술과 인지 발달

일반적으로 미술을 통한 정서 발달, 사회성과 신체적 발달은 강조되어 온 반면에 인지 발달 측면은 간과되어온 경향이 있다. 그러나 미술 활동은 기본적으로 인지적인 활동이다. 유아가 자신의 아이디어, 알고 있는 개념, 경험 등을 미술 활동 속에서 표현하기 위해서는 여러 가지 사고 기술이 필요하다. 유아는 무엇을 표현할 것인지, 어떻게 표현할 것인지를 생각해야만 한다. 따라서 미술 활동에는 계획과 실행, 그리고 재작업의 사고 과정이 포함된다. 또한, 미술 활동은 유아에게 문제해결 능력을 요구한다. 예를 들어, 민정이는 괴물을 그리기 위해서 어두운 색을 사용하기 원하는데 이젤 페인팅에서 준비된 색은 빨강, 파랑, 노랑의 세 가지 색뿐이었다. 민정이는 이들 세 가지 색을 모두 섞어 검은 색에 가까운 칙칙한 색이 나왔을 때 만족해하면서 괴물을 그렸다. 이와 같이 미술은 유아들의 사고 기술과 밀접한 관계가 있다.

유아는 미술 활동을 통해서 색, 형태, 선, 질감 등의 미적 요소들과 관련된 개념을 학습하게 된다. 또한 미술 활동을 통해서 유아는 자신의 물리적 위치가 바뀜에 따라 동일한 대상을 보는 시점이 바뀌게 됨을 관찰하게 되고 변형에 대해 이해할 수 있게 된다.

이러한 경험은 유아가 자기 중심적인 하나의 시점에 집착하는 것을 완화할 수 있다.

미술 활동을 하면서 자신이 알고 있는 것을 표현하는 경험은 쓰기와 읽기 학습에 도움이 된다. 이는 미술이 문자와 마찬가지로 참조물(referent)을 기호(sign)를 사용해서 연결함으로써 대상을 상징화시키는 경험을 하도록 하기 때문이다.

제2절 유아 미술 교육의 내용

Colbert와 Taunton(1992)은 발달에 적합하며 질이 높은 유아 미술 교육이란, 첫째, 유아들이 창의적 표현을 할 수 있는 기회가 많이 제공되며, 둘째, 미술을 접하고 미술에 대해서 이야기할 수 있는 많은 기회가 제공되고, 셋째, 일상생활 속에서 미술을 인지할 수 있게 하는 것이라고 제안하였다. 그러나 일반적으로 유치원 현장에서 실시되는 미술 교육은 유아들의 창의적 표현 활동, 즉 제작 활동만을 중심으로 진행되어 왔다(이영자·유혜숙·이정욱, 1998; Gardner, 1990; Spodek, 1993). 반면에 미술에 대해서 이야기 나누기와 생활 속에서 미술을 인지하기는 교육 내용으로 거의 다루지 않았었다.

창의적 표현 활동은 유아 미술 교육 내용을 구성하는 가장 주된 요소가 된다. 그러나 깊이 있고 의미가 있는 유아 미술 교육을 하기 위해서는 창의적 표현과 더불어 중요한 다른 구성요소들도 포함해야만 한다. Herberholz와 Hanson(1995)에 의하면 유아 미술 교육의 내용은 미적 지각, 창의적 표현, 미술적 문화유산, 미적 판단의 4가지 구성요소로 이뤄진다. 미적 지각은 대상을 보는 특별한 방법으로 주변 환경 속에서 미술 작품, 자연물, 현상들과 같은 대상의 시각적이고 촉각적인 특성을 이해하고 미적으로 반응하는 것을 의미한다. 창의적 표현 활동은 그리기, 색칠하기, 자르기, 붙이기, 만들기, 찍기, 직조 등의 다양한 활동을 통하여 유아들이 자신의 경험, 생각, 느낌 등을 자유롭게 창의적으로 표현하는 것이다. 미술적 문화유산은 미술이 당시의 문화와 상호작용하면서 이루어지고 당시의 문화를 반영한다는 것을 이해하도록 한다.

미적 판단은 환경 속에서 미술품과 자연물, 다른 대상들을 관찰하고 미적 특성에 관해 판단하고 그 판단을 정당화할 수 있는 것을 의미한다. Herberholz와 Hanson은 이들 4가지 구성요소들이 서로 독립적으로 분리되는 것이 아니라 서로 서로가 연관되고, 완전한 미술 교육 프로그램이 되기 위해서는 이들 구성요소가 통합되어야 한다고 본다. 이에 비해 Schirrmacher(2002)는 감각적 경험, 미적·창의적 경험, 작품 제작, 그리고 다양한 미술형식과 스타일의 소개라는 4가지 구성요소를 제시한다. Schirrmacher는 특히 어린 유아들에게는 감각을 통한 경험이 중요한 미술교육의 내용임을 강조한다.

우리나라 유치원 교육과정에 기초하면 유아미술교육의 내용체계는 미적 탐색, 표현, 그리고 감상으로 구성된다. 제6차 유치원 교육과정(교육부, 1998)에서 유아미술교육이 포함되는 '표현생활 영역'의 내용 체계를 '탐색, 표현, 감상'의 3개 범주로 제시하여 처음으로 '탐색'을 포함하였다. '탐색'은 예술적 요소들에 대한 인식과 지각력을 높여줄 뿐만 아니라 보다 풍부하고 다양하고 창의적인 표현 및 감상 능력을 발달시키도록 도와주므로 매우 중요하다고 강조하였다. 2007 개정 유치원교육과정(교육인적자원부, 2008)에서는 각 내용 범주의 특성은 유지하되 명칭을 '자연과 생활에서 아름다움 찾아보기', '예술적 표현 즐기기', '감상하기'로 변경하였다. 예컨대 '자연과 생활에서 아름다움 찾아보기'는 주변의 소리·움직임·조형물에 관심을 가지고 자발적인 탐색을 통해 예술적 요소를 찾아보는 것으로 제시하고 있다. 이어서 3-5세 연령별 누리과정(교육과학기술부, 2013)에서는 '표현생활영역'이 '예술경험영역'으로 영역 명칭이 변경되었고, 내용 체계는 '아름다움 찾아보기', '예술적 표현하기', '예술 감상하기'의 범주로 명칭을 변경하였다. 2019 개정 누리과정(교육부, 보건복지부, 2019)에서는 다시금 '아름다움 찾아보기', '창의적으로 표현하기', '예술 감상하기'로 내용 범주의 명칭을 변경하였다. 이는 제6차 유치원 교육과정에서 제시하였던 '탐색'의 내용을 '아름다움에 대한 탐색'으로 보다 강조한 것이라 할 수 있다.

미적 탐색, 표현, 감상의 내용체계로 구성된 균형 잡힌 미술 교육은 유아들에게 생활 속에서 주변의 아름다운 것들을 지각하고 느끼며, 다양한 매체를 사용하여 직접 표현하고, 미술 작품에 대해 이야기하고 판단할 수 있는 기회를 통합적으로 제공할 수 있다. 미적 탐색, 표현, 감상은 서로 서로가 관련이 되는 내용으로서 유아미술교육자들이 제안하는 미술교육 내용의 여러 구성요소인 감각적 경험, 미적 지각, 창의적 표현 활동, 미술적 유산, 미적 판단을 포함할 수 있다. 이에 대해서 구체적으로 살펴보면 다음과 같다.

1. 미적 탐색

미적 탐색은 자연과 주변 환경에 대한 감각적·직접적 경험을 통해 유아가 주변의 예술적 요소를 찾고 느끼는 것이다. 유아 미술 교육에서 다루어지는 아름다움에 대한 탐색은 유아의 심미감을 기르는 것이며, 이는 유아 내부에 존재하는 미적 감각을 자극하고, 외부 세계에 대한 풍부한 미적 감수성을 길러내는 것이다. 이러한 아름다움에 대한 감수성은 일상의 경험 속에서 자연스럽게 인식되도록 구성되어야 한다. 세상에 태어나면서부터 아름다움에 대해 아는 것은 아니지만, 유아는 자신을 둘러싸고 있는 환경과 사람들에 의해 영향을 받으면서 아름다움에 대한 감각을 형성해간다. 따라서 유아들이 단순한 감각적 인식을 넘어 대상이 지닌 아름다움과 형태, 특성에 대해 지각하고 판단할 수 있도록 교육할 필요가 있다.

이를 위해 유아 미술 교육에 있어 가장 기초적인 교육내용은 감각을 통해 탐색 능력을 신장시키는 것이다. 유아는 보고 듣고 만지고 냄새 맡고 맛보는 등의 감각적 경험을 통하여 주변 세계를 지각하며, 특히 미술과 관련된 시각적·촉각적 특성의 이해 및 미적 요소에 대한 인식이 이루어진다. 감각기관을 활용하여 주변의 자극을 지각하는 것은 유아의 머리 속에 이미지를 형성시키는데 이는 곧 주변의 자극에 대해 느끼는 것, 생각하는 것이다(이정욱·임수진, 2003).

유아는 감각을 통하여 지각하고 직접적으로 경험해 봄으로써 사물에 대한 풍부한 개념을 형성할 수 있게 된다. 자신이 표현하고자 하는 대상에 대해서 경험하고 이에 대한 개념이 형성되었을 때 유아는 비로소 표현할 수 있게 된다. 표현은 자신의 감정, 경험한 세계들을 재해석하는 과정이므로 주변의 다양한 세계에 노출되고, 경험하고, 지각하고, 판단하면서 더욱 향상될 수 있다. Herberholz와 Hanson(1990)은 소방서, 그릇이나 도구가게, 빵집 등을 직접 견학하여 보고, 맛보고, 만져보는 경험을 하거나, 개인적으로 미술 활동을 통하여 도구와 재료를 다루어 보는 경험이 미술 교육에서 우선적으로 요구된다고 하였다.

미술을 통해 유아는 보고 느끼고 생각하고 표현할 수 있다. 미술 표현은 자신의 생각, 느낌을 볼 수 있는 형태로 다시 만들어 내는 것이며, 이를 위해서는 주변의 여러 자극에 민감하게 반응하고 이를 느낄 수 있는 경험이 요구된다. 바람에 실려 오는 꽃향기를 맡고 느낄 줄 모르고, 햇빛에 눈부신 나뭇잎들의 다채로운 색깔을 느낄 줄 모르면서 창의적인 표현을 하기는 어렵기 때문이다.

아름다움에 대한 유아의 감수성은 교사들의 적절한 지도에 의해서 증진될 수 있다. 교사는 유아에게 아름다운 자연이나 사물, 주의 깊게 구성된 미적 환경에 노출될 수 있는 기회를 자주 제공하는 것이 필요하다(Koster, 2004). 또한 옆에서 관찰하고, 듣고, 느끼고, 냄새 맡고, 맛보도록 격려할 때 유아는 주변 환경의 특성에 보다 민감해진다. 교사는 유아들이 감각을 활성화할 수 있도록 다양한 감각적 탐색과 경험의 기회를 제공하고, 표현 가능성을 탐색하도록 지도해야 한다. 이 과정에서 유아들이 관찰한 것을 보다 숙달되게 기억해 내고, 선, 색, 형, 질감 등의 미적 요소들을 보다 잘 이해하고 이야기하며 사용할 수 있도록 하는 것이 필요하다. 또한, 자연과 인간의 창조물 속에서 미적 요소들을 인식하고 구별할 수 있도록 도와야 한다.

2. 표현

표현 영역은 유아가 보고 느끼고 생각한 것을 자유롭게 창의적으로 표현하는 내용 영역으로 유아의 미술 교육에 있어서 가장 중심이 된다. 다양한 재료와 도구를 사용하여 자신을 표현하는 경험은 유아에게 반드시 필요하다. 유아는 선, 색, 형 등의 미적 요소를 사용하여 자신의 경험, 생각과 느낌을 시각적으로 나타낸다. 예를 들어, 자기의 생각을 어떠한 형태와 색을 사용해서 표현할 것인가를 결정해야 하며, 이러한 과정에서 같은 점, 차이점, 크기, 질감, 색 등을 지각하게 되고 주변 세계에 대한 지각적 민감성을 발달시키게 된다.

유아들이 예술적인 표현을 즐기며 창의적으로 표현하기 위해서는 풍부한 경험적인 동기 유발과 심리적인 동기유발이 필요하다(Seefeldt, 1995). 예술적이고 창의적인 유아의 표현활동은 아무 것도 없는 진공 상태에서 시작되는 것이 아니다. 유아들은 여러 가지 사물, 사람, 사건에 대해 생각하고 느낄 수 있는 개인적인 경험 없이, 이에 대해서 그리거나 만들어 보기는 어렵다. 표현은 자신의 감정, 경험한 세계들을 재해석하는 과정이므로 주변의 다양한 세계에 노출되고, 경험하고, 지각하고, 판단하면서 더욱 향상될 수 있다. 따라서 미술 표현 활동을 위한 경험적 동기유발이란 교사가 유아에게 다양한 경험을 통하여 개인적인 경험의 폭을 넓힐 수 있는 기회를 제공하고, 자신의 경험과 관련해서 표현 활동을 하도록 도와주어야 함을 의미 한다(이정욱·임수진, 2003). 심리적인 동기유발은 유아들이 미술 활동 과정에서 나타나는 어려움이나 모험을 감수할 수 있도록 심리적으로 안정되고 편안하게 느끼는 것이다. 유아들은 자신이 만든 작품이 인정받고 존중될 때 심리적으로 안정감과 편안함을 느끼게 되고, 자유롭게 창의적인 표현을 할 수 있게 된다.

유아가 자기의 생각, 경험, 감정 등을 적절하고 효과적으로 표현하기 위해서는 여러 가지 방법들을 사용할 수 있다. 미술은 유아들이 기존의 틀에서 벗어나서 다양하게 생각하고 새로운 아이디어들을 탐색하고 실험해 볼 수 있게 한다. 유아의 창의적인 표현활동은 평면 활동과 입체 활동 모두를 포함한다. 일반적으로 유아교육 현장에서 하는 표현활동은 그리기, 찢기·자르기·붙이기, 찍기(판화), 입체물 구성하기, 인형과 가면 등이 있다.

최근 들어 유아들의 시각문화 환경으로서 많은 비중을 차지하고 있는 사진, 애니메이션, 광고, 컴퓨터 테크놀로지를 사용한 이미지나 동영상 등 새로운 미디어에 대해 경험하는 기회를 제공하는 것 역시 고려되어야 할 부분이다. 멀티미디어라고 불리는 것을 통해 새로이 창조되는 시각적 이미지들은 눈에 비친 그대로를 보여주는 것에 머무르지 않고 이미지의 편집이나 음악, 문자 등의 다른 요소들과 결합되며 새로운 의미가 첨가되는 형태로 변화하고 있다. 유아들은 이들 여러 매체를 활용하여 탐색하고 표현하는 활동을 경험할 수 있다. 한 가지 이야기를 여러 방법으로 표현하는 경험은 유아가 시각적인 이미지를 이해하고 창조하는 데 도움이 된다. 예를 들면, 아이들이 이야기를 지을 때 문자로 쓰는 경험 외에 그림으로 그려 표현해 보기도 하고, 사진으로 찍어보거나, 짧은 영화로 만들어 보는 등의 방법을 사용하는 것이다. 이것은 각 미디어가 가진 특성을 이해하는 데 도움이 될 뿐 아니라 각 미디어에서 전달되는 이야기의 차이를 경험하게 할 수 있다(이정욱·임수진·이금구·양지애·이미경·엄소명·가선영·최명아·임하니, 2007).

(1) 그리기

유아에게 있어 최초의 조형 활동은 벽이나 마룻바닥, 또는 땅 위에 주변에서 쉽게 구할 수 있는 도구를 가지고 무엇인가 긁적거리는 행위로부터 시작된다. 이것이 선묘화(drawing)의 시초이며 선묘화에 몰두하게 될 무렵, 색깔을 이용한 채색화(painting)의 욕구를 가지게 된다.

그리기에 사용되는 재료

㉮ 크레파스

크레용이나 크레파스는 유아들이 사용하기에 가장 편리하고 보편적이며, 경제적이다. 쓰고 남은 조각은 녹여서 여러 가지 색의 크레용을 만들어 사용할 수 있다. 종이는 값싼 갱지, 마닐라지나 색도화지 등이 적합하다.

㉯ 매 직

유아들에게는 유성 매직보다 수성 매직이 적합하다. 매직은 사용하기 전에 책상 위에 신문지나 비닐 등을 깔고, 다양한 굵기의 매직을 제공한다.

㉰ 분필과 목탄

색분필은 3세 정도 유아에게 적절한 재료이다. 가루가 떨어져 나오는 것을 막기 위해 종이에 설탕물(물 1컵당 1티스푼)을 바르거나, 분필을 물에 적셨다가 사용하는 것이 좋다. 목탄은 유아가 6세 정도가 되어야 사용이 가능하고, 선과 면이 섞여 이루어진 회색의 다양한 색조를 발견하는 기회를 제공해 줄 수 있다. 작업 후에는 픽사티프(정착액)를 뿌려 고착시키고 종이는 갱지나 목탄지를 사용한다.

㉱ 연필

굵은 4B 연필은 가벼운 스케치 작업 등에 적당하다.

㉲ 파스텔

무르기 때문에 채색이 용이하고, 입자를 화면에 고착시키기 위해 문지르는 동안 손가락의 촉감을 즐기게 되므로 유아에게 좋은 재료이다. 진한 색지나 검은 종이 위에 그릴 수도 있다. 작업 후 픽사티브를 분사해 준다.

㉯ 물감

포스터컬러, 불투명 수성 물감이 유아에게 적절하다. 아크릴 물감은 종이뿐 아니라 아세테이트지, 비닐, 가죽, 유리, 돌멩이, 스티로폼 등에도 사용할 수 있다. 수채화 물감은 묽고 흐르는 경향이 있어 유아가 조절하기 힘들기 때문에 어린 유아에게 적당하지 않다. 그러나 경험이 많은 6~7세 유아들에게는 효과적으로 사용될 수 있다.

㉰ 붓

짧은 길이의 나무 손잡이로 된 붓이 유아에게 적절하고, 붓을 물에 적셨을 때 붓 끝이 한데로 모이는 붓을 택한다. 붓은 항상 깨끗이 씻어서 붓의 털이 위로 가도록 보관한다. 2~4세의 경우는 12~15호가 좋고, 경험이 많은 유아들에게는 6~20호에 이르기까지 다양하게 제공한다.

㉱ 부속 재료

- 물감 담는 용기 : 플라스틱 컵, 깡통 등을 이용할 수 있다. 이젤에 물감 통을 놓을 수 있는 곳이 부착되어 있으면 놓고 사용하기에 간편하다. 책상, 바닥에서 그릴 때는 납작한 것을 준비한다(엎질러지는 것 방지). 물감 뚜껑에 색깔 표시를 해 주어 유아가 색깔 구분을 쉽게 할 수 있게 한다.
- 이젤 : 그림 그리기에 가장 좋은 곳으로 자유롭게 팔을 움직여 그릴 수 있고, 약간 뒤로 물러서서 관찰도 가능하다. 캐비닛이나 의자 등받이, 벽이나 담 등에 종이를 붙여 이젤 대신 이용할 수도 있다.
- 스펀지, 종이 수건, 헝겊 : 흐르는 물감, 또는 붓을 닦을 때 사용한다.
- 클립, 테이프, 갈고리는 종이를 여러 장 한꺼번에 고정시켜 놓기 위해서 사용되며, 성인의 도움 없이 유아 스스로 종이 교체를 가능하게 한다.
- 붓 헹굼용 물통

㉲ 풀 물감

풀 물감을 교사가 만들어 사용한다.

(2) 찢기, 자르기, 붙이기

유아들은 찢기, 자르기, 붙이기 활동을 함으로써 눈과 손의 협응력과 손가락 조절을 할 수 있는 능력을 기르게 되고, 이러한 과정을 통하여 모양, 크기, 비율에 대한 개념을 발달시킬 수 있다. 교사는 유아들이 자유롭게 찢기, 자르기를 할 수 있도록 낡은 잡지나 신문지, 신문지에 끼어 오는 종이, 전화번호부 책 등을 준비해 준다. 또한 처음 시작하는 자르기 경험이 실패하거나 좌절되지 않도록 좋은 가위를 준비하여 주어야 한다.

찢기, 자르기, 붙이기에 사용되는 재료

㉮ 가위

가위는 약 13㎝ 정도 길이로 끝이 날카롭지 않으며 가볍고 안전한 것이 적당하다. 특히 가위는 맞물림이 잘 조립되어 있어서 유아가 쉽게 자를 수 있어야 한다.

㉯ 풀

어린 유아들은 뒷면에 풀을 묻힌 다음 다시 뒤집어서 붙이는 것을 잘 이해하지 못하고, 앞면에 풀을 바르고 다른 종이를 대서 붙인다. 4, 5세가 되어야 뒷면에 풀을 발라 뒤집어서 목적한 장소에 붙일 줄 알게 된다. 풀 옆에 항상 젖은 스펀지나 수건을 준비해 주어 손에 묻은 풀을 쉽게 닦을 수 있도록 해준다. 그리고 풀을 사용할 때는 풀판을 사용하도록 격려하여 책상이나 종이에 풀이 달라붙지 않도록 한다.

㉰ 셀로판테이프

종이를 비롯하여 나무, 소독저, 철사 등 여러 가지 재질에 사용할 수 있다. 짧게 자르는 것은 3세 정도의 유아에게는 어려우므로 교사가 짧게 잘라서 유리판이나 책받침 등에 붙여서 준비하여 준다.

㉱ 스테이플러

4세 정도까지는 손으로 누르는 힘이 모자라 철하지 못할 때가 있으므로 손가락을 넣어 누르는 일이 없도록 안전 지도에 유의한다. 뒷면에 스테이플러 바늘이 열려있게 되면 손을 다칠 수 있으므로 셀로판테이프로 덮어서 바늘을 가리면 좋다.

(3) 판화

판화는 나무, 금속, 돌 등과 같은 물체에 형상을 그려 판을 만든 후, 잉크, 물감 등을 칠하여 종이나 천(다양한 재료) 등에 찍어내는 과정이라 할 수 있다. 판화의 범위는 미리 만들어진 골(block)이나 판으로 여러 차례 찍는 복잡한 기법뿐 아니라, 한 장만 찍을 수 있는 간단한 1회판(monoprint)도 포함된다. 유아는 판화의 간단한 형태를 스스로 발견하게 되는데, 물감이 묻은 손을 핑거 페인팅과 같이 찍어내거나, 청소를 하는 동안 스펀지나 걸레의 상이 책상 위에 찍히는 것 등을 통해서도 발견할 수 있다.

판화의 종류

㉮ 볼록 판화

판의 볼록 부분에 물감이 묻혀져서 찍혀 나온다. 이 판화는 선명하고 강한 느낌을 준다. 고무판, 목판, 야채판, 석고판, 찰흙판, 종이판, 금속판 등이 있다.

㉯ 오목판

판을 긁어 낸 오목한 부분에 밀어 넣은 물감이 묻어 나와 찍힌다. 이 판화는 섬세한 표현에 알맞고 부드러움과 높은 기교를 살릴 수 있다. 프레스기로 강한 압력을 주어 찍는다. 동판, 아연판, 드라이포인트, 메조틴트, 아콰틴드 등이 있다.

㉰ 평판

울록불록한 것이 없이 평판 위에 물감을 칠한 뒤 기름의 배수성을 이용한 것이다. 평판에는 석판, 아연판 등이 있는데, 석판은 대규모의 시설이 필요하기 때문에 유리나, 비닐 장판 조각 등으로 간이 석판을 할 수도 있다.

㉱ 공판

판에 구멍을 내고 그 구멍으로 잉크를 밀어 넣어 아래에 받친 종이에 판의 구멍 모양대로 찍혀 나오게 된다. 종이 공판, 등사판, 날염판(옷감 염색), 실크스크린 등이 있다.

판화의 재료와 요구

진한 템페라 물감이나 핑거 페인트 물감은 판화의 초보적인 과정을 위한 매체로 적합하다. 6세 이하의 유아들에게는 수성 잉크는 마르는 데 걸리는 시간이 길고 다루기가 너무 어렵다. 찍어내기 위해서 유아들은 여러 가지 방법으로 물감을 칠할 수 있다. 물감을 붓으로 칠하거나 작은 고무 롤러로 밀어주어 칠할 수 있다. 판화에 쓰이는 종이는 어떤 것도 무방하지만 템페라 물감을 쓸 때는 흡습성이 강한 종이가 적합하다. 롤러를 쓸 경우에는 네모난 작은 쟁반에 물감을 푸는 것이 좋고, 붓을 사용할 때는 크고 넓적한 붓(4~5㎝ 정도)을 쓰는 것이 좋다.

(4) 입체물 구성하기

유아들의 창작 표현 활동은 입체적인 자료를 사용하여 사물의 형태를 만들어 봄으로써 표현과 개념적 지식을 효과적으로 발달시킬 수 있다. 유아들은 신문, 상자, 테이프, 접착제, 나무 조각과 같은 사물을 사용하여 구성해 봄으로써 사물이 내포하고 있는 여러 개념을 발견할 수 있고 사물의 성질을 이용하여 창의적으로 결합하여 표현할 수 있게 된다.

교사는 유아들에게 입체적인 자료를 사용하여 디자인하고, 만들고, 구성해 보는 작업 활동을 제공하도록 한다. 유아들은 평면적인 자료와 입체적인 자료를 다루어 봄으로써 두 자료의 개념을 연관시킬 수 있고, 자료의 성질도 알 수 있게 된다.

입체 활동의 재료

㉮ 점토

점토는 만지는 대로 형이 이루어지기 때문에 유아들이 자신의 생각을 표현하기 좋은 재료가 될 수 있다.

- 찰흙(흙점토)

찰흙은 알맞은 반죽의 상태를 유지하기 위해서 공기가 통하지 않게 뚜껑이 있는 플라스틱 통 안에 비닐에 싸서 보관하면 된다. 가는 전선이나 낚싯줄을 사용하여 큰 덩어리의 찰흙을 필요한 크기로 자를 수 있다. 찰흙으로 만든 작품은 주위가 너무 덥거나 건조하면 표면에 금이 가므로 주의하여야 한다. 플라스틱 가방이나 우유팩의 한쪽 면을 잘라서 찰흙 모형에 씌어두면 건조 속도를 천천히 진행시킬 수 있으며, 너무 건조한 곳에서는 물에 적신 종이 타월을 덮어두기도 한다.

• 종이 찰흙

다음과 같은 방법으로 종이 찰흙을 만들어서 사용할 수 있다.

- 잘게 찢은 신문지를 물에 적셔서 짓이긴다.
- 짓이겨 놓은 종이에 물을 넣고 끓여서 펄프 상태로 만든 다음 계속해서 저어준다.
- 만들려고 하는 혼합물에 가소성이 생길 때까지 밀가루 풀을 조금씩 천천히 넣어 주면서 저어준다. 이때 방부제로 백반을 조금 넣어준다.

• 고무 찰흙

고무 찰흙은 유토라고도 불리는데, 점토 대신에 사용할 수 있는 또 다른 재료로써 문방구에서 구입할 수 있다. 고무 찰흙은 굳지 않기 때문에 여러 번 사용할 수 있어서 편리하지만 충분한 양을 가지고 작업을 할 때는 값이 비싸기 때문에 어려움이 있다.

• 밀가루 점토

밀가루 점토는 다음과 같은 방법으로 만들 수 있다.

- 소금 1.5컵, 식용유 2 테이블 스푼, 백반 1 테이블 스푼, 식용 색소를 섞은 다음 끓는 물에 붓고 젓는다.
- 1분 정도 식혔다가 밀가루 2컵을 넣고 반죽한다. 이때 다 된 점토를 색깔별로 뚜껑이 있는 플라스틱 용기에 보관하면 오랫동안 사용할 수 있다.

㉯ 야채와 과일 이용하기

사과, 감, 귤, 감자, 고구마, 오이, 당근, 가지, 호박, 버섯, 고추, 피망, 파슬리, 완두콩, 호박씨 등을 이용하여 여러 가지 형상을 꾸며 볼 수 있다. 이러한 재료는 계절에 따라 변화를 줄 수 있으며, 냅킨, 파라핀 종이, 이쑤시개 같은 재료를 함께 제공하여 활동을 더욱 활기 있게 할 수 있다.

㉰ 폐품 이용하기

버리는 종이나 신문지, 크고 작은 상자, 휴지말이, 깡통, 병뚜껑, 소독저 막대기, 마스킹 테이프, 풀 등을 이용하여 여러 작품들을 꾸며볼 수 있다.

㉱ 나무토막 이용하기

크기와 모양이 다른 나무토막들로 형태를 만들어 보는 것은 유아들에게 높이,

깊이, 길이, 무게에 대하여 생각하도록 자극한다. 나무토막을 마스킹 테이프, 접착제로 연결하고 헝겊, 깃털, 가죽, 모루 등으로 장식하게 한다.

(5) 인형과 가면

인형은 사람과 동물들을 축소하여 입체적으로 만든 것이다. 가면은 인물의 성격 전환을 가장 신속하고 간편하게 할 수 있는 가장 용이한 매체이다.

인형의 종류

㉮ 종이 인형

막대 인형, 종이 접시 인형, 종이접기 인형(반으로 접기, M자 접기, 동서남북 접기), 봉투 인형

㉯ 손가락 인형

손가락 인형의 머리를 만드는 재료로 밀가루 반죽이나 찰흙을 이용한다. 반죽한 덩어리에 손가락을 넣어 구멍을 만들고, 마른 후 포스터컬러 등으로 색을 칠하고, 얼굴을 그린다. 실, 솜 등을 부분적으로 덧붙여 표현할 수도 있고, 조그만 헝겊을 이용하여 옷을 만들어 붙인다.

㉰ 기존의 물건을 이용한 인형

오래된 양말, 종이 가방, 벙어리장갑, 종이 상자, 스티로폼 조각, 코르크, 플라스틱 식기, 요구르트 통, 성냥 상자, 종이봉투, 나무토막, 크고 작은 공 등 주변의 낡은 물건이나 못쓰게 된 물건들을 조립하거나 장식을 첨가하여 다양한 인형을 만들어 볼 수 있다.

(6) 멀티미디어

유아 미술에 디지털 카메라, 컴퓨터 등의 멀티미디어를 사용하여 사진을 찍고, 기존의 이미지를 변형하고, 간단한 동영상을 만들어보는 것은 기존의 유아미술에서 다루어온 평면 및 입체 활동에 더해 새로운 매체를 사용하여 표현가능성이 확장되는 것으로 이해하는 것이 좋다(Shirrmacher, 2006). 멀티미디어를 직접 다루는 경험을 통

해 유아는 기존의 이미지들을 받아들이고 그 의미를 해석하며, 여러 이미지 중에서 자신이 필요한 것을 선택하여 변형하거나 창조하는 경험을 하게 된다. 이것은 유아가 자신의 주변에서 볼 수 있는 다양한 시각적 이미지에 관심을 가지고, 자신의 의미를 담아 표현하는 데 도움이 된다(이정욱 외, 2007).

멀티미디어를 통한 예술적 표현은 그리기 프로그램을 사용하여 컴퓨터 화면을 종이처럼 사용하여 선과 모양을 그리고 색을 칠하는 것, 디지털 카메라를 사용하여 직접 사진이나 동영상을 찍는 것, 인터넷을 통해 기존의 이미지를 탐색하여 자신이 원하는 형태로 이미지를 변형시키는 것 모두 가능하다.

멀티미디어 활동의 도구

㉮ 카메라

폴라로이드 카메라, 필름 카메라, 디지털 카메라, 비디오 카메라가 있다. 가장 많이 사용하는 디지털 카메라는 이미지를 바로 프린트하여 볼 수 있어 간편하면서도 컴퓨터 상에서 이미지와 크기를 자유롭게 변형할 수 있어 다양한 표현이 가능하다. 이를 위해 유아가 복잡한 기술을 배울 필요는 없다. 유아가 이미지의 변형을 원할 때는 '플래시'나 '포토샵' 등 교사가 사용하는 프로그램으로 도움을 줄 수 있다.

㉯ 프린터와 스캐너

이미지의 크기나 형태를 바꾸어 볼 수 있다. 유아들이 책, 잡지 등에서 찾아낸 이미지나 유아들이 직접 찍은 이미지를 스캔해서 프린트한 후, 색종이나 새로운 매체를 덧붙이거나 그림을 그려 이미지를 바꾸어 볼 수 있다. 유아들이 그린 작품을 스캔해서 유아들과 함께 포트폴리오를 만드는 작업에 활용할 수도 있다.

㉰ 소프트웨어

간단한 방법으로 이미지와 글, 소리, 애니메이션 효과 등을 결합한 작품을 만들도록 돕는 개방식 소프트웨어를 활용하여 그림책이나 영상을 만들 수 있다. 이러한 소프트웨어는 이미지와 이야기를 결합하는 다양한 방식을 유아들이 경험하도록 돕는다.

3. 감상

감상 영역은 유아나 다른 사람이 표현한 예술 작품 및 자연과 생활 속의 아름다움, 전통 예술에 유아가 관심을 가지고 즐기도록 하는 데 중점을 둔다. 미술 감상은 유아와 가까운 생활 속에서 시작할 수 있다. 유아가 쉽게 접하는 자연에서 미적 특징을 찾아보고, 어떤 것을 아름답게 느꼈으며, 왜 아름다운가를 생각해 보는 것에서 출발할 수 있다. 이런 점에서 감상은 미적 탐색과 맞닿아 있다.

유아가 작품에 대해 갖는 즉흥성, 감수성 같은 것이 학교 교육과 더불어 소멸되어 가기 때문에 가급적 어린 나이에 미술작품과 접촉하는 것이 중요하다. 미술작품을 자꾸 보게 하면서 작품과 친해지게 하고 미술작품 속에서 감성을 키워나가게 해야 한다. 교실 내에 조각품이나 그림을 전시하거나 가까운 미술관이나 박물관을 방문함으로써 유아는 미술작품과 긍정적이고 적절한 최초의 만남을 할 수 있다(이정욱 외, 2007). 또한 유아들에게 친숙하면서도 미적 가치가 있는 그림책이나 아이들이 자주 접하는 주변의 사물과 자연, 사진, 광고 등 새로운 미디어를 통해 제작된 작품 등을 감상하는 것은 유아들이 다양한 형태의 아름다움을 경험하도록 하는 좋은 기회가 된다. 이러한 다양한 예술적 특성을 지닌 미술작품을 접할 수 있을 때 유아들의 창의적인 표현능력도 증진된다(Feeney & Moravcik, 1987).

유아는 미술작품을 감상하면서 미술이 특정 시대와 장소, 사람들의 문화를 반영한다는 것을 알게 된다. 형태와 색채를 이용하여 우리의 생각과 감정을 표현하는 조형예술로써 미술은 모든 문화에서 필수적으로 나타나며, 그 시대의 문화를 기록하고 반영하기 때문에 다양하고 깊이 있는 문화적 가치들과 신념들을 직접적으로 제공하는 도구가 된다(이정욱·박미라, 2002). 유아는 미술작품을 통해 특정 시대 및 장소에서 살았던 사람들이 어떤 식으로 옷을 입었으며, 어떻게 살았는지, 또는 무엇을 좋아했었는지 등을 알 수 있다. 이 과정에서 유아는 우리 고유의 전통적인 아름다움을 발견하고 즐기는 것 역시 가능해진다. 또한 미술작품을 감상하면서 미술가들의 다양한 표현양식을 접할 수 있게 되고, 자신의 느낌과 생각을 표현하는 것에는 여러 가지 방법들이 있음을 인식하게 된다.

감상활동에서 유아의 반응을 촉진시킬 수 있는 적절한 교수 전략을 사용하여 주의 깊게 보고 이에 관해 이야기하고 자신의 선호와 평가를 말하도록 한다면, 유아들은 자신이 느끼고 지각한 것을 언어로 표현할 수 있고 미적 관심이 증가하며 미적 요소에 대한 언어적 반응도 증가한다(구현주, 2001; Sharp, 1976; Cole, 1985; Schirrmacher, 2006). 그러나 대부분의 교실에서는 미술작품을 보고 이에 대해서 이야기를 나누고 생각해 보고 싶어 하는 유아의 자연적인 흥미를 포착하지 못하고 놓치는 경우가 많다. 그 결과 유아는 미술을 통해서 지적 기능을 확대시키고 의미를 구성하며 미적 감수성을 향상시킬 수 있는 기회를 잃게 된다. 그러나 이러한 기회를 포착하였다고 하더라도 지나치게 형식적으로 언어적 반응만을 이끌어내려고 하는 것은 감상의 진정한 의미를 이해한 것이라고 보기 어렵다. Adejumo(2002)는 비평중심의 형식적인 감상교육은 미술에 대한 개인적인 느낌이나 직관을 간과하게 하였다고 지적하기도 하였다. 따라서 유아들과 감상활동을 통해 이야기를 할 때 정해진 순서에 따르기보다는 미술에 대해 이야기를 나눈다는 관점에서 탐색적인 대화를 나누는 것이 보다 의미 있다.

기존의 감상 교육은 미를 보고 즐기고 향유하는 감상의 정서적 측면과 미적 가치를 인식하고 이해하는 인지적 측면을 대립시키며(김보영, 2008), 한쪽 측면에 치우친 경향이 있어왔다. 그러나 감상은 감각과 지각을 통해 미를 즐기고 작품의 미적, 문화적, 역사적 가치를 느끼고 판단하고 이해하는 내면화 과정이므로, 본질적으로 통합적인 것이다(한국미술교과교육학회, 1999; 임정기 외, 2006). 또한 예술적인 표현을 하는 것과 감각과 지각을 통한 예술적 요소의 탐색, 그리고 반성을 통한 감상은 분리되어 일어나는 것이 아니다. 감상하기는 형식적으로 보면 미술교육 내용체계의 한 영역을 이루고 있지만 미적 체험이나 표현과 연계되어 이루어지는 것을 전제로 한다고 볼 수 있다(이자현 외 2005; 윤현숙, 2005). 따라서 감상만을 단독으로 실시하기보다 미적체험, 그리고 일상생활 속에서의 경험, 느낌, 생각을 떠오르게 하는 표현 활동과 함께 실시하는 것이 보다 효과적이다.

다음에 제시되는 의자를 주제로 한 작품의 감상활동은 감상이 미적 탐색 및 표현과 어떻게 연계되는 지를 잘 보여준다.

교사는 다양한 색과 모양, 그리고 기능을 가진 의자를 보여주는 화가들이 그린 의자 그림을 감상하는 활동을 만 5세 유아들과 대집단 활동으로 실행하였다.

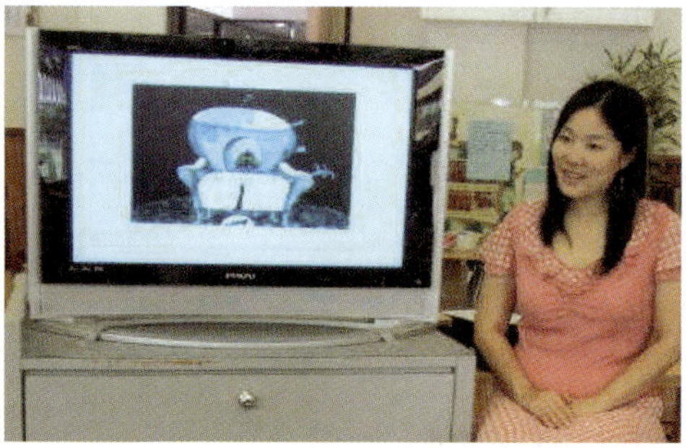

〈그림 11-1〉 의자 그림 감상하기

정민: 선생님, 그런데 이쪽을 가리면 까만색 방에 의자가 있는 것 같고, 이쪽을 가리면 빨간색 방에 의자가 있는 것 같아요.

교사: 정말 의자 뒤의 배경 색이 서로 다르구나. 그럼 선생님이 이쪽을 가려 볼게. 까만색 방에 있는 의자에 앉는다면 어떤 느낌이 들 것 같니?

현우: 귀신이 나타날 것 같아요. 그래서 깜짝 놀라고 무서울 것 같아요.

교사: 그럼 이번에는 빨간색 방에 있는 의자에 앉는다면 어떤 느낌이 들 것 같니?

수빈: 꼭 찜질방에 있는 의자에 앉은 느낌이 들 것 같아요. 너무 뜨거워서 '앗, 뜨거워!'할 것 같아요.

유아들은 화가들이 그린 의자 그림을 감상하면서 의자의 색, 모양, 느낌 등을 탐색하며 작품에 대한 관심을 표현하였다. 이에 따라 교사는 미술 영역의 한쪽 공간을 화가들이 그린 의자 그림을 감상하는 곳으로 꾸며주었다.

〈그림 11-2〉 감상 영역 구성하기

의자에 대한 유아들의 관심이 점점 더 많아짐에 따라 교사는 디자이너가 디자인한 의자 사진을 모아놓은 책도 제공하여 감상할 수 있도록 하였다. 유아들은 독특한 모양과 다양한 재료, 재미있는 기능을 가진 디자이너들의 의자 디자인 작품을 감상하며 매우 신기해하고 재미있어하였다. 다양한 의자 그림, 사진 등을 감상한 후, 유아들은 직접 의자를 만들고 싶어 하였고, 유아들은 의자를 만들기 전에 어떻게 만들면 좋을지 미리 종이에 그림으로 그리거나 글로 적어 디자인해 보았다. 이때 유아들은 주변에서 찾아보고 감상한 의자, 화가들이 그린 의자, 유명 디자이너의 의자 디자인 등을 자신의 디자인에 응용하기도 하였다.

민아: 이쪽도 동그라미 모양 등 받침이 있고, 이쪽도 동그라미 모양 등 받침이 있어요.
지연: 그리고 팔걸이 모양도 똑같아요.
교사: 정말, 양쪽이 같은 모양이네
교사: 이 의자는 어떤 색으로 되어 있니?
준영: 여러 가지 색깔이 섞여 있어요. 점점점점… 점으로 찍혀 있어요. 꼭 왕들이 앉았던 의자 같아요.
교사: 왜 왕들이 앉는 의자 같다고 생각하니?
준영: 여러 가지 색깔이 섞여 있어서 화려하잖아요.
민아: 이 의자는 '환상의 여름 의자'예요. 뜨거운 햇님이 위에 있어서 이 의자에 앉으면 엉덩이가 뜨거워져요.

〈그림 11-3〉 의자 그림 감상

준식: 의자는 빨간색, 노란색, 주황색 스티커를 붙여서 만들 거예요.

우민: 그리고 양쪽을 똑같이 만들 거예요. 왜냐하면 멋지니까요.

유아들은 자신들의 디자인을 보며 쌓기 놀이 영역의 블록과 미술 영역의 여러 재료를 이용하여 '환상의 여름 의자'를 만들었다.

출처: 이정욱 외(2007). 탐색·표현·감상의 통합적 미술활동. pp. 138-144. 서울: 정민사.

〈그림 11-4〉 환상의 여름 의자

위에서 살펴본 바와 같이 유아 미술 교육의 내용 영역인 미적 탐색, 표현, 그리고 감상은 독립적으로 분리되는 것이 아니라 서로 연관되는 영역들이다. 이러한 내용 영역들 간의 통합을 통해 유아들은 미술을 친숙하게 느끼고, 미적으로 지각하고 표현하며, 이해할 수 있게 된다. 이와 함께 미술내용 영역 간의 통합은 유아가 일상에서 흔히 접할 수 있는 여러 경험과 통합되는 것이 필요하다. 꽃, 나무, 하늘, 바람 등과 같이 유아가 늘 함께 호흡하는 주변의 자연, 일러스트레이션이 아름다운 그림책, 생활 속의 각종 디자인, 풍부한 감각적 경험을 제공하는 멀티미디어 등은 유아에게 통합적 미술교육을 제공할 수 있는 좋은 기회가 된다.

제3절 유아 미술 지도 방법

1. 미술 활동 영역의 구성

유아들은 미술 활동 영역에서 다양한 자료를 탐색하고, 만지며, 주무르고, 실험해 본 후 그 자료들을 사용해서 자신의 내적 세계 및 주변 세계를 표현하게 된다. 미술 영역이 어떻게 구성되었는가는 이 영역이 어떻게 효과적으로 유아들의 학습을 촉진할 수 있는가와 직접적으로 관련이 된다. 흥미롭고 잘 조직된 환경, 유아들의 마음에 드는 환경 속에서 유아들의 창의성은 활짝 피어날 수 있다. 좋은 유아 미술 교육 프로그램을 실시하기 위해서는 교실 내에서 미술 활동 영역을 구성할 때 다음과 같은 점들을 고려하여야 한다.

① 손쉽게 물을 사용할 수 있고, 유아들이 쉽게 접근할 수 있는 편리한 곳에 영역을 구성한다.

미술 활동 영역은 교실 한가운데와 같이 통행량이 빈번한 곳으로부터 떨어져서 위치해야 하며, 가능한 밝은 곳으로 위치를 정하여 색깔을 선명하게 분별할 수 있도록 한다. 또한 많은 미술 활동들은 활동 과정 및 정리할 때에 물이 필요하므로 교실 내에 수도 시설이 있는 지역에 배치한다. 미술 활동 영역 내에 수도 시설이 없는 경우, 물이 필요한 활동이나 풀 물감 그림 같은 활동을 한 후에 손을 씻을 수 있도록 커다란 양동이에 물을 준비하고 바로 옆에 수건을 비치하여 물의 공급이나 수세를 위해 불필요한 동선은 가능한 한 줄이도록 한다.

미술 활동 영역의 바닥 표면은 물이나 물감이 흘렀을 때 유아가 쉽게 닦을 수 있도록 타일이나 모노륨과 같은 재료로 설비되는 것이 바람직하다. 이젤 그림 지역의 바닥이 마루로 되어 있는 경우는 그 지역의 바닥에 부분적으로 비닐 장판을 깔아 주어서 물감이 떨어지거나 물감을 엎질렀을 때 쉽게 닦을 수 있도록 배려한다. 또한 유아들이 활동을 하는 과정에서 물이나 물감을 바닥에 흘렸을 때 즉시 닦을 수 있도록 항상 종이 수건이나 스펀지, 마른 수건 등을 준비해 두고 바닥의 물기 때문에 미끄러지는 일을 방지하도록 한다.

② 유아들이 적극적인 실험과 탐색을 할 수 있도록 동적인 활동 영역에 배치한다.

미술 활동 영역은 색칠놀이 책자나 연습지를 가지고 조용히 책상 위에서 색을 칠하거나, 주어진 본을 보고 그대로 따라서 그리거나 만드는 장소가 아니다. 그보다는 적합한 미술 재료들을 가지고 유아들이 실험하고 탐색할 수 있는 공간이며, 창의적인 자기표현이 격려되는 곳이다. 따라서 미술 활동 영역에서는 통제 불가능한 정도의 무질서나 소음과는 달리 유아들이 스스로 다양한 방법과 가능성을 탐색하고 발견하는 과정에서 수반되는 적절한 정도의 건설적인 소음이나 혼란스러움이 허용되어야 한다. 그러므로 음률 영역이나 극화 영역과 같이 동적인 활동이 이뤄지는 영역에 인접해서 배치하고, 반면에 책 읽기 영역이나 조용한 활동이 이루어지는 영역과는 떨어지도록 한다.

③ 유아들이 편안하게 활동할 수 있도록 충분한 공간을 제공한다.

미술 활동 영역은 개인 또는 공동 작업을 위해서 충분한 공간이 필요하다. 이젤 그림이나 그림 그리기 활동을 할 때 3세 유아들은 팔 전체를 움직이며 그림을 그리는 경향이 있으므로 4, 5세 유아들보다는 책상의 크기와 활동 공간을 넓게 제공한다. 활동의 특성에 따라서 필요하다면 바닥 공간에서도 활동을 할 수 있게 한다.

④ 미술 활동 영역에는 유아 발달에 적절한 자료들이 잘 정리 정돈되어야 한다.

미술 활동 영역에 제공되는 자료는 유아의 호기심과 창의성을 최대로 증진시킬 수 있도록 세심한 배려를 해야 한다. 같은 재료라 할지라도 모양이나 색, 형태를 다르게 제공했을 때 유아들은 다양한 경험을 할 수 있으며 이러한 다양한 경험은 독창적 사고, 다양한 사고를 하는 데 기초가 될 수 있다. 예를 들면, 종이를 제공할 때도 흰색 네모 종이만을 제공하기보다 삼각형, 사각형, 원 모양의 종이를 제공할 수 있으며, 같은 모양이라도 재질이 다른 종이를 제공할 수 있다.

재료는 항상 충분히 제공하여 재료의 부족 때문에 활동을 중단하거나 포기하는 일이 없도록 한다. 재료나 비품은 쟁반, 투명한 통 등에 각각 담고, 비슷한 유형의 재료는 교구장의 인접한 위치에 배치한다. 또한 재료를 두는 위치에 그림과 글씨로 표시를 하여 유아가 혼자서 자료를 꺼내 쓰고, 제자리에 정돈할 수 있게 배려하여 유아들이 활동하는 과정에서 자연스럽게 정리 정돈의 습관 형성 및 분류 능력이 증진될 수 있도록 한다. 미술 영역의 벽면이나 교구장 뒷면 또는 페그보드(pegboard)나 가림대를 이용하여 유아용 작업복을 비치하고 유아가 필요시 항상 꺼내어 입으며, 제자리에 정돈할 수 있도록 한다.

⑤ 미술 작품을 건조시키고 진열할 수 있는 공간을 마련한다.

유아들이 활동을 마친 후 작품을 건조시킬 수 있는 선반이 필요하며, 선반이 없을 경우에는 빨랫줄이나 건조대를 사용하여 빨래집게로 작품을 고정하도록 한다. 콜라주나 구성물과 같이 매달아서 건조시킬 수 없는 작품들은 교구장이나 개인 장 위에 올려놓고 건조시킨다. 또는 교실이나 복도의 한쪽 바닥에 신문지 등을 깔고 건조시킨다. 이와 같은 방법은 유아들의 작품을 건조하면서 동시에 진열하는 효과를 가질 수 있다.

교사는 유아들의 작품을 전시할 수 있는 작품 진열대와 게시판을 마련하여 유아들끼리 아이디어를 교환할 수 있도록 배려한다. 이때 진열대가 없는 경우는 한쪽 코너에 책상을 마련하여 유아의 작품을 전시할 수 있도록 배려할 수 있다.

2. 유아 미술 지도를 위한 접근법

유아를 위한 미술 교육은 여러 가지 방법으로 접근할 수 있으나 대표적으로 3가지 접근법, 교사 주도적인 접근법, 유아 주도적인 접근법, 그리고 교사 안내적인 접근법으로 분류할 수 있다(Shirrmacher, 1993). 이들 3가지 접근법을 연속선상 위에 놓고 볼 때 교사 주도적인 접근과 유아 주도적인 접근은 연속선상의 양극단에 위치하게 된다. 교사 안내적인 접근법은 연속선상의 양극단으로부터 중간 지점에 위치하게 된다.

교사 주도적	교사 안내적	유아 주도적
• 직접적인 교수	• 격려, 촉진	• 완전한 자유
• 교사 개입	• 교사의 비개입	
• 구조적	• 비구조적	

미술 활동은 구조적이며 교사 주도적으로 진행될 수 있다. 교사는 무엇을 만들 것인지 어떻게 만들 것인지에 대한 생각을 가지고 유아들에게 구체적인 지시를 한다.

교사 주도적인 활동에서는 대부분의 경우 유아들의 생각이나 견해는 포함되지 않는다. 예를 들어 교사는 유아들에게 도화지를 나누어 주고 두꺼운 종이로 만든 나무의 본을 주면서 본을 대고 그대로 따라서 그리게 한다. 나무는 초록색으로 칠하고 나무 기둥은 밤색으로 칠하게 한 후, 빨간색 색종이를 사용해서 작은 동그라미를 오리고 그려 놓은 나무에 붙이게 함으로써 사과나무를 완성하게 한다. 따라서 완성된 사과나무는 각 유아마다 똑같은 모습을 띠게 된다. 일반적으로 이러한 교사 주도적인 접근은 전체 집단이나 소집단으로 미술 활동을 소개할 때 사용되어진다. 대부분의 공예 활동은 교사 주도적으로 이루어진다.

교사 주도적인 접근과 정반대되는 것은 유아 주도적인 접근법이다. 유아 주도적인 접근법은 비구조적이며 완전하게 유아들에게 자유를 주고 스스로 선택하여 창안하게 한다. 예를 들어 교사는 유아들에게 도화지를 주고 유아들이 무엇이든지 원하는 것을 하도록 한다. 또는 미술 활동 영역에 밀가루 점토를 준비해 주고 유아들 스스로 무엇이든지 하도록 한다. 유아 주도적인 접근법은 미술 활동을 통해서 표현할 수 있는 여러 가지 아이디어가 있는 유아들에게는 매우 긍정적으로 활용될 수 있다. 하지만 대부분의 유아들은 자신들의 제한된 능력과 자원 때문에 스스로 창안해야만 하는 미술 프로그램이 계속 부담스럽게 느껴지고 쉽게 싫증을 내게 된다. 유아들은 교사가 어느 정도 지도를 해주고 가능한 선택의 범위를 제시해 주기를 바라게 된다.

교사 안내적인 접근법은 위의 두 가지 접근법에 비해서 가장 바람직한 접근법으로 간주된다. 교사 안내적인 접근법은 유아 자신의 의견을 중요시하면서 교사가 적절하게 방향을 제시해 주고 미약하게나마 활동을 구조화를 시킨다. 예를 들면 교사는 미술 활동을 위한 주제를 제시해 줄 수 있다. 교사는 "얘들아, 오늘은 우리가 어제 동물원 견학에서 보았던 것들을 그려보도록 하자."와 같은 주제를 제시해 주지만 구체적으로 무엇을 어떻게 하라는 지시는 하지 않는다. 유아들은 물감이나 크레파스, 사인펜, 매직 또는 그 외 여러 종류의 가능한 자료들을 가지고 동물원 견학을 통해서 각자에게 인상 깊고 기억에 남는 것을 표현할 수 있게 된다. 또한 교사는 미술 활동 영역에 새로운 재료를 준비해 주면서 다음과 같이 소개할 수 있다. "오늘은 선생님이 미술 활동 영역에 단추와 실패들을 준비해 두었단다. 선생님은 너희들이 미술 활동을 할 때 그것은 어떻게 사용할 것인지 무척 궁금하단다. 단추와 실패들을 사용할 수 있는 여러 가지 방법들을 찾아보도록 하자." 유아들은 여러 가지 방법을 탐색해 보고 실험해 볼 수 있다. 어떤 유아는 단추를 콜라주에 사용할 수도 있고, 실패에 물감을 묻혀서 도화지 위에 굴려 봄으로써 생기게 되는 궤적을 이용해서 창의적인 표현 활동을 할 수도 있다.

위의 세 가지 접근법은 각각 특정한 유아들과 특정한 활동에 따라서 적절하게 사용될 수가 있을 것이다. 그림물감을 처음 접하게 되는 유아가 어떻게 사용해야 하는지를 스스로 발견하기는 어려운 일이다. 이런 경우에는 그림물감을 사용하고 다루는 것에 대한 직접적인 설명과 교수가 필요하게 된다. 하지만 유아들은 그림물감을 사용해서 무엇을 그릴 것인지, 어떤 방법으로 그릴 것인지에 대한 구체적인 지시는 필요하지 않다.

3. 유아의 미적 발달을 도와주기 위한 교수 전략

교사는 유아들의 미적 발달을 격려하고 도와주기 위하여 다음과 같은 여러 가지 교수 전략을 사용할 수 있다.

① 좋은 미술 작품에 접하는 기회를 제공한다.

미술은 중요한 문화적 자원이며 인간의 생활과 감정을 이해할 수 있는 수단이다. 좋은 미술 작품과의 만남은 유아가 생활 속에서 주변의 아름다움을 지각하고 느끼며, 미적인 것을 이해하도록 이끈다. 미술 작품의 복사본, 명화엽서, 슬라이드 필름, 비디오, 미술 책들은 유아가 교실 내에서 훌륭한 미술 작품에 접할 수 있게 한다. 또한 유아들의 관람이 허용되는 미술관, 박물관의 견학도 유아가 미술 작품을 볼 수 있는 좋은 기회가 된다.

② 미술 재료와 도구를 충분히 탐색하도록 격려한다.

유아는 미술 재료를 온몸으로 자유롭게 탐색하면서 매체의 특성과 표현 가능성을 알게 된다(Pelo, 2017). 교사는 하나의 재료나 도구도 다양한 방식으로 활용할 수 있음을 알고, 표현 과정에서 아이디어 탐색과 연계되도록 지도한다(이정욱, 임수진, 이금구, 박미라, 안진아, 2016). 물감에 섞이는 물의 양이 많아지면서 색에 어떤 변화가 나타나는지, 크레파스를 눕혀서 사용할 때 선이 어떻게 다르게 나타나는지 등을 탐색하며 유아가 다양한 시도를 할 수 있도록 지원한다. 또한 교사는 유아들이 다양한 매체들을 혼합해서 사용해 봄으로써 새로운 미적 가능성을 발견하도록 격려해 준다. 예를 들어, 크레용과 그림물감을 함께 사용해 본다거나 종이 오려 붙이기와 함께 크레용으로 색칠하기를 섞어서 해 보는 등의 서로 다른 매체를 혼합해서 사용해 보고 실험해 보도록 격려한다. 유아들은 다양한 도구, 기법과 매체를 사용해서 새로운 미적 가능성을 발견할 수 있다. 예를 들어, 물감으로 그림을 그릴 때도 다양한 종류의 붓뿐만 아니라 칫솔이나 깃털 등과 같은 다른 도구들을 사용할 수 있다. 또한 그림물감의 튜브를 종이 위에서 직접 짜서 그려보기, 입으로 불어서 나타내 보기 등 다양한 기법을 탐색하고 실험해 보면서 새로운 미적 가능성을 발견할 수 있다.

3 유아의 작품에 대하여 반응해 준다.

교사는 작품 속에 표현된 유아의 아이디어, 경험들을 유아 스스로 인식할 수 있도록 사려 깊은 대화를 통해서 도와줄 수 있다. 교사는 유아의 작품에 대하여 대화를 나눌 때 다음과 같은 점에 유의하여야 한다.

① 유아의 작품에 대한 단순한 칭찬과 가치 판단적인 표현은 피하도록 한다. “멋있구나”, “예쁘다”와 같은 단순한 칭찬은 좀 더 풍부히 진행될 수 있는 언어적 대화의 기회를 제한하게 되며, 유아들에게 구체적인 피드백을 줄 수 없는 형식적인 것으로 해석될 수 있다. “참 잘했구나”, “잘 그렸다”와 같은 판단적인 표현은 대부분의 경우에 유아들의 그림에 대한 사실적인 정확한 평가라기보다는 일반적으로 무의미하게 쓰이는 경향이 있으므로 입에 발린 상투적인 표현이 될 수 있다.

② 유아들이 작품을 하면서 보여준 노력과 투자한 시간에 대해 인정을 해 준다. 완성된 작품에 대한 가치 판단적인 평가는 유아들이 성인들의 평가와 인정에 대해 의식하게 함으로써 유아들의 그림 형태를 고정화시킬 수 있다. 따라서 작품을 만드는 과정에 대한 격려와 관심이 주어지는 것이 보다 적절하다. 예를 들면, “이쪽 상자를 붙일 때 무척 힘들어하던데 끝까지 다 했구나.”, “소방차와 집을 아주 열심히 그렸구나.” 등과 같이 유아의 노력이나 투자한 시간에 관심을 보여줄 수 있다.

③ 유아들에게 사실적인 묘사를 하도록 제안하는 것은 적절하지 못하다. 사실 그대로 재현하는 것은 복사기를 사용하면 가장 정확하게 할 수 있으며, 미술은 이

러한 사실적인 복사 기능을 요구하는 것이 아니다. 그보다는 창의적인 표현이 중요하므로, 교사는 유아들 나름의 표현을 인정해 주어야 한다.

④ 유아들의 미술 표현 발달 수준을 고려하여 대화한다. 비표상적인 그림 단계, 즉 긁적거리기 단계에 속한 유아들의 그림을 보고 "이게 무엇이니?"와 같은 반응은 적절하지 못하다. 이 단계 유아들은 감각 운동적인 움직임 자체의 탐색과 즐거움이 미술 표현의 주된 목적일 수 있다. 따라서 "손을 아래, 위로 움직이고 있구나." 또는 "크레파스를 꾹 눌러서 그으니까 굵은 선이 생겼네."와 같이 유아의 움직임을 중심으로 반응하는 것이 보다 적절하다.

사물의 구체적인 형태를 나타내기 시작하는 초기 표상적 그림 단계에서는 유아의 작품 속에 들어있는 미적 요소들에 초점을 맞추어서 대화하도록 한다. 작품 속에서 사용된 미적 요소를 중심으로 하는 대화는 유아들의 미적 인식과 미적 잠재력의 발달에 도움을 줄 수 있다. Hardiman과 Zernich(1981)는 유아들과 다루기 적절한 미적 요소들은 선, 색, 양감, 패턴, 형태, 공간, 질감이라고 제안한다. 교사는 유아가 작품 속에서 미적 요소를 어떻게 사용하고 있는지에 대하여 대화할 수 있다. 예를 들면, "서영이는 굵은 선과 가는 선을 함께 그렸구나."와 같이 반응해 줄 수 있다. 또한 교사는 사용된 미적 요소가 불러일으키는 감정과 관련해서 대화할 수도 있다. 예를 들면, "커다랗게 그려진 노란색 태양을 보니까 선생님이 따뜻해지는 느낌이구나." 또는 "위와 아래로 그려진 이 선들을 보니까 선생님이 막 움직이는 느낌이 드는구나."와 같이 이야기할 수 있다. 미적 요소와 관련된 대화 외에도 작품의 주제나 유아의 관심사를 중심으로 대화할 수 있다.

⑤ 교사는 때때로 유아들의 미술 활동을 관찰만 하는 것이 필요할 때도 있다. 유아들이 만든 작품에 대해서 반드시 대화를 해야만 하는 것은 아니다. 교사는 유아의 활동을 관찰하고, 유아가 먼저 대화를 시작하도록 기다려 볼 수도 있다.

4 유아가 자신의 작품에 관하여 이야기할 수 있는 기회를 제공한다.

다른 유아들에게 자신의 만든 작품을 설명하거나 작품에 관하여 이야기를 할 수 있는 기회를 제공한다. 귀가 전에 다 함께 모여서 오늘 한 활동들에 대해서 이야기 나누기를 할 때 자신이 만든 미술 작품을 보여 주면서 작품에 관해 이야기할 수 있다.

또는 자유놀이 시간 중에 원하는 유아들에 한해서 소집단 활동으로 자신이 만든 작품을 가지고 와서 보여주며 이야기 나누도록 할 수도 있다. 교사는 이러한 이야기 나누기 시간에 한두 명의 유아가 독점하지 않고 참여한 모든 유아들이 골고루 말할 수 있는 기회를 가지도록 도와주어야 한다.

5 유아들의 미술 작품 전시하기

유아들이 만든 미술 작품들을 전시해 줌으로써 유아들이 자신의 작품에 대해 자부심을 느끼고 긍지를 갖게 해 준다. 이러한 자부심은 유아들이 자신의 표현력에 대해서 자신감을 갖게 도와줄 수 있다. 또한 전시된 다른 유아들의 작품을 보면서 미적 감수성과 표현력이 발달될 수 있다.

교사는 미술 활동 영역의 일정한 공간을 유아들의 작품 전시 공간으로 확보하여야 한다. 평면 활동은 벽면을 사용해서 붙이거나 천장에 매달아서 작품을 전시할 수 있다. 입체 활동은 책상 위 또는 바닥을 사용해서 전시할 수 있다. 작품 전시에 이용할 수 있는 벽면이 충분하지 못한 경우에는 긴 직육면체형의 전시 탑(kiosk)을 만들어서 사면을 사용해서 유아들의 작품을 전시할 수 있다. 유아들의 작품을 전시할 때는 유아들의 눈높이에 맞추어서 작품을 배치해야 하고, 교사가 보기에 잘된 작품만이 아니라 모든 유아의 작품이 골고루 전시될 수 있어야 한다.

제4절 유아 미술 교육 활동의 예

1. 미적 탐색

(1) 질감이 서로 같아요

대상이 지닌 촉각적 특성을 감각을 통해 탐색하는 활동으로 질감이 서로 다른 물체를 찍은 사진들 중에서 한 장을 뽑은 후에, 수수께끼 상자 속에 손을 넣어서 보지 않고 질감 사진 카드에 해당되는 물체를 찾는 것이다. 수수께끼 상자 속에서 꺼낸 물체와 질감 사진 카드가 일치하는지를 맞추어 보고, 느껴지는 질감을 언어로 표현해 볼 수 있다. 초기에는 질감이 명확하게 다르게 느껴지는 물체를 사용하는 것이 좋으며, 점차로 비슷한 질감의 물체를 사용할 수 있다.

자료 수수께끼 상자, 다양한 질감의 물체(표면이 거친 돌, 수세미, 고무공, 나무 블록 등), 물체 사진 카드

(2) 달팽이의 집은 어떤 모양일까요?

우리 주변의 자연에서 아름다움을 찾아보는 활동으로 달팽이의 집이 나선형으로 되어 있음을 알고 그 아름다움을 느낄 수 있는 활동이다. 달팽이의 집을 관찰하면서 나선이 어떤 형태인지를 알고, 나선형이 주는 운동감을 느낄 수 있도록 돕는다. 달팽이의 집에서 관찰한 나선 형태를 모래 위나 풀 물감 위에 직접 그려보면 나선형의 특징을 보다 잘 알 수 있다.

자료 실물 달팽이, 밀가루 풀, 물감, 비닐, 도화지, 모래

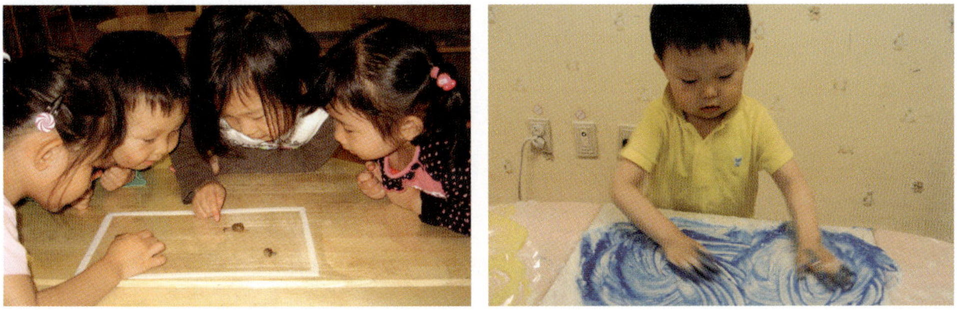

〈그림 11-5〉 달팽이 집 탐색 및 그리기

(3) 거미줄이 아름다워요

실외 놀이터에 있는 거미줄을 찾아 거미줄의 형태와 특징을 살펴본다. 거미줄이 어떤 모양으로 생겼는지를 살펴보고, 거미줄을 만드는 선을 탐색한다. 또한 입김으로 불어보거나 물을 뿌리면 어떻게 되는지를 탐색해 본다. 거미줄의 관찰 후에 백과사전이나 인터넷을 이용하여 거미줄의 특징, 이름, 형태를 알아본다.

자료 주변의 거미줄, 돋보기, 분무기, 백과사전

〈그림 11–6〉 거미줄 탐색

2. 표현

(1) 여러 가지 붓으로 그려요

유아들과 함께 그림을 그릴 때 사용하는 붓에 대해서 이야기를 해본 후에, 풀잎, 솔잎, 강아지풀 등의 준비된 재료를 탐색한다. 준비된 재료를 어떻게 붓처럼 사용할 수 있을지에 대한 이야기를 나눈 다음, 풀잎, 솔잎, 강아지풀을 일정한 길이로 잘라 굵은 나뭇가지에 실로 단단히 묶어서 붓처럼 만들어, 찍고, 두드리고, 그리는 등 여러 가지 방법으로 표현한다. 서로 다른 재료를 사용하여 만든 붓을 전시하고 표현의 차이나 느낌의 차이에 대해서 의견을 나눈다.

자료 풀잎, 솔잎, 강아지풀 등의 재료, 굵은 나뭇가지, 물감, 실, 가위

(2) 찍어서 이야기를 만들어요

그림책을 읽은 후, 소집단의 유아들과 함께 각자 마음에 들었던 장면을 선정한다. 선정한 그림책의 장면에 해당되는 그림을 각 유아가 두꺼운 도화지에 간단히 그린 후, 도화지 그림 위에 양면테이프를 붙인다. 굵기가 다양한 꼬임 끈의 모양과 질감을 탐색한다. 꼬임 끈을 양면테이프가 붙여진 밑그림 위에 붙여 판화로 나타내고 싶은 특징적인 부분을 표현한다. 굵기가 다른 끈을 사용하여 어떤 모양으로 나올 것인지 예측하며 붙여보도록 한다. 원하는 형태의 모양이 구성되면 롤러나 굵은 붓에 물감을

묻혀 끈 위를 칠한 후 도화지에 찍어낸다. 각 유아가 찍어낸 그림들을 연결하여 이야기를 만든다.

자료 그림책, 여러 가지 굵기의 꼬임 끈, 양면테이프, 여러 가지 색의 물감, 접시, 롤러, 굵은 붓, 두꺼운 종이, 16절 도화지

〈그림 11-7〉 그림책 장면 찍어내기

(3) 신문지 거미줄 만들기

실외 놀이터에서 거미줄을 탐색한 후, 교실에서 신문지를 자르고, 찢고, 붙여서 창의적으로 거미줄을 만들어 본다. 어떤 형태로 거미줄을 만들고 싶은지에 대해 소집단별로 이야기를 나누고, 한 가닥으로 이어진 거미줄, 아주 크고 엉켜있는 복잡한 거미줄 등과 같이 여러 형태의 거미줄을 만들어 본다. 천장이나 구석에 소집단별로 만든 거미줄을 설치하고, 이를 이용하여 거미 역할 놀이와 연계할 수 있다.

자료 신문지, 가위, 풀, 투명테이프, 거미줄 사진, 도화지, 네임펜

〈그림 11-8〉 종이 찢기,자르기, 붙이기로 거미줄 만들기

(4) 거미 인형이에요

인터넷, 책 등을 사용하여 거미의 생김새와 특징에 대해 탐색한다. 거미에 대해 탐색한 내용을 기초로 종이 달걀판과 모루 등의 재료를 사용하여 어떻게 거미를 만들 것인지 생각해 본다. 특히 거미의 다리 표현을 어떻게 하면 좋을 지 충분히 의견을 나눈다. 입체적인 특성을 가진 종이 달걀판을 활용하고, 모루, 쿠킹호일 등의 재료를 사용하여 거미 다리를 표현한다.

자료 종이 달걀판, 모루, 실, 쿠킹호일, 모형 눈, 오공본드, 보드마카, 크레파스

〈그림 11-9〉 거미 인형 만들기

(5) 상자 이용하여 큰 동물 만들기

미술 표현 활동은 유아 교육 기관에서 진행되고 있는 주제와의 통합이 쉬우며 협동 작업을 하기에도 적절하다. 유아들의 관심이 많은 '동물'에 관한 주제를 전개할 때에 유아들과 의논하여 어떤 동물을 만들 것이며, 어떤 재료를 이용하여 얼마만큼의 크기로 만들 것인지를 의논한다. 크기와 재료 등에 대한 의논이 이루어지면 실제로 만들 크기로 전지에 설계도를 그린 후, 설계도를 보면서 만들려고 하는 동물의 몸통, 팔, 다리, 머리 등으로 나누어 소집단으로 각 부분들을 만든다. 라면상자 등의 큰 상자, 생수통, 서류 봉투에 신문지 구겨 넣은 것, 주스 깡통 등 이용할 수 있는 다양한 재료를 사용하여 적절한 크기로 각 부분을 만들고, 각 집단이 만든 부분이 완성되면 전체를 연결하고 전체적인 균형을 보면서 밀가루 풀을 이용하여 여러 번 한지를 덧붙여서 다듬어 준 후 튼튼하게 마무리한다. 다 만들어지면 완성된 동물을 보면서 각각의

부분들이 처음 계획한 대로 만들어졌는지, 달라진 부분은 어느 곳인지 평가해 본다.

자료 전지, 다양한 크기의 상자(라면 상자와 박카스 통), 깡통 주스통, 생수통, 요구르트 병, 찰흙, 마닐라지, 서류 봉투, 신문지, 한지, 밀가루 풀, 풀, 가위, 나무젓가락, 셀로판테이프 등 다양한 도구와 재활용 재료

3. 감상

(1) 우리 교실 미술관

초상화, 일상의 풍경, 자연의 풍경(산이나 바다), 정물화, 동물 등 한 가지의 주제를 정하고 각 주제에 해당되는 명화엽서를 6장 정도 준비한다. 교실 벽면에 엽서를 10장 정도 붙 일 수 있는 게시판을 준비하여, 6곳에는 명화엽서를, 2곳에는 간단한 질문 카드를, 2곳에는 유아 그림을 붙일 수 있도록 배치한다. 예를 들어, '꽃'이라는 주제를 가지고 활동을 하는 경우에, 여러 가지 방법으로 꽃이 그려진 엽서를 게시한 후에 간단한 질문이 적혀있는 카드를 보면서 유아들과 함께 각 그림의 특징이나 느낌에 대해 이야기를 나눈다. 이야기를 나눈 후에 지금 활동하고 있는 주제와 관련된 그림을 유아들이 직접 그려 붙여본다.

- 여기 그려진 꽃들을 잘 보자. 이중에서 너희들이 이름을 아는 꽃이 있니?
- 어떤 모양으로 그려졌는지, 색깔은 어떤지 이야기해 보자.
- 위, 아래로 뻗어있는 선들이나 구불구불하게 그려진 선을 찾아보자.
- 이 꽃에서는 어떤 향기가 날 것 같니? 무엇을 보고 그렇게 생각했니?
- 이 꽃을 우리 교실이나 집에 둔다면 어떤 곳에 두고 싶니?
- 가장 가지고 싶은 꽃은 어떤 곳이니? 왜 그렇게 느꼈니?

자료 Redon의 'Flowers', Van Gogh의 'Fourteen sunflowers in a vase', Dufy의 'Anemone', O, Syng Yoon의 'Wind and Cloud' 등과 같이 꽃을 그린 엽서 6장, 엽서 크기의 질문카드 2장, 엽서크기 10장의 공간을 배치한 전지

〈그림 11-10〉 "꽃'이 주제인 그림으로 모아 꾸민 우리 교실 미술관

(2) 요술붓

감상할 그림을 제시하고 유아들과 함께 잠깐 동안 집중해서 본다. 유아들에게 그림 위에 그려도 색이 나타나지 않는 요술붓이라고 준비한 붓을 소개한다. 교사가 말하는 대로 유아가 붓을 사용해서 그림 속의 자세한 부분을 지적하도록 한다. 이 활동에서 감상하는 그림은, 선이나 색이 분명하고 구분하기 쉬운 그림이 좋다.

- 요술붓으로 빨간색이 칠해져 있는 곳을 모두 지적하여 보자.
- 요술붓으로 그림 속의 이 굵고 짧은 선을 따라서 그려보자.
- 요술붓을 사용해서 그림 속에서 네가 가고 싶은 곳을 모두 가보도록 하자.

자료 감상용 그림, 붓

참고문헌

교육과학기술부 (2013). 유치원 교육과정. 교육과학기술부 고시 제 2012-16호.

교육부 (1998). 유치원 교육과정 해설. 서울: 대한 교과서 주식회사.

교육부·보건복지부 (2019). 2019 개정 누리과정 해설서. 서울: 교육부·보건복지부.

교육인적자원부 (2008). 유치원 교육과정. 교육인적자원부 고시 제 2007-153호.

구현주 (2001). 미적요소에 기초한 미술비평 활동이 유아의 미적어휘 및 언어표현력 발달에 미치는 영향. 덕성여자대학교 교육대학원 석사학위 논문.

김보영 (2008). 미적 체험을 강조한 미술 감상 교육이 유아의 미적 반응과 그리기 표상능력에 미치는 영향. 동양대학교 교육대학원 석사학위 논문.

윤현숙 (2005). 유아를 위한 균형적 미술교육 프로그램 개발 및 효과. 전남대학교 대학원 박사학위 논문.

이수연 (2002). 탐색, 표현, 감상의 통합적 미술 교수전략이 유아의 미적 반응과 표현 능력에 미치는 영향, 덕성여자대학교 교육대학원 석사학위 논문.

이영자·유혜숙·이정욱 (1998). 유치원 미술교육 현황 조사. 어린이 교육, 16, 71-106.

이자현·강현석 (2005). Art PROPEL 프로젝트 학습에 기초한 미술 감상 교육과정의 분석적 탐구. 중등교육연구, 52(3), 165-199.

이정욱·박미라 (2002). 조형 활동을 통한 다문화교육. 대한 어린이 교육협회 2002 추계연구 발표회.

이정욱·임수진 (2003). 탐색·표현·감상의 통합적 유아미술교육. 서울: 정민사.

이정욱·임수진·이금구·박미라·안진아 (2016). 유치원 누리과정 내실화를 위한 유아미술교육 프로그램: 미술교육, 놀이를 담다. 서울특별시유아교육진흥원.

이정욱·임수진·이금구·양지애·이미경·엄소명·가선영·최명아·임하니 (2007). 탐색·표현·감상의 통합적 유아미술활동. 서울: 정민사.

임정기 외(2006). 미술교육의 이해와 방법. 서울: 예경

한국미술교과교육학회 편(1997). 유아미술교육학. 서울: 학문사

Adejumo, C. O. (2002). Five ways to improve the teaching and understanding of art in the schools. *Art Education, 55*(5), 6-11.

Cole, E. (1985). The effect of a cognitively-oriented aesthetic curriculum on the aesthetic judgement and response of four-, six-, and eight-year olds in an art museum program. Dissertations Abstract, No. AAD85-23952.

Colbert, C., & Taunton, M. (1992). *Developmentally appropriate practices for the visual arts education of young children*. NAEA briefing paper. Reston, VA:National Art Education Association.

Feeney, S., & Moravcik, E. (1987). A thing of beauty: Aesthetic development in young children. *Young Children, 42*(6), 7-15.

Gardner, H. (1990). *Art education and human development*. Los Angeles:Getty Center for Education in the Arts.

Hardiman, G. W., & Zernich, T. (1981). *Art activities for children*. Englewood Cliffs, NJ:Prentice-Hall.

Herberholz, B., & Hanson, L. (1995). *Early childhood art*. Dubuque, IL:Wm. C. Brown.

Koster, J. B. (2001, 2004). *Growing Artists: Teaching Art to Young Children*. New York : Thomson Delmar Learning.

Pelo, A. (2017). *The language of art: Inquiry-based studio practices in early childhood settings*. St. Paul, MN : Redleaf Press.

Schirrmacher, R. (1993, 2002, 2006). *Art and creative development for young children*. New York : Delmar Publishers Inc.

Seefeldt (1995). Art: A serious work. *Young Children, 50*(3), 39-45.

Sharp, P. O. (1976). Aesthetic response in early education. *Art Education, 2*9(5), 25-29.

Spodek, B. (1993). Selecting acrivities in the arts for early childhood education. *Art Education Policy Review, 94*(6), 11-17.

색인

[내 용]

• ㄱ •

[인 명]

저자소개

이영자(李映秄)
이화여자대학교 사범대학 교육학과(유아교육 전공) 졸업
미국 Indiana 대학교(Ed. S.)
미국 Boston 대학교(교육학박사)
현) 덕성여자대학교 유아교육과 명예교수

이기숙(李基淑)
이화여자대학교 사범대학 교육학과(유아교육 전공) 졸업
미국 George Peabody College of Vanderbilt 대학교(철학박사)
현) 이화여자대학교 사범대학 유아교육과 명예교수

이정욱(李情郁)
덕성여자대학교 유아교육학과 졸업
미국 Wisconsin-Madison 주립대학교(철학박사)
현) 덕성여자대학교 유아교육과 교수

제4판

유아 교수 · 학습 방법

초　　판 1쇄 발행 1999년 7월 1일
초　　판 10쇄 발행 2008년 1월 15일
개　　정 6쇄 발행 2012년 7월 20일
개정증보 1쇄 발행 2017년 8월 25일
제 4 판 1쇄 발행 2022년 7월 13일

지 은 이 | 이영자 · 이기숙 · 이정욱
펴 낸 이 | 김기섭
편 집 인 | 강보영 · 이현남
펴 낸 곳 | 창지사 www.changjisa.com
08589 서울시 금천구 가산디지털 1로 83 파트너스타워 1차 9층
전화 (02)719-2211~3
팩스 (02)701-9386
등　　록 | 1977년 4월 28일 · 제1-421호

ISBN 978-89-426-1539-1 (93370)

값 29,000원